《广州改革开放四十年》丛书

丛书主编　徐咏虹

世界看广州

彭　澎　主编

广州新华出版发行集团
广州出版社

图书在版编目（CIP）数据

世界看广州 / 彭澎主编. —广州：广州出版社，2018.12
（《广州改革开放四十年》丛书 / 徐咏虹主编）
ISBN 978-7-5462-2856-3

Ⅰ. ①世… Ⅱ. ①彭… Ⅲ. ①改革开放—成就—广州
Ⅳ. ①D619.651

中国版本图书馆CIP数据核字（2018）第288400号

书　　名　世界看广州
Shijie Kan Guangzhou
出版发行　广州出版社
（地址：广州市天河区天润路 87 号 9 楼、10 楼　邮政编码：510635
网址：www.gzcbs.com.cn）
责任编辑　陈洁仪　区力文
文字编辑　梁惠明　刘雅丽
责任校对　李少芳　黄焕姗
封面设计　舒　巧
印刷单位　佛山市华禹彩印有限公司
（地址：佛山市南海区罗村联和工业区西二区三路 1-1 号　邮政编码：528226）
规　　格　787 毫米 ×1092 毫米　16 开
字　　数　320 千
印　　张　28.5
版　　次　2018 年 12 月第 1 版
印　　次　2018 年 12 月第 1 次
书　　号　ISBN 978-7-5462-2856-3
定　　价　78.00 元

《世界看广州》
编委会

总　序

四十而不惑。置身历史的长河，改革开放自1978年开始，走过了40年的风风雨雨，值得庆祝，值得铭记。

40年改革开放绘就壮美长卷。中国人民自力更生、发愤图强、砥砺前行，依靠自己的辛勤和汗水书写了国家和民族发展的壮丽史诗。对中国而言，这40年不仅是一个时间概念，更是一段非凡历程，正是这40年的发展让中国富了起来，并不断强起来。40年来，我们党团结带领全国各族人民，从“摸着石头过河”到建立社会主义市场经济体制，从由下而上的基层试点改革到自上而下全面深化改革，从打开国门实施开放政策到张开怀抱自信拥抱世界，从积极吸引外资“引进来”到主动到境外投资“走出去”，从加入世界贸易组织到共建“一带一路”，从聚精会神搞国内建设到为世界发展贡献中国方案，成功走出了一条中国特色社会主义发展道路。改革开放使中国走向了世界，正日益走近世界舞台的中央。改革开放的中国实践是21世纪马克思主义在中国焕发出勃勃生机和无限生命力的生动写照。

改革开放不仅深刻改变了中国，也深刻影响了世界。40年的改革开放，不仅发展了中国，也造福了世界和全人类。特别是党的十八大以来，以习近平同志为核心的党中央统筹推进“五位一体”总体布局，协调推进“四个全面”战略布局，着力提高国家治理体系现代化能力和水平，形成了习近平新时代中国特色社会主义思想，指引着中国坚定前行。面对世界格局的深刻变化，中国坚定笃行经济全球化大道，以大国情怀与担当提出构建人类命运共同体的理念，发出“一带一路”倡议，主动为各国搭乘中国发展“快车”提供便利和条件，改革的决心从未动摇。开放已经成为当代中国的鲜明标识。中国开放的大门不会关闭，只会越开越大！

春江水暖鸭先知。在中国改革开放发展的历史进程中，广州是一座具有特殊重要地位的城市。作为一座因海而生、向海而兴的千年商都和有着2200多年建城史的国家中心城市和国际大都市，广州的历史文化脉络、商业发展盛景、改革开放成就在全球城市发展史上独树一帜，占有一席之地。40年来，面临改革大潮，广州人坚持做改革的弄潮儿，有着强烈的历史担当精神。广州坚定传承改革开放的历史基因，大力发扬敢为人先、敢闯敢试的精神，以“杀出一条血路”的胆识与魄力，在诸多领域开创了可资全国借鉴的先行经验，从改革开放初期率先进行价格闯关，推进流通体制改革，鼓励非公企业生产发展，到20世纪80年代依托广州开发区建设推动外向型经济发展，再到近年来建设南沙自贸区以点带面构建全面开放新格局，广州的创新探索实践始终走在全国前列，始终引领着改革开放的发展步伐。

一滴水能反映出太阳的光辉，一个城市可以体现一个国家的风貌。进入新时代，全球经济不确定因素增加，国内经济呈现新的发展态势，发展机遇和挑战并存。广州坚持把学懂弄通做实习近平新时代中国特色社会主义思想作为第一要务，源源不断地从新思想中汲取真理力量和实践智慧，坚定践行新发展理念，积极适应引领经济发展新常态，在不断深化的改革开放实践中破解发展难题，推动经济由高速增长向高质量发展转换，通过扎实推进创新驱动发展战略，培育新的动力源和增长极，保持经济发展"换挡不失速"。40年间，广州经济总量从1978年的43亿元跃升到2017年的21503亿元，人均地区生产总值从1978年不足1000元提升到2017年突破15万元（按平均汇率折算为22317美元），接近发达国家水平。与此同时，广州坚持以先进制造业为产业主攻方向，高标准高起点高质量谋划产业结构优化升级，构建起以IAB（新一代信息技术、人工智能、生物科技）、NEM（新能源、新材料）为主导的现代产业体系，将改善政治生态环境、提升城市环境与优化营商环境有机结合、同步推进，推动全球最高端资源要素向广州集聚，持续优化的经济结构和开放的发展环境为广州未来积极健康稳定发展奠定了良好的基础，为新时代广州改革开放发展积蓄了强大势能，创造了巨大空间。广州这座老城市，越来越充满新活力。

惟改革者进，惟创新者强，惟改革创新者胜。站在新时代新起点上，我们始终谨记：改革开放是决定当代中国命运的关键一招，也是决定实现"两个一百年"奋斗目标、实现中华民族伟大复兴的关键一招。正是在这个意义上，隆重庆祝改革开放40周年，更具有重大的历史意义和现实意义。当今的世界，你中有我，我中有你，经济全球化大潮浩浩荡荡、不可阻挡。改革开放40年的经验启示我们，中国发展离不开世界，世界发展也需要中国。只要我们保持战略定力，全面深化改革开放，深化供给侧结构性改革，下大气力解决存在的突出矛盾和问题，中国经济就一定能加快转入高质量发展轨道，中国人民就一定能战胜前进道路上的一切困难挑战，中国就一定能迎来更加光明的发展前景。中国改革开放永不停步！下一个40年的中国，定当有让世界刮目相看的新成就！

党的十八大以来，习近平总书记两次亲临广东考察并发表重要讲话，多次对广东、广州工作作出重要指示批示，对广州发展寄予厚望。面对新征程，广州要保持走在全国前列，最根本的是要继续弘扬改革开放精神，推动思想再解放、改革再深入、工作再落实。为认真学习贯彻习近平总书记重要讲话精神，总结改革开放40年来的经验，乘势而上，在新起点上推动改革开放实现新突破，中共广州市委宣传部策划出版本套丛书，以回溯历史的形式重读历史，不仅是对广州改革开放40年历程经验的一个简单回顾总结，更是为了以问题为导向，深刻认识新形势下改革开放的时代性、体系性、全局性，高举新时代改革开放旗帜，不忘改革开放初心，坚定改革再出发、将改革开放进行到底的决心，凝心聚力，接续奋斗，激励广州在更高起点、更高层次、更高水平上推进改革开放，用新业绩抒写新时代改革开放恢宏的画卷。

祝愿每一位读者都能从品读广州改革开放40年的历史中获取源源不断的奋斗激情和前进动力。

是为序。

丛书编委会

2018年11月10日

前　言

2018年是改革开放40周年。如何评价成就、总结经验、展望未来，将涉及方方面面，但都不能忽略一个特别的视角，那就是外国人怎么看待。总不能“自说自话”“孤芳自赏”吧，毕竟对外开放就是与世界交流、与外国人打交道。“洋眼看广州”项目已经开展了10年，后来甚至有了“洋眼看江苏”“洋眼看山西”“洋眼看中国”……现在，来到改革开放40周年这个节骨眼，“洋眼”又是怎么看广州的呢？

一、广州有2000多年的开放史

“开放与包容是广州的城市基因。”这可能是认同度最高的对广州的评价之一。另一个认同度高的评价可能是“务实与低调”。但后者有时会被认为是缺点，犹如“会生仔不会取名”。

其实，广州在2000多年前就成为海上丝绸之路的发祥地之一，没有比较响亮的国际名气是很难做到的，虽然那时的广州以“Canton”知名，而不是以现在的“Guangzhou”闻名于世。

说起广州的名号，在国内最知名的可能是“羊城”“穗城”“花城”等，在国际上可能是“千年商都”以及与之相关的“十三行”“广交会”等。

1983年，在广州解放北路象岗山发掘出来自非洲的象牙、红海沿岸的乳香、波斯风格的圆形银盒、焊珠金花泡以及燃烧东南亚龙脑香的熏炉等，这充分说明了广州拥有2000多年的开放史。

更为奇特的是，即使在“闭关锁国”的年代，广州也是“一口独开”。如清朝乾隆二十二年（1757），清政府关闭了闽、浙、沪海关，却在广州实行“一口通商”。其后长达80多年，广州是全国唯一的对外贸易港口。这种情况还在中华人民共和国成立后再次出现。1957年，面对西方国家的封锁禁运和我国对外联系不多的局面，在广州设立了“广交会”，使广州再次成为当时全国唯一对外开放的“南风窗”。

40年前，当中国决定启动影响深远的改革开放时，成为与全球经济交流的“南大门”是广州必然的选择。虽然，对外开放“先行一步”有毗邻港澳的因素，但广州在2000多年前对外交往时还没有香港和澳门，所以说“开放与包容是广州的城市基因”恰如其分。

二、外国朋友眼中的广州在不断变化

南都传媒数相科技在《广州全球媒体形象视频报告（2014—2017）》（下称《报告》）中，将2014年8月1日至2017年7月31日国内外媒体关于广州的88594篇报道进行了分析，“相关报道共有78个国家和地区的4883家媒体（不包括中国大陆媒体）关注广州发展”①。

《报告》显示，对广州的报道中，“互联网+（5210次）、共享经济（2583次）、数字产业（2203次）、机器人（1781次）、新能源（1739次）等关键词被搜索到的次数、频率靠前”②。

相关数据还显示，广州在这3年中在全球媒体中的最突出的形象就是“千年商都”，与此相关的词汇被提及最多的是“投资（14463次）、商业（12214次）、金融（7667次）等”。③

广州作为国家重要中心城市和国际商贸中心，以“开放包容，敢为人先”的态度连续4年（2013—2016）位列《福布斯》中国大陆最佳商业城市排行榜第一位。在全球媒体眼中，广州是高水平的开放型经济体。作为海上丝绸之路起点之一，广州的空铁联运枢纽和国际航空枢纽的能力一直在显著提升，综合交通枢纽能力达到了国际水平。

2018年4月中，国家外国专家局在第十六届中国国际人才交流大会上发布了2017“魅力中国——外籍人才眼中最具吸引力的中国城市”评选结果，广州再度入选前十名，自2011年以来第六次荣获此项殊荣。

“魅力中国——外籍人才眼中最具吸引力的中国城市”评选活动是经国务院、中央外宣办批准，由国家外国专家局主办的评选活动，它是《国家引进国外智力“十二五”规划》中

①摘自《南方都市报》2017年11月29日刊登的《全球媒体看广州　互联网+最抓眼球》，作者是赵安然。

②同①。

③摘自《南方都市报》2017年11月29日刊登的《全球媒体看广州　互联网+最抓眼球》，作者是赵安然。

“中国城市引才引智综合环境评估”项目的重要组成部分，目的是为了表彰获奖城市在努力改善引进国外智力环境方面作出的贡献。评选活动作为国内唯一一个完全由外籍人才参与评选的引才引智“中国城市榜”，自2010年开始已开展了8届。外籍专家评委团队由诺贝尔奖得主、中国政府友谊奖获得者、“千人计划”外专项目入选专家等68名高端外国专家组成，他们不仅签字投票，并对所选中国城市写下了评价和建议。①

2018年9月12日，全球金融中心指数和中国金融中心指数首次在广州发布，由英国智库Z/Yen集团与中国（深圳）综合开发研究院共同编制的第24期全球金融中心指数显示，“在全球金融中心指数排名中，广州跃升9位，排在全球金融中心指数体系第19位、中国金融中心指数排行榜第四位”②。

当然，报告的数据，一方面印证了广州的传统形象，如美食和旅游文化比较发达，另一方面更多地展示了一个崭新的广州。千年商都、国际商贸中心、空铁联运枢纽、物流中心、华南最大的交通枢纽、世界一线城市、现代金融服务中心、国家创新中心城市、历史文化名城……构成了广州今天的全球媒体形象。

三、“逐梦广州”吸引了越来越多的外国朋友

2017年12月6日，《财富》全球论坛在广州举行，“共吸引

---

①摘自《南方日报》2018年5月4日刊登的《“外籍人才眼中最具吸引力的中国城市”评选揭晓　广州第六次获此殊荣》，作者是朱伟良。

②摘自《南方日报》2018年9月13日刊登的《全球金融中心指数首次在穗发布　广州跃升9位，进入全球金融中心前20强》，作者是郭家轩、江珊。

了152家世界500强企业参会，数量创历年之最”[①]。与2010年的亚运会一样，这些盛会成为外国人“逐梦广州”“逐梦中国”的舞台，但更多的外国人却是以普通人的身份来到广州，而且，人数越来越多、国别越来越多。

吸引越来越多外国人来做“广漂”“穗漂”的，是广州的开放包容，以及宜商宜业宜居的环境和历史人文底蕴。在外国人眼里，这是广州有别于中国其他城市的独特魅力。

据《南方都市报》2018年11月10日报道，2018年11月9日，广州市公安出入境管理部门公布，全市实有在住外国人83716人，前五位国家为韩国、日本、美国、印度、俄罗斯。全市共有常住外国人49830人。据有关人士介绍，来穗韩国人主要服务于液晶产业链，来穗日本人则多就业于汽车制造业，来穗美国人则多从事教育行业，此外，从欧洲入境及居留的人口占比达18%，以英国、法国、德国为主。

还有数据显示，在穗常住外国人中以“三资”企业人员居多，高层次人才聚集效应明显。“随着广州人才战略的实施，以及公安部支持广东自贸区建设和创新驱动发展16项政策落地，持广州市签发两年以上居留许可超过1.2万人，其中工作类近4000人。”[②]

另外，来自非洲国家人员“在境内的共有23495人，其中，

①摘自新华网2017年12月7日刊登的《金句频出！听听〈财富〉全球论坛上“大咖”都说了什么》，作者是吕光一。

②摘自《广州日报》2018年1月30日刊登的《超四成在穗外国人来自发达国家　素质总体向好》，作者是李栋。

已转到国内其他省市居住的有8532人，在广州14963人”。[①]

为了给来穗外国人提供更好的服务，广州警方在7个区开办了外国人签证业务，以更加开放包容的姿态，为海外人才提供更优良的服务。此外，广州还在全市“居住200名以上外国人的街镇和重点社区建立了75个外管服务站，整合公安、房管、工商、税务等部门资源，为辖内外国人提供一站式服务；在居住外国人50人以上的社区开展创建“和谐家园”活动，引导外国人共同参与社区建设和管理，充分融入社区”。[②]

广州还给外国人来穗寻找工作提供平台渠道。从2011年开始，每年举办外籍人才招聘会。伴随影响力的扩大、参会人才的增多，招聘会越来越受到国内企事业单位的认可和热捧。报名参加招聘会的单位从单一的教育类机构逐渐扩展到其他企业等；同时，越来越多外籍人才希望通过这种面对面的交谈互动与用人单位深入接触，选择满意的岗位。这也加快了把广州建设成为立足华南、服务全国、联通世界的国际人才港的步伐。

2017年11月19日，在广州举行的“2017外籍人才招聘会（广州）”共吸引了近500名外籍人才参加。[③]数据显示，外籍人才不再是大型企业和跨国集团等的专利，参加招聘会的部分外籍人才也开始走进广大中小微企业。到这届招聘会求职的外籍人士应聘的工作涉及企业管理、工程设计、国际贸易、信息科

①摘自《广州日报》2018年1月30日刊登的《超四成在穗外国人来自发达国家　素质总体向好》，作者是李栋。

②同①。

③据《南方日报》2017年11月20日刊登的《500名外籍人才在广州觅工作》，作者是朱伟良。

技、动漫、工业设计、生物医药、计算机、机械模具、医疗管理、市场营销、语言教育等众多专业领域。

这也是自我国2017年4月1日实施“外国人来华工作许可”制度以来首次在穗举办的外籍人才招聘会。招聘会上可以观察到，人才来源呈现多样化，从往届的欧美人才为主，到现在来自五大洲数十个国家的人才前来应聘。此外，招聘会上，外教岗位和1万至2万元/月的薪资待遇占大多数，有薪资较低的外籍人才岗位开出了五六千元的月薪价码。①

来自西班牙的市场营销专员阿雷索（Alessio di Luciano）②在广州生活了4年后想在此创业，他说出了希望长久居住在广州的外国人的心里话：“中国需要走向世界，世界也需要走进中国，这时候就需要有桥梁，有沟通的渠道，我们这些外籍人才就是很合适的选择。”③长期居留给外国人的市民化提出了新要求，也是广州走向国际化的必然趋势。

四、外国朋友逐渐融入本地社会

在广州长期生活的外国朋友也开始了融入本地社会。他们组建的最大的一个交流平台，联结了约5000名在穗外籍人士，提供“生活小助理”等服务。这些服务包括社交聚会、教育培

①摘自《南方日报》2017年11月20日刊登的《500名外籍人才在广州觅工作》，作者是朱伟良。

②本书中涉及的外国人名，原则上使用中文译名并括注外文原名，个别难以核查外文原名或中文译名的除外。

③摘自《南方日报》2017年11月20日刊登的《500名外籍人才在广州觅工作》，作者是朱伟良。

训、闲置转卖、租房中介、求职平台、急诊导医、上门维修、消费折扣、旅游体验等。

该交流平台由毕业于广东外语外贸大学、曾从事猎头顾问的帕特里克（Patrick）和他的外籍好友法比奥拉（Fabiola）创立，关联多个微信公众号，其约5000名会员来自加拿大、澳大利亚、俄罗斯、乌克兰、印度等33个国家和地区，群友年龄大多集中在25至35周岁，在广州从事着平均月薪两万元上下的白领工作。因此，这个平台聚集了大多数靠工资生活的普通外籍白领。帕特里克宣称“我们避开打高尔夫、品红酒这样的定位高端的休闲娱乐活动，而是去切合普罗大众的需求，做实用性强、接地气、跟本地更多联系的活动，希望帮助会员节省时间、找到更多融入广州的机会”[①]。

类似的社交组织还有2015年创办的DU Talk平台。其会员主要来自美国、加拿大等母语为英语的国家，瑞典、法国、比利时以及中东的会员则占一成左右，年龄集中在20至40岁，职业以外教为主，还有其他上班族，如设计师等，少数是大学生。

经过2000多年几乎不间断的开放后，广州的国际化水平正不断提升。近几年，广州提出建设引领型“全球城市”，吸引一大批本地化甚至居民化的外国朋友将是一大特点。

改革开放30周年时，中共广州市委宣传部组织编写了一本《洋眼看广州》，当时更多的是采用一种“外宣”的视角。时至改革开放40周年的2018年，再编写一本《世界看广州》，已

①摘自《新快报》2018年1月31日刊登的《在穗老外有“组织”留守过节不寂寞（2）》，作者是罗韵、朱烁然。

经全然不同。

首先，体例风格不同。前者从2008年开始，一共编写了《老外眼里的广州三十年》《激情盛会 魅力羊城》《中国梦 广州梦》《我和成功有个约会》《缤纷花城 多彩广州》《老朋友 新海丝》等6册，每册是20位左右外国朋友对广州的看法，从不同角度“看广州”；而本书中人物采访仅是其中一部分内容，同时以“概述”“走笔”等形式梳理改革开放以来广州对外交流各领域的发展变化，并精选了相关媒体评述，角度更全面。

其次，内容更加丰富。除时间跨度更大外，本书与前者最大的不同在于，本书分8章，分别采访了领事官员、友好城市领导、企业外商、外教、留学生、外国游客、外国运动员、外国演艺界人士等，全面深入分析了广州相关领域40年来的基本成就、主要特色和发展趋势。为了增强历史纵深感，还选编了过往媒体的一些重要采访。

最后，数据具有参考价值。由于有多个政府部门配合并提供资料，本书搜集、整理了外事活动、国际经济以及教育、旅游、体育、文化交流等领域的大量数据资料，对相关领域的工作和研究有一定的参考价值。

当然，本书也只是广州对外开放一个阶段的记载，特别描述了外国人在广州身份的变化历程和转折点。当来广州居住的外国人越来越多并逐渐开始市民化、把广州当作自己的家以后，“洋眼看广州”也就成为历史了，也许在这个过程中本书已经发挥了自己应有的作用。

目　录

Contents

第一章

领事官员看广州

通常来说，领事馆大多设立在区域性中心城市，比如特殊的口岸城市或与国外联系特别广泛的城市。一国设立领事馆也多少与该国在当地的侨民人数、经济活动频繁程度有关。一个城市，如果很早就设立外国领事馆，往往说明这个城市开放得早；如果设立的外国领事馆很多，往往说明这个城市开放程度较高，并且国际化程度高、辐射能力强。常驻这个城市的领事官员通常是派驻国官员中最熟悉驻在国或驻在城市区域的外国人。因此，领事官员如何看待广州就成为外国官方较有代表性的看法和视角。

一、概述：驻穗领事馆的发展是广州改革开放40年成果的体现

领事馆是一国驻在他国某个城市的领事代表机关的总称，有总领事馆、领事馆、副领事馆等，负责管理当地本国侨民和其他领事事务。两个国家断交，一定会撤销大使馆，但不一定撤销领事馆。北京是我国的政治中心，世界大多数国家都在北京设立大使馆。广州是外国驻中国领事馆数量第二多的城市，截至2018年8月17日，广州共有领事馆62个，仅次于上海。除此之外，设立超过10个领事馆的城市只有成都和重庆，而

且都不超过20个[①]。这多少体现了相关城市在国家城市体系和空间布局中的地位。

总的来看，截至2018年8月有178个国家与我国建立了外交关系。在内地有近200个领事馆，广州占近1/3。此外，香港有90余个。[②]与香港如此靠近，仍有数量庞大的领事机构，固然与广州对外开放早有关，也与广州的地理位置和地位有关。

领事关系是国与国经常联系的一种形式，是外交关系不可缺少的组成部分，也是国家处理和发展对外关系的重要手段。改革开放以来，随着我国综合国力不断增强，中外领事关系取得了很大发展，对改善我国外交关系起了重要作用。

随着广州的改革开放推进，外国驻穗领事馆数量也随之逐年攀升，直接体现了广州改革开放40年的成果。驻穗领事馆作为连接广州和世界的桥梁，其官员长期生活在广州，对改革开放以来广州所经历的变化较为熟悉。领事官员往往阅历丰富，到访过许多城市，对广州的特别之处可能有独到的理解。领事官员较其他在穗生活的外国人，更有机会接触到广州的精英阶层，对广州的了解更加全面深刻。

广州是西方各国在中国设领事馆最早的城市之一。清末和民国时期，分别有20个和25个国家在广州设领事馆或总领事馆。清朝道光二十一年（1841）起，各国陆续在广州设立领事馆，至宣统三年（1911）在广州设领事馆的有20个国家，按开馆时间的顺序排列，分别为美国、法国、丹麦、英国、比利时、荷兰、秘鲁、智利、德国、西班牙、葡萄牙、巴西、奥匈国、瑞典、挪威、日本、俄国、意大利、墨西

①据中国领事服务网以及主要城市官方网站资料整理。

②同①。

哥、古巴。中华民国成立后，各国驻广州领事馆基本保留下来。

民国时期，在广州派驻领事的国家有英国、美国、德国、法国、日本、葡萄牙、西班牙、比利时、瑞士、荷兰、瑞典、丹麦、挪威、芬兰、意大利、捷克、俄国、菲律宾、泰国、巴拿马、墨西哥、智利、哥斯达黎加、尼加拉瓜和萨尔瓦多等25个国家（其中有些国家驻广州的领事由驻香港领事馆管辖）。外国驻广州领事馆曾一度设于十三行地区。清朝咸丰六年（1856）底，该地区被焚后，英、法两国于咸丰十一年（1861）分别强租原广州将军衙门、广东藩司衙门为领事馆。

美国是最早在广州设立领事馆的国家之一。1786年，当“中国皇后”号完成中美贸易航行后，山茂召被“国会奖给广州领事任命”，他成为美国驻中国第一个外国代表。19世纪，还是乔治·华盛顿当总统的时候，美国驻广州领事馆就已经是美国在中国甚至是在远东地区最早的一个外交机构，在推进中美两国关系中有不可或缺的重要性。在20世纪80年代初，美国驻广州领事馆成了中国境内唯一处理赴美移民签证的地方。到1992年，美国在华所有领养签证也由驻广州领事馆统一处理。

截至2018年8月17日，外国驻穗总领事馆共有62个。过去5年（2014—2018）来，广东遵循中央顶层设计，积极参与国家“一带一路”建设，加强与欧美发达国家经贸联系，深化粤港澳合作，在构建对外开放新格局方面取得积极成效。5年来，共新增16个驻穗领事馆（见表1-1）。

表1-1　外国驻广州领事馆一览表（截至2018年3月26日）

序号	国名/ 设馆日期	领区	馆址及邮编	联系电话/传真
1	美国 1979年8月31日	粤桂闽琼	天河区华就路43号，510623	020-38145000 / 38145650
2	日本 1980年3月1日	粤桂闽琼	越秀区环市东路368号花园酒店东楼1～3楼，510064	020-83343009 / 83338972
3	泰国 1989年2月12日	粤琼	海珠区赤岗领事馆区友和路36号，510310	020-83858988- 0/83889567
4	波兰 1989年7月22日	粤桂琼	荔湾区沙面大街63号，510133	020-81219993/ 81219996
5	澳大利亚 1992年12月9日	粤桂闽琼湘	天河区临江大道3号发展中心12楼，510623	020-38140111/ 38140112
6	越南 1993年1月18日	粤	越秀区侨光路8号华厦大酒店A座6楼，510115	020-83305911/ 83305915
7	马来西亚 1993年10月24日	粤闽琼赣湘	天河区天河北路233号中信广场1915～1918室，510613	020-38770765/ 38770769
8	德国 1995年11月7日	粤桂闽琼	天河区天河路208号粤海天河城大厦14楼，510620	020-83130121/ 85168133
9	英国 1997年1月14日	粤桂湘闽琼赣	天河区珠江西路5号广州国际金融中心2201室，510623	020-83143000/ 83312799
10	法国 1997年4月24日	粤桂闽琼	天河区冼村路5号凯华国际中心19楼1901～1907室，510623	020-28292000/ 28292001
11	菲律宾 1997年5月23日	粤桂湘琼	越秀区环市东路339号广东国际大厦主楼706～712室，510098	020-83311461/ 83330573
12	荷兰 1997年9月15日	粤桂闽琼	天河区天河路208号粤海天河城大厦3401室，510620	020-38132200/ 38132299
13	加拿大 1997年11月20日	粤桂闽琼湘赣	天河区天河路385号太古汇一座26楼，510620	020-86116100/ 86116196
14	柬埔寨 1998年7月1日	粤闽琼	越秀区环市东路368号花园酒店东楼8楼804～808室，510064	020-83879005/ 83879006
15	丹麦 1998年9月23日	粤桂闽琼	越秀区流花路122号中国大酒店商业大厦15楼1578室，510015	020-28297300/ 86670315

（续表）

序号	国名/ 设馆日期	领区	馆址及邮编	联系电话/传真
16	意大利 1998年11月4日	粤桂闽琼湘赣	天河区华夏路8号合景国际金融广场1403室，510623	020−38396225/85506370
17	韩国 2001年8月28日	粤桂闽琼	海珠区赤岗领事馆区友邻三路18号，510310	020−29192999/29192980
18	印度尼西亚 2002年12月12日	粤桂闽琼	越秀区流花路120号东方宾馆1201～1223室，510016	020−86018772/86018773
19	瑞士 2005年10月10日	粤桂闽琼湘赣	天河区金穗路62号侨鑫国际金融中心27层01、05、06单元，510623	020−38330450/38330453
20	比利时 2005年12月20日	粤闽琼滇桂	天河区华夏路10号富力中心702室，510623	020−38772356/38772353
21	新加坡 2006年4月13日	粤琼湘桂滇黔	天河区天河北路233号中信广场2418室，510613	020−38912345/38912933
22	古巴 2006年11月8日	粤桂琼	天河区华明路9号华普广场西塔2411～2412室，510623	020−22382603−04/22382605
23	新西兰 2007年4月26日	粤桂湘闽琼	天河区天河路385号太古汇一座3006室，510620	020−89319600/89319610
24	俄罗斯 2007年4月5日	粤闽琼滇赣桂	天河区临江大道3号发展中心26楼A单元，510623	020−85185001 /85185099
25	希腊 2007年5月15日	粤闽琼桂湘滇黔	天河区林和中路8号海航大厦2105室，510610	020−85501114/85501450
26	印度 2007年10月18日	粤闽湘琼滇川桂	天河区林和中路8号海航大厦14楼1～4室，510610	020−85501501−05/ 85501510
27	奥地利 2007年11月25日	粤琼湘桂	天河区天河路208号粤海天河城大厦1202室，510620	020−85160047/85160601
28	挪威 2008年2月18日	粤闽琼桂	天河区天河北路233号中信广场1802室，510613	020−38113188/38113199
29	科威特 2008年2月21日	粤闽琼桂	天河区临江大道57号中和广场10A～10D室，510623	020−38078070/38078007
30	墨西哥 2008年4月25日	粤琼闽湘赣桂	天河区天河路208号粤海天河城大厦2001室，510620	020−22081540/22081539

（续表）

序号	国名/ 设馆日期	领区	馆址及邮编	联系电话/传真
31	巴基斯坦 2008年6月27日	粤闽湘琼桂	天河区天河路228号广晟大厦705～706室，510620	020−85505679/85505682
32	以色列 2009年3月22日	粤闽琼桂	天河区临江大道3号发展中心19楼，510623	020−85130509/85130555
33	西班牙 2009年6月14日	粤闽湘桂琼黔滇	天河区华夏路10号富力中心501、502A、507、508室，510623	020−38928909/38927197
34	埃塞俄比亚 2009年6月14日	粤湘闽赣琼桂	天河区华夏路28号富力盈信大厦1712室，510623	020−38350575/38350585
35	阿根廷 2009年7月21日	粤闽琼桂	天河区天河路208号粤海天河城大厦2405室，510620	020−38880328/38880326
36	厄瓜多尔 2009年9月8日	粤	天河区华夏路10号富力中心1801室，510623	020−38927650−0/38927550
37	巴西 2010年4月15日	粤琼桂闽湘黔滇	天河区华夏路10号富力中心1403室，510623	020−83652236/83652203
38	智利 2010年12月29日	粤琼桂闽	天河区华夏路10号富力中心905室，510623	020−38928270/38928275
39	马里 2011年7月18日	粤闽琼桂	天河区天河路228号广晟大厦2201室，510620	020−38330349/38060452
40	乌干达 2011年8月15日	粤闽琼桂	天河区华夏路28号富力盈信大厦28楼2812室，510623	020−38686506/38686561
41	伊朗 2011年12月23日	粤闽湘桂	天河区临江大道57号中和广场8B1室，510623	020−83278495/83278491
42	土耳其 2012年1月12日	粤闽琼桂	天河区临江大道3号发展中心23A室，510623	020−37853093/37853496
43	斯里兰卡 2012年3月27日	粤闽琼桂赣	越秀区环市东路368号花园酒店M02室，510064	020−83652857 / 83652857
44	乌克兰 2012年5月30日	粤黔琼湘桂	天河区天河北路233号中信广场1407室，510613	020−38773755/38773513

（续表）

序号	国名/ 设馆日期	领区	馆址及邮编	联系电话/传真
45	老挝 2013年9月23日	粤琼赣闽	越秀区环市东路339号广东国际大厦主楼1103室，510098	020-83340710/83327306
46	秘鲁 2013年10月2日	粤桂黔琼滇湘	天河区珠江西路5号广州国际金融中心3201室，510623	020-66311810/66311804
47	吉尔吉斯斯坦 2014年4月8日	粤闽赣湘琼桂	天河区天河路228号广晟大厦707室，510620	020-38013875/38013472
48	尼日利亚 2014年7月9日	粤桂琼	天河区天河路228号广晟大厦902～903室，510620	020-85219781/85219285
49	科特迪瓦 2014年7月12日	粤闽琼赣桂	天河区华夏路16号富力盈凯广场1011、1012室，510623	020-38368416/38368415
50	刚果（布） 2014年8月15日	粤琼闽桂	天河区花城大道68号环球都会广场2407、2408单元，510623	020-87574052/87574052
51	哥伦比亚 2014年12月12日	粤桂黔滇琼	天河区珠江西路5号广州国际金融中心3612室，510623	020-88834826/88834829
52	安哥拉 2015年11月6日	粤闽琼桂	天河区林和西路1号广州国际贸易中心6楼02单元，510610	无固话/传真 020-85165417
53	卡塔尔 2015年11月10日	粤桂闽琼	天河区花城大道68号环球都会广场2601～2604室，510623	020-39499200/89815853
54	阿联酋 2016年6月15日	粤桂琼	天河区冼村路5号凯华国际中心2405～2407室，510623	020-85279857/85279863
55	赞比亚 2016年6月28日	粤闽琼桂	越秀区环市东路339号广东国际大厦裙楼505室，510098	无固话/传真 020-83772383
56	沙特阿拉伯 2017年1月1日	粤闽桂琼	天河区冼村路5号凯华国际中心2607～2612室，510623	020-87578750/87577786
57	塞内加尔 2017年3月6日	粤闽桂琼	天河区华夏路26号雅居乐中心14层1404室，510623	020-89285457/89286342
58	尼泊尔 2017年4月25日	粤桂闽琼	天河区兴民路222号天盈广场东塔1109号，510623	020-87066400/87066402

（续表）

序号	国名/ 设馆日期	领区	馆址及邮编	联系电话/传真
59	苏丹 2017年5月15日	粤赣闽湘贵琼浙桂	天河区华夏路30号富力盈通大厦2813、2814室，510623	020-89287942/89287943
60	葡萄牙 2017年7月17日	粤琼闽桂	天河区珠江西路5号广州国际金融中心3811号单元，510623	020-87581621/37889330
61	白俄罗斯 2017年12月29日	粤闽湘贵琼桂	广州市天河区珠江新城临江大道3号发展中心大厦16楼A1单元，510627	—
62	乌拉圭 2018年3月26日	粤闽贵琼桂	广州市天河区华夏路10号富力中心5楼02B单元，510623	020-38617075/38617075

资料来源：广东省人民政府外事办公室网站。另据《南方日报》2018年10月28日报道，2018年10月26日，委内瑞拉玻利瓦尔共和国驻广州总领事馆开馆

二、走笔：驻穗领事馆不断发展中

从62个驻穗领事馆的设立时间可以看出，外国在广州设立领事馆的增加速度与改革开放的发展、广州城市国际地位的提升密切相关。

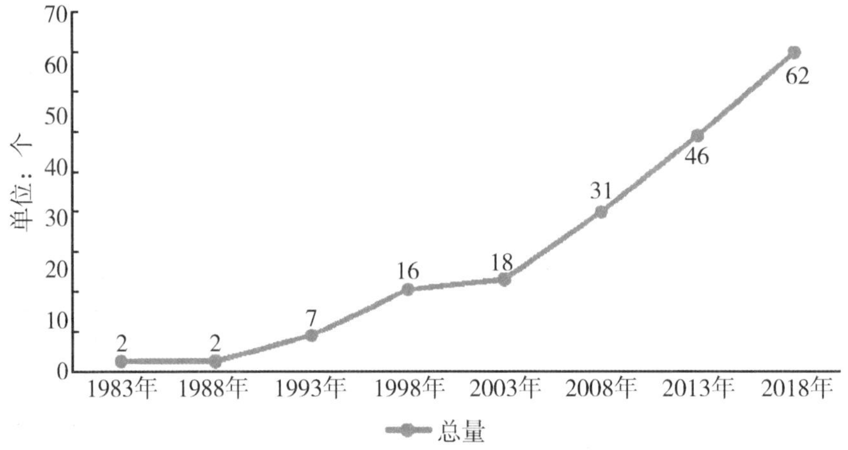

图1-1　改革开放40年外国在广州设立领事馆走势图

根据表1-1统计、整理、分析出的图1-1显示，从1979年到1988年的10年间，在广州仅有2个外国领事馆；到1998年，广州的领事馆数量猛增到16个，翻了8倍，而1989年广州的地区生产总值刚好超越天津，成为全国第三城；到2008年，驻穗领事馆增加到31个，与1998年相比又将近翻倍，这十年，广州实施了以“一年一小变、三年一中变、2010年一大变”为目标的环境整治工程，并推进了“亚运城市”建设，城市面貌焕然一新；到2018年3月，广州的外国领事馆数量比2008年又翻了一番，达62个。近年来广州成为国家重要中心城市，在全国的枢纽地位更加明确，并开始向“全球城市”进军，2017年进入全球一线城市行列。

近40年来，各领事馆在广东省对外交流合作中起到重要的渠道与桥梁作用。外国驻广州总领事馆的设立，为广东省与领事馆派遣国搭建了长期、稳定的交流合作桥梁，有助于广东省构建对外开放新格局。此外，各领事馆在推动派遣国与广东省经贸合作方面发挥着重要作用。2016年广东省与各派遣国的贸易额达5594.07亿元，约占广东省与外国贸易总额的80.3%。在各领事馆的协助下，截至2018年5月，广州已与37个国际城市缔结友好城市关系，与34个国际城市缔结友好合作交流城市关系；分别与新加坡、韩国、越南、泰国建立合作机制，与新加坡共同建设中新知识城。广州与这些友好城市在科技、文化、教育、卫生和旅游等领域的合作取得了丰硕成果。同时，广州市民也能直接享受这些合作带来的“红利”，企业和老百姓“走出去”经商、学习、旅游或探亲地域更广，签证更便利，直飞航线更多。①

为了发挥驻穗领团资源优势，广州市人民政府外事办公室（下称“市外办”）积极统筹协调，协助各国驻穗领事机构安排各项交流合作

①据广州市人民政府外事办公室统计资料统计。

业务，内容涵盖商业、文化、金融、教育、环保、卫生、体育、投资等领域，大力推动驻穗领事馆和广州市各职能部门的友好往来和联系，邀请并安排领团出席市政府及各局委办、各区举办的活动，为广州市经济、文化、社会等方面的对外交流和合作创造良好环境。

以2017年为例，市外办积极发动驻穗领事官员参与广州市经济文化活动，外国驻穗总领事馆共90位官员旁听了政协第十三届广州市委员会第一次会议、广州市第十五届人民代表大会第一次会议开幕式和闭幕式；30国驻穗总领事馆的50名领事官员（含19位总领事）出席了2017年广州国际旅游展览会开幕式；34国驻穗总领事馆的52名领事官员出席了2017中国广州国际投资年会全体大会和“广州之夜”活动；18家驻穗领事馆的27位领事官员及多个外国驻穗商会出席市外办和市金融局联合举办的广州市金融业推介会；54位驻穗领事官员出席2017广州《财富》全球论坛主旨演讲和城市招待晚宴等。这些活动充分展示了广州市各项事业发展成果，加强广州市的国际合作与交流，优化了广州市对外投资、经商和生活环境。

三、采访直录：个性化的总领事们

（一）泰国总领事：广州很多方面已在亚洲领先

采访者（P）：彭澎

被采访者（V）：瓦信·兰巴替盛（Vasin Ruangprateepsaeng）

记录整理：卢楚焱

时间：2018年1月10日下午

地点：泰国总领事馆会议室

1. 从留学生变成“中国通”

P：您在广州工作多长时间了？在这之前来过广州吗？

V：我很荣幸能在广州当总领事，已经快两年了。我在2016年2月19日抵达广州，下个月就满两年了。我曾做大使馆、领事馆的领事，已经有好几个任期了，在中国待了很长时间，累计有十五六年。

第一次来中国是在1985年，在北京语言学院留学，学校现在叫北京语言大学，当初是专门为外国留学生设立的。

P：留学时所学的专业是什么？

V：学的是现代汉语，属于奖学金项目，学了一年半，3个学期。我在来中国留学前在外交部工作，1987年毕业后回到泰国，工作了一年，然后1988年就到泰国设在北京的大使馆就任。当时有很多外国留学生，他们多数来自朝鲜和非洲。

P：那时候改革开放刚开始不久。

V：现在可以见证改革开放40年的成果，变化很大，当时（燕京）啤酒还是3毛钱一瓶，一碗米饭只要1毛钱。我第一届任期在北京的大使馆，待了4年。然后，第二任在昆明的领事馆。第三任又去了北京，待了4年。之后去了西安的领事馆，待了1年8个月。之后回到了泰国。回国后再去澳大利亚堪培拉大使馆当公使，在那边待了4年：从2012年到2016年。2016年初就接到任命来到了广州的领事馆，我感到很荣幸。我们的领区有两个省，广东省和海南省。

2. 在广州开设第一个领事馆

P：跟别国的领事馆的领区有点不一样？他们的领区比较大。

V：泰国是在中国设立领事馆最多的国家。

P：贵国在中国设立了多少个领事馆？

V：中国大陆8个，加上设在台湾和香港的，一共10个。所以，我们现在的领事馆设立在大陆东南部的就只有广东。往西有广西南宁总领事馆。第一个领事馆就设在广州，1989年就开了。然后昆明第二、上海第三、成都第四，随后南宁、西安、青岛。除了常驻，我以前在泰国外交部工作的时候也在管中国事务的一个处工作过，以前叫政治处，现在叫东亚司。因为工作需要，陪同代表团来广州不下10次。

3. 跟1988年相比广州变得更美、更现代化

P：第一次来广州工作是哪一年呢？

V：应该是1988年吧，当时在北京大使馆工作。任期从年初开始，年底就来了广州。当时正好朱拉蓬公主到广州来访问。所以，以前来过，印象很深刻。我本人也有中国血统。我父亲是广东梅县的，所以我曾两次从广州转机到梅州。

P：您父亲带您去的吗？

V：是的，我父亲也经常来中国探亲。他去世以后，我和母亲还有姐姐也来过两次。我父亲19岁去了泰国。

P：您对广州的第一印象如何？1988年来时的印象和现在的印象有什么不同？

V：变化挺大的，我觉得广州气候好，我曾经在许多中国的城市居住过，广州的气候是最舒适的。昆明和广州的天气跟泰国很像，气候好，食物品种丰富，植物也跟泰国很相似，例如空心菜和芥蓝，在北京很难找到，在这里都很普遍。水果也基本可以找到，柠檬、芒果等。当时的交通已经很方便了，现在更好，更现代化。地铁、航空也很发达，比如白云机场。因为广东是个大省，广州是省会，所以容纳的人比较多，接待的外国客人也很多。跟以前相比，市容更美了，更干净，厕所也做得更好了。1988年来的时候广州还没有地铁，当我2004年来的时候，广州已经开通了地铁。

P：是的，1999年广州开通了地铁一号线。

V：以前人口没有现在这么多。

4. 最早进驻新领事馆区，是泰国在中国自己建设的第一个馆舍

P：贵国领事馆第一个馆址是在哪里呢？

V：第一个馆址是在白天鹅宾馆，1989年进驻，然后在那里有10年左右，2002年搬去了花园酒店，2014年7月搬到了现在这里（海珠区赤岗领事馆区友和路36号），已经有3年多了。

P：你们是第几个搬来这里的领事馆的？

V：第二个，本来应该是第一个的，但我们的建设速度比较慢。我是第九任泰国总领事。当时我们的第六任总领事，跟中方的有关部门协商购地，就有了泰国政府自己的土地。第七任总领事设计了这个领事馆，设计好后就开始动工建设。然后2010年广州举办亚运会，我们有外长来参加奠基仪式，建了三四年。2014年4月5日，诗琳通公主亲自来这里主持了开馆仪式。很多泰国外交部的外长、副外长都来过了。

广州领事馆是泰国第一个在中国自己建造的馆舍，第二个在北京，第三在上海，其他的现在还没有建馆。建馆的手续挺复杂的，目前为止建的馆都比较顺利，所以对广州的印象就特别好。泰国和中国的关系很好，人民的关系也很友好。

5. 广东与泰国来往密切

P：广州有很多人去泰国。

V：是的，很多。20世纪80年代末到90年代，以旅游的人群为主，有著名的新马泰旅游线路。泰国接待旅客的时间比较早，重点是吸引国外的旅客。以前西方国家是我们的主要目标，现在亚洲国家变为主要目标。20世纪80年代末至90年代去泰国的游客数量马来西亚是第一，日本第二，中国第三；现在中国变成了第一，2015年就已经有870万人次中国

旅客来泰国了，2016年中国游客到泰国旅游达到980万人次，其中1/4来自广东。2017年泰国接待外国游客总量有3500万人次，其中将近1000万人次来自中国。中国有越来越多的人到泰国来，未来可能会超过2000万人次。

P：980万人次旅客当中有1/4来自广东？

V：是的，25%左右。我们的签证量很多，昨天有9000多本，今天又有7000多本护照送签，旅游签越来越多。

P：签证在这里办理吗？

V：签证在一楼，由另外一个门进去，这里是北门，下午不对外开放，早上八点半就有人来排队了。韩国领事馆也在附近，他们是外包的。现在我们送签的有40个公司，他们帮了很大的忙。

6. 很多方面已在亚洲领先

V：广州发生的变化很大，基础设施都很好。以前的交通没有现在堵塞，现在广州跟曼谷一样，上下班时间都很堵。但是，现在广州的交通运输网变得很好，例如公路，四通八达。从广州出发，一个小时内就能到达佛山、东莞、中山这些城市。高铁、动车都有。

P：广东所有的城市您都去过了吗？

V：没有，广东21个地级市，我去过10个，江门、开平、珠海、深圳、梅州、韶关等。

给我留下最深刻印象的变化就是中国比其他亚洲国家先进，昨天我看了微信，付款方式比泰国领先3到5年。我们现在正在学习广州、深圳的通信系统。还有你们的地铁和高铁也比较先进，还有无人机。

P：泰国有地铁吧？

V：有，比较晚一点，轻轨也有，但只有曼谷有。广州还有中国南方航空股份有限公司（下称“南航”），泰国人都很了解南航，南航每天有4到6个航班飞泰国。

P：去过中国的其他地方吗？

V：除了安徽没去过，其他省、自治区都去过了，陪同很多领导和王族，特别是诗琳通公主去访问。去了很多个城市，觉得广州特别的地方是吃的、住的，我们都很习惯，广州有很多泰国餐厅。

很多餐馆，包括“真功夫”，以前用的是泰国大米。这里气候也比较好，特别是冬天，很多人来广州避寒。所以以后广州发展旅游业，可以考虑这方面。这方面海南做得比较好。

P：是的，有20万哈尔滨人在海南买房。海南东北人、俄罗斯人很多。我听说泰国的房子挺便宜的。

V：泰国海滩比较多。我们有一个经理，他在泰国东部建了一个公寓，现在发财致富了，投资很大。

7. 广州对于泰国非常重要

P：您觉得现在广州的营商环境发生了怎样的变化？

V：很多很多，特别是贸易方面，我们很早就知道广州、深圳、珠海、汕头这些沿海城市营商环境不错，广州开发区吸引外资做得很好。现在交通运输很发达，泰国和中国地理位置又很近。

P：你们有没有了解到泰国在广州有多少投资，广州在泰国有多少投资这种数据？

V：我们没有官方的数据。但现在有两个机制，第一，泰国和广东有粤泰交流工作组，每两年要定期互访，由广东的副省长当团长，涉及的领域很广，包括经贸和文化等。2017年工作组到泰国访问，已经是第五届了，是林少春副省长带领工作组去的。泰国跟云南、上海、广西也有交流工作组，跟广东的是最早的，也是级别最高的，这是一个很好的机制。泰方到广东交流的团长是外交部的副外长，到其他省、自治区带团的是司长。第二，广州跟曼谷是友好城市，广州经常会邀请曼谷市市长和副市长来参加活动，去年的《财富》全球论坛也邀请了，但市长因工作原因不能来，很遗憾。广东开放得早，广州是中国1984年进一步开放的14个沿海城市之一。

P：是的，广东不仅早就有深圳、珠海、汕头3个特区，而且广州、湛江在1984年就已经是中国的沿海开放城市。

V：广州也是副省级城市，很早就闻名于世了，被称为“千年商都”。有很多古老的码头，很多货物都要先经过广州、香港，再送往国外。泰国的海运都要靠中国的东南地区的港口，到了以后运送到其他城市，特别是热带水果，例如榴梿，都要通过海运运送到这里来，然后用大卡车拉到江南水果市场。所以，很多领导，包括泰国总理，访问了北京后要求来广州，来看泰国的榴梿是怎么运输的，他们目睹一批批的货物在7点钟的时候离开港口，直接到江南水果市场。总理来中国进行正式访问的时候一定会来广州，来看贸易。其他贸易也看，例如泰国的正大集团，还有易初莲花，也就是卜蜂莲花，有几个连锁店在广州。现在广州有很多泰国留学生，大约有1000人，来学习汉语，涵盖了专科、本科、研究生。他们比较能适应广州的气候，这里的生活习惯也与泰国相似。

P：他们集中在哪些学校呢？

V：他们集中在中山大学、暨南大学、华南理工大学和广东外语外贸大学。来广州念高中的还比较少，因为我有中国血统，所以高中的时候学习了中文，大学毕业以后来中国进修中文。

8. 广州文化底蕴很深厚

P：关于广州的饮食文化，您之前已经谈到了。那么除了饮食方面，广州的文化产业有什么样的变化呢？

V：这里佛教寺庙非常古老，有几百年乃至上千年的历史，特别是靠近北京路的大佛寺。我去过光孝寺、六榕寺和华林寺。我们3月份可能会有一个盛会，现在正在筹备。这里佛教文化底蕴很深厚，有很多佛教徒。另外，广州的演出也做得很好，例如粤剧。有一次市外办安排我们总领事到粤剧艺术博物馆参观，那里非常古朴，有很精美的服装。

P：现在珠江上面也有个红船。

V：是的。我们还接到了省外办、市外办的邀请。这是一个很好的安排，给我们安排一天或者半天的时间，去参观广州的博物馆，特别是省博物馆。今天我们刚去了二沙岛的华侨博物馆，还有十三行博物馆，中国在博物馆方面建设很周到，投资也很大。泰国有华侨，我们有很多老图片，记录了华侨在泰国生活的情况。

9. 广州交通很方便

P：关于交通，坐过广州的地铁吗？

V：我坐过，特别是三号线，因为我们馆离客村站比较近，走路不到一公里。地铁的班次很多，间隔的时间就两三分钟，运行速度快。

P：试过在高峰期搭地铁吗？

V：也搭过，三号线是最挤的一条线，要耐心地等。

P：有些官员反映，等了3趟都挤不上去，我说："那你体验到广州交通的艰难了。"现在地铁的运营时间是早上6点多到晚上11点左右，以后可能会24小时运营。

V：现在中国还没有这个先例。

P：去年广州新开通了4条线。

V：四号线和九号线都开通了，广州交通更方便了。

P：我们现在还在大量地建设地铁线路。

V：广州的清洁也做得很好，广州人变得越来越有秩序，插队的人少了。我也坐过公交车，一卡通很方便。

P：羊城通。

V：现在用微信可以坐公交车、坐地铁了。我们泰国还没有这样的付款方式。因为公交车由不同的公司运营，很难协商。

10．广州更加平安有序

P：对于广州市民有什么样的印象？您刚才提到插队的人少了，还有些什么别的印象吗？

V：现在广州变得很整齐了，以前比较乱，现在乱的现象得到了改善。河涌边、河岸线绿化做得很好，特别是去年12月份准备2017广州《财富》全球论坛，修了很多人行道，做得很好，我们每天都在领事馆周围跑步。绿化做得好，我们每天都变得很积极。

P：有跟广州的市民接触过吗，例如去他们家里做客？

V：我觉得广州人很好客，很容易交朋友，向他们问路的时候也很有耐心解答。有一次我问一个人光孝寺怎么走的时候，他很耐心地给我指路。

P：您是自己去游玩的吗？

V：是的，自己去的。我问路的时候，他们很热情。我在广州感到很有安全感，没有什么流氓，特别是对于外国人来说，这里有很好的居住环境，安全感是很重要的。火车站没有以前乱了，政府管理得很好。

11．粤港澳大湾区建设可以与泰国4.0计划对接

P：对粤港澳大湾区有什么看法呢？

V：这个很好，泰国政府也很关注粤港澳大湾区的建设，中国很早就有珠三角、泛珠三角规划，这个我们也很重视。

P：泰国有参与吗？

V：以前参与过泛珠三角规划。

P：那是跟东盟国家合作。

V：以前在昆明举办的中国—东盟工商总会，我们的副总理颂奇也来参与了，现在他主管经贸方面。因为泰国跟中国关系很好，地理位置相近，公路距离200多公里，飞行只需要2到3个小时，特别是离广州、香港和澳门都很近。所以现在粤港澳大湾区的建设我们非常关注，希望这样的区域建设能给中国的邻居带来利好影响，特别是对东盟，因为泰国也是东盟的桥梁，为中国跟东盟各个领域上的合作搭建了桥梁。东盟国家也可以通过泰国与中国进行贸易往来。同时中国需要出口的时候可以通过泰国将物品送往东盟国家，特别是CLMV：C就是柬埔寨，L就是老挝，M就是缅甸，V就是越南。这些国家都是东盟的成员国，但他们的经济状况可能没有别的国家那么发达。泰国可以作为中国和CLMV的一个桥梁，通过粤港澳大湾区起到支撑作用。现在泰国正好有一个4.0计划，还有泰国的东部经济走廊，现在政府非常重视，正在改善投资环境，希望更多的外国商人或者外国政府来泰国探讨合作。中国政府对泰国4.0计划和东部经济走廊的建设也比较了解。

P：4.0计划的主要核心是制造业还是其他？

V：就是高新技术、创新业态，我们也邀请了华为和一些航空公司到泰国。泰国的东部相对比较重要，因为它离曼谷不是很远。

P：那是不是跟中国的“一带一路”有关系？

V：是的，要配合好中国的“一带一路”和《中国制造2025》[①]，还要配合好中国政府在习近平新时代中国特色社会主义思想指导下全面建成小康和全面建设社会主义现代化国家等部署。跟香港和澳门也能够配合，港珠澳大桥马上就要开通了，很多东盟国家都对粤港澳大湾区建设很关注。

---

①《中国制造2025》是国务院2015年发布的中国制造强国战略的第一个十年行动纲领。

P：广州原来提出过，不知道泰国那边有没有呼应，就是从广州可以坐火车到泰国，您认为有没有这种可能性呢？现在是坐飞机去泰国，以后可以坐火车去。

V：有的，以前有曼昆公路，现在已经有不少人自驾去泰国。关于铁路运输，中国政府正帮泰国修高铁，大概2021年通车。从西双版纳的勐腊县出境正在建设中。去年12月21日，泰国总理跟中方代表团共同出席了奠基仪式，第一阶段的高铁600多公里，以后也可以乘高铁去马来西亚、新加坡。在交通方面，中国跟东南亚其他国家的连接要通过泰国、老挝、缅甸或者越南，我们都是东盟的交通中心。

12. 中泰文化交流频繁

P：您有什么特别难忘的“广州故事”可以跟我们分享？

V：我通过市外办联系广州少年儿童图书馆，办了一个活动。通过讲故事的方式，把泰国的故事传播到中国来。少年儿童图书馆在少数的几个城市才有。

P：是采取你们赠送的书籍的方式还是其他方式？

V：安排了故事书，让我讲故事给小朋友听。是把泰国的书翻译成了英文，但我是用泰文讲给小朋友听的，现场配有翻译。

P：广东外语外贸大学有泰文教学吗？

V：有开设泰语系，1970年开设的，开了48年了。他们早前有个论坛叫“泰语教学改革发展”，做得很盛大。我们经常联合举办一些活动，每年都有捐款，有十几万泰铢。

P：那么一年大概有多少学生？

V：每一届的人数都不一样，大概是20人，今年刚招的一届是17人。

泰语系在中国的十几个省（区、市）都有开设，包括北京、上海、广东等。大概有20个大学或机构开设了泰语专业。泰语系学生毕业了以后有些在外交部工作，有些在电视台、电台、旅行社和领事馆工作，也有一些到泰国工作。学校也有选派大二、大三的学生到泰国当交换生。目前正在洽谈以后互相派遣留学生的事宜，领事馆还会颁发奖学金，每年都有。

P：就是交换生的奖学金？

V：是的，给优秀毕业生的。因为到泰国的费用很高，要在那边待6个月。

P：您去过那么多的地方，对什么地方印象深刻？

V：其实广州还有很多旅游景点，除了寺庙，著名的还有陈家祠、广东省博物馆、长隆等。长隆做得很好，除了广州，好像珠海也有。

P：是的，珠海横琴也有一个。清远的还在建设。

V：我们之所以会了解是因为有泰国人在长隆工作。长隆有马戏团的表演，他们工作得很愉快。

很多外国人不太了解长隆，所以需要做很多宣传，特别是小朋友们，他们很喜欢动物，看袋鼠不用特地跑去澳大利亚看了，可以在这里看。

P：长隆的动物品种很多。

V：长颈鹿、白老虎等，泰国的清迈也有白老虎。我们有交流合作。

P：这里的白虎是从泰国过来的吗？

V：不是，是将这里的白虎送到清迈培养。

P：这里的白虎是很有名的。

V：他们饲养得很好。

13. 为广州人去泰国旅游提供优质服务

P：泰国签证申请人数增长的趋势，您有具体的数据吗？

V：主要是旅游签证，旅游签证变得越来越多，虽然我们现在提供了落地签证的服务，但落地签证可能会遇到一些困难，到了泰国后办理落地签证需要排比较长的队伍。

P：你前面讲到，前往泰国的中国游客中广东占1/4，你们每个月签证量比较大吧？

V：每个月应该有10万本左右。

P：从980万到1000万本，中国往泰国的游客，2017年比2016年增加了10%左右。这个10%左右的增长，是持续性的增长，还是去年突然爆发的？

V：每年的增长率都在10%左右，去年我们有9个月的时间有免签证费的措施，吸引了很多游客。因为有一段时间泰国旅游产业下滑，酒店入住率不高。

P：这是你们办的一些推广活动？

V：是的，现在我们的签证费大概是230元人民币，不算高也不算低。

P：这个签证是一签几年还是一次一签的？

V：是一次一签的。

P：现在美国都是一签10年了。

V：我们现在还没有这个政策。如果要多次访问或多次旅游，就是导游或者领队这一类，他们可办理多次往返签证，最长不能超过6个月。游客现在一签最多可待60天。如果在泰国生病或者出了什么事故的话，签证可以延期。因为吃的、住的都很习惯，很多人都去过不止一次。

P：以前大家会去曼谷、芭提雅，现在他们会去普吉岛等海岛。

V：最近很著名的《泰囧》，在清迈拍的。还有最近湖南卫视拍的《中餐厅》，是在象岛拍的，现在也有很多人去象岛——在泰国的东部。也有去苏梅岛、普吉岛的，越来越多中国人去。而且现在曼谷航空公司开通了直飞航班，这条航线开通将近一年了，凌晨两点起飞，到达泰国可以直接开始游玩。泰国的海滩很多，游轮也会越来越多。以后我们会改善签证服务，为游客提供方便。现在星期一送签星期四就可以取了，因为工作量很大，从原来的一天就可以取，到现在需要三四天。我们会尽力为广州市民去泰国旅游提供优质服务。

14. 希望加强与广州的交流和合作

P：泰国有计划加强跟广州的交流和合作吗？有什么样的重心？

V：众所周知，我们领事馆的工作跟大使馆的工作相似，只是我们没有政治安全功能，我们在各个领域都希望与广州推动和加强合作。我们一直跟市外办配合得很好，当有泰国访问团来的时候我们也要跟省外办和市外办联系。我们希望两地能有商业互访，我认为这里面的商机潜力较大，希望能有更多的交流，加大进口或出口量。除了外交部，我们还有商务处、农业处、海关，还有促进投资委员会，其驻中国的办事处就在领事馆的二楼。这里还有泰国旅游局、泰国国际航空公司（简称"泰航"）的办事处。我们经常开会，探讨推动跟广东的经贸、文化、旅游、教育、创新和智慧城市的合作。

P：是的，这也是我们广州发展的重点。

V：农业方面，泰国有自由贸易区，是免税的，做得很先进。榴梿等多种水果可以引进广州，希望有更多的品种可以进入中国市场。

P：进入中国市场的泰国水果有多少？

V：有23个品种，例如榴梿、芒果、山竹、波罗蜜，这些都是热带水果。水果项目一共有100个左右。中国的水果也可以贩售到泰国，比如说樱桃、苹果这些，因为我们种不了。这些水果都是季节性的，5月份的时候是榴梿，榴梿比较有名。

除了水果还有大米，整年都有，泰米有香米。我们正在整顿香米市场，一定要含有92%以上香米的米才能被称为泰国香米。泰国不是所有地方都可以种香米的，大部分是在泰国的东北部地区种植，中部和南部种不了。乳胶也有出口到中国，做枕头那种。所以潜力很大，有推动的空间，希望在广东的贸易总额能够上升。另外，关于旅游，我们希望更多中国人去泰国旅游，也希望他们能开心地玩，愉愉快快地回来，没有投诉。

我们现在新开了很多项目，在大城市例如曼谷、清迈、普吉和苏梅岛，还有一些副城市。我们把旅游城市分A等、B等、C等，希望能吸引更多的外国游客，无须集中在A等城市。现在到很多城市已经很方便了，坐船和坐飞机都能到。也有很多泰国人来中国，他们来这里留学和经商，泰国人喜欢来这里购物，这里的货品物美价廉。我太太经常去站西路和桂花岗购物。

15. 对广州的建议集中在机场服务方面

P：您对广州的发展有什么好的建议呢？

V：我觉得广州做得很好，国际性的会议越来越多，这些会议对广州起到积极作用。今天我们去市政协开会，会议提出了要做好扶贫工作。我们有信心，你们会做得更好。

P：有什么个人特别的建议？有哪些值得改善的地方？

V：就是机场方面，希望更多泰国的航空公司可以开通到广州的航线，这样会助力中国的发展，特别是广州的发展，互相帮助。

P：泰航是政府的，曼谷航空公司（简称“曼航”）是私人的？

V：是的，曼航是私人的，泰航是政府持股的，政府有50%以上的股份。曼航有航班到广州了，可是因为时间的关系，他们要考虑回去的时间不要超过下午6点，因为泰国有些机场不像白云机场这样24小时开放，曼谷机场可以，但在苏梅岛的机场不行。现在泰航也想每天开3个航班，可是找不到合适的时间。只有晚上一两点钟的，泰方不太方便。希望能在白天开设航线。

P：您提的建议既涉及白云机场，也涉及泰国的机场，相信双方能在沟通的基础上找到解决问题的办法。

V：其他好像都做得很好，环境方面也做得很好，经常有国际会议。地铁可以考虑开通24小时运营的线路，特别是到机场的。前天我11点去地铁站地铁就停运了。晚上11点后的航班很多，可是地铁停运了。

P：是的，现在很多航班都是晚上一两点到，没法乘地铁。

V：还有另外一个小小的建议。现在很多大场所，我去了以后找不到咨询人员。以前很多人可以问路，去机场后，方圆15到20米以内经常找不到工作人员。

16. 改革开放40年对世界和平稳定有积极影响

P：我们这本书是为了广州改革开放40周年编写的。那么您认为改革开放到底带来了什么样的影响?

V：中国改革开放40年来做得很好，对内对外都做得很平衡，以前你们讲和平和发展，现在对内的经济建设做得很好，领导也有指导方针，特别是十九大精神、“一带一路”建设，是明智的政策。你们对党的领导有信心，你们会做得更好。我也体会到去年的国庆节的时候，很多中国人都很自豪。现在跟改革开放之前相比，变化非常大，如果再往前看，和1840年鸦片战争的时候对比，更不一样了，现在中国站起来了。1/4的世界人口已经站起来了，中国进入高速发展的阶段。从1949年到现在已经快70年了。

我们也看到了中国改革开放的成果，在和平方面做得很不错，很多国家正在关注，我们也很有信心中国会在这个方面做得更好，为了世界和平，中国的稳定对本地区的和平稳定会有积极影响。同时，你们扶贫的工作也做得很好，成绩很不错，特别是减少了贫困地区，现在贫困地区还剩不多，据我了解，大概还有6000万贫困人口。

P：有去过中国的贫困地区吗？

V：我们泰国政府很重视这个事情，我们去过韶关。

P：广州的去过吗？

V：我们曾经参与了一个活动，是在广州的增城樟洞坑村，我们领事馆给他们建了一个市场——蔬果交易市场。

P：就相当于我们说的对口帮扶一样的。

V：我们通过省外办在韶关有对口扶贫。这样做很好，单位跟农村对口，加快让他们脱贫。社会问题也有一些，但我们有信心中国能够把握好、解决好，建成小康社会。

（二）西班牙总领事：广州的现代化令人印象深刻

采访者（P）：彭澎

被采访者（M）：马尔克斯·戈麦斯·马丁内斯（Marcos Gómez Martínez）

记录整理：卢楚焱

时间：2018年1月12日上午

地点：西班牙总领事馆办公室

1. 西班牙与广州关系源远流长

P：你们什么时候在广州开设的领事馆？

M：我们的领事馆成立于2009年。西班牙和广州有很深的渊源。在16世纪末期，西班牙就和广州建立了联系。你可能会质疑这怎么可能，因为当时的西班牙是一个强盛的帝国，它控制了美洲的大部分地区和亚洲的和菲律宾，建立了一条菲律宾和广州之间的贸易之路。通过这条贸易之路，每年商船都会从拉丁美洲、墨西哥等西班牙王室控制的地区携带银器来广州交易。然后这些船只会带着瓷器、丝绸和茶叶返回美洲。所以早在16世纪，西班牙和广州已经有了贸易往来。实际上，有一艘载满银币的沉船也是西班牙的，你可以在广东省博物馆中看到这些银币。19世纪时，广州就设立了西班牙领事馆。所以，西班牙与广州交往的历史很悠久，但是我们领事馆是在2009年成立的。

P：可以追溯到哥伦布时期？

M：对，哥伦布。他想去印度，却不小心走错了，去到了美洲。

2. 广州的规模和现代化外观令人印象深刻

P：您是什么时候来广州的？

M：我在2009年1月19日下飞机，那是我第一次来广州，以前从来没有来过。

P：那您去过中国其他城市吗？

M：只去过香港。我以前是西班牙驻新西兰的大使。当我们从欧洲去新西兰的时候，经常在香港转机。那是我以前在中国的唯一经历。当然，在我们来这里之前，我听说了广州，我得到了很多资讯，但是必须亲眼看到她。广州给我的第一印象非常强烈。这是一个巨大的城市，令我印象深刻的第一件事就是这座城市的规模和现代化的外观。珠江新城的天际线和现代建筑的规模令人印象深刻。

P：这个办公室是您在广州的第一个办公室吗？

M：这个办公室在2009年开放。在我前面曾经有4任总领事在这里任职。

这是2009年我们选择的第一个办公的地方。当我们决定开设领事馆时，这座大楼刚刚建成，非常新。我的前任总领事找到了这个地方，我们非常喜欢它。我们在这里修建了办公室。这是一个非常好的地方。美丽的景色，让我们非常愉快，而且这里位置很好。

领事馆为西班牙公民提供服务，也为希望去西班牙旅游、做生意的中国人提供服务。我们在这里有一个贸易委员会和一个旅游委员会。

P：您步行来上班吗？

M：我走路上班。因为我家离这里很近，在珠江新城，只需10分钟路程。但是有很多人住在更远的地方，他们乘地铁来上班。

P：去过广东其他城市吗？

M：去过，我们的领事馆的领区覆盖了中国南部从福建到云南的7个省区：云南、福建、海南、湖南、广西、广东、贵州。这些地方，我曾经旅行过。我还没有去过中国的其他地方。

P：这些地方与广州有什么区别呢？

M：我觉得每个城市都是独一无二的。我刚才提到的大部分地方都非常好。每个地方都有不同的优点。对于广州，我更喜欢广州的市民，特别是当我看到他们在公园放松的时候。我非常喜欢去公园散步，那里经常有人在跳舞。我非常喜欢这种气氛……

3. 皮具是西班牙与广州合作的最大产业领域

P：您跟广州的一些企业是否有来往？

M：有相当多的西班牙公司在这里运营。总的来说，他们对广州的商业氛围很满意。我认为这是一个非常有活力的城市和经济体。是的，总的印象是好的，这是一个做生意的好地方。

P：您知道具体数字吗？广州有多少西班牙人？

M：知道。在广州，我们有341个西班牙人。这个数字并不多。但这是注册的西班牙公民的人数。可能有一些没有注册，而且，你知道，有时候流动性非常强，但是在广州居住并登记过的西班牙人有341名。

他们基本上是为纺织、鞋履领域的西班牙公司工作，其中一些人在花都的面料、皮包工厂里。这是西班牙非常强大的产业。世界范围内，西班牙品牌在鞋子、包包和纺织品等产业享誉盛名。而一些曾经在西班牙有工厂的公司把工厂也搬到这里。我们的一些公民正在这些工厂工作。还有一些老师和学生。当然，有许多西班牙商人来参加广交会，去年有2500名西班牙商人来到广州。

4. 粤菜与西班牙菜的烹饪方式有相似之处

P：您知道“食在广州”吗？

M：当然，粤菜非常好吃。我喜欢广州点心，而且我经常推荐粤菜。点心的概念在某种程度上与西班牙食物非常相似，因为它是围绕桌子共享的食物，我们也有这样的食物：Tapas（一种西班牙小吃）是典型的西班牙食物，用小盘子共享。所以我们也有同样的想法，把食物当成与朋友或家人交流分享的交会点。

P：西班牙人喜欢在圆桌上吃饭？

M：圆桌并不常见。我们通常站着吃Tapas，配一杯红酒。人们边社交边吃饭。Tapas通常有西红柿、土豆、猪肉、鱼，当然还有米饭。米饭在西班牙也很受欢迎，最受欢迎的是海鲜饭。我们在西班牙东部种植水稻，那是大米产区。我觉得广东菜和西班牙菜的烹饪方式有些相似之处。

P：我想西班牙人喜欢啤酒，巴塞罗那的星期六，大街小巷，餐桌上到处是一升乃至两升的啤酒。

M：啤酒很受欢迎，适合年轻人；但葡萄酒更传统，我们生产的葡萄酒比法国好。实际上，葡萄酒是我们出口到中国来比较成功的产品之一。西班牙红酒是非常特别的……

P：我刚刚看到你们办公室有足球冠军杯。

M：我们去年秋天赢得了一场比赛——由广州富力地产股份有限公司组织的领事馆锦标赛。

P：您也踢足球吗?

M：是的。

P：您在场上的位置是什么?

M：我以前通常打防守……我现在年纪大了。去年秋天的比赛有26个领事馆队伍参加，西班牙队赢得了比赛。

5. 白云山给大城市带来大自然的味道

P：您觉得广州的文化有趣吗?

M：总的来说，我非常喜欢广州的文化。我意识到在中国南方，广州的文化确实非常特殊。但是，对于普通话和广东话水平都非常有限的外国人来说，要真正接触到广州的本土文化是非常困难的，因为中文很难。对我们来说，这是棘手的，实际上很难深入了解本地的文化。我有一些在陶瓷领域工作的朋友。广东艺术非常有趣，你们在陶瓷领域非常了不起。顺便说一句，有一位非常有名的陶艺家也姓彭，他有一个非常有趣的雕塑陶瓷生产线。当然，你们还有戏剧，但由于语言障碍，难以深入理解。

P：您去过广东省的其他地方吗?

M：因为工作原因去过深圳、东莞，还去过肇庆，也去过清远——那里有一所足球学校。我在省内一些地方旅游过，但是并不多。我了解得更多的是广州，我喜欢这个城市里很多有趣的东西。对我来说，最喜欢的地方是白云山，我非常喜欢走进大自然，因为这是一个如此大的城市，我怀念大自然，白云山给了我大自然的味道。这是非常好的。从文化的角度来说，我最喜欢的地方是西汉南越王博物馆。我对历史学和考古学非常感兴趣。我认为，西汉南越王博物馆是一流的，因为你可以在那里看到真正的国王的墓，而且你会看到他如何被埋葬。埋葬过程需要大量的物品，包括武器、陶器、珠宝。这真的很有趣。当然，广州还有其他很不错的地方。我非常喜欢老城区，在那里你可以走在狭窄的街道上。

P：有些建筑看起来像西班牙风格，如骑楼、走廊……

M：其中有些建筑是同样的架构。所以广州老城区很特别，很漂亮。当然，我经常乘坐地铁。

P：您乘坐哪条线路?

M：比较常坐的是去广州南站的线路，也会坐三号线、一号线去市中心。我通常从珠江新城出发，最大的问题是在繁忙时段，太拥挤而不舒服，不是吗？太多人了。另外，由于安全检查和安全控制，现在搭地铁变得不那么舒服了。现在背着背包进地铁的话必须过安检通道，有时它会造成长时间的排队。我想知道是否有必要。我不认为中国是一个危险的地方，我认为这是一个非常安全的国家。

P：广州的地铁和马德里的有什么区别?

M：马德里的地铁也很好。它比较小，但是非常好。也许它对乘客更友好，因为它乘坐起来更方便。但不可否认，广州的地铁是一个非常好的交通设施，我意识到广州的地铁仍然在快速发展。去年，有80多公里的新线路开通了，增长速度非常快，令人印象深刻。

6. 旅游市场发展空间很大

P：您有关于广州较特别或者难忘的故事吗?

M：有的，我的母亲上个月来这里看我。她已经84岁了，她和我们住了一个星期。她非常喜欢这里。当她能够在公园里参加广场舞时，她非常高兴，其中一个小组非常欢迎她。每个人都和她一起拍照，因为她的发色与中国人不同，而且是个西方人。

珠江新城很现代，有一些标志性的建筑物设计得非常好，有些建筑十分美丽。我特别喜欢广州图书馆，设计非常好。但对我来说，这个城市的老城区更有趣。狭窄的街道、老房子，如东山口、沙面，我去过很多次这些地方。

P：您知道来广州旅游的西班牙人数量吗?

M：不，我不知道。对西班牙人来说，广州还不是一个知名的旅游目的地。西班牙游客来中国的时候，一般是去北京、西安、香港。西班牙人来广州基本上是为了做生意，他们来广交会。因此，我们应该做更多的工作，把广州作为旅游目的地来进行宣传，因为我认为它有许多有趣的景点可以游玩。

P：广州人去西班牙的情况怎么样?

M：2012年有12000个签证；去年，我们发布了39000个签证。在这5年里，数量已经翻了3倍多。这个数字还在增长。西班牙已成为中国游客热门的旅行目的地。我们欢迎中国游客。因为中国游客被看作是非常有价值的顾客，他们往往有很好的购买力。另外，因为中国游客通常在旺季之外旅行，西班牙的旺季是夏季，中国游客往往是在春节或秋季的节日前往西班牙。而且你们倾向于去内陆的城市，而不去海岸——欧洲游客喜欢去海岸，去海滩，但是中国游客对我们的文化更感兴趣。

P：旅游和商业，哪个更为重要?

M：两者现在都非常重要。旅游业正在增长，但是经济联系也是相关的。在西班牙已经有广东的公司，如华为；还有星辉互动娱乐也在西班牙，它是一家生产玩具、电子游戏的公司，他们收购了“皇家西班牙人”足球俱乐部。中国人在西班牙也有做房地产投资。所以，经济联系越来越多。我想在广州做一件具体的事情，就是说服政府和航空公司开通直航航线，我们还没有从广州到西班牙的直航班机。香港有很多直航，西班牙也有直飞北京、上海、杭州的航班，就是没有从广州出发的直飞航班。这不符合常理，因为广州是一个大城市，有大量的游客，与西班牙有大量的商业往来。所以我几个月前去拜访了南航的总经理谭先生，他们正在考虑这个事情。我希望能够做到，我们的工作是把两国距离拉近。

P：预计什么时候可以开通直飞航班？

M：应该在今年完成。我们正在与南航合作，也在与海南航空合作，他们也可能开通从深圳到马德里的班机，这很好。但是我们需要广州与马德里有这个联系，因为马德里也是拉丁美洲地区的主要枢纽。通过马德里，可以与拉丁美洲的一些主要城市，例如布宜诺斯艾利斯、圣地亚哥、利马等有直接的联系。这也是一个把中国和这一区域相连的方便的办法。所以我们希望南航能够立即开通直飞航班。

7. 中国经济改革对世界其他地区的影响巨大

P：最后，您能评价一下中国的改革开放对世界的影响吗？

M：中国的改革开放对世界其他地区的影响是巨大的。中国已成为世界第二大经济体，它可能在未来几年成为世界第一的经济体。我认为现在中国面临的挑战更多的是经济增长与质量的平衡，你们已经证明中国可以非常迅速地成长。现在问题是如何把经济增长与保护环境结合起来，使大城市更加友好，更适合居住，使广州人民生活得更愉快、更轻松。

经济建设必须是可持续发展的，你必须注意如何使用你的资源。现在广州面临着同其他世界大城市一样的问题。例如，如何管理交通？如何保证水的安全使用？这里有一条绝佳的河，但是它被污染了，如何让市民的健康得到更多的保障？我认为中国面临的挑战不是经济增长率，而是质量、资源的挑战，还有贫富差距。

中国这么大，那么重要的国家再次站上了世界舞台，我认为现在的挑战是如何把经济增长转化为一个可持续的、以人为本的繁荣，对公民的生活产生积极的影响。事实上，所有国家都面临同样的挑战——如何将经济增长转化为公民更好的生活条件。

（三）尼日利亚总领事：很多非洲人把广州视为中国的代名词

采访者（P）：彭澎

被采访者（S）：沙基卢登·阿德瓦勒·奥罗寇（Shakirudeen Adewale Oloko）

记录整理：卢楚焱

时间：2018年1月23日上午

地点：尼日利亚总领事馆会议室

1. 职业外交官专注招商引资

S：很荣幸可以谈谈我的国家以及和中国的双边关系。只要是有助于进一步加强两国关系的，无论做什么我都觉得很荣幸。

P：您来广州多久了？

S：我来广州11个月了。

P：之前来过广州吗？

S：没来过。我之前没来过亚洲。

P：您是职业外交官吗？

S：是的，我是一名职业外交官。我是从美国华盛顿特区直接来广州的。那是我最近一次驻外任务，我被分配到了华盛顿。我在那里待了4年，直到去年1月。我从世界第一大经济体来到了第二大经济体并且是人口最多的国家。这感觉很好。

P：为什么尼日利亚政府会派您来中国？

S：我们很清楚很多国家的领事馆会把工作重心放在经济、贸易和投资上，这是世界上大部分国家的驻外总领事馆的工作重心。我们谈论贸易和投资，谈论公民的福利，宣传祖国的文化和塑造祖国的形象。在华盛顿时，我处理经济相关的事务，我的工作比较“多边”，工作中我会接触世界银行和所有在尼日利亚投资的美国大企业，比如通用电器公司和宝洁公司。我们为尼日利亚招商引资。我们知道有很多来自中国的投资者在世界各地寻找投资的机会，所以我来中国的主要目的就是为尼日利亚吸引来自中国的投资。

P：华盛顿和广州应该有很大区别吧？您去过中国的其他地方吗？

S：我因为工作原因去了北京，去了尼日利亚驻华大使馆获得授权成为驻广州的领事，我也会时常去北京参加会议。我还去了昆明、海口，以及广西，我是去和投资者会面，宣传尼日利亚。

2. 广州不仅仅是商业之都

P：您对广州的第一印象是什么？怎么看待广州？

S：我是早上来到广州的。从机场开车出来，我对广州的第一印象是，这真是一个繁忙的大城市，道路上的车辆川流不息，随处可见的鲜花美化了整座城市。对我来说，这是一个美丽的地方。尽管我没有去过广州的很多地方，但我知道广州有很多区。目前来说，广州是一个美丽的城市，而且十分古老，有着很多故事。广州的交通尽管还是比较堵塞，但至少车辆还是可以前行的；去其他大都市，比如纽约，你同样会遇到这种情况。广州常住人口约1500万，所以交通堵塞是必然的。

P：广州和尼日利亚的城市相似吗？

S：广州和拉各斯比较像。拉各斯曾经是尼日利亚的首都，如今依然是经济中心。

P：拉各斯是您的家乡吗？

S：是的，没错，拉各斯是我的家乡。

P：拉各斯是尼日利亚最大的城市吗？

S：拉各斯人口最多，但是面积并不是最大的，它有接近1000万的人口。拉各斯曾经是首都，而且非常靠近大西洋，所以拥有尼日利亚最大的港口。目的地是尼日利亚的满载集装箱的货船一般会首先停靠在拉各斯。拉各斯同样拥有全国最大的机场。

P：中国和尼日利亚的一个相同点是人口大国，因为两个国家都有很多人。您在广州待了11个月，对它的印象有什么改变吗？

S：改变了一些。我来之前，以为广州只是一个商业之都，以市场和贸易为重。现在我觉得广州远不止于此。广州是一个综合性的国际大城市，并且在不断科学地发展。去年12月，广州还举办了《财富》全球论坛。广州绝不仅限于商业，它在中国有着举足轻重的地位。我曾经看到过一些建筑，就在琶洲国际会展中心旁边。有人告诉我，阿里巴巴和腾讯的区域总部都将设在那里。所以说，广州不仅仅强于贸易。有很多尼日利亚人来广州买商品，然后运回尼日利亚。

3. 很多尼日利亚人来广州

P：每年大概有多少尼日利亚人来广州？

S：根据我们得到的数据，每年大概有7200人来广州，也就是大概平均每天20人来广州。他们大部分是来做生意的。

P：他们来广州具体干什么？

S：他们有时来参加广交会，有时到越秀区小北路附近的众多市场进货，有时去东莞、佛山等地买东西。他们也经常去深圳，去和信息技术公司会面，做各种各样的生意。

P：你们的领区范围只包括广东和广西？

S：广东、广西和海南。

P：您去过中国的其他城市吗？与这些城市相比，您觉得广州有什么特别吗？

S：目前为止，我觉得在广州可以看到的在北京也可以看到。与昆明不同的则是广州人口密集。广州非常干净，这是我可以告诉你的。我经常可以看到有人清洗街道，即便是夜晚或者周末。广州的基础设施可以与世界上的任何城市媲美。我去过很多国家和城市，广州和它们相比丝毫不落下风。广州有很多摩天大楼，像纽约一样。我刚来时，很好奇为什么广州会有这么多高楼。我意识到这可能是因为土地有限，大部分地区都很拥挤，所以大家必须建高楼。我知道香港，那里高楼林立，人们住在高楼里。现在我可以看到广州有相似的场景，这点在中国城市中非常普遍。在西方，尤其在欧洲，很难见到很高的楼。

P：尼日利亚城市的高楼多吗？

S：不多。拉各斯有一些摩天大楼，但是数量不及广州。这些高楼大多是办公楼，居民楼大概只有10层，人们最高居住在10楼。

4. 在非洲很多人把广州视为中国的代名词

P：改革开放以来，您觉得广州的营商环境发生了哪些变化？

S：你说的改革开放是多久之前的？

P：40年前。

S：我当时不在这儿。就我现在所观察的，我觉得改革开放对广州的影响应该和深圳差不多。我去了深圳蛇口的博物馆，以前深圳是一个小村庄。我觉得之所以这些地方能发展成大都会，都是由于改革开放。对于广州也是一样的，我听说珠江新城以前并不存在，这些影响都是有目共睹的。广州经济富有活力、商业繁荣，世界各地的人都会来游玩、来参观、来做生意，这都是改革开放的功劳，这些都是显著的变化，虽然1978年或者20世纪80年代之前我们不在这儿。别人告诉我，在1992年，很多广州现在拥有的当时都不存在。当时没有立交桥，没有高楼大厦，没有很多基础建设。如今的中国大量投资，大力发展机械化，提升科技水平。这些都是肉眼可见的变化。

P：在来广州任职之前，您了解广州吗？因为很多非洲人都来过广州。

S：你希望我说实话吗？实话是，当你说到中国，我只知道上海、北京、成都——因为熊猫，还有西藏、内蒙古，等等。当我被派遣至广州时，发现的确有很多尼日利亚人来，我才注意到身边很多人谈论广州。现在，我意识到在广州的非洲人比其他任何中国城市都多。这也是为什么广州有10个非洲国家的领事馆。

P：为什么他们会选择广州作为第一目的地呢？有气候方面的原因吗？

S：第一个原因是广州的气候和非洲较为接近。当然我们的家乡没有像广州这么寒冷的冬天。不过总的来说，比起北京和上海，广州的气候与非洲更相似。第二个原因是商业。第三个原因是广州有很多投资者愿意放眼世界。第四个原因是我们受益于广州对非洲的投资，广州很多商人到尼日利亚投资。当我在市场中用汉语喊出“广州”，有人就会回应叫卖他的货物。如今，在尼日利亚，汉语“广州”不仅仅是广州的代名词，还指代很多中国人。因为在海外遇到的中国人，很多来自广东省；你在海外见到的中餐厅，比如在非洲或欧洲，很多也是广东人开的。直到现在我才意识到粤语和普通话完全不同，但在当时，我完全不知道这个区别，以为粤语就是中国人的官方语言。

P：我听说广州是非洲人很喜欢的城市，因为很多非洲人来广州。

S：因为这里商业繁荣……在这里，我们可以买到所有东西，所有我们需要的东西。当你去广交会，可以看到所有的商品，你可以告诉某些商贩你要他的商品，他会让你去他的工厂。所以广交会像是一个大的商业中心。

5. 广州是一个美食天堂，也很国际化

P：您喜欢粤菜吗？

S：我现在也吃粤菜。我喜欢粤菜，喜欢广州点心。我喜欢烧鹅，我喜欢广州的米饭、糖醋鱼和鸡——黄色的煮鸡。

P：盐焗鸡？

S：是的。还有很多蔬菜。就食物而言，广州是一个美食天堂，中国是一个美食天堂，不仅仅因为粤菜很有名，也因为广州有很多来自中国各地的美食。比如说，在这里你可以吃到川菜——四川火锅，它们非常辣。

P：您喜欢它们吗？

S：是的，我很喜欢。所以，广州像是一个美食天堂，这里的点心非常棒。我非常喜欢一种点心，是用叶子包着的饭。

P：饭里有鸡肉吗？

S：是的，它属于点心吗？

P：是的，它叫糯米鸡。你在上班的时候吃什么？

S：有时我吃鸡肉配饭，有时吃点心，这附近有很多餐厅。

P：您怎么看待广州的文化和文化产业？

S：广州的文化非常有活力。我看过戏剧。

P：是粤剧吗？

S：对，粤剧，在船上看的，珠江上。我还去公园，比如说荔湾区的沙面或者越秀区的公园，可以看到人们跳舞，伴随着音乐跳广场舞，我不知道这是不是你们的文化。你们有一种茶文化。去喝茶时，别人会告诉你喝这个，拿那个。你们有这种茶文化。

P：工夫茶？

S：他们用的是小茶杯。你还可以在博物馆发现很多东西，可以看到很多文物，听关于广州的故事，等等。广州的文化非常有生机。我也很

喜欢这里的夜生活，四处的灯光使得广州夜如白昼。如果你去琶醍（珠江琶醍啤酒文化创意艺术区），可以看到很多活动，可以看到外国的舞蹈。广州不再只有中国人，外国人也很多。这些外国人成为广州的一部分，为它增添了活力，让它变得更加国际化。

6. 广州人很友好，健谈并且乐于帮助外国友人

P：您坐过广州的地铁吗？您觉得广州的公共交通系统如何？

S：是的，我坐过地铁。它十分干净、高效、可靠和准时，但是有点过于拥挤。不过，正如我前面说的，我可以理解，因为这是一个大都市，人口众多。

P：您搭地铁上班吗？

S：不，我们有公务车。当我去不同国家不同城市，我总是会去体验当地的公共交通。有时，我会叫上我的同事一起体验公共交通。另外，我不会忘记的是广州地铁很便宜，从地铁到公交车的换乘也很便捷。公交车用两块钱就够了，大家都负担得起。我有时会想，我想看看在核心地段之外的地方是什么样的，试试去偏远一点的地区感受一下，公共交通也很可靠。

P：您有本地朋友吗？

S：是的，我有很多。我们在餐厅见面，有时候去博物馆或琶醍，但我没去朋友家。可能我应该去，叫他们带我去。我打算去拜访一些村庄。我有一个来自茂名的朋友，我在看能不能去拜访他。

P：您怎么评价你的本地朋友？

S：他们都是很友好的人，健谈并且乐于帮助外国友人，与他们交谈非常愉快。他们很友好、温暖，而且可靠，愿意帮助他人。

P：市外办会安排领事们去拜访广州市民的家庭吗？

S：可能会安排领事们的配偶去吧。他们可能会被安排去拜访市民的家庭，可能因为我们太忙了。

7. 粤港澳大湾区和“一带一路”密切了广东与非洲的联系

P：对于当下各界热议的粤港澳大湾区建设，您有什么看法?

S：这将是个里程碑式的项目。我虽然没去过澳门，但是我去过珠海、广州的南沙和香港，所以我对大湾区将会变成什么样有一个大致的了解。这里将会有很多大项目、大公司，它将是另一个改革，比如港珠澳大桥大大地缩短了3个城市之间的距离。

P：我们建设“一带一路”，可以直达非洲，所以我们和非洲之间有很多合作项目。

S：是的，这是个宏伟的项目。中国南部都在积极参与，大力建设，这非常棒。我们很期待非洲国家可以参与其中，参与到这世界性的项目中。

P：在尼日利亚有广州或者广东政府支持的项目吗?

S：有一些私企，在工业园，那里有一些公司在运营。我们还有一些进行中的基建项目，例如机场、公路等。我们还有广州的汽车公司，如GAC（广州汽车集团股份有限公司）这样的公司，它们在尼日利亚有工厂，组装车辆，然后在尼日利亚甚至是非洲西部进行销售，还有很多公司生产轮胎。尼日利亚有很多广东公司，包括华为，还有一些矿业公司，开采铁、金、锌和锂这些矿物资源。

8. 对控烟效果不满意

P：有什么让你印象深刻的“广州故事”能与我们分享吗？比如您的特殊的经历。

S：有很多故事。在酒店的时候，我尝试去学一些中文。我一直跟酒店的员工说：“我不会说粤语，请教我粤语。”我当时不知道粤语和普通话的区别。当我外出时，我尝试说我学到的，我以为是普通话，但是别人告诉我这不是普通话而是粤语。有时我会有这方面的困惑。所以，之后我就会让别人先教我普通话，等我普通话学好之后再学粤语。

有一次我去琶醍的一个酒吧，我看到有人吸烟就上前劝阻。下一次我去那家酒吧，有人已经上去告诉吸烟者，这里不能吸烟，所以大家就不吸烟了。我就问："为什么今天大家都不吸烟了？"他们说是为了我，因为我曾经说在酒吧吸烟是不好的。大家都会接受别人的意见，为别人而改变自己。我现在才知道在中国，室内吸烟是没有被严格禁止的，还比较常见。在我的家乡，像我们此刻所在的大楼里是不能吸烟的。这是文化的差异，而我们必须去适应。

P：尼日利亚禁止在室内吸烟吗？

S：对，你只能在室外吸烟，不能在有5人以上的公共区域吸烟。

P：您去过广州的旅游景点吗？未来有旅行计划吗？

S：当然，我去过越秀公园、广州塔；坐船游珠江，在船上可以吃晚餐，可以看戏剧；还去了沙面，看到很多人在跳广场舞，沙面的建筑风格非常特别。

P：您最常去哪个景点？

S：珠江。我也经常去从化泡温泉。

9. 期望更加密切的经济联系

P：近年来，广州市民申请贵国签证的人数有什么趋势？

S：我知道申请尼日利亚签证的总人数，但是我并不知道他们是不是广州人。申请尼日利亚签证的人数总体十分稳定，我的意思是总人数在稳步上升。我们在努力宣传尼日利亚，有很多人想在尼日利亚投资，或者做贸易。在尼日利亚的中国人多过在中国的尼日利亚人。

P：那么在广州申请尼日利亚签证的中国人有多少呢？

S：尼日利亚在中国大陆的3个城市有使领馆，一个是广州，一个是上海，还有一个是北京。中国公民可以在任何一个使领馆申请。

P：在香港有吗？

S：是的，我们在香港还有一个领事馆。所以总的来说，我们在中国有4个使领馆，广州的领事馆、香港的领事馆、上海的领事馆和在北京的大使馆。这4个地方都可以签发签证。广州领事馆一年会收到大概1万份签证申请。

P：1万人中广东人占多少比例？

S：我觉得应该是80%。

P：一般是什么签证？

S：旅游签或者商务签，也有工作签，比如华为、网易和广汽的工作人员，他们是工作签。

P：广州到尼日利亚有直飞航班吗？

S：没有，必须转机。在亚的斯亚贝巴可以转机，在多哈或者在迪拜也可以转机。我们有4种转机的选择：广州—亚的斯亚贝巴—拉各斯/阿布贾，或者广州—多哈—拉各斯/阿布贾，或者广州—迪拜—拉各斯/阿布贾；如果你打算去欧洲，那么可以选择广州—巴黎—阿布贾。

P：整个旅程会花多长时间？

S：13到14个小时。南航之前好像有直达尼日利亚的航班，因为尼日利亚的经济状况，所以飞机经常坐不满。我国在经济上很依赖华为，华为是一个很重要的贸易伙伴，由于没有直达航班，也影响了华为和尼日利亚的合作。

P：您今年的工作重心和计划是什么？

S：第一，吸引更多中国企业去尼日利亚投资。我们需要做的就是吸引中国大公司去尼日利亚运营，因为我们的人力成本较低。对海外公司，我们还有很好的政策。在运营的最初5年，公司不需要交税。降低原材料和机械的进口税。

第二，在广州宣传尼日利亚文化和形象。我们需要让广东人了解尼日利亚。我们会参与每年10月份的中国国际中小企业博览会，我们也会邀请尼日利亚的小企业来广州，让他们了解可以在广州做什么和看到什么，并给机会展示他们的产品。

我们当然也会服务在华的尼日利亚人，我们需要把对他们的支持延伸到中国，帮助在广东的尼日利亚人和保障他们的福利。

10. 中国是世界的引擎，我们正在顺应这个趋势

P：对广州今后的发展有什么建议?

S：广州的经济发展非常不错。我觉得广州应该更加开放地接纳外国投资者，应该吸引更多的高精尖人才，放宽签证政策，让外来者更容易融入本地。

我认为地铁有点过于拥挤，但是由于空间的限制，我不知道该如何改善。可能可以加更多的车厢，或者通过开发新城区来让城市整体变得不那么拥挤。我怀疑如果现在不采取一些措施，随着未来几年的发展，广州会变得更加拥挤。人们的财富在增长，都会买车，都想用私家车。因为地铁太拥挤，他们会想自己开车。交通不堵塞的话，去一个地方只需要10分钟，交通堵塞时，实际上要花30分钟或更久，这就浪费了时间。时间就是金钱，时间是非常昂贵的。你需要管理好自己的时间，保持自己的效率。

广州非常安全，到任何地方都能感觉到安全。有时，我出行也会使用公共交通工具或者“打的”，感觉到很安全，尽管有些地区非常拥堵。我觉得北京也是这样，不过现在好像正在把一些不那么依赖资本的工厂搬出北京，从而减轻北京的拥堵。

我觉得广州是一个好地方。我有很多朋友告诉我，当他们调职去北京或者上海的时候，他们不想去，他们喜欢在广州，因为这里充满活力。而且广州非常靠近深圳，也比较靠近香港和澳门，在广州就会有很多机会去这些城市。如果你觉得申请签证出国很麻烦，可以去海南，三亚非常棒。广州东站离领事馆只有一站，广州南站主要运营长途火车。我去香港都是坐火车的。

P：最后一个问题，您觉得中国的改革开放对世界造成了什么样的影响？

S：中国是发展的引擎，世界的引擎。当中国的经济高速发展时，它会带动其他国家发展。但是假如中国的经济增速下滑，全世界都会受到影响。由于中国的开放，中国各行各业都在蓬勃发展，它需要来自世界各地的原材料，这同样帮助到其他国家。中国现在走出国门，在这些国家进行投资，让他们能成为“一带一路”的一部分，帮助他们建设基础设施，成立公司，完善行业。所以说中国是一个引擎。现在，中国不仅仅在经济上对尼日利亚很重要，在战略上也是。因为中国的发展非常好。中国现在是全球范围内的超级力量，中国虽然还是个发展中国家，但它在世界上已经有了举足轻重的地位，在未来也会继续是强大的力量，无论你喜不喜欢。我们正在顺应这个趋势，并呼吁其他人也这么做。我们正在努力吸引中国到非洲的投资。

另外，在广州有104名来自尼日利亚的学生，2个外教。

（四）新加坡总领事：广州的国际化和多样性让外国朋友能够舒适地融入这座城市

（编者按：以下为市外办转来的对新加坡总领事蔡簦合（Chua Teng Hoe）的书面采访。Q即英文question，代表“问”；A即英文answer，代表“答”。）

1. 为广州未来成为国际商业、运输和创新中心奠定了基础

Q：您在广州工作多长时间了？在这之前来过广州吗？

A：我在广州待了两年。我上次到广州是在20世纪90年代。

Q：您对广州的第一印象如何？

A：那时的广州已经是一个繁荣的贸易和制造中心，尽管跨国公司并不像现在这样集中。广州的城市规划比较实用，交通的便捷性稍显不足；绿化规划不像现在这样先进。广州人民友好、务实，并勇于创业。

Q：如今您对广州的印象发生改变了吗？如果有，是哪些改变？

A：自我上次到访以来，广州发生了巨大的变化。这个省会城市在经济结构调整和产业升级上取得了实质性进展。广州还在大力推进高附加值的经济活动，比如科研创新、电子商务、高端制造业、现代服务业和互联互通等，以期实现经济多元化。随着广州政府积极精简相关政策和流程，方便人民在此经商，广州的商业环境也有所改善。广州南沙自贸区也在稳步发展，有利于支撑珠江三角洲地区的整体发展。

在蓬勃发展的同时，广州在保护环境、丰富文化遗产和传统等方面做得也较好，这十分有利于吸引人才。

近年来，广州成功举办了包括2017《财富》全球论坛在内的多个国际活动，极大地提高了其国际知名度。主要的国际媒体都报道了广州令人兴奋的高速发展。这为广州未来成为国际商业、运输和创新中心奠定了基础。

2. 广州的国际化、多样性选择，使外国人能够舒适地融入这座城市

Q：您去过中国的其他城市吗？如果有，您觉得广州有什么特别的地方吗？

A：我访问了许多中国城市。每个城市都有自己的特点和优势，并根据自身的历史、地理位置、自然条件等情况良好地发展着。作为中国千

年来的商业之都，如今的广州仍然是世界各地商人和企业家的热门目的地。从在这方面来说，广州是中国较为国际化的城市之一。这里有更好的多样性和选择。外国人能够舒适地融入这座城市。

Q：改革开放40年以来，您觉得广州的营商环境发生了哪些变化？

A：如上所述，随着市领导层积极精简政策和流程，方便人们在这里投资或开展业务，广州的整体营商环境大有改善。广州政府也在积极加强人才储备。因此，各种商业调查和排名都显示广州是营商的好地方，这并不奇怪。

3. 随着广州开放和富裕起来，人们的期望也越来越高

Q：您喜欢粤菜吗？例如广州的点心和烧味，您会向身边的朋友推荐粤菜吗？您觉得广州的餐饮业相比您第一次来时发生了哪些改变？

A：我喜欢粤菜，比如广州点心，并会将其推荐给我的家人和朋友。事实上，粤菜已经在世界各地大受欢迎。

广州餐饮业多年发展良好，为消费者提供了越来越多的选择。随着广州变得富裕和国际化，其餐饮业不得不跟上日益多元化的消费者的期望。

Q：您对广州的文化感兴趣吗？您觉得广州的文化产业相比您第一次来时发生了哪些改变？

A：广州拥有丰富的文化，比如在美食、戏剧和建筑方面。随着广州开放和富裕起来，其文化产业也不断壮大，以满足广大人民群众的需要，无论是在文艺演出、展览或者文学等方面。广州同样也重视创意性的文化产业。

Q：您觉得广州的交通系统相比您第一次来时发生了哪些改变？

A：广州的地铁系统多年来在连接性、可靠性和乘客舒适度方面有所提高。随着城市的发展，公共交通体系必须不断改善，以满足人们日益增长的需求和期望。除了提高经济生产力外，这也是实现“公交城市”的关

键一步。

Q：如何评价广州市民？与您第一次来时相比，对广州市民的印象有哪些改变？

A：广州人仍然很有创业精神，好客和热情。随着社会越来越进步，他们的期望也越来越高。年轻一代也更加自信，好奇心也更强。

4. 新加坡愿意参与粤港澳大湾区建设

Q：对于当下各界热议的粤港澳大湾区建设，您对此有什么看法？

A：建设粤港澳大湾区是一个战略性项目，通过整合“9+2城市群”（指广州、佛山、肇庆、深圳、东莞、惠州、珠海、中山、江门9个市和香港、澳门2个特别行政区形成的城市群）的互补优势，可以充分发挥珠江三角洲地区的潜力。粤港澳大湾区的重要性也体现在它可以用来测试一个新的城市群概念。这个新概念强调不同海关地区之间以及不同行政和法律制度之间的协调发展。

粤港澳大湾区有6700万人口，地区生产总值高达1.34万亿美元（仅低于纽约湾地区1.61万亿美元和东京湾地区1.78万亿美元），具有巨大的发展潜力。根据项目的实施情况，粤港澳大湾区可以支持“一带一路”的实施。

无论是吸引外资参与研究、制造和服务，还是吸收来自世界各地的青年才俊，粤港澳大湾区项目应该具有包容性，从而得以充分发挥其潜力。在这方面，新加坡支持粤港澳大湾区项目，并准备与有关城市合作，分享我们的经验和人脉。

5. 广州在旅游业投入了大量资源，服务也得到了改善

Q：您有什么让您印象深刻的“广州故事”能与我们分享吗？

A：我在广州的经历总体上是愉快和正面的。

Q：广州是我国优秀旅游城市，您去过广州的哪些旅游景点？未来有旅行计划吗？您觉得广州的旅游产业在改革开放以来发生了哪些变化？

A：我参观过广州的一些旅游景点，包括黄埔军校、中山纪念堂、陈家祠、辛亥革命纪念馆、中共三大会址纪念馆、西汉南越王宫博物馆、光孝寺等。

广州在旅游业投入了大量资源，对旅游景点进行整修，建设了白云机场的新航站楼和南沙的邮轮码头，提高了游客的整体体验，游览行程和服务也得到了改善。广州举办了众多高端活动，比如第13届沃尔沃环球帆船赛。这些投资不仅为游客提供了更多的选择，也增加了广州市民对历史和文化传统的认识。

6. 新加坡和广州有着坚实和多方面的合作关系

Q：近年来，广州市民申请贵国签证的人数有什么趋势？您如何评价这种趋势？

A：去新加坡的中国游客总的来说增加了。部分原因是中国在新加坡的投资不断增加。另外，鉴于我们两国在文化上的相似，新加坡也是一个具有吸引力的地区性项目的管理中心。更多的中国人选择前往新加坡旅游和留学。新加坡鼓励加强交流，促进双方人民之间更深入的了解。

Q：贵国有计划加强与中国，尤其是与广州的交流与合作吗？如果有，您的工作重心是什么？

A：中国与新加坡关系长久、坚实，并具备多面性。我们的领导人把我们的关系定位为“与时俱进全方位合作伙伴关系”。双方的合作多年来有所加强，我们是彼此的主要投资者和贸易伙伴。两国正在升级《中华人民共和国政府和新加坡共和国政府自由贸易协定》。

新加坡也是中国“一带一路”和亚洲基础设施投资银行的早期坚定支持者。据中方统计，新加坡占据了“一带一路”国家对中国约85％的投资。中国在“一带一路”国家的投资约有33％流经新加坡。

为支持“一带一路”倡议，新加坡和中国已同意在第三国包括人力资源开发在内的基础设施连通性，金融连通性和合作等方面进一步加强合作。新加坡期待着加强与包括广州在内的广东城市在这些领域的合作，因为广东在这一倡议中扮演着重要的角色。

新加坡和广州也有着坚实和多方面的合作关系。广州是中国城市中为数不多的新加坡的长期贸易伙伴之一。广州也是新加坡在珠三角地区累计实际投资的首选目的地。

双方的合作涉及ICT（信息通信技术）、金融服务、酒店、物流、港口、飞机修理和维护、城市更新/解决方案等诸多领域。在这些领域，我们仍有进一步扩大和深化合作的空间，包括帮助中国企业到海外去投资。

中新知识城是支持广东经济转型的标志性双边项目。新加坡希望在下列关键领域加强合作，例如：

新加坡南洋理工大学与华南理工大学联合成立了中新国际联合研究院，这是一个由来自新加坡和中国等国家的专家组成的平台，以期将他们的研究商业化。我们力求共同吸引更多的机构和公司在中新知识城上进行新技术的研究和试验。

2016年7月，中国国务院将中新知识城定为中国首个“知识产权运用和保护综合改革试验”试点区。新加坡希望加强与广东的合作，建立强大的知识产权生态体系，吸引更多的知识密集型产业，帮助中国企业在海外保护知识产权。由于我们的密切联系和对互相文化的理解，新加坡知识产权公司有能力为扩展到东南亚国家联盟的中国企业提供知识产权服务。

新加坡寻求利用新加坡制造创新中心，进一步支持广东的产业升级，以促进新加坡工业4.0解决方案提供商与中国企业之间的创新技术解决方案的协作和共同创造。

新加坡希望参与广州市荔湾区大坦沙岛地区更新改造项目。这个项目展现了广州市和荔湾区领导班子振兴老区的远见和承诺。该项目融合了新加坡在低排放城市规划，教育和医疗保健规划方面的经验，将为居民提供有利的、充满活力的、可持续的居住环境。

7. 新加坡和广州必须继续保持机敏、创新、放眼世界

Q：您对广州今后的发展有什么建议？

A：新加坡和广州是主要的商业/贸易中心。我们取得了成功，因为我们的经济开放、自由，与世界接轨。我们必须通过加强硬件（基础设施）和软件（连通性、生活质量和环境）建设，继续为企业或投资者创造良好的环境。

要成为一个引人入胜的目的地，新加坡和广州必须继续保持机敏、创新、放眼世界。两个城市有巨大的合作潜力，利用我们互补的优势和网络，建立双赢的合作关系。我们也应该促进青少年之间更密切的交流，使他们获得更广泛的接触和发展更国际化的视野。

8. 中国的经济发展也为世界其他国家创造了经济机遇

Q：您觉得中国的改革开放对世界造成了什么样的影响？

A：中国40年来的经济发展令人瞩目！通过改革开放，中国提高了人民的整体福祉，使千百万中国人摆脱了贫困，创造了新的机会和技术趋势。中国的经济发展也为世界其他国家的经济发展创造了机遇，为全球发展注入了动力。

一个融入国际体系的稳定而繁荣的中国对国际社会极其有利。这就是新加坡过去和现在都是中国经济改革开放的坚定支持者的原因。这种支持具体体现在新加坡通过人力资源合作和催化项目（如苏州工业园区、天津生态城市和重庆连通倡议3个政府间项目）分享我们的发展经验以及我们对中国加入世界贸易组织的坚定支持等。

中国正在通过“一带一路”为地区发展做出贡献。新加坡将继续与中国密切合作，充分发挥“一带一路”倡议的潜力。

四、媒体述评：领事馆——联结广东与世界的桥梁

（一）驻穗领团是连接广东和世界的桥梁[①]

［编者按：驻穗领团代表了62个国家的领事机构，他们不仅参与一些政治活动，也广泛深入经济、社会、文化各个领域。据报道，广州市第十五届人民代表大会第三次会议开幕式、闭幕式分别于2018年1月11日和15日上午在白云国际会议中心召开，共有来自35个国家驻穗总领事馆的84位官员（含20名总领事）应邀旁听了会议。[②]2018年4月16日，广州市举行2018年外国驻穗领团见面会，外国驻穗领团团长、乌干达驻穗总领事所罗曼·鲁提嘉（Solomon Rutega）致辞，有55个国家驻穗总领事馆的领事官员出席活动。[③]这显示，驻穗领团已经换届。不过，外国驻穗领团前团长、厄瓜多尔驻穗总领事马莲娜（Mariella Molina）接受记者的专访仍具有代表性。］

马莲娜表示：“我会用手机购物，喜欢骑共享单车，春节时会带一家人逛花街。”2009年，厄瓜多尔驻广州总领事馆建立，马莲娜至今在羊城工作生活8年，已经是个“广州通”。

---

①本目摘编自《南方日报》2017年10月17日刊登的《驻穗领团是连接广东和世界的桥梁》，作者为朱晓枫、梁忻怡。

②摘自广州市人民政府外事办公室官方网站。

③摘自《信息时报》2018年4月17日刊登的《2018年外国驻穗领团见面会举行》，作者是吴瑕。

1. 驻穗领团是个“大家庭”

记者：您2014年起担任外国驻穗领团团长，这3年来，驻穗领团的发展如何？

马莲娜：能够成为团长是我的荣幸。在这3年里，我们不仅驻在广州，还在省外办的组织协调下，参观和考察了佛山、中山、汕头、揭阳、韶关等广东城市。我认为驻穗领团就像一座桥梁，不但让我们加深对广东的了解，也连接了世界与广东。

记者：您认为驻穗领团在广东对外开放的格局中，发挥着什么样的作用？

马莲娜：自2014年以来，广东新增了10多个外国驻穗领事馆。我很高兴地看到，在驻穗领团里，各个国家能够实现资源共享，现在领团就像一个大家庭一样。在任3年里我得到了省外办的大力支持，当我们遇到困难的时候，省外办常常能够快速地帮助解决。

记者：在担任厄瓜多尔总领事期间，您认为广东有什么变化？

马莲娜：我看到广东有了越来越多外国朋友，也有越来越多的广东人能够讲英语，这让双方的交流变得更顺畅。

“一带一路”倡议提出以来，吸引了许多境外优质的投资，对于广东来说，这不仅让广东企业“走出去”，也让许多国家的优秀企业和商品“引进来”。厄瓜多尔积极评价“一带一路”倡议，希望能够更好地推动与中国的经贸往来，厄瓜多尔希望成为“一带一路”倡议中的一员。

记者：对于广东和厄瓜多尔未来的发展，您有什么期待？

马莲娜：厄瓜多尔驻广州总领事馆成立以来，厄瓜多尔与广东关系日益密切。厄瓜多尔和中国在2016年建立全面战略伙伴关系，双边关系越来越融洽。目前，厄瓜多尔与广东在经贸、教育和文化等领域的交流与合作不断加强，也有越来越多的广东游客到厄瓜多尔旅游。

2. 春节也爱“行花街”

记者：您在担任总领事的这段时期里，是如何平衡工作和家庭的？

马莲娜：2009年，我的丈夫和第一个孩子都随我一同来到广州。现在我有3个孩子了，我的丈夫和孩子都非常支持我的工作，也很享受在广州的生活。

在广州，我们感受到了互联网发展带来的便利，比如移动支付的使用。电子商务平台也为我节约了不少时间。有时候下班太晚，来不及给孩子们买东西，通过手机下单即可送货到家，真的很方便。我还挺喜欢广州的共享单车。每到春节的时候，我们也会像广州老百姓一样“行花街”。

记者：您可以用3个词来形容广州吗？

马莲娜：我觉得，可以用“开放、包容、热情”这3个词来形容广州。现在有越来越多的外国人来到广州，而广州也乐于接受这个变化，这个城市既开放又包容。人们很热情。

记者：您对广东的经济社会发展有什么样的建议？

马莲娜：我在广东的这些年，广东开设了自贸区，经济社会有了快速的发展；广州举办了亚运会。我希望广东能继续提供良好的政策，吸引更多的外国人和外资机构。

3. 过去5年新增19家驻穗总领事馆

外国驻穗领团对广东有哪些积极作用？广东省人民政府外事办公室主任陈秋彦接受专访，谈外国驻穗领团发展。

记者：过去5年中，外国驻穗领团经历了哪些发展和变化？

陈秋彦：过去5年，广东遵循中央顶层设计，积极参与国家“一带一路”建设，加强与欧美发达国家经贸联系，深化粤港澳合作，在构建对外开放新格局方面取得了积极成效。5年多（2012.1—2017.10）来，共新增19家驻穗总领事馆，平均每年约增加4家。由此可见国际社会对加强与中国、与广东合作的重视与期待。

记者：外国驻穗领团对广东经济社会发展发挥了哪些积极的作用？

陈秋彦：近40年来，派遣国各领事馆在广东省对外交流合作中起到重要的渠道与桥梁作用。外国驻广州总领事馆的设立，为广东省与派遣国搭建了长期、稳定的交流合作的桥梁，有助于广东省构建对外开放新格局。此外，各领事馆在推动派遣国与广东省经贸合作方面发挥着重要作用。据统计，2016年广东省与各派遣国的贸易额达5594.07亿美元，约占广东省与外国贸易总额的80.3%。

在各国领事馆的协助下，迄今广东省与各派遣国已签署38对友好省州关系，115对友好城市关系；分别与新加坡、韩国、越南、泰国建立合作机制；共同建设中新知识城、深圳—海防经贸合作区、中德金属生态城、中以国际科技合作产业园等多个重点园区。借助上述平台和机制，双方在科技、文化、教育、卫生和旅游等领域的合作取得了丰硕成果。

尤其值得一提的是，广东的老百姓也能直接享受这些合作带来的“红利”，企业和老百姓“走出去”经商、学习、旅游或探亲的地域更广，签证更便利，直飞航线也更多。

（二）2017广州《财富》全球论坛开幕前夕领事看广州①

（编者按：改革开放以来，自1979年8月，美国在广州设立首个驻广州总领事馆起，广州目前已拥有各国驻广州总领事馆62个，数量居全

①本目采访汇编自：《南方日报》2017年12月7日刊登的《驻穗外交官们眼中的“宜居之城”“枢纽之城”》，作者为江珊；《广州日报》2017年12月6日刊登的《领事看广州》，作者为申卉；新华网2017年12月4日刊登的《领事看广州：花城广州充满魅力》，作者为邓瑞璇、丁乐；新华网2017年12月5日刊登的《领事看广州：财富广州迸发活力》，作者为丁乐、邓瑞璇。

国第二位。外交官们见证了广州改革开放发展史。在广州举办2017《财富》全球论坛期间，驻穗外交官们也成为向世界介绍广州的一扇窗口，多位驻穗外交官集体接受了媒体采访。）

1. 美国驻穗前总领事白智理（Charles Bennett，驻穗时间约两年）：广州是一座世界级城市

广州现在已经成为一座世界级的城市，经济繁荣、发展很快。广州始终是中国对美贸易交往的桥头堡，无论是历史还是如今，我们应该延续脚步，开创广州与美国贸易往来的美好明天。

美国驻穗前总领事白智理是一名在华工作了多年的资深外交官，来华时间超过30年。白智理表示，他1987年第一次来广州，“要说广州的变化，看看珠江新城就能知道。我第一次来广州时，当时还没有珠江新城，现在这里却成了让人惊叹的地方”。

“广州的天气很暖和，只要望出窗外，就能看到满眼的绿色。”白智理告诉记者，自己在广州生活了两年，越来越喜欢广州。

白智理表示，他和大多数广州市民一样，外出喝早茶、吃点心、品粤菜。每到周末，会陪着家人外出游玩，尤其喜欢去有传统韵味、有特色的公园。“我和女儿一起去过佛山祖庙，我们还很喜欢越秀公园旁边的兰圃。那里非常美丽、安静，我们有时会去喝喝茶，平静一下心情。”

除了工作，他还喜欢到各地参观旅行。“我希望更多地了解广东，了解中国，让中美两国的人们更加了解彼此。”

1784年，美国第一艘商船“中国皇后”号驶抵广州，拉开了中美贸易的序幕。广州作为改革前沿阵地和对外开放窗口，久负盛名的广交会让广州始终是中国对美贸易交往的桥头堡。“无论是历史还是如今，我们应该延续脚步，开创广州与美国贸易往来的美好明天。”

《财富》全球论坛让世界了解广州。广东与美国的贸易往来每年约1300亿美元。而美国很多知名公司，如宝洁、耐克都在很早就选择来广州投资。“可见广州乃至华南地区对这些大企业很有吸引力，将来希望两地在商业交往中更加紧密开放。”

白智理表示，广州作为枢纽城市，不仅有着良好的机场和港口条件，还汇聚了许多年轻人才。“一带一路”并不只是促进中美两国贸易交往，更能够推动世界科技的发展。他认为，作为21世纪海上丝绸之路的重要节点，广州在其中能起到引领作用，他也希望能有更多的美国企业参与其中。

白智理说，2017《财富》全球论坛是广州又一次显示出吸引力的国际盛会，有很多政商界高层集聚广州。“我认为这些领袖级的人物汇聚广州，能让广州在世界范围内受到广泛的关注，尤其那些以前不了解广州的人，因为《财富》全球论坛而来到广州或通过世界各大媒体的报道了解广州，对广州有更多认识。”

2. 澳大利亚驻穗前总领事戴德明（Dominic Trindate，驻穗时间三年半）：《财富》全球论坛让广州成为世界焦点

广州是一个宜居宜业的城市，在这里能享受到高品质的生活。广州也是一座国际化大都市，国际商贸活跃，对外国人的包容性也很强。

如今，更多的中国学生、游客和投资者到澳大利亚去，反过来澳大利亚人也是一样，广州和澳大利亚的关系变得更加紧密。

在澳大利亚驻穗前总领事戴德明的眼中，广州与澳大利亚的“财富”故事，要追溯到1850年澳大利亚的“淘金热”。当时，敢闯敢拼的广东人跨越太平洋，远赴澳大利亚淘金。“让人意外的是，很多淘金者没有发财就打道回府了，反而不少中国厨师赚了钱留在澳大利亚开起了中餐馆，所以澳大利亚的很多小镇都能找到中餐馆。”

戴德明笑言，早在到广州担任总领事前，粤菜十大名菜之一的酸甜咕噜肉就一直是他的心头好。“澳大利亚人把咕噜肉称为菠萝比萨，我以前还以为是经澳大利亚改良过的一道‘混血菜’，来了广州之后，我才发现原来这是一道正宗粤菜。”

戴德明表示，能来广州工作，他感到非常兴奋。其妻是一名新加坡华裔，家乡就在广东。“我妻子能用粤语交谈，我的女儿们也都在学中文，尤其是我的小女儿，中文相当好。”至于戴德明自己，他笑言自己虽然会的中文不太多，但出门购物已足够了。

在这里，他和很多老广州一样，饮早茶，逛沙面，爬白云山，到芳村花鸟市场买花赏花……在他看来，“广州就像是一个让人不断探索的瑰宝”。

戴德明表示，他十分讶异于广州电子商务和智能科技的发展。“对老百姓而言，用移动支付可以买水、发红包。对区域经济而言，广州乃至珠三角的科技公司已经形成了科技生态圈，尤其是粤港澳大湾区建设上升为国家战略，都让广州厚积薄发。”

在他看来，广州曾是中国第一个国际商埠，如今广州同样是中国联通世界的重要商贸中心。一直以来，广州与澳大利亚商贸往来频繁，既有澳大利亚公司在广州兴业发展，广州乃至珠三角的企业也前往澳大利亚投资创业。尤其是《中华人民共和国政府和澳大利亚政府自由贸易协定》签署以来，澳大利亚的红酒、奶粉等商品受到了中国游客的欢迎，很多中国人前往澳大利亚投资，在房地产、教育和旅游领域都颇有建树。

谈及广州建设国际交往中心，戴德明坦言，这其实并非广州的“新定位”，而是广州一直以来持续发展着的定位。

对于《财富》全球论坛，戴德明表示，这会让广州成为世界的焦点，刷新世界对广州作为商贸中心的认识，让世界上更多人知道广州，让更多顶级企业家看见广州。

3. 领事众议广州：花城广州充满魅力

2017广州《财富》全球论坛开幕前夕，记者采访了多国驻广州领事。这些领事们有些刚来广州不久，有的在这里生活了多年。开放、热情、充满魅力，这是他们眼中的广州。

英国驻广州前副总领事欧安杰（Andrew Ould）说，广州人民热情而友好，他很喜欢。广州是一座开放、多元和包容的城市，近年来更是成为了一个国际化大都市。他印象最深的是来广州后的第一个周末登上了广州塔，俯瞰这座城市的夜景，让他非常震撼。

意大利驻广州前副总领事吕云霓（Alice Rubini）说，在广州一年多的生活非常有趣。这个城市对新事物接纳很快，一直在变得更加国际化。丰富多彩的活动充实了她的日常生活。即使是外国人也能在这里体会到乐趣。

泰国驻广州总领事瓦信·兰巴替盛表示，他非常喜欢广州。这里到处都可以感受到市民好客的热情，看到他们脸上充满着对未来的信心。他认为广州是真正的花城，是一座非常宜居的城市。

那些从世界各地来到广州的外国人，逐渐在这片充满活力的土地上扎根安居。

4. 领事众议广州：财富广州迸发活力

2017《财富》全球论坛在广州举行，千年商都再放光芒，成为全球瞩目的焦点。多国驻广州领事在接受记者采访时表示，广州营商环境日臻完善，枢纽型经济发展潜力无限，未来期待更广更深层次的经贸往来与合作。

在意大利驻广州前副总领事吕云霓眼里，广州是一个非常开放的城市，许多意大利公司被这里的营商环境吸引，有的在粤经营超过20年。《财富》全球论坛是一次难得的机会，展示广州的重要商业地位和可持续的创新能力，有助于吸引外国企业来广州投资，让更多的外国公司进入广州。

英国驻广州前副总领事欧安杰介绍，广州和英国商贸往来频繁，有近600家英国企业在广州投资，涉及生活、科技、自动化、制造业、教育、金融、环境基础设施等各个领域。他认为广州拥有极具吸引力的商业环境。

新加坡驻广州总领事蔡簦合（Chua Teng Hoe）说，广州是新加坡对珠三角地区累计投资额最多的目的地，目前开展了中新国际联合研究院、广州市荔湾区大坦沙岛地区更新改造项目等一系列合作。新加坡和广州有很大的潜力去拓展和深化合作，包括在贸易、创新、金融、人际交流和环境可持续化等领域。

（三）从平昌冬奥会建言广州“成名”之道[①]

［编者按：对于举办过亚运会的广州来说，举办奥运会可能是下一个梦想，因此，介绍举办奥运会的经验，成为韩国驻穗领事的一项“工作”。韩国平昌冬奥会开幕前夕，为了探讨城市的“成名”之道，看看平昌在城市宣传上有何独到之处，有哪些值得广州借鉴的地方，媒体采访了韩国驻广州总领事黄淳泽（Hwang Soon-taik）。］

①本目采访摘编自《广州日报》2018年2月6日刊登的《特色化宣传助平昌成功申奥》，作者为赵亦平、温俊华。

“平昌冬奥会不仅可以赏雪，还可以欣赏冬季运动，享受独特的体验，欢迎前往平昌冬奥会！”黄淳泽介绍说。平昌位于韩国首都首尔以东地区，是一个人口仅有5万的度假胜地。

平昌申请举办冬奥会的历程可谓充满坎坷。早在21世纪初，平昌就在尝试申请冬奥会的举办权。只可惜，多次落败。

到了2011年，平昌再次和德国慕尼黑、法国阿纳西站在一起，申请举办冬奥会。这一次，平昌在首轮便战胜了对手，获得了梦寐以求的2018年冬奥会主办权。

谈及“取胜之道”，黄淳泽介绍说，平昌在吸取前两次失败的教训后，在2011年的竞选上制定了不同于其他申办城市的特色化战略，主打四大特色：第一，突出平昌的最大优势——便捷性，平昌分别以平昌和江陵为中心构建场馆群，从运动员村出发，30分钟内可到达所有比赛场馆，90%的运动员从宿舍到赛场只需5到10分钟；第二，提出建设最先进比赛场馆的计划，强调平昌在过去举办的55个国内外冬季运动比赛中积累了丰富经验，这为平昌加分不少；第三，展现地方政府和人民的申奥热情——调查显示，92%的国民和93%的江原道居民支持平昌申办冬奥会；第四，为制定有效的宣传战略，韩国动员了大量人力，为每一位国际奥委会委员分别制定并实施了有针对性的宣传策略，同时也强调了亚洲地区冬季运动发展相对落后，更加需要有一个发展冬季运动事业的契机。

“平昌郡和江原道从政府到民间展现出的巨大热情，是平昌申奥路上的强大竞争力，同时特色化的竞选宣传策略让我们在同其他城市的竞争中走在了前面。”黄淳泽说。

盛典“成名”：有能力争取世界杯。举办全球性的体育赛事可以很大限度地提升一个城市的知名度，同时也有利于展现一座城市的凝聚力，平昌正是受益于此。事实上，世界上很多著名城市都有举办奥运会或者世界杯这样的体育盛会的历史，例如伦敦、巴黎、柏林等。

近年来也有不少声音表示，可以争取让足球世界杯在广州举办，以此宣传广州。

在这一点上，黄淳泽也表示认同，“广州有很浓厚的足球文化基础，广州恒大队在国际上已有知名度，我也曾到主场看过恒大队的比赛。如果能够举办世界杯，对于推广广州无疑是很有好处的”。

经济“成名”：善用粤港澳大湾区平台。黄淳泽同时也提到，奥运会、世界杯这样的体育盛典毕竟四年才举办一届，在平时，广州可以利用粤港澳大湾区的区位优势，提升自己的知名度。

黄淳泽说，广州近年来在实现经济发展与进步方面所作出的不懈努力令他印象深刻。

他认为，这些年来，广州持续着力于扩大对外开放、积极招商引资、放开外资准入限制以促进外资良性竞争，目前开放程度已很高，可以利用粤港澳大湾区的区位优势进一步宣传自身的经济成就。

科创“成名”：创新可成名片。据黄淳泽所知，包括297家世界500强企业在内，现在共有来自120多个国家的2万多家企业进驻广州。广州还有不少科技创新企业，这些企业处在包括互联网、生物制药、新材料、工业机器人、无人机、3D（三维）打印等新兴产业领域的核心地位。

而广州也确实在科技创新领域不断努力，最近几年里，广州引进了包括富士康、思科、百济神州等众多高新技术企业和项目，正在动工中的琶洲互联网聚集区，也吸引了大量互联网企业进驻。

据了解，广州在2018年广州国际传播年达沃斯推介会上以“广州与世界的对话”为主题进行城市推广，在展现自己的独特优势的同时，以更自信、更开放的姿态向世界介绍自己。“如果可以从广州适合创业创新并具有未来发展潜力这方面加以宣传，我相信广州在国际上的形象将会有进一步提升。”黄淳泽说。他还透露为助力广州顺利申办冬奥会，增进中韩两国关系，韩国政府对满足一定条件的中国公民实施15天免签入境政策。

（四）澳大利亚贸易与投资部前部长：未来20年，广州将是全球重要城市[1]

［编者按：罗布先生虽然不是领事，但他作为外国官员对广州的看法很有见地，我们也把对其的采访编辑在此。安德鲁·罗布（Andrew Robb）于2013至2016年担任澳大利亚国家联邦贸易与投资部部长。任职期间，安德鲁·罗布先后与韩国、日本和中国签订了自由贸易协议，并与12个国家签订了《跨太平洋贸易伙伴关系协定》，被澳大利亚总理称为澳大利亚“史上最成功的贸易部部长”。］

广州《财富》全球论坛的媒体见面会上，澳大利亚贸易与投资部前部长安德鲁·罗布向记者表示，自己和很多中国朋友都通过微信联系，并用微信写出：“I ❤ Guangzhou。”在他看来，广州是一个有实力有魅力的城市，在举办《财富》全球论坛后，广州将有更迅猛的发展。

1. 广州将是热门创新城市

记者：您来过广州多少次？这次来，广州给你留下了什么深刻的印象？

安德鲁·罗布：我访问过广州很多次，很多澳大利亚人对广州也很熟

①本目采访改编自《羊城晚报》2017年12月7日刊登的《澳贸易与投资部前部长：未来20年，广州将是全球重要城市》，作者是孙晶、彭雨泽。

悉。广州在中国与澳大利亚的贸易中处于很重要的地位。不仅很多广州产品销往澳大利亚，在投资方面，很多中澳企业也是通过广州这个窗口进行互相投资。

中国经济在20世纪的崛起和发展使我印象十分深刻，最近十几年，中国在全球的影响力也不断提升。广州的发展其实就是中国，特别是一些大城市的发展历程的缩影。

上一次来广州是15个月前，这次来，广州变得更加美丽，城市更加有魅力。

记者：您觉得举办《财富》全球论坛为广州带来哪些方面的影响?

安德鲁·罗布：《财富》全球论坛在全球有重要影响力和地位，毋庸置疑，这是个很好的平台，能让广州展现出自己擅长的一面，让世界各地政商聚集在这里，让企业巨头聚焦广州、了解广州，为广州创造更多的机遇。

还有一点很重要。广州举办《财富》全球论坛的时机非常好。在党的十九大召开之后这样重要的日子，今天（2017年12月6日）上午的会议上有对党的十九大精神的解读，解释了中国未来5年发展的趋势和动向，这是很重要的。让世界了解中国，也通过这个平台让全球政企精英了解广州的发展机遇和定位，从而进一步展开与广州的深度合作。

我相信，在未来20年，广州将是全球一个很重要的高速发展的城市。

记者：您如何评价广州的创新环境?

安德鲁·罗布：广州是个在创新方面很有活力的中心城市，在这几年的发展中形成了一个科技创新要素聚集的环境，吸引了很多专家、学者、研发机构。研发机构和大企业的聚集可以带来很多专业人才，对广州科技创新起很大作用。比如华为是全球很重要的科技创新企业，在华为的供应链体系中，广州居于很中心的环节。我相信，在未来的科技创新中，广州一定是处于“热门、中心”地位的创新城市。

2. 中国经贸发展积极向上

记者：最近美国进行了税改，您如何看待这个政策对全球企业的影响，您怎么看中国未来的经济发展？

安德鲁·罗布：美国税改对美国的商业发展是有利的，通过税改降低了企业成本，相对来说企业竞争力就会逐渐增强。

在这方面，中国自贸区建立以来，也在不断降低关税和减少屏障，调整体制。其实，二者都是通过调整企业成本来增加本国企业的竞争力。

今天早上马云在讲话中对中国经济持非常积极乐观的态度。我也持有同样的观点，觉得中国的经济和贸易发展非常积极向上。经济和贸易发展需要通过一个个项目不断去推动，中国的创新项目、科技项目以及贸易自由化和更加开放的市场，都能促进未来中国的经贸新走向。

同样，更强大的领导力加上更规范的市场和资源配置，能给中国的市场带来更好的前景。

（五）城中漫步，是外交官与广州最亲密的时光[①]

（编者按：由于广州集聚了国内第二大的领事官员群体，而广州又是国内媒体行业最发达的城市之一，因此，领事官员经常成为记者采访的对象，并不限于在亚运会或《财富》全球论坛这样的重大活动举行期间。有些较为日常的采访所谈到的话题反而更接近广州的市民生活，也反映了领事官员及其家属是很融入广州日常生活的。）

①本目采访改编自《新快报》2018年2月3日刊登的《城中漫步是外交官与广州最亲密的时光》，作者为罗韵。

“广州人给我的印象是非常友善，他们的举动让我很期待去建立更深入的关系，用真诚去克服语言和文化带来的差异。”荷兰驻广州总领事郭媚姚（Marjo Crompvoets）说。“跟这里一样，土耳其也有山和海，所以当地人跟广州人的性格比较相似，热情、务实、开放。”土耳其驻广州总领事博拉·卡林奥鲁（Melih Bora Kerimoğlu）说。

在外国人眼中，广州是一座怎样的城市？也许在广州工作的外国外交官最有发言权。记者采访两位领事时了解到，在城中漫步是他们与广州最亲密的时光。

1. 郭媚姚：沿江散步，感受广州发展轨迹

在荷兰驻广州总领事馆和荷兰国家应用科学研究院主办的“中荷绿色工业园项目合作研讨会”上，郭媚姚谈到了自己在广州任职两年的点点滴滴。

“广州是非常适宜散步的城市。”说到跟广州结缘，郭媚姚说要追溯到许多年以前她第一次来广州的时候，那时她还是一名学生。“那时候广州最著名的地标是白天鹅宾馆，现在的白天鹅宾馆仍是广州人心目中的经典，但是更多更高的大楼已经拔地而起，对比之下白天鹅宾馆就显得娇小玲珑了。”

郭媚姚说，在闲暇时候，她会在沙面一带散步，沿着江边可以看到广州的发展轨迹，对它发展步伐之快有更具象的感受。“广州是一座非常适宜散步的城市，散步是我空闲时最爱做的事情。”

工作之余，她努力融入广州社会，平时积极参与民间活动，也喜欢邀请本地的艺术家到自己家中聚餐，一边欣赏珠江夜景一边把酒畅谈。两年来，她在广州结交了许多朋友。

“两年来见证了两国文化交流。”2017年底，郭媚姚和她的团队举办了几个艺术展览，比如“设计互联荷兰设计展”“深港城市/建筑双城

双年展”等，几部来自荷兰的纪录片也在中国（广州）国际纪录片节期间展映。2018年5至8月在广东省博物馆举办了一个荷兰著名艺术家阿曼多（Armando）的大型作品展。

“在过去两年中，我见证了两国在设计、时尚、音乐、舞蹈、摄影等诸多领域的许多文化交流活动，两国艺术家们进行了强烈的对话与互动。”郭媚姚认为，荷兰与广州在历史上有过的交集也是一个值得关注的话题。“比如18世纪中国制造的外销艺术品通过船运从广东运往荷兰乃至整个西方世界，对此已经有很多研究。2017年在荷兰就有一场极其精彩的展览，展出广东省博物馆的藏品。这是荷兰乌得勒支省的阿美里斯维尔德庄园博物馆和广东省博物馆的一次合作展览，阿美里斯维尔德庄园博物馆的墙纸正是200多年前从广东进口的。”

“广州中产阶层日益关注环境。”她说，就好像荷兰和中国关系日益亲密一样，她的心和广州这座城市也在不断靠近。《财富》全球论坛举行之后，她常常思考关于广州制造业的问题。“过去通过贸易，广州生产的商品不断出口到欧洲，欧洲也给广州制造业带来一些先进的经验。可是近年来，广州的制造业发展迅速，尤其是科技智造的方面，欧洲也许已经没有办法像从前那样带来更多参考。”她表示，但是在企业管理的领域，例如怎样建立良性的资产管理和负责任的投资模式等方面，广州还需要向欧洲学习。

荷兰这个面积小、人口多的低地国家有26%的面积低于海平面，被迫处在跟大自然“相爱相杀”的第一线。从15世纪风车的发明起，荷兰人就开始了改造大自然的征程，不断从大海手中抢夺土地。对此，郭媚姚强调，环保问题是荷兰人长期密切关注的话题，一直被视为“燃眉之急”。“我看到广州的中产阶层日益成长，他们对环境的关注也与日俱增，他们正在努力为下一代创造更好的生活环境。”

2. 博拉·卡林奥鲁：土耳其人跟广州人性格较相似

2018年1月26日，博拉·卡林奥鲁在位于广州珠江新城的办公室度过了来广州后的第三个小周末，这位在欧洲拥有26年能源和推广工作经验的土耳其官员把广州视为他事业的福地，因为这是他第一次担任总领事职位。接受记者采访的时候，刚从欧洲来到岭南的他坦言还在适应这里的气候、生活和工作，把两个孩子送进学校，安装和学习使用微信。他的办公桌上还摆满了广东国际旅游产业博览会、广州海外置业投资移民留学展览会等国际活动的资料。

周末，博拉·卡林奥鲁会带着一家人到附近的公园、商场和电影院放松，或者去花城广场参观博物馆和大剧院。

传统的粤式美食更是他的心头好，掰着手指头，他兴奋地细数心爱的美食："饺子、面条，手撕包菜、水煮牛肉……所有辣的菜我都喜欢吃。广州餐饮行业的人特别厉害，井井有条地同时服务几百名食客，我震惊了。"

每天下班后，他习惯从办公室出发，步行穿过珠江新城的繁华街道，通过拓宽后全新的广州大桥，领略二沙岛绿树成荫的优美环境，沿着傍晚灯光璀璨的珠江岸边回家，这两公里的步行之旅，是他跟这座城市最亲密的接触。

在《财富》全球论坛后，博拉·卡林奥鲁才正式展开工作。他给自己设置了一系列的小目标——他最看重广州企业的投资潜力和广州的旅游市场，如何吸引这里的投资客和游客到土耳其去，如何把想学习中国语言文化的留学生、想到中国谋生发展的商人带来广州，就是他的工作重点。

"大约有1000名土耳其人常住广州，其中约100名是留学生，其他以商人为主，在广州开设餐厅和公司，还有一些是商人们雇用的职员。"他介绍说，"跟这里一样，土耳其也有山和海，所以当地人跟广州人的性格比较相似，热情、务实、开放。他们非常喜欢学习中文。”

博拉·卡林奥鲁7岁的儿子就是这样的土耳其人。博拉·卡林奥鲁在手机里收藏着儿子的许多视频，孩子从小学习中文和中国武术，平时在家里也喜欢伸手踢腿比画几招。

（六）总领事们学会了“云拜年”、说中文、写福字、捧挥春[①]……[②]

（编者按：随着中国在世界上影响力的提升，每到春节，越来越多的国家元首、政府首脑会向华人表示节日祝贺。驻华使馆和在广州的各国总领事们也不会放过这种表达良好祝愿的机会。）

新春佳节，多国驻广州总领事馆等外交机构也入乡随俗，选择通过微博、微信和视频网站等方式，纷纷向广州人拜年，有的用中文说吉祥话语，有的晒出风光大片吸引游客，有的详细列出了工作和休假时间。

2018年2月14日，英国驻广州总领事馆上传了一条爆笑贺岁短片；德国驻广州总领事馆也在微信上发出“狗年吉祥”的祝福海报，海报上有总领事冯马丁（Martin Fleischer）和同事们的合影。

1. 英国驻广州总领事馆：自编自演爆笑贺岁短片，用粤语说“恭喜发财”

2018年2月14日，一头金发的英国驻广州总领事梅凯伦（Karen Maddocks）身穿红色连衣裙，双手抱着两只分别有中国和英国国旗图案

---

①挥春：粤语，指春联。

②本目采访改编自《新快报》2018年2月16日刊登的《说中文　写福字　捧挥春……　多国大使和总领事给你“云拜年”》，作者为罗韵。

的小狗玩偶出现在办公室，她用粤语说出老广过新年最爱听的两句吉祥话："恭喜发财！新年快乐！"

她说："春节马上要到了，按照中国农历，2018年是狗年，大家都知道，狗在中国非常受欢迎，英国也是一个爱狗的国家。"她一边展示英女王和她心爱的柯基的合影，一边介绍说，她发现在中国的社交媒体上，有几种狗特别火。因此，她带领着英国驻广州总领事馆的几位同仁一起自编自导自演了一出爆笑贺岁短片——《"英领汪"新春访谈》。由戴着不同纸皮狗形头套的同事们扮演5种广州CBD（中央商务区）办公室的常见角色，畅谈各自的过年想法和新年愿望。

视频里第一位出场的是坐在办公桌的电脑前，身穿衬衣的"加班狗"，他说："感觉身体被掏空，我累得像只狗，不过英国领事馆鼓励生活与工作平衡的态度，有工作手机和笔记本电脑的支持，就可以随时随地移动办公。"在新的一年里，他表示要继续加班。"工作使我快乐，加班使我幸福，新年希望跟各位狗狗一起决战到天明！"

第二位出场的是蹲在落地玻璃窗前、遥望着窗外CBD高楼大厦的"单身狗"。今年春节，虽然他跟很多办公室小伙伴一样回家要被催婚催生，但是依然心怀梦想——早日脱单，找到一个萌妹子。

紧接着出场的是穿着西装外套，埋首在两台电脑前不停敲字的"IT（信息技术）狗"，他用英语念叨着，过年回家跟一大家子人待在一起，每天都会很忙碌地度过，分分钟比上班还累，他还祈求新的一年里他的工作不要被机器人取代。

接着在镜头里面出现的是"带娃狗"，扮演的是一位刚刚休完半年"带娃假"的新手妈妈。她用流利的粤语说："领事馆非常支持我们这些职场妈妈，还建立了领事馆妈妈群，一起分享带娃经验。"她兴奋地用手机展示自己孩子的照片，计划着过年带着孩子去亲友家"拉利市”，还要趁着打折季在网上多囤点婴儿用品。“带娃狗”的新年展望是：“可以睡个好觉，做了妈妈以后最缺的是觉，让孩子爸爸多参与带娃。最重要的是宝宝身体健康，快乐成长，作为妈妈也可以一起成长。”

最后压轴出场的是“养生狗”，他语气沉稳地说道：“狗到中年，很多事情看得非常淡薄了，宠辱不惊看庭前花开花落，去留无意望天上云卷云舒，已经没有什么能拨动心弦。”新的一年里要“以养生为重，一切以养生为目标，多锻炼”。

展示了视频后，梅凯伦表示，英国非常推广职场多元化，建立包容文化。“无论属于哪种‘狗’，欢迎和我们一起过个欢乐的狗年。”

最后，梅凯伦携视频里出现的5位“职场狗”一起出现，给广州市民拜年。在广东传统新春音乐伴奏下，他们双手抱拳齐声说道：“狗年到，红运照，祝大家狗年大吉大利！狗年旺不停！新年快乐！”

2. 韩国驻华大使馆：韩国也有“春运”和“红包”，过年要扫墓、祭祀祖先

2018年2月14日，韩国驻华大使馆一众同仁通过官方微信公众号向中国的网友们发出新春之问：“今年韩国的冬天特别冷，你们的家乡冷不冷？春节会不会下雪？”还撰文介绍了韩国的春节传统风俗以及过年必吃的美食。

据介绍，韩国春节一般放假3天，像中国一样，在外工作的人会驱车回乡，走亲访友。所以春节假期的前一天，韩国各地的高速公路被回家的车辆堵满，韩国人称之为“民族大移动”，跟中国的春运颇为相似。

“韩国人过春节也会置办很多年货，像中国一样，大型的商场、超市人山人海，很多主妇会在一周前就开始准备年货。红参等健康食品在韩国比较受欢迎，超市里也随处可见包装精美的韩国产水果礼盒、韩牛礼盒、点心礼盒等。”

跟中国风俗不同的是，韩国人会在春节扫墓、祭祀祖先。“祭祀是韩国人春节一定要做的事情，他们会穿上韩服，准备很多水果、点心、肉类等，一家人去郊外，将祖先坟墓上的杂草清除干净，行大礼缅怀先人，向祖先表达感激之情并祈求保佑家人平安健康。”

对于许多人关心的美食话题，文章中也特别提到，“春节那一天韩国人是一定要吃年糕汤的，代表又大了一岁。晚餐后小孩会向长辈说新年快乐、身体安康、多福多乐等祝福语”。

但是与中国给“红包”不同的是，韩国长辈给“白包”——用白色信封装压岁钱，庆祝孩子又大一岁。

3. 印度尼西亚驻广州总领事馆：广州将成为本地人和外国人的美好家园

2018年2月14日，印度尼西亚驻广州总领事余树富（Edi Yusuf）携10多位员工和家人身穿民族服装，在办公室里录制了一段简短的视频。

他在视频里说：“在过去的一年里，我们一起见证了广州在现代社会、经济和文化方面的长足发展，在狗年即将到来之际，我们相信广州将会进一步成为本地居民和外国人的美好家园。我们衷心祝愿广州的朋友们拥有一个充满希望的新年。”

结尾，他们一起用中文说出“恭喜发财”，表达美好的祝愿。

第二章

友城朋友看广州

城市间的友好关系往往是国家之间友好关系的延伸，是友好的国家关系向友好的民间关系深入的渠道。同时，它对发展城市对外联络、国际影响力、对外经济贸易都是十分重要的一环。我国开展友好城市关系的时间并不长，但卓有成效。广州作为全国拥有友好城市最多的城市之一，友好城市官员及相关人士如何看待广州显示了城市之间的交往成效。

一、概述：广州友好城市发展居国内前列

友好城市在世界上又被称为“姐妹城市”（Twin Cities），主要兴起于第二次世界大战之后的欧洲。它指一国的城市或省、州与另一国相对应的城市或省、州以签署正式友好城市协议的形式，明确双方城市在政治、经济、科技、教育、文化、卫生、体育、环境保护和青少年交流等各个领域开展交流合作，从而形成友好城市关系。

1973年，我国建立了第一对国际友好城市，是周恩来总理促成天津与日本神户建立的友城关系。1992年，由中国人民对外友好协会发起并成立中国国际友好城市联合会（下称“友城联合会”），标志着我国友好城市活动进入了统一协调发展新阶段。

根据友城联合会的统计，截至2018年3月20日，我国的31个省、自

治区、直辖市和482个城市与五大洲136个国家的526个省（州、县、大区、道等）和1630个城市建立了2532对友好城市（省、州）关系。（见表2-1）

表2-1　全国各省、自治区、直辖市建立友好城市关系一览表

省、自治区、直辖市	结好数	排名	省、自治区、直辖市	结好数	排名
北京	73	17	湖北	93	7
天津	27	28	湖南	81	14
河北	66	19	广东	188	2
山西	43	25	广西	107	4
内蒙古	42	26	海南	56	21
辽宁	86	12	重庆	42	26
吉林	54	22	四川	90	9
黑龙江	93	7	贵州	17	30
上海	80	15	云南	72	18
江苏	312	1	西藏	9	31
浙江	101	5	陕西	85	13
安徽	90	9	甘肃	57	20
福建	90	9	青海	20	29
江西	75	16	宁夏	54	22
山东	187	3	新疆	44	24
河南	98	6	合计	2532	—

数据来源：中国国际友好城市联合会网站

从表2-1来看，在各省、市、自治区中，广东的友城数量排名全国第二，仅次于江苏。以城市而论，广州的友城数量也排在全国前列，

共与37个城市缔结友城关系，仅次于上海（80个）、北京（73个）、重庆（42个）。此外，广州另与34个城市缔结友好合作交流关系。（见表2–2、表2–3）

表2—2　广州友好城市一览表（截至2018年5月29日）

序号	友好城市（所在国家）	签署人	签署地点	签署时间
1	福冈（日本）	广州市革委会主任杨尚昆 福冈市市长进藤一马	福冈	1979年5月2日
2	洛杉矶（美国）	广州市市长梁灵光 洛杉矶市市长汤姆·布雷德利	洛杉矶	1981年12月8日
3	马尼拉（菲律宾）	广州市市长梁灵光 马尼拉市市长巴格欣、大马尼拉市总督马科斯夫人	马尼拉	1982年11月5日
4	温哥华（加拿大）	广州市市长叶选平 温哥华市市长迈克尔·哈科特	温哥华	1985年3月27日
5	悉尼（澳大利亚）	广州市市长朱森林 悉尼市市长道格拉斯·苏瑟兰	悉尼	1986年5月12日
6	巴里（意大利）	广州市市长朱森林 巴里市市长佛兰切斯特·德鲁齐亚	广州	1986年11月12日
7	里昂（法国）	广州市市长朱森林 里昂市市长佛朗西斯科·科隆	广州	1988年1月19日
8	法兰克福（德国）	广州市市长朱森林 法兰克福市市长沃尔弗拉姆·布吕克	法兰克福	1988年4月11日
9	奥克兰（新西兰）	广州市市长杨资元 奥克兰市市长凯瑟琳·蒂泽德	奥克兰	1989年2月17日
10	光州广域市（韩国）	广州市代市长林树森 光州市市长宋彦钟	广州	1996年10月25日

（续表）

序号	友好城市（所在国家）	签署人	签署地点	签署时间
11	林雪平（瑞典）	广州市市长林树森 林雪平市市长乔伊娃	广州	1997年11月24日
12	德班（南非）	广州市市长林树森 德班市市长姆拉巴	德班	2000年7月17日
13	布里斯托尔（英国）	广州市市长林树森 布里斯托尔市市长罗伯森	布里斯托尔	2001年5月23日
14	叶卡捷琳堡（俄罗斯）	广州市市长林树森 叶卡捷琳堡市市长阿卡迪·切涅特斯基	广州	2002年7月10日
15	阿雷基帕（秘鲁）	广州市市长张广宁 阿雷基帕市市长亚美尔·罗米洛	阿雷基帕	2004年10月27日
16	泗水（印度尼西亚）	广州市市长张广宁 泗水市市长班邦·哈多诺	广州	2005年12月21日
17	维尔纽斯（立陶宛）	广州市市长张广宁 维尔纽斯市市长阿图拉斯·佐卡斯	广州	2006年10月12日
18	伯明翰（英国）	广州市市长张广宁 伯明翰市市长麦克·惠特比	伯明翰	2006年12月4日
19	汉班托塔（斯里兰卡）	中国外交部部长助理崔天凯 斯里兰卡外交部常任秘书长帕里塔·柯后纳	北京	2007年2月27日
20	累西腓（巴西）	广州市市长张广宁 累西腓市市长若奥·保罗·利马·埃·席尔瓦	广州	2007年10月22日
21	坦佩雷（芬兰）	广州市市长张广宁 坦佩雷市市长涅米宁	坦佩雷	2008年12月2日
22	曼谷（泰国）	广州市市长张广宁 曼谷市市长素坤潘	广州	2009年11月13日

（续表）

序号	友好城市（所在国家）	签署人	签署地点	签署时间
23	布宜诺斯艾利斯（阿根廷）	广州市市长陈建华 布宜诺斯艾利斯市市长毛里西奥·马克里	布宜诺斯艾利斯	2012年4月16日
24	迪拜（阿联酋）	广州市市长陈建华 迪拜市市长侯赛因·卢塔赫	迪拜	2012年4月18日
25	科威特城（科威特）	广州市市长陈建华 科威特城市长谢赫·阿里·贾比尔·艾哈迈德·萨巴赫	广州	2012年4月25日
26	喀山（俄罗斯）	广州市市长陈建华 喀山市市长伊苏尔·麦辛·拉伊索维奇	通过转交信件完成签署	2012年7月6日
27	伊斯坦布尔（土耳其）	广州市市长陈建华 伊斯坦布尔市市长卡迪尔·托普巴什	伊斯坦布尔	2012年7月18日
28	哈拉雷（津巴布韦）	广州市市长陈建华 哈拉雷市市长穆查贝以·马森达	通过转交信件完成签署	2012年9月3日
29	圣何塞（哥斯达黎加）	广州市市长陈建华 圣何塞市市长乔尼·阿拉亚·蒙赫	圣何塞	2012年9月11日
30	登别（日本）	广州市市长陈建华 登别市市长小笠原春一	广州	2012年11月15日
31	巴伦西亚（西班牙）	广州市市长陈建华 巴伦西亚市市长丽塔·芭贝拉	通过转交信件完成签署	2012年12月29日
32	拉巴特（摩洛哥）	广州市市长陈建华 拉巴特市市长法塔拉·瓦拉卢	拉巴特	2013年10月3日
33	罗兹（波兰）	广州市市长陈建华 罗兹市市长汉娜·兹达诺乌卡	通过转交信件完成签署	2014年8月20日

（续表）

序号	友好城市（所在国家）	签署人	签署地点	签署时间
34	艾哈迈达巴德（印度）	广州市市长陈建华 艾哈迈达巴德市首席市政官唐纳拉桑	艾哈迈达巴德	2014年9月17日
35	博克拉（尼泊尔）	广州市市长陈建华 博克拉市市长加拉克·阿迪卡尔	广州	2014年11月29日
36	基多（厄瓜多尔）	广州市市长陈建华 基多市市长毛利西奥·罗达斯	广州	2014年11月29日
37	圣地亚哥（智利）	广州市市长温国辉 圣地亚哥市市长费利佩·阿雷桑德利	通过文本交换方式完成签署	2017年6月20日

资料来源：广州市人民政府外事办公室网站

表2—3　广州友好合作交流城市一览表（截至2018年8月29日）

序号	友好合作交流城市（所在国家）	签署人	签署地点	签署时间
1	萨尔瓦多（巴西）	广州市贸促委荣誉主任高祀仁 萨尔瓦多市市长丽迪丝·达马塔	萨尔瓦多	1996年4月9日
2	胡志明（越南）	广州市常务副市长陈开枝 胡志明市人民委员会副主席黎明珠	广州	1996年4月14日
3	大分（日本）	广州市市长林树森、广州市人大常委会主任黄伟宁 大分市市长木下敬之助、大分市议会议长阿部刚四郎	广州	1997年10月9日
4	哈巴罗夫斯克（俄罗斯）	广州市市长林树森 哈巴罗夫斯克市市长菲力波夫	广州	1997年10月15日
5	关岛（美国）	广州市市长林树森 关岛总督卡尔·古提拉兹	广州	2002年3月28日

（续表）

序号	友好合作交流城市（所在国家）	签署人	签署地点	签署时间
6	墨尔本（澳大利亚）	广州市副市长苏泽群 墨尔本市市长苏震西	墨尔本	2003年4月9日
7	亚历山大（埃及）	广州市副市长陈明德 亚历山大市秘书长穆罕穆德·根德	广州	2003年7月17日
8	巴塞罗那（西班牙）	广州市市长张广宁 巴塞罗那市市长胡安·克劳斯	巴塞罗那	2003年10月29日
9	比什凯克（吉尔吉斯斯坦）	广州市市长张广宁 吉尔吉斯斯坦总理塔纳耶夫	广州	2004年12月1日
10	哈瓦那（古巴）	广州市副市长陈明德 哈瓦那市副市长安东尼奥·洛佩斯·古比利亚斯	广州	2005年6月15日
11	杜塞尔多夫（德国）	广州市市长张广宁 杜塞尔多夫市市长约阿西姆·埃尔温	广州	2006年7月25日
12	墨西哥城（墨西哥）	广州市市长 墨西哥城市长马塞洛·埃布拉德	墨西哥城	2010年11月19日
13	休斯敦（美国）	广州市市长陈建华 休斯敦市市长安妮·帕克	休斯敦	2012年4月9日
14	圣地亚哥（智利）	广州市市长陈建华 圣地亚哥市市长巴布罗·萨拉盖特·赛义德	圣地亚哥	2012年4月13日
15	米兰（意大利）	广州市市长陈建华 米兰市议员弗兰科·阿方索	米兰	2012年7月25日
16	布拉格（捷克）	广州市市长陈建华 布拉格市市长博胡斯拉夫·斯沃博达	通过转交信件完成签署	2013年4月25日

（续表）

序号	友好合作交流城市（所在国家）	签署人	签署地点	签署时间
17	平阳（省）（越南）	广州市市长陈建华 平阳省省长黎青宫	广州	2013年8月22日
18	科英布拉（葡萄牙）	广州市副市长王东 科英布拉市市长若奥·保罗·巴博萨·德梅罗	科英布拉	2013年10月20日
19	仁川（韩国）	广州市市长陈建华 仁川市市长宋永吉	广州	2013年12月6日
20	金边（柬埔寨）	广州市市长陈建华 金边市市长巴速杰旺	通过转交信件完成签署	2013年12月13日
21	圣彼得堡（俄罗斯）	广州市市长陈建华 圣彼得堡市市长波尔塔夫琴科	广州	2014年1月12日
22	第比利斯（格鲁吉亚）	广州市市长陈建华 格鲁吉亚议会主席依拉克里·什黑亚什维利	广州	2014年1月13日
23	波士顿（美国）	广州市政府副秘书长刁爱林 波士顿市市长特使、经济发展署署长约翰·巴罗斯	广州	2014年8月28日
24	苏瓦（斐济）	广州市副市长骆蔚峰 苏瓦市特别行政官乌玛瑞尔	苏瓦	2015年6月1日
25	金沙萨［刚果（金）］	广州市市长陈建华 金沙萨市市长安德烈·金布达	广州	2015年7月23日
26	蒙巴萨州（肯尼亚）	广州市市长陈建华 蒙巴萨州州长哈山·阿里·约霍	广州、蒙巴萨（转交）	2015年10月30日
27	维多利亚（塞舌尔共和国）	广州市市长陈建华 维多利亚市市长杰奎琳·穆斯塔·贝尔	广州	2015年11月12日
28	波哥大（哥伦比亚）	广州市市长温国辉 波哥大市市长恩里克·潘纳罗萨	波哥大	2016年10月14日

（续表）

序号	友好合作交流城市（所在国家）	签署人	签署地点	签署时间
29	热那亚（意大利）	广州市市长温国辉 热那亚市市长马可·多利亚	广州	2016年12月7日
30	蒙特利尔（加拿大）	广州市市长温国辉 蒙特利尔市市长柯德尔	广州、蒙特利尔（转交）	2017年6月20日
31	比雷埃夫斯（希腊）	广州市委常委、副书记欧阳卫民 比雷埃夫斯市市长莫拉里斯	比雷埃夫斯	2017年9月7日
32	地拉那（阿尔巴尼亚）	广州市委常委、副书记欧阳卫民 地拉那市市长维利阿依	地拉那	2017年9月11日
33	帕多瓦（意大利）	广州市副市长马文田 帕多瓦市副市长阿尔图尔·罗伦佐尼	广州	2017年10月30日
34	里约热内卢（巴西）	广州市委常委、常务副市长陈志英 里约热内卢市政府国际部主任安东尼	里约热内卢	2018年5月28日

资料来源：广州市人民政府外事办公室网站

二、走笔：建设国际交往中心

改革开放以来，广州积极发展友城工作，紧密围绕全市中心工作，坚持友城工作平台化、项目化、机制化、常态化发展理念和思路，加强友好往来，深化实质性交流合作，服务国家总体外交、广州经济社会发展和国际交往中心建设。近年来，通过认真落实《广州市国际友好城市工作五年规划（2016—2020年）》，友城工作取得了巨大成效。

从表2-1统计并编制的《广州友好城市设立走势图》来看，第一个十年（1979至1988年），建立了8个友好城市；第二个十年（1989至1998年），增加了3个友好城市，总数达到11个；第三个十年（1999至2008年），增加了10个友好城市，总数达到21个，总数比前一个十年几乎翻了一番；第四个十年（2009至2018年），增加了16个友好城市，总数达到37个，总数比第一个十年的4倍还多。（见图2-1）

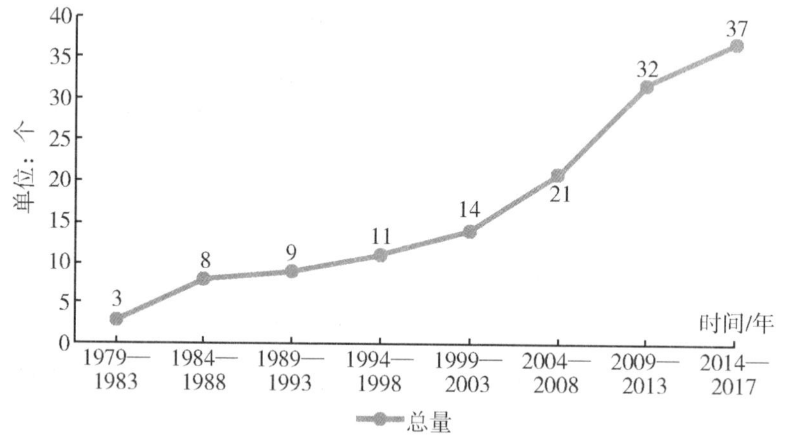

图2-1 广州友好城市设立走势图

从表2-2统计并编制的《广州友好合作交流城市走势图》来看，广州是进入"九五"计划时期才开始设立友好合作交流城市的。其中，"九五"期间，设立了4个友好合作交流城市；"十五"期间，设立了6个，总数达到10个，比上一个五年增长了1.5倍；"十一五"期间，仅设立2个；"十二五"期间，出现了井喷式的增长，新增15个；进入"十三五"时期，仅2016至2018年便新增7个，势头不减。（见图2-2）

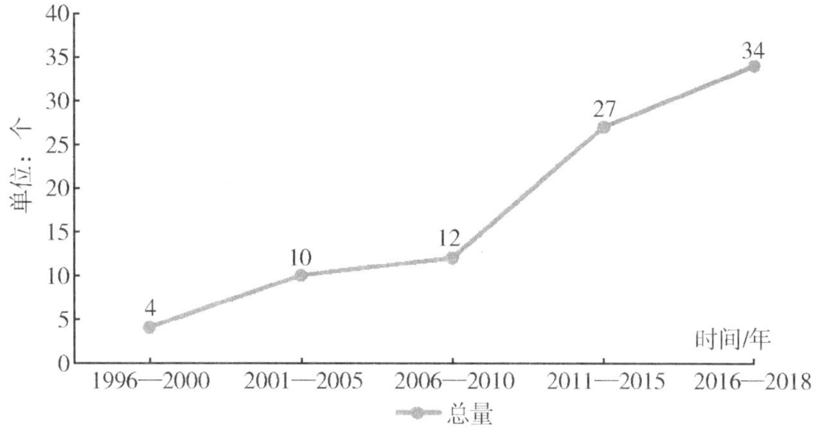

图2-2　广州友好合作交流城市设立走势图

（一）发挥友城渠道作用，加强和深化多领域对外交流合作[①]

积极推进友城交往常态化发展，推动高层互访、经贸交流、民间往来等多形式、多层次交流合作。2017年广州共接待来访团组53批635人次，组团或协调组团出访友城30批176人次。

1. 利用市领导出访契机，推动对外交流合作

有针对性地统筹协调市领导走访“一带一路”沿线城市，积极宣传广州推进“一带一路”建设成果。2018年还举办了“一带一路”沿线及新结友城外办主任会议，升级打造友城公务人员汉语培训工程。每年为“一带一路”沿线友好城市公务人员提供政府奖学金，依托广州地区高校，为沿线友城公务人员提供培训平台。升级打造“友城之旅”“小使者嬉游探世界”民间交流活动。走访21世纪海上丝绸之路沿线重要城市，宣传广州作为海上丝绸之路发祥地、主港的历史信息，传递友谊，夯实民间交流基础。

①本目和下一目数据来自2017年广州市人民政府外事办公室总结报告。

2. 积极推进友城拓展战略，优化完善友城布局

2017年，继续推进实施国际友城拓展战略，加强与“一带一路”沿线城市交流合作，有针对性地在东南欧、西亚、东盟、非洲等重要地区物色结好对象。

与“一带一路”沿线友城展开了内容丰富的人文交流活动，进一步增强中外人民亲近感。2017年7月，广州连续五年派艺术家参加第13届印度尼西亚泗水跨文化节；9月，副市长王东率广州国际友城文化艺术团走进北欧瑞典林雪平市和芬兰坦佩雷市，为当地市民和华人华侨呈上杂技、粤剧等一系列极富岭南风情的节目。

增加友城奖学金投入，厚植亲华亲穗人脉基础。2017年上半年来自日本福冈、格鲁吉亚第比利斯、肯尼亚蒙巴萨的3名政府职员和大学生结束了在广东外语外贸大学为期一年的汉语培训，下半年继续邀请来自肯尼亚蒙巴萨、刚果（金）金沙萨的两名友好人士前来该大学研修。

参加友城间文体交流活动，增进中外青少年间友好情谊。2017年7月，海珠区少年宫5名优秀学生和教师赴日本福冈参加第29届日本福冈亚洲太平洋儿童会议，进一步加深与各国（地区）少年儿童的相互了解，增进友谊，为维护地区和平和世界和平贡献力量；8月，广州体育职业技术学院两名青少年运动员与来自日本福冈的运动员组队前往北京共同参加“中日友好交流城市初中生乒乓球友谊比赛大会”，在众多参赛队伍中取得第三名的好成绩。

2017年，与智利圣地亚哥市签署建立国际友好城市关系协议书，与加拿大蒙特利尔市、希腊比雷埃夫斯市、阿尔巴尼亚地拉那市、意大利帕多瓦市4个城市缔结友好合作交流城市关系。

加强与南美地区友好关系人脉建设和基础工作，进一步拓展广州在西欧、东南欧地区的友好关系城市的选点布局，助力广州国际交往中心

建设。着眼“一带一路”沿线重点国家，认真梳理“一带一路”沿线城市情况，拓展广州“一带一路”沿线友好城市网络。重点开拓与肯尼亚蒙巴萨市、伊朗阿巴斯港市、马来西亚槟城州、哈萨克斯坦阿斯塔纳市等城市（州）的友好交流关系。

3. 依托友城渠道和地区交流网络，积极推动经贸、文化、卫生等多领域合作

积极协调和支持市内各单位团组出访友城，协助安排友城及外国友好团组来穗开展对口交流，进一步深化广州市在经贸、卫生、体育、文化等领域的对外交流合作。

（二）积极推进对外交流合作平台化、项目化、机制化建设

1. 拓展新平台

2017年，广州设立了驻美国硅谷、波士顿两个地区，驻以色列特拉维夫科技创新合作办事处3个驻国外办事处，搭建起国际交流合作新平台。

圆满举办广州—奥克兰—洛杉矶“三城经济联盟2017广州年会”（简称“广州年会”），打造友城经贸合作的新平台。深化友城交往，强化合作网络。广州年会扩宽和加深了三方在旅游、教育、创新创业、城市规划设计等领域的合作，已初步形成三城企业和机构的对口行业交流网络，建立起三城经济联盟“朋友圈”。

继续推动广州市驻美国硅谷、波士顿和以色列特拉维夫等三地办事处的工作，谋划筹备在欧洲地区设立驻外办事处，推进与欧美地区在科技创新、人才引进和培训、经贸等领域交流合作，服务广州枢纽型网络城市建设。

2. 推进新项目

建立国际友城交流新机制，推动青少年足球交流。对内成立广州国

际友城青少年足球交流合作指导联席会议，依托广州市足球特色学校挂牌建立广州国际友城足球交流学校。

成立广州国际友城文化艺术团，加大对外文化交流力度。谋划组建广州国际友城文化艺术团，旨在统筹全市各级文艺院团、文博馆所、文化企业等机构，深度挖掘、盘活全市文艺资源，充分利用市领导出访契机，抓住重大节庆、会议、纪念活动等举办有影响力的配套文化活动，弘扬岭南文化，深化广州与友城在文化艺术领域的交流合作。

2017年12月，《广州国际友城文化艺术交流合作联席会议制度》及《广州国际友城文化艺术团工作制度》正式印发实施。

举办帕格尼尼国际小提琴大赛亚洲区音乐交流会，此举既丰富了广州与热那亚友好关系的内涵，也打造了一个落户广州的对外文化交流品牌。

3. 建立新机制

以结好周年庆为契机，巩固和发展国际友城关系。2017年适逢广州与瑞典林雪平市结好20周年、与俄罗斯叶卡捷琳堡市结好15周年，广州市主动谋划，组织开展了系列周年庆活动，进一步巩固和发展友城关系。

2018年举办了广州与法兰克福结好30周年、广州与里昂结好30周年系列庆祝活动，并将于12月举办广州与坦佩雷结好10周年系列庆祝活动。

推进落实外事资源信息数据库建设工作。积极推进广州外事信息资源数据库建设工作，委托开发友城信息数据库、礼宾接待档案库、外事翻译语料库3个子数据库，实现实时更新国际友城基础数据、记录市领导会见外宾档案、丰富完善外交外事翻译语料等具体功能。

4. 确定新目标

2018年5月，广州公布了《广州建设国际交往中心三年行动计划（2018—2020年）》（简称《行动计划》）。《行动计划》提出的总目标是：到2020年，初步建成在世界城市舞台具有较强影响力的国际交往中心，迈向“独具特色、文化鲜明的国际一流城市”。5个推进目标是：国际交往动力显著增强、平台全面升级、影响大幅提升、格局更加完善、服务环境不断优化。5个工作抓手是：国际交往动力、平台、网络、格局和环境，细分为20条具体任务。[①]

根据《行动计划》，着眼强化广州在“一带一路”中的枢纽城市、经贸合作中心和重要引擎功能，力争以每年新增3至5个友城的速度，加快推进友城“百城计划”。

三、自述直播：过去的千年和美好的未来

（编者按：以下皆为通过广州市人民政府外事办公室联系的书面采访，由编辑团队组织翻译。）

（一）布里斯托尔中国伙伴协会荣誉主席王锦良（Kam Wong）：协助建立友好城市关系我感到非常自豪

Q：您有多少次因为工作的原因来到广州?

A：我来广州不下百次，参与了许多不同的项目，例如：第一，布里斯托尔与广州结为姐妹城市。我于1998年负责促进“布里斯托尔中国伙伴关系”，布里斯托尔在2001年与广州结为姐妹城市。协助建立了这种关系使我感到非常荣幸与自豪。第二，英国DPS环球有限公司与广州广重企业集团有限公司签订了石油和天然气工艺合同。DPS是处理技术和系统的领先供应商和集成商，为在海上和陆上环境中的上游、中游和下游油

---

①摘自《南方日报》2018年7月25日刊登的《广州朋友圈不断扩大！每年新增3—5个友好城市，将建成国际交往中心》，作者是刘冠南。

气运营提供所需的设计、工程服务和项目管理。服务范围包括现场概念和筛选研究、前端工程设计研究，详细的设计、施工、调试和培训贯穿运营和维护阶段。DPS与SPT BV有限公司关系也很密切，SPT BV有限公司对他们下一代气体脱硫工艺有很大的兴趣。

Q：您对广州的第一印象如何？

A：我对广州的第一印象停留在1978年。我想得最多的是关于工人的安全问题，因为他们似乎没有穿戴安全护具，我担心他们的健康与安全。

各种交通工具从城市的四面八方涌来，特别是自行车。

Q：如今您对广州的印象发生改变了吗？如果有，是哪些改变？

A：我对广州的印象发生了很大的改变，摩托车限行了，自行车少了。广州发生了很多好的变化。广州政府正在大力改善道路基础设施和公共交通。城市规划大幅改善，新建了高档酒店、剧院，还有花城广场、广州塔。作为行人，我现在感觉走在路上很安全。

Q：您去过中国的其他城市吗？如果有，您觉得广州有什么特别的地方吗？您会向身边的亲朋好友推荐广州吗？

A：我去过许多中国的城市，比如北京、上海、杭州、青岛、天津等，我觉得广州在环境问题上管理得比较好。它还促进了创新、商业敏锐度、财政实力以及对外开放的发展进程。如果我的家人或朋友打算来中国旅游，我会把广州推荐给他们。

Q：您喜欢粤菜吗，例如广州的点心和烧味？您会向身边的朋友推荐粤菜吗？您觉得广州的饮食业相比您第一次来时发生了哪些改变？

A：我喜欢粤菜。我会推荐粤菜给我的家人和朋友。广州餐饮业非常有创意，有艺术性，更重要的是食物非常好吃。

Q：对广州的文化体育有什么印象？

A：广州恒大集团加大了对足球产业的投入。事实上，恒大队现在是中国最好的足球队之一。

Q：您坐过广州的地铁吗？体验如何？您觉得广州的交通系统相比您第一次来时发生了哪些改变？

A：我坐过广州的地铁，有一次广州市人民政府邀请我乘坐。我注意到现在大部分的公交车是电力供能的。

Q：如何评价广州市民？与您第一次来时相比，对广州市民的印象有哪些改变？

A：我爱广州和广州人。与我第一次访问相比，广州市民变得更有礼貌了。许多人穿着不同的服饰，现在，更多的人拥有了汽车和物业。

Q：您有参加过广州或者贵市举办的两城友好交流活动吗？

A：我参加过，以下是我参与的活动的摘要。

广州主办的活动：

①2003年7月17至24日，布里斯托尔罗孚足球俱乐部在广州参加了广州姐妹城市国际足球友谊赛。

②2016年12月13至14日，受广州市人民政府邀请，参加了“广州市授予荣誉市民工作30周年活动”。

③2017年，受邀参加广州国际城市创新研讨会，以及广州《财富》全球论坛等活动。

我协助了许多广州代表团到布里斯托尔参加友城活动。

布里斯托尔主办的活动：

①在2001年5月22日，广州市市长林树森一行到布里斯托尔签署姐妹城市协议。

②2001年10月16至23日，广东省人大常委会主任张帼英访问英国，促进广东省人大与威尔士议会建立了联系。

③2004年4月28日，由广州市经济委员会主任平欣光带领的广州产业代表团访问了布里斯托尔。

④2005年，李卓彬副市长率代表团访问布里斯托尔。

⑤2005年4月，广州市对外贸易经济合作局在副局长袁越的率领下，出席了在布里斯托尔举办的商业论坛。

⑥2006年10月17至22日，广州芭蕾舞团在张丹丹团长率领下在布里斯托尔表演，庆祝布里斯托尔与广州缔结姐妹城市关系5周年。

⑦2006年，布里斯托尔主办并赞助了由广州市对外贸易经济合作局举办的“与中国接轨”企业论坛。

⑧2006年12月3日，广州市市长张广宁到访布里斯托尔，赠送五羊匾，作为广州与布里斯托尔姐妹城市关系新的里程碑，匾额在市议会门前设立，当天还演奏了中国国歌并举行升国旗仪式。张广宁后来表示，要感谢布里斯托尔和BCP（布里斯托尔—中国伙伴关系协会）对广州发展的支持。他还代表广州市民，表示非常感谢BCP为姐妹城市交流项目所做的努力，期待着将这个合作推进新的发展阶段。

Q：您有什么印象深刻的“广州故事”能与我们分享吗？

A：2006年11月13日，我在广州被授予了广州荣誉市民称号。这个荣誉始于1986年，是广州市人民政府授予为广州市做出突出贡献的华侨、港澳台同胞和外籍人士的。此前曾获此殊荣的有霍英东、李嘉诚、胡应祥等，王锦荣是第一位获此殊荣的英籍华人。

此后，我积极推动两城的交流与合作。在过去的几年里，我每年有三分之一的时间待在广州，加强了广州和布里斯托尔之间的交流。

我最满意的是帮助了13名广州公务员和运动员获得去英国西南大学学习的奖学金和促成了广州芭蕾舞团在布里斯托尔演出。

Q：您觉得中国的改革开放对世界产生了什么样的影响？

A：中国经济在改革开放期间有了很大的提升，今天全世界都在密切关注中国的经济改革。也许很快中国经济将成为世界第一。

（二）布宜诺斯艾利斯市议会国际关系主任古斯塔沃·加西亚（音译）（Gustavo García Saiz）：跨越千年历史，期许美好未来

泱泱华夏，赫赫文明，浩瀚沃土，穷我一生，也无法窥得其全貌，而在今天，即使是在最为基本的日常事务上，中国都已经在世界舞台上享有一席之地，无论是在经济方面，还是在其悠久历史和现代工业方面，都占据着举足轻重的位置。

我有幸到访过北京和上海这两座国际化大都市。

2015年我曾经受到农业部对外经济合作中心的邀请到访贵州[①]，访问期间曾就未来可以在中阿之间的食品方面进行合作阐述了我的观点，其间也到访了其他一些地区并进行了发言。在此期间，我发现了这座大型城市——我们阿根廷人并不是非常适应这样的城市规模——我还在这座城市里发现了其他类型的更为传统的中国人。

我也到访了另一座大都市——香港，那座城市同样也非常大，那里聚居着各式各样的居民和游客，从截然不同的货币到街道上完全相反的行车方向，都表现得与中国内地完全不同，我无法说这样是不是看起来会更为美观，但我非常肯定的是，二者之间确实截然不同。

在疆域辽阔的中国，我非常有幸见到了一颗“珍珠”，是的，就是一颗“珍珠”，我就是这么认为的。这颗珍珠就是广东省的省会广州市，这是一座迷人的城市，放眼望去，让人沉醉不知归路，这种感觉，

①从上下文来看，这里说的“贵州”更像是“广州”，可能是笔误。

既与这座城市同我生长的故乡布宜诺斯艾利斯非常相像而使我触景生情有关，也与所有的到访过阿根廷的代表团有关，我在布宜诺斯艾利斯市立法院工作时，处理了很多无疑会加深我这种感情的事情。

给我带来的第一个冲击，就是我漫步过的街区，或是在工作之余透过酒店落地窗看到的风景，那是这座城市提供的最好的城市风景明信片，五光十色，霓虹绚烂，高楼林立，直入云霄，辉煌的灯火点缀着风格迥异而又各具特色的建筑，为往来的人们提供了一场视觉盛宴，这是广州展现出来的独一无二的景致，这也向世人宣示着这里是世界上最大的LED（发光二极管）照明灯的生产地。

广州，这座城市的繁华昼夜不息，仿佛是一颗时刻不停地跳动着的心脏，传递着千年的历史与文化。城市规划中仍保留着充斥着浓厚历史气息的街角，街道上现代派与未来派的建筑交相辉映，间或夹杂着鳞次栉比的玻璃或混凝土墙，高楼拔地而起，耸入云霄。

在有着让世界赞叹的设计的先锋派建筑与祖先遗留下来的古老建筑，实现了完美的平衡，当然还完美结合了苍翠的公园、五颜六色的花朵和一条环湖而建的小径，而湖则恰好位于这座城市的正中心，湖边还伫立着一棵老树。

我还想花一点笔墨来描述参观广州塔带给我的震撼，塔高600米，位于美丽的海珠区，周围有花城广场、广州大剧院、广州国际金融中心等，这座摩天高塔带给我太多的震撼和惊喜，为我的广州之行增添了一丝梦幻色彩。

同样让我难忘的还有我们乘船游珠江的浪漫夜晚，沿水路穿越整座城市，让我感受到了由衷的喜悦，并近距离感受了每栋建筑上的闪耀灯光。[①]

---

①本文描述的广州景观，可能在位置的记忆上不完全准确，编者有所修改。

在游访建于537年梁朝时期的千年古刹六榕寺和寺中花塔时，寺中氛围让我肃然起敬。

但在我看来，广州不只有千年古刹、古宅、园林、花草、树木、河流与湖泊，更有丰富的饮食文化，其包括由中国各种食材，尤其是广东本地食材烹制而成的美食，其中汇聚了各种蔬菜、鱼和海鲜，大部分都是在美洲闻所未闻的食材，采用亚洲特有的烹饪方法烹制而成，从采用传统旋转桌呈上的各类菜品，到宴请宾客的宴会酒席，都与美洲截然不同。这是品尝与享受味觉盛宴的一刻，不仅如此，这些美食更是色香味俱全，像是精致的艺术品摆放在每个与之相得益彰的餐盘中。

我有幸被诸多本地的好友多次邀请品尝广东本地美食，经营本地美食的餐厅都装修别致，粤菜口味清淡健康，营养均衡，带给我的味觉享受也很难用语言来进行描述，不仅仅是因为文字上的翻译无法准确对其进行描述，而且食材也大为不同，如各式各样的中国特有的蔬菜、调料和水果，而同样的食材，烹制方式不同，其味道自然截然不同。

这里的人极具涵养。所有的办公和接待地点的工作人员，对游客招待得无微不至，随时满足顾客提出的要求，这是属于亚洲文化特有的招待方式，是展示出这座城市的美与秘密的自信大方，是通过尝试理解我们的语言所表现出的关注与努力。能够做到一直尊重我们的文化和习俗，其实并不是一件容易的事情。

我永远也不会忘记此行所有人的热情款待，这一切都让我体会到了什么叫宾至如归。

虽然科技对我们来讲已经是一个耳熟能详的话题，但此行仍然带给我诸多惊喜，线上技术的发展已经跨越了国界，并且已经通过互联网、电视或杂志迅速传至拉丁美洲，这一路真的是让我们惊喜不断啊。

在我第一次走进广州地铁的一刻，我深深地被地铁车厢的洁净和长度所震撼，而更让我震惊的是，广州地铁竟然有没有司机驾驶的全自动化列车，这也对我们生产电子产品的大型公司产生了影响。

广州是中国经济发展过程中的重要纽带，立足于此，面向世界。每年吸引着全世界各行各业人士将眼光汇聚于此的广交会，是中国规模最大的、产品种类最为齐全的、极具国际影响力的展览交易盛会。每年都有无数的拉丁美洲商人和企业家远道而来，赴这场广交会之约，寻找他们需要的产品。

在此，我必须要承认，我最大的愿望就是能够与广州的各类人员进行更多的交流与互动，能够在两城年轻人之间建立起文化和科技的交流和沟通。

我也同样很关注体育这一主题，阿根廷俗语说“有运动的地方，就没有恶习与毒品”，我尤其注意到中国政府在足球运动上做出的努力，我希望能够邀请一些广东的年轻人到阿根廷，到足球王国，那里有世界上最好的教练员、运动员和技术指导人员，有着可以与全世界年轻人一同分享的高于国际化水平的基础设施。因此，对广州的年轻人来讲，到布宜诺斯艾利斯参加训练，是一个千载难逢的好机会。

广州这座城市像是一个神奇的巨人，即使你走上上千遍，仍然会有新的发现，正如文章标题，在这里，你可以“跨越千年历史，期许美好未来”，这里人来人往，川流不息，迎接着来自世界各地的人们，而人们也将这里作为起点，将步伐遍布世界的每一个角落，毋庸置疑，这是最好的省会城市。

对我来讲，下一个目标就是再次访问广州这座城市，去探访那些在本次行程中尚未来得及深入的地方（很遗憾本次时间有限）；享受街头巷尾的美食，走一走那些长得仿佛没有尽头的街道；或是在夜晚，在珠江边散步，与一些在这里相识的好友比邻而居，去体验一下除了通过社交网络来维系友谊之外的生活的美好；偶尔再约上三五好友，享受美食，把酒言欢。

我告别了我曾经享受过的诸多味道，在这里所有的经历，用语言来描述都显得过于寡淡苍白，我希望亚洲文化和拉丁美洲文化能够相互融合，并能够相互补充，让我们为创造一个更好、更积极的世界而努力奋斗。

再见，希望是很快再见。

（三）林雪平市国际事务部主任夏斯汀·瑞姆斯塔德（Kerstin Reimstad）：距离分不开真正的朋友

很高兴来到广州，与广州的同仁一起工作。我是瑞典林雪平市国际事务部主任。林雪平市自1997年以来一直是广州的姐妹城市，我的工作是促进两市之间的合作与交流，这一重大的责任让我有机会在过去几年中多次访问广州。

我第一次访问广州是在2014年3月。那是一次由林雪平市市长和林雪平大学校长所带领的正式访问，旨在加强高等教育的合作。绿色、现代、充满活力、热情好客，是我对广州的第一印象。我还记得，我们的行程非常紧凑，包括正式会议和参观广州。广州的同事们非常专业有效地安排了我们的会议。自从我第一次访问以来，我曾经建议林雪平的同事们和几个行政部门来广州寻找伙伴关系和合作。

食品和艺术表演是我在广州的行程表里的重要组成部分。粤菜中的点心、海鲜和各种蔬菜是我最喜欢的。我多次被告知烹调粤菜的“秘诀”是保持原材料的原汁原味，而不加入过重的调味——例如辣椒，所以“蒸”在广州是一个做点心和海鲜非常传统和流行的方式。

2017年，林雪平市接待了广州艺术表演团。传统与现代相结合的表演，向观众展示了包括粤剧、舞蹈等专业艺术家的表演。对于大多数观众尤其是年轻人来说，这是他们第一次在距离广州7000英里[①]的家乡享受一场神秘迷人的节目。随着林雪平市的学校与广州的姐妹学校建立了新的交流关系，更多的孩子将有机会到访广州，体验中华文化。

促进人与人之间的联系和互动对于建立跨文化的长期合作关系非常重要。我经常访问广州，并接待了20多个到林雪平市的广州访问团。中国代表团和广州东道主的安排给我的印象是高效率的。我们在广州的合作伙伴非常灵活，能够迅速做出决策。虽然双方存在文化差异，但我们之间的合作进行得很顺利。事实上，我和广州的许多工作人员成为了好朋友。我们有一个非常融洽的合作，许多有趣的讨论伴随着幽默和笑话。

自2014年以来，我们通过姐妹城市关系取得了很大的成就。我举一些例子：成立广州大学—林雪平大学城市可持续发展研究中心，签署谅解备忘录，缔结姐妹学校、姐妹图书馆，并于2017年签署《中华人民共和国广州市与瑞典王国林雪平市进一步加强友好城市关系备忘录》。

自1978年改革开放以来，中国经历了一个显著的快速增长期。2015年，参与建立姐妹城市关系的林雪平市前市长和我正式访问了广州。这是她2003年以来的第一次访问。我们的前市长在广州图书馆参观了关于姐妹城市的一个摄影展。她从20世纪90年代在广州拍摄的照片中认出自己；然而，在过去的20多年里，这个城市的风景变化非常大，这让我和我的同事印象深刻。

我们虽然相距遥远，但瑞典和中国的这两座城市和市民们分享了许多看法，并在经济增长与发展中互利互惠。这两个城市突出了我们城市的发展，提高人们的生活质量，让我们获得教育和医疗保健。建议采取措施解决可持续发展的挑战，例如，减少污染和提高能源效率。

---

①1英里≈1.6公里

正如我的中国朋友常说的：距离分不开真正的朋友。我希望我们的姐妹城市广州，在城市建设和提升市民的幸福感上继续成功与兴盛发展。

（四）法兰克福市友好城市办事处主任何德华（Von Eduard Hechler）：法兰克福和广州结交30年——邂逅昨天和今天①

1988年4月11日，法兰克福市市长沃弗拉姆·布鲁克和广州市市长朱森林，在法兰克福罗马人市政厅签署了关于两个经济大都市正式建立友好城市关系的文件。双方建立友好城市关系的宗旨是加深双方城市民间的沟通与了解，交流知识和经验以及在经济、科学、文化、城市建设、教育、健康、运动和旅游等各个领域加深合作。

作为当时法兰克福市资历较浅、年轻的政府公务员，我只是在签订协议前几周才受命承担友好城市关系活动的任务。我接到的第一个重要任务是与来自经济促进部门的同事博多·克吕格尔共同组织接待由广州市市长率领的高规格代表团，以及组织有关建立友好城市关系的典礼仪式活动。德国当时还处于东西德分裂状态，而在邓小平的领导下，中国的改革开放已经取得了巨大的成绩。当时中国和德国之间只有6个友好城市，而法兰克福和广州成为了第七对友好城市（截至2017年底，中国和德国之间建立友好城市关系的数量已经达到69对）。

双方在法兰克福市完成协议签署并参观访问后，来自广州的代表团前往当时分裂的城市柏林进行参观，并在柏林磁悬浮列车的测试路段进行试乘，多年后在上海浦东的游客们也可以乘坐磁悬浮列车出行。

1988年11月，我第一次有机会拜访中国，来到了广州。当时，广州

---

①此篇为2018年1月采访Von Eduard Hechler时他的讲话稿，一些口语化的陈述在翻译后进行了一定的修饰。

对我们来说是个很大的城市了，那时广州市人口约为600万，几乎是法兰克福市人口数量的10倍。最令人印象深刻的是宽阔的街道上行驶着许许多多的自行车，自行车在专属的宽敞的自行车道上行驶。那时广州私家车还比较少，也还没有看到地下交通工具。我们从法兰克福飞往香港，并从香港开始我们的旅程，坐火车前往广州，通过深圳和东莞，大约3个小时后到达广州。乘坐飞机过来的人，则是降落在白云山脚下的国际机场，不远处有东方乐园。当时还只有少数的桥横跨珠江，智能手机也还未出现。在中国的外国游客拿着各式的货币，在兑换货币的地方兑换等值的“外汇券”，这样就可以购物和支付。而游客在交易过程中获得的零钱则是人民币。

广州现在已经发展成一个非常现代和高效的大都市。尤其是天河的中央商务区、珠江新城以及广州塔常常让国外的游客惊叹不已。

在1988年的访问中，我们受广州市的邀请，法兰克福足球队参加了友好城市首次足球比赛活动。我们法兰克福的足球队与广州市队、新西兰奥克兰队以及日本福冈队争夺“万宝”杯冠军。

早在1993年已经有首个法兰克福市民团参观广州这座珠江畔的友好城市。来自法兰克福的60名市民还访问了当时的广东外语学院（现广东外语外贸大学，简称“广外”）。学院德语系的学生们向他们表达了欢迎之情，并以小组为单位带着大家游览了广州这座城市。其中部分同学还在这些德国新朋友邀请之下前往法兰克福，以在暑假参观访问的形式或以访问学生的身份认识和了解德国及友好城市法兰克福。从此次交流活动中，出现了首个“德中伙伴家庭”，它是我们友好城市的成果，此后又有了更多的这种德中伙伴家庭。

随后的一年，法兰克福庆祝建城1200周年。广州市人民政府为此给法兰克福市民送上了一份特别的礼物，即为通常所说的“烟花花园”盛大烟花表演。为此广州市还寄出了两个烟花原料的集装箱和发射设施，并派出一个由烟花专家组成的7人小组前往法兰克福。烟花设备的搭建花了6天，周年庆典上的烟花表演在法兰克福持续了1个小时，让无数参加庆典的游客沉醉其中。

1995年，广州市邀请所有友好城市协同参与在新建成的云台花园建设国际友谊花园，将来自友好城市双方的典型象征标志作为设计元素融入到公园绿化设施中，与双方城市特色相结合，以喜闻乐见的方式记录在这座花园里。我们决定将法兰克福好客的传统见证物件，即通常所说的“苹果酒壶”融入到公园设计中。我们在云台花园制造了一个高达2.5米的巨大的“苹果酒壶”，在我们的友好城市广州迎接着来自四面八方的游客。

在广州市1996年庆祝建城2210年的活动中，法兰克福市向流花湖公园赠送了一座玫瑰园。这座玫瑰园犹如田园般落在绿色静谧的流花湖上，至今一直是广受欢迎的摄影景点，尤其受情侣们欢迎。

1997年11月，我有幸在广州学习逗留数周。其中在广外中文系有一个面向外国人的旁听生课程，我当时整天都在这个校园里，并且在空闲时间与同学们漫步白云山。2014年，当我再次拜访校园时，看到许许多多新建的楼宇，我能感受到其中巨大的发展变化。

西汉南越王博物馆的珍宝展览令双方关系再一次达到高峰，这个具有2000多年历史的古墓内存放着大量的陪葬品，是广州特别值得一看的博物馆。这个在法兰克福席恩（Schirn）美术馆举办的特别展览也是1998年双方友好城市建立10周年庆祝活动的一部分。

在这以后有许多的城市专家、市民、艺术家和政府机构成员一直维护促进着双方双向的交流，在2000年举办了迄今为止最具积极意义的首次中学生交流活动。此次活动组织了来自广州的109名学生以及老师，前往德国的汉诺威参观国际博览会。

关于建立持久稳定的学生友好交流关系的想法也让法兰克福倍感兴趣，很快法兰克福安娜·施密特中学承担了协调工作。这个持续至今的成功活动从一开始就与来自广州的法兰克福人濮健宏（音译）密切相关。在广州的合作学校为现在的执信中学和南澳中学（音译）。[①]

最近，法兰克福和广州有更多的学校缔结了长久的友好伙伴关系。法兰克福这边的学校为马克思·贝克曼中学和瑞德堡高级中学，广州的友好伙伴为广州外国语学校和广州市第六中学。

青少年之间形式多样的广泛交流给未来的决策者和责任人传递着友好城市生活和文化的重要经验和信息，进而把我们的城市和国家之间的友谊推向美好的未来。

迄今为止，广州是法兰克福最积极最具活力的友好城市之一。双方在各个领域都开展了广泛的交流，如在市政融资、环境政策、城市规划、社会福利与教育、职业培训、高层建筑的消防等各个领域。文化交流方面也颇有成效，两城均举办了多次友城相关的活动。

市民尤其是年轻人的交流有着重要的意义。除了中学生之间的交流外，双方相互开展了多次市民旅游团和语言学校交流活动。我记忆犹新的是法兰克福市民访问广州的家庭，访问活动由德语系的学生担任口译。残疾人协会、艺术家协会以及商会和大学也都促进着双方的交流和沟通，并组织足球和乒乓球以及龙舟比赛等活动。

双方友好关系发展的一个高潮在2008年的周年庆中。其中最重要的活动是来自广州杂技团极其高规格的特约演出，即在法兰克福百年大厅上演了传奇节目《西游记》，而在广州的星海音乐厅则上演了由法兰克

①全文在翻译后比对广州市人民政府外事办公室网站之友城简介中的德国法兰克福市进行了人名、地名核对，但Pu Jianhhong和Nanao Schule仍不确定正确翻译，只能分别音译为濮健宏和南澳中学。

福奉上的国际音乐晚会。在以“美因河畔的广州”和“珠江河畔的法兰克福”活动主题下，2008年周年庆上举办了多达50场活动，这些活动由友城双方的42个机构组织完成。而在2018年的30周年友好城市庆典中，双方再次安排了诸多特别的活动，其中包括在新的领域“街头艺术”的新合作，雕塑展览以及隆重而盛大的音乐会活动。

总体来看，我们今天可以自信和确定地说法兰克福和广州的友好城市关系是充满生机和活力的。双方对加深友谊和信任以及理解都具有浓厚的兴趣。更多圈子的人更多地参与到双方的友好城市关系工作中，双方也完成了工作上的换代交替。而1988年双方城市建交创始人的精神则是继续相传，当时有关缔结双方友好城市关系所树立的目标也在交流的历史回顾中重新获得成果。法兰克福和广州都是繁荣和极具活力的城市，双方都具有很大的互补性。

（五）洛杉矶广州姐妹城市协会主席凯瑟琳·怀特曼（音译）（Katherine Whitman）：广州的两个方面

1987年，我从我们大学校长那里第一次了解到广州。那时，他从中国旅行回去，请我和两位同事帮助他履行了对时任广州市副市长陈绮绮的承诺，派教授代表团到广州任教。那时，我对中国知之甚少，但我想找机会了解中国。每当我想起第一次到广州的情景，就会想到在火车站看到一张微笑的脸庞和写着我名字的牌子。当时我们都非常担心当火车到站时没人接待。来自市外办的接待员是我们的忠实同伴，我们一整个月的旅程都很顺利。

我的第二个视觉记忆是我第一次入住东方宾馆时，宁静美丽的中国传统园林带给我的震撼。另外一个记忆的画面是有一天下午我在花园里散步，在酒店的员工停车场里看到数百辆相同的黑色自行车在那里整整齐齐地停放着。我第一次来广州留下的最后一个印象就是在花园酒店旋转餐厅的夜景。当我们有幸到这个盛名在外的中餐厅享受晚餐的时候，我们看到白天还是一个充满活力和繁忙的城市，夜间几乎全黑，没有人出门，路灯和汽车也很少。

过去的30年里，我每年都会到广州访问，目睹了令人惊奇的变化。设计巧妙的高架桥，世界级的地铁系统，振兴的珠江新城，新机场、港口和最先进的博物馆。作为学者，我可以说广州大学城是一个被许多大城市及其领导人羡慕的创新理念。所有这些成就都使广州走在现代中国和世界城市的前沿。

这是一座拥有2200多年历史的城市，有许多宝贵的传统区域和历史遗迹，发展为一个全新的城市。这里不仅仅有办公楼、大型商场和公寓大楼，还有绿地、公园、河畔人行道，人们在舒适的环境中工作、生活、学习、休闲。我最喜欢沿着开放的广场散步，附近有4个新建的文化场所：广州歌剧院、广州图书馆、第二少年宫和广东省博物馆。当我漫步看到那令人瞩目的广州塔时，经常停下来，欣赏它，被它所折服。

我就读的圣玛丽山大学洛杉矶分校，意识到为学生提供全球社区工作和生活的重要性。作为工商管理硕士研究生课程的主任，我带了不少学生来中国。作为考察之旅的一部分，他们都去了广州。他们对这些经历的评价如何？从“我不敢相信这个城市的现代化和创业精神”，到“哇，这么棒的食物”，到“希望我能留更长的时间，探索更多的历史”；从“全世界都惊呼”，到“我忍不住要把这件事告诉我的朋友，跟他们再来一次”。过去10年，我很高兴能够把广州介绍给500多名学生。但是这个数量并不止于此。他们与家人、朋友和同事分享他们在广州的经历，不断地传播广州的美好。

回望过去30年，我很幸运地有了第二个故乡——广州。当我回想起对这个城市的第一印象——一张迎接我的笑脸，我感到宾至如归。每次我离开，都会开始准备下一次的广州之旅。

（六）洛杉矶姐妹城市协会副主席邝家驹（Kk Kwong）：广州在珠三角起到排头兵作用

作为一位旅居海外快半个世纪的美籍华人，也算得上半个老外，作为友城协会的中坚分子适逢其时。在改革开放的年代，有幸目睹广州作为最早开放的通商口岸不失时机地坐上改革开放的列车，在中国走上现代化的过程中做出贡献。

第一次到广州，是在移民美国前，陪祖母回乡省亲。祖母是西关小姐，1972年正值“文化大革命”时期，人们的生活条件相对也比较差。祖孙两人带了两大袋“物资”，包括旧衣服、饼干、香烟、油等一些日常生活用品到广州，还委托中旅社托运一辆自行车。我们住在三叔在暨南大学的宿舍里，印象最深刻的就是一大早高音喇叭广播的革命歌曲飘荡在空中。暨南大学所处的石牌村附近都是农田，我与三叔骑单车去沙河游玩，沿途见到民兵在练枪，一路上没见几个老百姓，除了这些以外，对广州没有留下深刻印象。在三叔家里住了两天，由于三叔不想邻居知道他有“海外关系”，我们平常闲话家常都要放低音量，因为怕隔墙有耳。第三天一大早，我们就出发前往广州火车站坐火车赶回香港。

第二次到广州是改革开放刚开始的那一年，1978年我已在美国读完大学本科并计划读研，由于受到20世纪70年代初期“保钓运动”的影响，海外华人学生展开了一轮“认识祖国，关心社会”的运动，我们召集了旧金山市湾区的几所知名大学的华裔学生组成“旅美华裔青年科学技术工作者”交流团访问中国。一行20多人从香港出发，第一站是广州，还记得在广州入住白云宾馆，晚饭后从白云宾馆摸黑步行去海珠广场，沿途除了在十字路口有微弱的灯光外，到处都是漆黑一片，偶然见到几间商店及餐馆，但门庭冷落，一点商业氛围都没有，到了海珠广场，只见到一些老广州赤膊乘凉，那时的人穿的衣服是清一色蓝色或绿色军装、凉鞋。而且那时交通混乱，飞车抢劫时有发生，行人到处吐痰。

我对广州有较完整的印象是在1992年。当时我受雇于一位台商朋友到广州管理一个商业房产项目，即日后的“太平洋电脑市场”，当年租用了位于天河南街的华侨友谊宾馆两间客房作为工程指挥部和招租中心，当年广州留给我最深的印象是空气污染严重，一个月没几天能看到太阳，河涌的河水如墨汁一般黑，臭气熏天，从华侨友谊宾馆往南看，除了几个农贸市场及装饰市场的临建外，全部是农田，连接天河区和对岸海珠区的只有广州大桥。

随着改革开放政策的推进，大批港澳同胞、海外华人及外商都选择到广州及珠三角投资，促进了珠三角的经济发展，广州作为珠三角的核心城市兼广东省省会，更起了排头兵的作用。从20世纪90年代至今，我目睹了广州市翻天覆地的改变，首先是从东站向南伸展至海心沙的新中轴线，打造出一个集金融、服务、饮食、文化、观光、休闲娱乐为一体的区域中心——珠江新城。其次是专营电脑、电器及数码产品的华南地区集散中心。最大的变化离不开2010年的亚运会，为了这次国际盛事，政府投入了大量资源处理河流污染，改善空气质量。加上之前新建的白云国际机场、白云国际会议中心、琶洲会展中心、大学城及覆盖全广州市北起花都、南至番禺、东起增城、西抵佛山的地铁系统，政府成功地把广州打造成为华南地区的区域核心城市及国际大都会。最近政府贯彻绿色理念，致力于把广州打造成为21世纪环保城市、低碳排放城市。

我作为一个美籍华人，在这30多年间，有幸目睹这一切变化，实在为广州而自豪。

（七）福冈市福冈—广州荔枝协会事务局局长千叶由纪子：我眼中的广州

中国的改革开放，一方面颠覆了东西文化以往的固定观念，极大地向世界展示了亚洲的可能性。因此，也给亚洲带来了生机与自信。另一方面，能量消耗明显增加，世界各国共同重新应对地球有限资源的分配及应对全球气候变暖的问题已迫在眉睫。

我第一次访问广州是在1974年。至今为止，通过广州和福冈两市的交流，我清晰地看到了广州的变化。

广州现在人口密度大，充满了活力，来自五大洲的外国人很多。广州人有南方特有的开放个性和亲近感。我第一次到广州时，觉得这里很朴实，现在觉得这里因为信息发达而充满了自信，特别是年轻人，充满了希望和干劲。同时，行政的人力、财力都很强，又很有智慧和执行力，富有魄力。

20世纪80年代前期，人和自行车都很多。那时汽车还比较少，但是没有方向指示，司机只会频繁地边按喇叭边行驶。市里很多榕树和木棉树，花很少见，宾馆里通常用假花装饰。晚上大街小巷都很昏暗。大家的着装都很相似且非常朴素。和外国人打交道的情况还很罕见。但是大家都非常亲切，容易相处。

后来街道逐渐变得明亮热闹，大家也日益时尚，精神抖擞地忙碌起来了。道路修整了，花也更多更美了。路上到处都是汽车，喇叭的声音却很少听到了。广州的交通运输方式中，曾经有过摩托车发挥较大运输作用的时期，也出现过摩托车的士。那时还可见到搭有篷顶的摩托车。随着汽车的增加，摩托车被逐渐淘汰了，自行车也渐渐少了。同时，贯穿市内外的高架道路也不断得到完善。私家车增多导致了交通堵塞越来越严重，建造地铁的必要性也提高了，并且得到了快速的发展。广州的地铁非常方便乘坐。利用地铁的年轻人很有礼貌，经常可见他们给老年人让座。

改革开放政策取得了一个阶段的成果后，在充分发挥现代科技精华的同时，广州也开始重视对传统文化的保护。通过对古建筑的保存、整修等，广州逐渐呈现出了原有特色。

广东菜是广州的魅力之一，我非常喜欢广东菜。特别喜欢马蹄糕、白灼虾、炒河粉等。和以前相比，特别是“非典”过后，餐馆里碟和碗等器具都越来越干净。用餐时，会有人不时过来帮忙换新的餐具，服务态度也越来越好。

这10年来，每年“访问广州摘荔枝”的活动都得到了市外办的大力支持，对此我表示非常感谢。前往郊区荔枝果园时，附近休息地的卫生间越来越干净了，小卖部的东西也更丰富、更干净了，这些给我留下了深刻的印象。广州市内的宾馆的数量增加了，可以依个人需要选择，入住方便。

我个人也参与了很多福冈市与广州市的交流活动。印象特别深的是，1980年广州动物园的熊猫被借到福冈展览，1984年开始两市的女性交流，1985至1986年我带着孩子在广州留学一年，还有1991年福冈市议会和广州市人大开始互访交流等项目，我有着数不尽的广州回忆。

我不敢说两市市民对双方城市都非常了解，但能感觉到对于福冈市民来说，广州这座城市的地名和位置越来越清晰。特别是2010年的亚运会等大型活动及其新闻报道，成效显著。福冈市规模小，也许很难引起广州市民的关注，但通过邮轮来观光的中国人也在逐渐增多。我很期待持续下去的成果。

2019年是福冈与广州两市结好40周年。我现在通过福冈—广州荔枝协会继续开展民间交流，更加期待两市友城的纽带在更多领域开展更具体的交流，加深彼此的理解，也期待能得到政府的更多支持。

四、媒体述评：友城——广州朋友圈在不断扩大

广州拥有友好城市的数量在全国位居前列，也举办了一些以友好城市为主题的活动。在举办2017《财富》全球论坛时，也邀请了一些友好城市参与，友好城市之间也有一些来往和互访。对此，广州市外办、外宣办都会邀请媒体进行报道，为了反映更为全面的友好城市活动情况以及这些城市官员对广州的看法，我们也选择了一些媒体报道汇编如下。

（一）广州国际友好城市圆桌会议：世界64城加入“广州朋友圈”①

（编者按：广州的友好城市交流开展卓有成效，受到中国人民对外友好协会、中国国际友好城市联合会的好评，并承办了国际友好城市圆桌会议。很多媒体对此都有报道，虽然为通稿，但把友好城市形容为“朋友圈”仍是有创意的。）

2016年10月28日，2016广州国际友好城市圆桌会议在白云国际会议中心举行，作为2016广东21世纪海上丝绸之路国际博览会的分论坛之一，来自世界五大洲16个国家的近20个国际友好城市和友好合作交流城市代表出席了会议。

截至圆桌会议召开，广州市已与五大洲33个国家的36个城市建立友

①本目摘编自《广州日报》2016年10月29日刊登的《广州国际友好城市圆桌会议举行　世界64城加入“广州朋友圈”》，作者为申卉、刘冉冉。

好城市关系，与五大洲24个国家的28个城市建立友好合作交流城市关系，形成了总量为64个城市的大国际友城交流“朋友圈”。正是得益于广州强大的“朋友圈”，在2016优秀国际友好城市活动中，广州荣获“国际友好城市交流合作奖”。评选活动由中国人民对外友好协会、中国国际友好城市联合会主办，该活动每两年举行一次，旨在表彰在国际友好城市交流合作中做出突出贡献的中外省、州和城市，从而推动我国国际友好城市工作全面发展，这也是我国国际友城工作的最高荣誉。

广州与国际友城在经贸、科技创新、教育等方面开展深入合作。在经贸方面，广州已为11个国际友城投资65个项目，投资总额达2.4亿美元。2014年以来，广州—奥克兰—洛杉矶三城经济联盟建立，并先后在洛杉矶、奥克兰举办了两次三城联盟市长峰会，2017年在广州召开第三次市长峰会。在科技创新方面，2011年以来，广州与英国伯明翰成立了广州—伯明翰大学合作指导委员会，专门设立了伯明翰大学广州中心，已确立15项科研合作项目。在教育合作方面，广州大学与瑞典林雪平大学合作共建城市可持续发展研究中心，都在积极探索机制化建设和平台化发展，并已取得实质性进展。

（二）“未来城市：治理和创新”市长论坛①

（编者按：2017年12月7日，在2017广州《财富》全球论坛的分论坛之一——“未来城市：治理和创新”市长论坛上，广州的友好城市广泛参与。英国布里斯托尔市市长马文·里斯（Marvin Rees）、日本福冈市

①本目汇编自《南方都市报》2017年12月8日刊登的《“未来城市：治理和创新”市长论坛举行　中日英法市长共享智慧城市经》，作者为裘萍。

市长高岛宗一郎（Takashima Soichiro）、法国里昂大区副主席阿伦·加里亚诺（Alain Galliano）参加嘉宾对话，共同探讨城市发展中遇到的问题，分享智慧城市如何刺激经济增长和创新发展，同时为城市未来的治理创新提供新的方案。）

1. 马文·里斯：广州为世界城市交流搭建平台

“广州是个有雄心的城市。我感受到广州在世界城市体系中的地位不断攀升。我非常欣赏广州为建立世界城市网络所做的努力。广州的发展潜力、发展速度有目共睹，包括环保、教育、房地产业发展，等等。我们非常欢迎广州与布里斯托尔市民进行进一步的交流，交流两座城市的创新成果，探讨如何共同打造智慧城市。”

马文·里斯称，刚刚参加完的圆桌对话给他印象最为深刻的观念就是“关注人”，关注城市的居民本身。“我们发展经济、发展科技，都应以人为本。”他称，发展过程中要注重平衡协调，科技进步，技术创新，这些重要因素都不能“单打独斗”，而是要互相平衡协调起来。

2. 高岛宗一郎：政府应促进创新技术落地

日本福冈是广州第一个友好城市。日本福冈市市长高岛宗一郎借2017《财富》全球论坛之际，第一次到访广州。

“广州的飞速发展让我感到惊喜，市容市貌很美，满眼都是绿色，广州的发展不仅体现在市貌，也体现在创新型经济方面。刚刚我和温国辉市长等市领导见面交流，发现广州市政府对创新城市发展理解很深刻，让我很惊喜。”高岛宗一郎说。

“我期望在经济领域跟广州加强交流合作。”他称，2019年，是广州和福冈结为友好城市40周年，“我们要进一步加强交流合作”。

他对本次论坛的主题：开放与创新：构建经济新格局很有感触。他说，从日本的角度来看，日本目前面临人口负增长、老龄化社会加剧的社会问题，市场也在减少。所以面对全球化机遇时，企业要马上就抓住全球化的机会进行发展。新的生产技术带来包括新的商业模式的改变。但是，新的创业创新模式要和当下的社会相适应，一些法律规定等，可能有些“跟不上”创新创业的速度了，有时限制了创新技术的真正落地。他表示，“这就需要政府发挥作用，促进创新创业的真正落地。”

3. 阿伦·加里亚诺：中国已成“智造”创新诞生地

法国里昂也是广州的友好城市。法国里昂大区副主席阿伦·加里亚诺此前来过广州很多次。“里昂和广州有非常多的共同点。里昂是里昂大区的省会，广州是广东省的省会，两座城市在制造业、创意产业等方面都有非常多的共通点，特别是在全球化的大背景下，我非常看好广州的发展。”阿伦·加里亚诺称。

他此次参加《财富》全球论坛印象最深刻的是“这是一个国际化的平台”，让来自世界各地的各行业领军人物互相交流。“中国的创新发展也给我留下深刻印象。30年前，世界只知道‘中国制造’，中国只是流水线产品的生产地。而现在，随着中国和广州的发展，中国已逐渐成为创新‘智造’诞生的地方。”

（三）日本福冈市市长高岛宗一郎：广州重视创新让我印象深刻[①]

（编者按：《财富》全球论坛参与者众多，但广州第一个友好城市

①本目摘编自《广州日报》2017年12月8日刊登的《日本福冈市市长：广州重视创新让我印象深刻》，作者为李天研、温俊华、杨逸男、申卉。

日本福冈市市长高岛宗一郎的莅临，受到媒体的特别关注，高岛宗一郎与其他重要来宾一起接受了采访。）

广州《财富》全球论坛期间，广州第一个友好城市——日本福冈市市长高岛宗一郎接受了记者采访。

“广州给我留下最深印象的，除了高楼大厦和四季繁花，更重要的是政府对创新的重视。我们也是创新创业战略城市，希望与广州一道分享创新经验。”

高岛宗一郎与市外办负责人交流城市治理经验时，知道广州通过共享单车解决市民出行“最后一公里”的问题；大街小巷的商店都能使用手机移动支付，他非常感兴趣，一再追问了解细节。“我认为管理一座城市最重要的是政府对创新的态度。”高岛宗一郎说。广州利用创新技术解决民生问题的做法，给他留下深刻印象。“创新可以提升市民的生活品质，政府的创新意识至关重要。”

他说：“新事物出现时，往往面临旧事物的反对，这就需要富有创新意识的政府推动，为新事物提供更好的成长环境。”

2019年将是广州与福冈缔结友好城市的40周年，关于福冈方面计划如何增进两地的互动交往，高岛宗一郎说：“现在福冈已开通了到澳门的航线，两地往来的便利程度大幅提升。”他希望，广州与福冈的距离能够进一步缩短，令民间交往更加密切。

在经济商务领域，他特别提到福冈对创新的重视。“福冈是国家创新创业战略的突出极，很多外国人来福冈创业。我很高兴得知广州也是高度重视创新的城市，将来我们可以有更多的合作交流。”

就《财富》全球论坛而言，高岛宗一郎认为财富是经验。“一座城市的成长要经历很多困难，以福冈为例，我们经常缺水，后来通过向社会广泛征集意见，通过改造破解问题。这就是一个城市在经年累月的运作中收获的经验，有成功，也有失败，但都是经验的一部分。”他还说：“广州发展很快，同样会遇到很多问题，也积累了很多经验。我们作为友好城市，以后需要更多地互相交流彼此经验，一同提升市民的生活品质，一起发展。”

（四）林雪平市市长海蕾娜·巴尔塔默：与广州携手致力城市可持续发展①

（编者按：作为与广州来往较多的友好城市，瑞典林雪平市与瑞典其他城市相比在广州的知名度要高得多。互访是广州与友好城市交流的重要方式，而重大周年庆活动在广州举行，市外办、外宣办都会安排媒体报道。）

为庆祝广州市与瑞典林雪平市缔结友好城市关系20周年，林雪平市市长海蕾娜·巴尔塔默（Helena Balthammar）率团于2017年11月29日至12月1日访问广州。在穗期间，两市共同签署了《中华人民共和国广州市与瑞典王国林雪平市进一步加强友好城市关系备忘录》，海蕾娜·巴尔塔默出席了第三届广州大学—林雪平大学城市可持续发展研讨会和在广州图书馆举办的“南国风北欧情”——林雪平与广州结好20周年纪念活动开幕式。

海蕾娜·巴尔塔默在接受记者采访时认为一个城市最大的“财富”

①本目汇编自《南方都市报》2017年12月2日刊登的《与广州携手致力城市可持续发展》，作者为张伊欣。

是良好的生存机会和环境。为此，双方要携手在城市可持续发展方面不断做出努力。

林雪平市是瑞典东约特兰省首府，是瑞典著名的“大学城”，瑞典历史文化中心之一，也是瑞典的航空之都，“空军的摇篮”。1997年，广州市与林雪平市正式缔结友好城市关系。两市结好20年来，双方高层互访频繁。两市在文化、科技、教育等领域开展了广泛而富有成效的交流。

记者：2017年是广州市与林雪平市结好20周年，这些年来两市在哪些方面加强了合作？双方未来还有可能在哪些领域开展合作？

海蕾娜：我非常自豪两市合作已经超过了20年，我们的合作始于在科技商业方面的交流，此次来广州我发现我们还可以在很多领域合作，像今天广州大学和林雪平大学之间建立起研究城市可持续发展的平台。生态的可持续发展是城市发展的挑战，我们以此为契机加强城市间在生态方面合作，还有我们的学校、图书馆之间也有交流。在我们签署的备忘录中，涉及现有的和未来的一些合作，比如工商界之间创新领域的交流和商业往来，在两市的中学之间开启合作，可能会有中学生的交流活动。

记者：此次广州之行你们的关注点是什么？如何看待广州大学与林雪平大学之间搭建的合作平台？

海蕾娜：我们这次的收获是确立了中学和图书馆之间的交流合作，也希望有商业领域的合作，上次我来参加广州大学—林雪平大学城市可持续发展研讨会的时候，有了机会与广州方面交流城市发展和规划议题。第三届广州大学—林雪平大学城市可持续发展研讨会非常重要，意味着我们两市交流发展的成果落地。

记者：林雪平市是瑞典的科技重镇，广州也在打造国际科技创新的枢纽城市，未来会否加强在科技方面的合作？

海蕾娜：科学技术合作是两市、双方学校合作的重点领域之一，林雪平市能让梦想变成现实，我们也在不同的创新领域发力，大学是创新的地方，也有非常多的研究项目，我们非常重视这些研究成果，重要的是如何将这些研究成果商业化。两所大学之间建立联系已经有些年了，我们已经有了一些成果，希望未来能够看到这些研究成果的创新商业模式应用，让两市的企业进行更多的交流与合作。

记者：你对广州的印象如何？

海蕾娜：广州非常大，这让我印象深刻，而且非常漂亮。你们还有创新的大学、商业模式。2016年我来过广州，也听说广州近些年发展取得的成就，林雪平市有一个低碳2025的项目，我们也关注到了广州在可持续发展方面有很多举措，希望我们未来在这方面加强合作。

记者：《财富》全球论坛即将在广州举办，你如何理解此次的主题“开放与创新：构建经济新格局”？

海蕾娜：与世界上其他城市交流合作是非常重要的，我们可以相互学习，这对开放与创新也非常重要，城市之间保持开放的心态，在各个领域寻求合作，这是我所理解的。

记者：您认为一个城市最大的“财富”是什么？

海蕾娜：我觉得一个城市最大的“财富”是城市居民可以受到良好的教育，有良好的生存机会和环境。城市要为此作出相应的努力。

在垃圾处理方面，广州曾向林雪平取经。“我们都致力于把新科技、绿色科技应用于住房建设等方面，以减少废气和污染物，因为如此才有可能创造更加可持续发展的生活。”林雪平大学校长海伦·丹娜彤（Helen Dannetun）在第三届广州大学—林雪平大学城市可持续发展研讨会上致辞道，通过合作研发，两市可以互相帮助，更加合理地建设住宅区。

“广州大学—林雪平大学城市可持续发展研究中心”于2016年正式揭牌，并于2017年启动了为期一年的3个试点科研合作项目，包括“珠三角可持续沼气项目——小谷围岛餐厨垃圾预研究”“城市环境政策——认识与探索珠江三角洲可持续转型”和“广州城市垃圾填埋场矿业”。研究中心以广州市为例，总结提出在广州可持续发展社会转型过程中，城市规划的制定与实施应进一步关注和考虑公众参与意识以及行为培养、科技创新及其应用等主题，结合城市规划深入探索社会转型途径。

此外，广州曾派人出访林雪平大学，参观瑞典最先进的垃圾焚烧发电厂，了解到源头分选对垃圾有效处理的重要性，垃圾焚烧发电对垃圾减量、资源利用的重要性，总结分析广州垃圾成分的系统数据以及广州垃圾填埋的管理等。同时在大学城内开展餐厨垃圾沼气化的实验，与瑞典合作，分析相关数据，从技术上助力城市可持续发展之路。

第三章

企业外商看广州

改革开放取得举世瞩目成就的很重要一环就是吸引大量的外国投资，并带来大量的技术、设备、项目、人员和管理经验等等。40年的改革开放进程表明，越是开放的城市，外资企业越多；越是发达的城市，外资营商环境越好。因此，外商投资企业的高管如何看待广州，是尤其能反映外国人评价广州开放度和投资环境的一个方面。

一、概述：40年外商来穗投资持续增长

作为中国南部对外经贸文化交流的主要窗口，广州进出口外贸业务发达，改革开放40年来，大量外资和外企来穗投资经营，加快了广州经济社会发展与国际化进程。

（一）外商投资企业及分支机构众多

广州市外商投资企业及分支机构数量、规模庞大。截至2016年底，在穗外商投资企业及分支机构数量共有22833家（见表3-1），其中外商投资企业数量为14287家，分支机构数量为8546家。在外商投资企业中，有1717家属于合资经营企业，624家为合作经营企业，11827家为外资企业，外商投资股份有限公司和其他类别公司分别有

59家和60家（见图3-1）。[①]

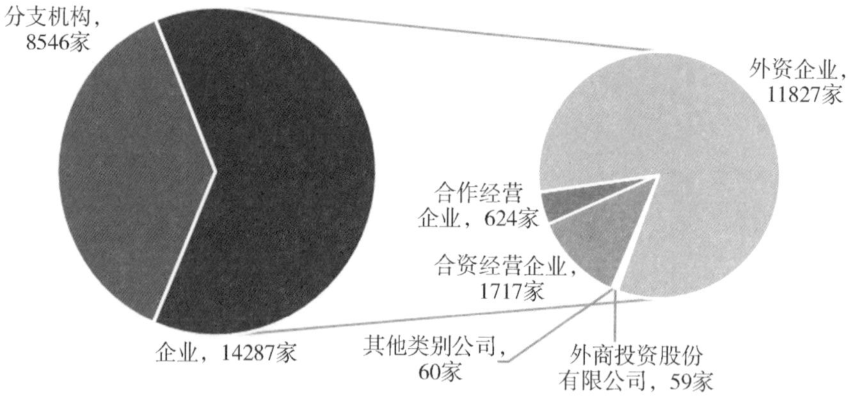

图3-1　广州市外商投资企业及分支机构数量图（截至2016年底）

（二）实际利用外资持续大幅增长

改革开放以来，广州市外商投资企业及分支机构数量整体上保持持续增长趋势，规模日渐庞大。1980年底，广州市外商投资企业及分支机构数量极少，仅有2户；而经过短短40年的发展，这一数量迅猛增长，达到22833户[②]的庞大规模。此外，整体而言，广州市外商投资企业及分支机构同比呈现增长趋势，改革开放后头15年的同比增长幅度较大，表明广州市深受外商和外资的青睐，来穗投资成为当时的热潮；而后25年的同比增长速度放缓，进入稳健增长状态。

①数据来源：《广州统计年鉴（2017）》。

② 不包括在广东省工商局注册登记的在穗企业数。

表3-1 广州市外商投资企业及分支机构数量变化情况表（截至2017年底）

主要年份	年末企业总数/户	同比增长情况/%	主要年份	年末企业总数/户	同比增长情况/%
1980	2	—	1999	8023	−5.28
1981	11	450.00	2000	8033	0.12
1982	17	54.55	2001	8085	0.65
1983	37	117.65	2002	8305	2.72
1984	153	313.51	2003	8727	5.08
1985	354	131.37	2004	7728	−11.45
1986	624	76.27	2005	7728	0.00
1987	716	14.74	2006	7933	2.65
1988	935	30.59	2007	8148	2.71
1989	1191	27.38	2008	8843	8.53
1990	1500	25.94	2009	8861	0.20
1991	1985	32.33	2010	9240	4.28
1992	3291	65.79	2011	9250	0.11
1993	5498	67.06	2012	9869	6.69
1994	6861	24.79	2013	10434	5.72
1995	7825	14.05	2014	18487	77.18
1996	8423	7.64	2015	19614	6.10
1997	8455	0.38	2016	21059	7.37
1998	8470	0.18	2017	22833	8.42

（三）外商投资近乎全面涵盖各行业

在穗经营发展的外商投资企业及分支机构几乎涵盖国民经济各行业。按照《国民经济行业分类》（GB/T 4754—2017），当前我国国民经济可分为农林牧渔业、采矿业和制造业等20个大类。截至2016年底，广州市的外商投资企业及分支机构几乎涵盖国民经济的各类行业。其中，外商投资主要聚集在零售和批发业、制造业、租赁和商务服务业、住宿和餐饮业、房地产业等传统劳动密集型产业，刺激本地的劳动就业市场，平衡劳动力市场的供需关系（见图3-2）。同时，多种类型的外商投资企业和分支机构齐聚广州，丰富广州作为国际化大都市的城市内涵，对国外劳动力形成日渐增强的吸引力，吸纳大量外籍人员来穗就业。

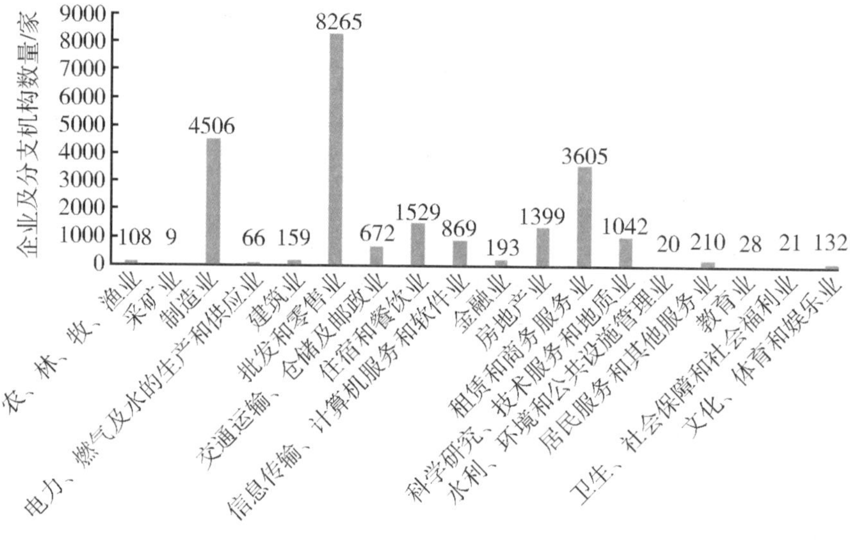

图3-2　广州市外商投资企业及分支机构涉及行业情况图①

改革开放40年来，广州市始终坚持立足地区实际，以市情民情为出发点，全面贯彻落实各项社会改革措施，持续改善社会环境氛围，逐步营造宽松、公平、法制的经济环境，进一步推动自由、包容、民主的社会环境，为内外资商人提供一方更加温暖的营商沃土。在40年的发展

①数据来源：《广州统计年鉴（2017）》。

中，广州市实现了外资企业从无到有、从少到多、从弱到强、从粗到精的历史性发展。外商投资企业及分支机构的迅速发展，一方面打破了全市传统商业行业格局，实现破旧立新，推进产业格局更新变化与金融市场的蓬勃向好；另一方面呼应了广州国际化大都市的定位，拓展了城市服务职能，相当大程度上提升了城市的国际化承受能力和容纳能力。

（四）集聚世界500强企业

目前，广州已吸引了全球130多个国家和地区的投资者前来投资创业。截至2017年9月底，累计有3万家外商投资企业在广州落户，实际利用外资总额超过850亿美元。“近年来广州着力打造全球最优的营商环境，以期成为全球企业投资兴业的首选地，取得了明显成效，5次被《福布斯》评为‘中国大陆最佳商业城市’第一名。”[①]广州已成为世界500强企业的常驻地、集聚地和发展地。

297家世界500强企业已在广州设立921个项目。并且，这297家企业中，至少有120家把地区总部设在广州，相当于每两家世界500强企业至少有一家在广州投资，大约每4家就有一家在广州设地区总部。[②]

“2017年以来，有600余家企业从全球各地来到广州市黄埔区、广州开发区洽谈合作，其中，65个高端项目签约落户，包括10个世界500强项目。”[③]黄埔区、广州开发区所凸显的“磁场”效应，正是广州对全球“黄金”项目强大吸引力的缩影。

---

①摘自《经济日报》2017年12月5日刊登的《297家世界500强企业在广州设立921个项目》，作者是庞彩霞、郑杨。

②摘自《21世纪经济报道》2017年12月5日刊登的《世界500强企业密集落户广州外资带动粤实体经济发展》，作者是杜弘禹。

③同①。

二、走笔：广州的比较优势

广州地处中国南部、广东省中南部、珠江三角洲中北缘，是西江、北江、东江三江汇合处，临中国南海，东连博罗、龙门两县，西邻三水、南海和顺德，北靠清远市区、佛冈县及新丰县，南接东莞市和中山市，隔海与香港、澳门相望，是海上丝绸之路的发源地之一，当之无愧为中国的“南大门”。改革开放前沿地的战略定位，赋予了广州在经济发展与社会改革竞赛中的先发优势，经过40年的改革开放努力造就了一个面貌全新的广州。广州经济社会持续、协调发展，迈入全球一线城市行列。不断推进对外开放，吸引并容纳大量外来和外籍人口迁居于此，多元价值交汇互融，扎根传统南粤文化，勃发时代新芽，呈现出万花竞放、百木为春的新气象。

（一）枢纽型网络城市

打造枢纽型网络城市，是广州面对新一轮全球化城市竞争，对自身定位的主动把握和战略抉择。“枢纽型城市”其实并非广州的新角色，广州一直是中国对外贸易、人流物流的枢纽和中心，广州的枢纽地位需要通过持续创新而向未来延伸。一个城市对外“链接度”的强弱，决定了它作为节点的不同能级水平，对外联系越广，连通性和协同性越强，其节点能级越高，在网络中的地位就越高。面对这样的发展趋势，广州提出建设枢纽型网络城市，面向未来，给自己设计了一个在世界城市网络中的新坐标，通过建设枢纽型网络城市，着力建设国际航运、航空、科技创新三大战略枢纽，形成新的发展动力源和增长极，从而激发城市发展新动能：对外，广州打造全球资源配置中心，提升城市的国际辐射力；对内，通过优化城市布局，广州展现出强大的枢纽功能，提升城市的承载能力。建设枢纽型网络城市，枢纽是广州的战略支撑，网络是广州的空间形态。通过强化三大国际战略枢纽功能，广州配置全球高端资源的能力有了战略支撑，形成了资源向广州聚集并往周边扩散的承载能力。在“枢纽+”战略中，首先是交通枢纽的建设。广州作为中国最重要的交通枢纽之一，通过发达的海港、空港、铁路、公路和信息网络，与世界各地紧密相连。

打造全球资源配置中心，提升城市的国际辐射力。广州是国家重要中心城市、国际商贸中心和综合交通枢纽，经过长期的发展，在产业体系、科技创新、港口贸易、对外开放等方面形成了鲜明的城市优势和特色。特别是“一带一路”建设、粤港澳大湾区建设等在广州叠加实施，为广州新一轮发展插上了腾飞的翅膀。广州拥有世界级的海港、空港、铁路港和信息港。逾195条海上航线、304条国内国际和地区航线，早已通达全球；中国58%的互联网更是通过广州与世界对接互联（不含港澳台）。①

在“一带一路”倡议的推动下，广州正在迅速成为中国与21世纪海上丝绸之路沿线国家和地区的重要纽带。未来，将着力打造与世界深度互联互通的国际枢纽型网络城市。随着全球市场要素的加速流动，各国产业分工持续重构，经济融合不断深化，掌握全球资源配置话语权的全球城市逐渐形成，如同强大的吸附器和辐射源控制着资本、产业、科技、人才、信息等高端要素的集聚和扩散，提高全球资源配置能力日益成为城市参与全球合作发展的核心目标。国际经验表明，那些位处世界顶端的城市不仅是国际交往中心和世界文化中心，也必然会成为全球

---

①摘自《广州日报》2017年12月5日刊登的《湾区启航　广州当先》，作者是夏振彬。

资源配置中心。广州建设“三中心一体系”（即国际航运中心、物流中心、贸易中心和现代金融服务体系），必须加快实现从参与国际市场到运作国际市场、从集聚全球资源到配置全球资源的根本性转变，逐步建成全球资源配置中心。“广州枢纽网络发达，白云机场开通国际航线超过150条，国际航点220多个，广州港开通外贸班轮航线89条，建立国际友好港40对。2016年在广州举办展览538场，展览面积896.5万平方米，其中有三个展览规模世界第一。”①

优化城市布局，提升城市的承载能力。2017年12月底，广州地铁迎来四号线南延段、九号线一期、十三号线首期、知识城线4条新线路。花都、增城进入地铁时代，两地均只需1小时车程可以到达天河珠江新城。新的地铁线开通，让外围区域与城市中心距离大大缩短。往北连通花都汽车城、广州北站，向南纵深到达南沙客运港，往东可拓展到中新知识城、广州东部交通枢纽、增城经济技术开发区。从1条线路到10条线路，从5座车站到190座车站，从5.4公里到309公里……广州地铁开通20年来，构筑起横跨广佛两市、覆盖广州各区，总长309公里的轨道交通线网，线网里程居中国第三，世界前十。②有形交通线网的“编织”拉开城市骨架，广州从1443平方公里的中心城区逐步拉伸到超过7000平方公里的广阔空间。被轨道交通改变的广州城市格局，跳出了“云山珠水”的城建轴线。从越秀的环市东商务区到珠江新城、广州塔、海心沙的新中轴线再到“三大战略枢纽”，城市格局逐步升级为“枢纽型网络城市”。

枢纽型网络城市建设是一项系统工程，需要金融的大力支撑。建设

---

①摘自《证券时报》2017年11月18日刊登的《广州将建设成为全球资源配置中心》，作者是吕锦明。

②数据来源：http://www.sohu.com/a/152798454_582024。搜狐网2017年6月28日刊登的《20年前的今天！广州迎来地铁时代》。

枢纽金融、借力跨境金融、依靠科技金融是广州金融未来发展的三大着力点，也是投资机遇所在。作为广州市的金融中心和总部中心，天河中央商务区是广州世界500强企业最密集的区域，聚集了全市70%的金融机构和90%的外资银行总资产，普华永道、渣打银行、三菱东京日联银行、瑞穗银行、摩根大通银行等世界500强企业和跨国巨头纷纷进驻，堪称华南地区商务服务辐射能级最强的区域。

从番禺到南沙，从天河往东到黄埔，到中新知识城，再到最东部的增城，沿着枢纽城市的关键节点，一条世界500强企业争相落地的产业脉络逐渐清晰，思科、中远海运散货总部、国新基金、微软、GE（美国通用电气公司）生物科技园、富士康、日立电机等项目依次排开。从"云山珠水"到枢纽型网络城市，被轨道交通改变的广州城市格局与世界巨头们的布局在这里交汇，产生共鸣。城市空间进一步拉伸，广州迎来了世界500强企业投资布局的新热潮。广州从前作为国际商贸中心，更多的是汇聚全球的物流、人流和商流。而现在，枢纽型网络城市的崛起，则指向汇聚更重要的资本、技术、人才等创新要素。广州正向全球性的高端要素配置枢纽的方向加速奔跑。

（二）创新之城，活力广州

广州成为世界一线城市。全球最为权威的世界城市研究机构GaWC（全球化与世界级城市研究组织及网络）发布的2016年世界级城市名册显示，广州首次入围Alpha-级[①]，成为全球49个世界一线城市之一，在中国仅次于北京和上海（不含港澳台）。[②]入选这份榜单，意味着广州在全球范围

①GaWC建立的世界城市体系中的城市等级之一。

②摘自"南方+"新闻应用程序客户端2017年6月15日刊登的《以后叫我"一线城市" 请在前面加"世界"两字》，作者是刘怀宇。

内获得广泛认可。

社会经济实现腾飞。1978至2017年，广州长期保持13.3%的经济总量增长速度和10.2%的人均地区生产总值增长速度。1978年广州市人均地区生产总值为907元，2017年广州人均地区生产总值达15.3万元（按常住人口计算）；广州地区生产总值由1978年的43.09亿元提高到2017年的2.15万亿元，近40年间翻了近500倍。国民经济快速发展带来的福利直接体现为市民生活水平的显著提升，各类城市基础设施建设的普及与升级，为市民提供更加现代化的生活环境。相比改革开放初期，广州市人均收入水平同样实现了跨越式的增长，直接推动人均可支配收入和消费能力的提高，极大改善了居民的生活条件和水平。

创新型新兴产业集群化发展。近年，一批重大创新平台陆续建成，企业创新主体地位逐渐确立，创新型领军科技企业快速成长，创新型中小科技企业大批涌现，人才强市战略扎实推进，良好的创新生态环境基本形成，高新技术企业大幅增加，城市创新能力明显提升。广州“十三五”规划提出，到2020年，全社会研发投入占地区生产总值比重将达到3%。当前，广州正在着眼于进一步提升城市吸引力创造力竞争力，着力实施“IAB”计划和“NEM”计划，发展战略性新兴产业，打造若干个千亿级产业集群，“以科技产业创新和供给侧改革推动人才、技术、资本等高端要素的集聚，力争2020年全市地区生产总值达到2.8万亿元，并实现‘3个70%’：1. 服务业增加值占地区生产总值比重70%；2. 现代服务业增加值占服务业增加值比重70%；3. 先进制造业增加值占规模以上制造业增加值比重70%。”[①]

---

①摘自《人民日报》2017年4月28日刊登的《广州大力发展战略新兴产业》，作者是罗艾桦、李刚。

粤港澳大湾区规划和建设激发了城市发展活力。粤港澳大湾区由11个城市组成，拥有排名世界第三的深圳港、排名世界第五的香港港和排名世界第七的广州港等世界级港口，具备建成国际一流湾区和世界级城市群的基础条件，广州、深圳是最重要的两座城市。制造业升级带动南沙、现代服务聚焦琶洲。广州第二产业占比将近30%，制造业基础雄厚，转型升级后的高端制造业，更被视为广州未来发展的重要引擎。随着粤港澳大湾区建设的推进，广州作为核心城市将携手周边城市共同打造世界级湾区城市群。

（三）中西交流，兼容并包

广州是一座具有2000多年历史的古老城市，文化传统内涵丰富且根深蒂固，在中国近现代传统文化传承与发展上扮演着举足轻重的角色。岭南文化的传统，中原文化的传入，粤港文化的互动，中西文化的融合都使这座城市在现代化进程中保留了很多传统元素，从而形成兼收并蓄的风格。独特的地理位置和生活环境形成的思维习惯构成了广州文化鲜明的地缘特征。广州人从来不画地为牢，善于在变化中寻找机会，对非常规的方式有承受力，务实、大度、宽容，不以异为怪。广州文化不仅表现出很强的地方特色，并且具有兼容性和开放性，海纳百川。广州极易接受国际化潮流的影响，最前沿、最激烈、最惊人的事情都有可能首先发生在广州。因此，在中国社会的现代转型过程中，广州理所当然地发展成为中国最市场化、最都市化的城市。

广州是中西文化交汇融合的历史缩影。广州在历史上长期是中外经济与文化交流的中心，清朝中期从事对外贸易的“十三行”是其中一个重要的历史例证。长达85年的岁月里，广州十三行以其得天独厚的地理环境、开放的人文意识和悠久的商贸传统，吸引着来自世界各国的商船，使广州与处于工业革命时期的西方各国在政治、经济、文化上进行了全面交流，取得了丰富的成果。十三行也是世界看中国的窗口。前来中国进行贸易的西方商人接触最早、最主要的群体就是十三行商人，行商的为人、为商风格是外国人认识国人的镜子；十三行的生活是他们感受中国传统观念与民风、民俗的媒介。广州十三行商馆区是中西交流的重点场所，这里的生活是西方人眼中中国社会的缩影。

广州的外籍人口众多。截至2017年12月25日，在穗常住外国人51430人，最多的是“三资”企业人员，占23.5%。随着广州人才战略的实施，以及公安部支持广东自贸区建设和创新驱动发展16项政策落地，持广州市签发两年以上居留许可的超过1.2万人，其中工作类近4000人。①

多元价值观的融合。广州是多元价值观的大熔炉，世界各地的人集聚于此，不同的价值取向和信仰相互碰撞出灿烂的火花，汇流成一条奔涌向前的河，在底蕴深厚的传统文化河床上冲出更为广阔的平原。广州是国际化程度较高的城市，活跃着成千上万的外籍逐梦者。来自四面八方的外籍人士尽管肤色不同、语言各异、文化多样，但在开放、包容的广州，他们共同构成了多种族大家庭。广州这座城市，也正向世界展现出中国城市蕴含的无限机遇和包容气度。

（四）营商之沃土，企业赛马场

广州是全球城市发展史中的一个奇迹：在全世界所有城市中，广州是保持千年不衰的商业型城市之一。广州古称番禺，自秦汉以来就是岭南的政治、经济、文化中心，有“千年商都”之美誉。千百年来，从海

①摘自《广州日报》2018年1月31日刊登的《超四成在穗外国人来自发达国家》，作者是李栋。

上丝绸之路的重要港口，到明清时期的通商窗口“十三行”，再到中国外贸晴雨表和风向标的广交会，商业文明已融入这座城市的血液，不断更新迭代，谱写了古城璀璨的商业文明史。

近年，借助不断提升的营商环境，这座被誉为“千年商都”的城市迅速地培育和吸聚经济新动能。广州也开始被冠以“投资之城”等称号。“粤港澳大湾区研究院发布的《2017年中国城市营商环境报告》显示，广州营商环境位列中国城市第一；华南美国商会的《2018年中国营商环境白皮书》则将广州评为中国大陆最受欢迎投资城市。”①

“营商环境优越，外商投资企业达2万多家，有289家世界500强企业在广州发展，创新创业活跃，广州地区有高校86所，在校大学生超过100万人，科研机构超过150个。”②国际交往广泛，有外国驻穗总领事馆62个，与71个国际城市建立了友好关系，《财富》全球论坛、世界航线大会、世界港口大会等一批重要会议论坛成功落户。广东自贸区南沙片区扮演着广州营商环境改革“试验场”和高地的重要角色。“2017年广州全市新登记市场主体32.8万户，其中新登记企业20.7万户，同比分别增长33.9%、45.8%。换算下来，日均分别新增898户和566户。2017年广州全市新批外商投资企业2459家，合同外资额133.91亿美元，增长35.3%；新增世界500强企业投资项目109个，集中在人工智能、云计算、大数据等前沿科技产业领域。”③

全力构建市场化国际化法治化营商环境，包括持续深化商事登记制

---

①摘自《21世纪经济报道》2018年3月16日刊登的《世界500强缘何纷纷入驻广州？“千年商都”打造国际一流营商环境》，作者是杜弘禹。

②摘自《证券时报》2017年11月18日刊登的《广州将建设成为全球资源配置中心》，作者是吕锦明。

③摘自《21世纪经济报道》2018年3月16日刊登的《世界500强缘何纷纷入驻广州？“千年商都”打造国际一流营商环境》，作者是杜弘禹。

度改革，加强事中、事后监管，推动商事管理服务规范化、常态化；在企业办理证照、申请用地用电、纳税等方面提供并联式、一站式政务服务，提升企业投资便利度；根据企业需求，大力发展相关服务业，搭建服务平台，开展全产业链招商引资，为企业发展壮大营造优越环境；推进公共服务优质化均衡化，持续提升城市环境，全面落实人才政策，让企业引得进人才、留得住人才；大力简政、减税、减费，加强与国际通行经贸规则对接，营造公平竞争的市场环境和营商环境，以及构建新型政商关系，激发和保护企业家精神。

（五）改变广州定位，成再投资首选

根据华南美国商会发布的《2018年华南地区经济情况特别报告》，在中国大陆的所有城市中，受访企业最喜欢进行再投资的依旧是中国的一线城市——北、上、广、深，而广州市是最受欢迎的投资城市，其次是深圳及上海，然后才是北京（见表3-2）。

表3-2　最受受访企业欢迎的再投资首选地调查情况表

	广州	深圳	上海	北京
排名第一的投资目的地	30.6%	17.6%	15.3%	7.1%
排名第二的投资目的地	8.2%	12.3%	15.1%	13.7%
排名第三的投资目的地	17.4%	11.6%	7.2%	22.2%

来源：《2018年华南地区经济情况特别报告》

该报告分析认为，广州定位的改变促使其成为投资首选地。当然报告所提到的“定位”更多指经济结构的调整和增长动力的转换。报告分析了广州的人口数量、地区生产总值总量、收入水平，并指出向消费型经济转型是广州定位改变的方向之一。以往人们认为广州是华南地区的

制造业基地，如今广州更因为消费日益增长而备受瞩目。2012年始，广州的零售总额增长了45.7%，并在2016年达到了8706.49亿元人民币。广州庞大的人口数量，较高的工资水平，高效的基础设施大大拉动了零售额的增长。

报告还认为，出口结构调整是广州定位改变的另一个方向。报告称，广州的出口总值达到5187亿元人民币，同比增长3%。进口总值达到3379.87亿元人民币，比2017年增长3.3%。以上数据可见，广州市对外贸易仍然保持强劲势头。值得一提的是，广州与新兴市场（包括拉丁美洲、中东地区以及非洲）的贸易往来在近年大幅增长。显然，这个报告反映了外资外商对广州吸引投资条件的评估侧重点。

三、采访直录：选择广州作为在中国的投资目的地

（编者按：通过美国驻穗总领事馆和日本驻穗总领事馆，我们联系采访了美国和日本的企业界人士。采访录音整理成文后皆经过被采访对象审定。）

（一）美国商人倾向于选择广州作为在中国的投资目的地

采访者（P）：彭澎

被采访者（H）：华南美国商会会长哈利（Harley Seyedin）博士

参与者：华南美国商会传讯部经理陈瑞聪

记录整理：卢楚焱

时间：2018年6月20日上午

地点：广州中心皇冠假日酒店

1. 从一个落后的城市到世界一流大都市

P：您来广州多久了？

H：我来这里已经超过26年了。我来这里寻求投资机会。花了大概两年才找到合适的机会，并于1993年开始投资。

P：对广州的第一印象是什么？

H：那时的广州和现在相比发展比较落后。自行车是主要的交通工具。不过你可以看到这座城市腾飞的迹象。那时的广州很不一样，没有购物中心。除了友谊商店，外国人只能买到很少东西，所以每10天我们需要坐飞机去香港购物。那时广州机场在市中心，而香港机场在九龙，所以去香港只用花25分钟。当时机场只有3个柜台，而且没有任何标识，所以如果你去接朋友，你无法区分起飞和降落的航班，只能等候。如果你的朋友没有抵达，就第二天再来机场。那时的机场也没有航空公司的办公室。我们那时无法想象能在当天往返深圳。

P：所以您见证了广州过去20年的发展，觉得现在跟以前相比有什么样的变化？

H：现在的广州完全不一样，那时比较落后，如今已经成为世界一流的大都市。现在我们会把广州、深圳和香港视为一个整体，因为它们之间的联系非常紧密。不能只用过去来认识一座城市。

那时的建筑大部分只有10层楼。如今广州的有些地方那时都不存在，比如天河区的珠江新城。那时的天河只有几座体育馆，大部分地方是田地。在花园酒店背面，全部是稻田。我还记得那时的电话系统，你必须等至少两年才能拿到一部手机。那时的手机很大。所以我们现在讲的是一个完全不一样的城市。如今广州有珠江新城、金融中心，有现代的电影院、歌剧院，总之现在的广州不一样。漂亮的沿江步行街长达几公里，绿化很棒，餐厅、购物中心随处可见，再也不需要去香港了。如今，大公司在广州开设区域总部，不仅仅是为了中国，也是为了广州市民。通过白云机场，广州与亚太地区的城市，比如泰国和新加坡紧密相连。当然前往欧洲的大城市也十分方便。

2. 美国商人倾向于选择广州作为在中国的投资目的地

P：您去过中国的其他城市吗？

H：是的，我去了中国大部分省、市、自治区。只有西藏和新疆没去过，因为没有时间。将来会去的。大部分地方发展得也很好，不过广州的发展不一样。这种不一样不仅仅体现在“硬件”上，也体现在软实力上。

P：广州有什么不一样吗？

H：首先，广州人民更灵活，更友好。在经商方面，我认为广东人最难能可贵的是他们会想方设法做成一单生意，这也就是我说的“灵活”。同时他们会尽力让我也能赚钱。当我和中国其他地区的商人打交道时，比如北方或者东方，很多人只想着自己能赚多少。在广东，尤其是广州，商人们想着双赢。因为在他们的思想中，生意伙伴赚了更多钱，相当于他们赚了更多钱。其他有些地方就不一样，那里的商人总是担心我赚了很多钱。所以，在心理、理念方面，广州很不一样。广州的商业有很悠久的历史，这里的人们思想更开放、更友好。所以广州的特色不在于高楼大厦，不在于电信系统等，而在于人，这是我所观察到的。

25年前，年轻人基本都不懂英语，我很难找到翻译。所以，中国尤其是广州的一大成就是开办了大量现代化的中学和高校，让毕业生具备了全球化的视野和对世界贸易的深刻认识，让他们掌握到经商需要什么以及如何经商。基本上每一位大学毕业生的英语水平都相当不错。此外，在部分重点学校，比如广外，诞生了一批饱读诗书、具有世界水平的精英。大学城的学生超过10万人，他们刻苦求学。你当然可以盖无数高楼，但你需要人才来管理。他们就是中国的未来。我代表了过去，你代表了现在，而他们则是未来。他们和世界的交流毫无障碍，而我刚来时，中国人只和中国人交流。所以，广州的特色在于开放的思想、先进的教育和卓越的经商理念。

人们常常称赞深圳的高科技，但是代表尖端科技的博士只占一小部分，世界的运转主要还是由学士或者硕士完成。广州注重所有层次的教育，不仅仅是研究生。比如说，商业只需要少量博士，但需要大量硕士或者学士。在广州，你可以找到各个层次的人才，从而根据自己的商业需求进行选择，无须担心人才问题。在深圳，基本上就是面向高科技，但是世界不仅仅只有高科技，还需要人做咖啡，等等。广州侧重的是培养输送各种人才。如果让我创办一个科技公司，我会选择广州，不论是博士或者学士，我都可以在这里找到。这座城市为各层次的人才创造了机会。

另外，像我刚才说的，因为污染，我刚来时天空总是灰蒙蒙的；如今，基本每天都可以看到蓝天。我们是以不同的角度在看待广州的发展，不仅仅是建筑、电信、机场或者港口。当你关注整体发展，从人的角度出发，你会发现广州的人民也在跟随城市进步。这很难，其他很多城市就没有在飞速发展城市硬件的同时保持人才的培养。所以从这个角度来深层次评价广州是合情合理的，而广州所取得的成绩也的确非同凡响。广州成功地改善了环境，提高了市民的生活质量。我记得几年前广州的发展主题是提高市民幸福指数，当然这个主题一直存在。你从广州的年轻人脸上看到的是希望，你感觉到他们很开心，他们很乐于接受新事物。

P：好像中国城市的很多年轻人都这样。

H：是的，但是你必须提供让他们有信心的保障。曾经有段时间，很多广州的年轻人都想去北京或上海，因为他们觉得那里充满机遇。现在你再和年轻人聊天，他们很少会提到要去北京或上海工作，他们只想在当前环境中做到最好，这也让他们不必和家人分离。当政府能够给年轻人这样的希望，那么城市的发展一定是在正确的轨道上。这意味着市民无论是对工作，还是对未来，都有安全感，并充满希望。这也是幸福感的来源，没有希望就会不幸福，而四处都是机会就会幸福。让年轻人觉得前途渺茫，他们很快就会变得抑郁。在广州很少这些烦恼。不少其他城市的年轻人想来广州，他们不再只想着去北京、上海工作拼搏，这种情况在20年前是没有的。

更重要的是，广州仍在不断发展。我担任华南美国商会主席已经15年了，每年商会都会进行主席选举。我有自己的生意，商会并不给我工资，但我仍然会花很多时间管理商会，因为我觉得我应该回馈在穗的美国投资圈，并且帮助商会，这其实也是在帮我自己。今年我们开展了对美国在穗的经商情况的调研。调查表明，大多数——超过50%——的美国商人倾向于选择广州作为投资目的地。实际上，广州比上海更受欢迎，高居全国榜首。这是对整个在穗的美国投资圈进行的调查，并不仅仅是商会内部的。这种情况在20年前是没有的。

这个调查的参与者不仅仅是基于赚了多少来回答的，而是基于对环境的整体考量，因为他们往往还会把家人带来，这意味着包括孩童教育等的各种因素都会影响他们的回答。他们选择广州作为中国的最佳经商地，因为他们可以在这里投资赚钱养家，并且享受人生，这意味着高质量的生活、居住环境和投资可行性。我们提到了广州的发展和改变，这发展绝不局限于房地产，如今每周你都可以在星海音乐厅欣赏到世界级音乐家的表演、大型的音乐会，这些是20年前的广州所没有的。市政府的发展目标并不仅仅是经济——当然，有些城市只是为了经济和地区生产总值——也包括提供高质量的生活和优越的环境，从而让居民不只可以赚钱，也可以享受生活。

3. 政府对城市发展起着决定性的作用

P：您对广州的营商环境有什么看法?

H：透明度是国际商业交易最重要的方面之一。比方说，如果我不知道政府明天要干什么，我会一直担心我的投资。25年前，我主要关注的投资地是广州，因为广州市政府愿意和我交流，告诉我他们的未来计划，为我的投资做出保障。这良好的透明度是当时广州与其他城市最大的不同之一，他们所勾勒出的未来计划是长远的，而其他一些中国南方的地方政府朝令夕改，让不少投资者损失重大。

政府对城市发展起着决定性的作用，城市不是自己就发展起来的，而需要提供一个可靠可信的投资平台。大部分华南美国商会的成员把总部设立在广州是有原因的。三分之二的成员已经来了广州超过15年，三分之一超过20年，每年还有相当于会员总数4%的新成员。这是为什么呢？为什么越来越多的公司在中国南方选择广州？因为他们对在广州设立运营总部感到更舒服。你首先来广州设立办公室，然后运营管理中国南方乃至全国的业务。比如说，5年前通用电气公司就在广州设立了有400名员工的区域总部，这些员工都属于管理层，负责运营整个区域的业务。奶粉公司美赞臣也把区域总部设立于广州。他们最初进入亚太地区市场时，区域总部在香港，然后搬去了泰国，现在在广州。大型美国企业的区域总部以前都是在台湾或者香港，只在广州设立办公室，而如今大部分大中华区的总部在广州。大部分东南亚国家比如新加坡、泰国等的业务都受广州总部管理，至少大部分公司的大中华区总部在广州。这是一个显著的变化，20年前我们无法想象。

随着广州的发展，随着市政府对外资企业态度的改变，很多公司都意识到在广州设立总部是非常有利的。你知道原因吗？因为在这我可以找到很多人才来管理大中华区的业务，这是最重要的。谁培养了这些人才？不是这些企业——是的，我们也培训了很多员工——但是这些人才是政府培养的。人才是没办法速成的，你不可能突然决定明天开设一个博士项目，它需要数年的计划和实施，这样才能在四五年之后培养出博士。这是一种远见，10年前就要有的远见，从而可以培养出这么多人才。

在这种长远的计划和坚定的实施上，广州十分成功。广州的商业始终保持高速发展，而其他城市缺乏后劲。为什么？因为广州有计划，而且坚定不移。如果经常改变计划，就无法获得预期的成果。培养多少人才来满足5年后的需求，培养什么专业的人才，城市经济、科技发展的方向，等等，这些全部需要提前筹划和准备，而广州高效地完成了这些。

有些城市会专攻一个领域，比如深圳的标签就是高科技。假设我要创立一家不需要最前沿科技的公司，我就不会去深圳，因为那里太贵，开销太高，我会选择广州。15年前，广州交通行业的员工告诉我他们将建设高速铁路，连接广州和14个城市。如今，广州和深圳、珠海之间的高铁惠及了5600万人，打造了一个教育程度、发展程度高的经济体。然后连接香港的高铁也将于9月竣工，现在已经开始售票。我们从来没想过当天往返深圳和香港，然而这段高铁开通后我45分钟内即可抵达香港，在那儿吃顿午饭，然后再花45分钟回来。这变化令人赞叹，而且实现这变化只花了很短的时间。这在世界范围内都是绝无仅有的。几年前，人们抱怨对年轻人来说房价太高。但是你看看纽约，不是每个人都住在曼哈顿的，因为那里太贵。这就是供需关系，不是每个人都需要住在珠江新城。有了高铁，45分钟内就可以抵达14个不同城市的高铁，你有了更多选择。你不需要住在广州，你可以住在这14个城市中的任意一个，比如清远，只需要花约20%的钱。

P：一小时经济圈。

4. 广州是粤港澳大湾区的龙头城市之一

H：在珠江三角洲内，高铁的最远距离是从广州到珠海，只需花45分钟。而广州到深圳只要30分钟。高铁网络覆盖了很多稍小的城市，比如江门、东莞等。比方说，从广州南站到顺德，全程9分钟，但是开车要1小时15分钟。所以你可以在广州工作，但是住在顺德，花9分钟坐高铁到顺德站，然后再花半小时回家。这解决了年轻人的住房问题，因为他们有了更多的选择。如果你想花同样的钱住更大的公寓，你可以住在顺德、清远——高铁半小时就可以到。很快，高速铁路将连接广州东站和南站，现在去南站要开很久的车，但是今年年底这一切都将不同。

这一切都是规划好的，这可不是昨天发生的，这需要远见，是从15年前就开始筹划的。有人提供远见，有人做规划，有人寻求投资，所以高铁诞生了。它的诞生，满了投资的需求、对于人才的商业需求以及住房的需求。卓越的交通让公司可以轻松进入其他城市，接触更多人才。政府的最新工作重点是粤港澳大湾区，这很有远见，它不是为了明天。有人可能会问，这3个地区有3个边界、3个海关、3套法律系统，如何协调它们，如何把3个地区整合成一个？是的，这些造成了不便。但是当你去白云机场，或者大部分边界检查，都可以看到电子通行证自助通道，这将很有帮助。

更重要的是，你应该看到在这个区域内的6000万人口和大量公司的潜力，这将自然而然产生更多的投资，更好的生活质量，更棒的可移动性——可移动性很重要。关于这些边界，20年或30年之后，当英国和葡萄牙残余的影响力彻底消散时，这些边界都将不复存在，那时这些地区就已经整合了。我记得刚来时，我必须经过边境控制局才能抵达深圳——

如何去香港？我得先去深圳，经过海关的检查，然后去香港，然后再经过海关。深圳那时是有独立海关的，内地居民没有许可文件或到访原因是无法去深圳的。如今就不需要了。我觉得香港和澳门也会这样。

P：需要许可才能去深圳？

H：是的，直到10年前你还需要许可才能去。因为当时深圳还是试验性的经济特区，需要控制人流。这种控制完全合理，因为深圳是内地的第一个开放市场，有大量工作岗位，如果不控制，其他地区的人都会涌入深圳，从而造成社会问题；去深圳，你必须有理由，有工作，当时它是一个受控制的环境。这项试验非常成功。随着试验的结束，随着整个中国市场的开放，深圳的移民控制就被取消了。

P：我想听听你关于粤港澳大湾区的想法。

H：就像我刚才说的，这个项目非常合理。每一个粤港澳大湾区的组成部分——我没有割裂地看香港和澳门，我视深圳和香港为一个有分界线的整体，珠海和澳门也一样，它们彼此之间是分不开的——每一个组成部分都有自己的特色。比如广东现在是世界上第13大的经济体，它的地区生产总值甚至比100多个国家加起来的都要大。从整体上看，香港和深圳、澳门和珠海的发展只能向北，因为南边没有土地了，而广州则恰恰相反，只能向南发展，所以这3个地区的整合发展非常合理。

实际上，让我赞叹的不是政府今天在谈论的粤港澳大湾区计划，而是对于明天、对于未来的计划，这对我来说就是远见。整合这些城市需要时间——当然这整合已经在进行中，比如港珠澳大桥，会让我们的生活更加便捷。看看其他世界级的城市圈，比如东京圈，两个城市整合到无法分开，有这些例子，粤港澳大湾区显得十分合理。因为粤港澳大湾区的组成部分分别有自己的专长，为了能较好地融合，现在就得开始准备，而不是等到明天。粤港澳大湾区计划的一个成果是对基础设施的规划，整合所需的硬件设施。为实现这一梦想，将需要更多公路、更多铁路，必须认识到未来这个区域将共同发展。一旦接受了这一点，就可以开始思考这个城市圈20年、30年后需要什么。我很佩服这种远见。

直到粤港澳大湾区被提出之前，各个城市为了满足本地居民的需要，都在忙于自己的基建。广州为了支撑自己的发展而大兴土木，却疏忽了和深圳整合的需求——当然此前它也不必整合。深圳、香港也一样。粤港澳大湾区计划将这些政府联系在了一起，大家合作思考如何整体发展。无论你喜不喜欢，将来广州与香港、深圳、珠海之间的关系将更密切，它们都将高度发达。政府将需要管理更多区域，更重要的是这些政府必须合作发展基础设施来支撑这未来的整合。

我曾深入研究中国对于未来的规划，比如说“十三五”规划重点在于加强供给。因为中国想从投资驱动型经济转变为消费驱动型经济。一旦完成这个升级，中国将变成一个完全自主的经济体，自给自足，帮助其他国家，而不必向其他国家进口商品。这是一个完美的计划。但为了实施这个计划，必须让人们更容易买到东西，侧重供给方的经济通常意味着更少政府干预，更容易买到商品，帮助企业生产人民所需的商品——不仅仅是人民需要的商品，也要有人民想要的。比如说，人们买苹果公司的电子产品，不是因为他们需要，而是因为他们想要；他们完全可以买更便宜的，但是他们选择买贵的。为帮助企业能生产这些非必需品，必须首先降低开销，必须建立自由贸易区。

4年前中国只有一个自贸区，然后变成4个，去年增加到11个，今年海南省整个成为自由贸易区。这意味着任何外国人去海南，买东西都不用交税；这同时意味着在海南的企业只用交15%的税，而不是30%。广州有南沙自贸区，深圳有前海自贸区。最终，我预测整个中国南方都将成为一个大的自贸区，只要政府坚持现在的政策。

我的预测一般很准。对我来说，自贸区的试验和深圳特区的试验是一样的，因为中国首先打开了深圳的市场，然后深圳的经济腾飞，最终你可以在中国任何地方投资，因为全国市场都打开了。我感觉中国将会有一个大自由贸易区，这将吸引大量企业。香港是世界上最棒的经济体之一，因为它是一个自由贸易区。中国将会进一步打开市场，当然它不会打开每一个地方的市场，它会打开上海、深圳等东部和南部的市场。自由贸易区的核心将会被粤港澳大湾区所吸收，未来将一片光明。粤港澳大湾区的目标是什么？未来这巨大规模的整合，必须从此刻开始进行规划，而不是等到整合开始了。我觉得这是一个很棒的计划。

5. 广州的生活最实在

P：喜欢粤菜吗？

H：我非常喜欢。粤菜是广州的特色之一。很多人都喜欢美食，吃饭是每天最重要的事。我有两个儿子，我老婆是中国人。

P：你们平时吃什么？

H：中国菜。我的孩子们和我一起吃中国菜。我来中国的原因之一是，我和我老婆是在美国认识的，她是上海人。

P：所以您喜欢比较广州和上海？

H：不只是我。我老婆那时刚从美国的法学院毕业，那是非常好的法学院，在美国排名前十，她的硕士读的是国际法律。我和她在华盛顿相遇，我在那里工作。她花了一年时间说服我来中国投资。那时我主要投资拉丁美洲。一年后，我被说服了，组了一支队伍，来中国寻求机会。

P：您为什么选择了广州？

H：我没有选择广州，我对中国一无所知。我组了一支队伍，计划了行程，然后与很多政府官员和商人进行了沟通，寻求投资机会。我老婆把我和我的队伍带来了广州。我对那段经历记忆犹新。我问她："你是从上海来的，在那儿有人脉，为什么来广州呢？"她回答道："上海对于你来说太过'聪明'了。"

P：您能听懂上海方言吗？

H：当然听不懂。我老婆说上海对我来说太"聪明"，我当时并不理解。如今我似乎明白了，大意是上海人会比我想得更明白，但不一定会告诉我。广东人通常会告诉我他们想赚多少，然后我就会知道我想赚多少；他们总会帮助你做成生意，不骗你，想让你也成功，他们看到我赚钱也很开心。这也是为什么我老婆把我带到广州，我来到这儿也很开心，把公司总部设在这里，做很棒的投资，总体算比较成功。

P：您对广州文化怎么看？

H：市民很友好。这是一座有2000多年历史的城市。因为2000多年前，建筑物是用木头造的，所以那些建筑都不存在了……

P：您看过粤剧吗？

H：是的，我看过粤剧，去看过龙舟赛，实际上我今晚就要去看。广州的文化一直都在。建筑物是文化的遗址，展示以前人们做了什么，而文化是人们怎么思考和感受，感受到什么，如何待人接物，吃什么，喜欢什么音乐。广州的文化很迷人。广州人十分重视家庭，广州最棒的方面之一就是家庭观念。他们爱自己的家人，相互支持、帮助和依赖，这是文化中最重要的一点。如今大家了解文化更容易了，因为电影院、剧院以及博物馆越来越多，人们可以做、可以参与的事也随之变多。

P：您用什么交通工具上班？

H：这看情况。我经常坐公交，因为有专用道路，所花时间较少。

P：您上班要多长时间？

H：从我家出发吗？从琶洲？半个小时，35分钟吧。这很棒。

P：您怎么看待广州的地铁？

H：非常棒。25年前我刚来时，地铁还不存在。广州的地铁总长是位于世界前列的，票价不高，同时也是世界上最拥挤的地铁之一，考虑到广州地铁还算比较年轻——被很多市民所使用也很合理。广州地铁覆盖面积很大，事实是很多城市的地铁并不到很多地方，而广州的地铁最远可达南沙，开车去要一个多小时两个小时，广州地铁延伸到了那里。我们提到了政府的远见，运营地铁一般是不怎么赚钱的，收回成本需要很长时间，但是广州政府往往在需要基础设施之前就已经开始动工了，而不是之后。

西方很多城市，比如华盛顿或伦敦，它们的基础设施并不好，缺乏足够的客运能力。纽约也是这样，通往曼哈顿的大桥数量有限，隧道也很少。很多人住在新泽西而工作在纽约，每天需要花两三个小时上班，然后再花两三个小时回家，所以每天要花五六个小时在路上。那是因为这些政府缺乏远见，在有机会时没有把握住，没有建造足够的基础设施来满足日益增长的需求。广州的建设则领先于需求，所以有足够的基础设施来支撑飞速的发展。当然仅仅发展经济是不够的。

6. 交通、法治是广州未来的两大着力点

P：您对广州的未来发展有什么建议？

H：为了使广州能够按现在的速度继续发展，需要侧重于城内的交通发展。因为有时商人出行并不方便——我指的是本地商人，因为本地商人现在还是远多于外国商人——商人做生意，不可避免地要在短时间之内从城市的一端到另一端。所以我觉得重点在于建设发展所需的基础设施，从而让出行变得越简单越好。对我来说，这是重中之重。广州政府建设了很棒的地铁系统，但同时也需要提供或者升级其他交通手段，不

是每个人都坐地铁的。另外的侧重点是广州与其他城市的整合，这方面也做得很好，但是市内交通逐渐成了问题。从广州的一侧到另一侧需要三四个小时，这延缓了商业的整合。在整合之外，广州做得很不错，我觉得重点应该放在基建，给持续的城市扩张提供硬件支持。要避免像东京一样，没办法进一步扩张，要避免像洛杉矶一样，人们在交通上要花很多时间……

P：东京和洛杉矶很不一样。

H：对，它们很不一样，但是你不想让那种情况发生。因为如果你一直在追着需求，你是永远追不上的。广州一直是一个走在需求前面的城市，我觉得这方面的工作是最重要的。

P：在广州地铁是主要的公共交通工具，洛杉矶则主要依赖汽车。

H：是的，但是有时你想要快速抵达目的地，所以你必须为不同人考虑，满足不同人的需求。有些人总是搭乘地铁，有些人总是开车，我不是说这很好，但是这是现实。所以，我们需要——内环线刚建成的时候基本是空的，这是一次超前的规划，如今内环线对广州的交通起到了巨大的作用，他们应该再多建5条。不过城市越发达，修路的费用也会越高。广州的市内交通真的是政府工作中的重中之重，为了让人们出行越来越方便快捷。除开这一点，广州在其他方面都做得很好，政府很棒，监管流程非常精简——当然你一直可以更精简，这是一个很有意义的研究课题。

我觉得广州需要认识到它不再只是一个普通的中国城市、一个发展中城市，它已经是一个世界级都市，它有更多选择去设计未来的发展模式。我坚持这个观点已经七八年了。人们老是想，广州还需要怎样才能成为中国的顶尖城市，实际上广州早已经是了，而且正逐渐成为世界级都市。如果广州能开始标榜自己为世界都市，那么对未来发展的规划——比如说区域性的世界都市——广州将能更快速地应对即将到来的变化。

香港一直在变化，它也将一直寻找自己的定位，我记得20年前香港就是中国的门户，你去香港开公司来进行对内地的投资。现在已无须这样。银行业在内地蓬勃发展，以前你只能在香港看到。广州需要完善法治。昨天我在谈一笔生意——20年前，我绝对不会在内地进行仲裁，10年前，可能会在香港进行仲裁，因为香港的法律系统值得信赖，法治非常重要。广州需要完善自己的法制体系。

我一直在倡导一件事——你可以在《2015年中国营商环境白皮书》中看到我的文章——法治不一定非要民主作为前提，无论民主的定义是什么，法治能和任何政府协调共存。比方说，新加坡是人民行动党执政，但是那里的法治与政府很协调。20年前，我更有可能在合同中指明由新加坡进行仲裁，因为在新加坡，尽管你只能针对一定阶级以下的人提出诉讼，但是在99%的情况下，你不是和政府打官司，而是你的邻居、生意伙伴或者是基层政府，并且你相信法院。广州需要营造这样的法治环境。人们不会老是和市长打官司，他们会告邻居、生意伙伴、公司或区政府，这样的法治对执政党没有威胁。除了交通，这是广州政府需要关注的另一个重点。政府应该确保市民对法院或仲裁的公平性有足够信心，确保他们相信法官的判罚是基于法律的，而不是因为收受了贿赂或者因为人脉关系。公平法治的建立绝不仅仅是为了国际贸易，更是为了提高市民的信心。这和政治毫无关系。人们经常会混淆法治和政府体制这两个概念。当人们觉得法制健全时，他们就不会经常抱怨，99%的人不关心谁是美国的总统或中国的主席，不关心谁是州长，但他们关心谁是地方领导，比如说村党支部书记。这是我认为广州政府应该重视的。

交通是硬件，法治是软件。广州政府也的确是这么打算的，推进法治社会，让政府工作透明化。如果政府工作透明，人们知道发生了什么，他们就不会抱怨。通过法治，人民就会觉得政府工作透明，并且在发生纠纷时对法律系统有信心，他们就会很开心，并且更加支持政府。我们的调查表明，从世界角度看，广州已经在很多方面处于领先位置。比方说，广州各项政策、工作更加透明化。我们在调查中问了大家为什么在广州投资，很多人表示是因为政府工作透明开放。

20年前，我刚来时，政府官员的受教育程度并不高。如今，很多官员受过良好教育，会说英语，代表了广州的未来。你们愿意倾听我的声音，并整合各方面的意见用于未来的规划，对此我表示很感谢。

（二）在工作与生活中体验“和而不同”

［编者按：以下是对广州雅西皮具有限公司（Guangzhou Elegant Supreme Investment Company Limited）的马兵（Robert Marg）先生的书面采访。由编辑团队翻译。Q是指采访者提出的问题，R指代马兵先生。］

1. 很惊讶这座城市在现代化的同时保留了历史感

Q：您在广州工作多长时间了？在这之前来过广州吗？

R：我在广州工作了5年。第一年我在培训中心担任教师；之后的3年就读于中山大学；过去的一年，我在花都的一家皮具公司工作，该公司主要向欧洲和美国出口商品。

Q：您对广州的第一印象如何？

R：我对广州的第一印象主要是关于广州的市民、交通和从一个地方到另一个地方所需的时间（特别是从洛溪新城到东山口）。无论早上还是傍晚，工作日还是周末，街道上和地铁里的人多到让我感到十分惊讶，而且较短的旅途也会花很长时间。我以前没有来过中国，我也很惊讶这座城市在现代化的同时保留了历史感，即便是一座建筑。一些办公大楼的外表和大堂看起来是全新的，但一旦进入办公室内部，周围环境与外面差别较大。

Q：如今您对广州的印象发生改变了吗？如果有，是哪些改变？

R：这里的基础设施发生了翻天覆地的变化，新的地铁线路和拓宽的桥梁让交通更加顺畅，远郊更容易到达。

Q：去过中国的其他城市吗？如果有，您觉得广州有什么特别的地方吗？

R：我去过北京、上海、重庆、成都、香港和澳门。与重庆相比，广州很干净。上海的交通比广州更顺畅，成都感觉更加休闲，香港和澳门感觉更加繁忙，但效率却很高。

2. 与广州文化仍有不相容之处

Q：喜欢粤菜，例如广州的点心和烧味吗？会向身边的朋友推荐粤菜吗？觉得广州的饮食业相比您第一次来时发生了哪些改变？

R：粤菜不是我最喜欢的，因为我通常会吃不饱，但也不想再吃同样的食物了。不过，我喜欢这里的下午茶，我很可能会向朋友介绍这种文化。

Q：对广州的文化感兴趣吗？您觉得广州的文化产业相比第一次来时发生了哪些改变？

R：广州有些文化很有趣，但我不认为自己是广州文化的粉丝。通常情况下，我很难将自己融入到广州本地的文化中。

Q：坐过广州的地铁吗？体验如何？您觉得广州的交通系统相比第一次来时发生了哪些改变？

R：我在广州经常乘坐地铁，我见证了广州地铁线路的持续增加，安全措施的不断完善。但是我留意到，广州还没有采取相应的措施去缓解三号线的交通压力和拥堵状况。

Q：如何评价广州市民？与您第一次来时相比，对广州市民的印象有哪些改变？

R：我的印象并没有太大变化。在公开场合，有不少人只为自己着想，而不关心其他人、事物和环境，他们经常会给出错误的答案而不会承认自己不清楚某件事情。然而，私底下，人们却非常热情并乐于助人，和在公开场合有着截然不同的态度。

3. 经济联系将影响世界其他地区的供应链

Q：有什么让您印象深刻的“广州故事”与我们分享吗？

R：我没有具体的广州故事。然而我刚从银行回来，发现银行系统的效率很低，看似简单的交易需要花很长的时间，从某种程度上，这使我很难忘。

Q：广州是我国优秀旅游城市，您去过哪些广州的旅游景点？未来有旅行计划吗？觉得广州的旅游产业在改革开放以来发生了哪些变化？

R：在我来到广州的5年里，我没有观察到很大变化，除了提高了安全性和控制客流量（特别是在广州大厦和所有地铁站）。在这段时间里，我参观了许多广州的标志性建筑。

Q：有计划加强与中国尤其是广州的交流与合作吗？如果有，您的工作重心是什么？

R：就个人而言，没有。但是，我工作的公司希望增加与美国客户的业务合作。

Q：您觉得中国的改革开放对世界造成了什么样的影响？

R：中国经济的任何变化都将影响到世界其他地区。过去我认为它主要影响世界其他地区的供应链，但现在我认为它会对国际公司的销售也产生影响。

（三）在广州比较容易结交朋友

采访者（P）：彭澎

被采访者（M）：爱碧界（广州）咨询有限公司总经理前川晃广（Maekawa Akihiro）

记录整理：卢楚焱

时间：2018年6月19日上午

地点：爱碧界（广州）咨询有限公司

［编者按：前川晃广是日资企业爱碧界（广州）咨询有限公司总经理。第一次来中国是1981年，当时他还是高中二年级学生，只会说一点点汉语，是通过日本放送协会（NHK）广播电台自学的。他记得1981年6月的时候中国举办了中共十一届六中全会，后来他选择学习中国政治。当时去了上海、西安、北京3个城市。每个城市待两天，跟当地的高中学生交流了一周的时间。1987年到上海复旦大学国政系学习了一年。1989年结业后回到日本，在庆应大学政治系毕业，就职于日本兴业银行（IBJ）。在这个一半政府一半民间投资的银行，历职大阪分行、外国汇兑部，1998年来到中国担任兴业银行上海分行部门主管，2000年担任广州事务所首席代表，当时的办公室在花园酒店。

大学时代，前川晃广每年会来广州两三次。那时候广州东站还没建好，需要先到香港红磡，然后坐车到广州。当时广州大的宾馆有花园酒店、白云宾馆和白天鹅宾馆等几家，还收外汇券。

前川晃广先生2008年离开银行，成为日资咨询公司总经理，到现在已经10年。]

1. 在广州比较容易结交朋友

P：当时为什么离开银行呢？

M：银行这个行业已经比较规范化了，我觉得有点失去挑战性，我想实现自身的价值。

P：公司的主要业务是什么呢？

M：我有证券分析师和中小企业经营分析师的资格。主要在中国开展法务、会计、税务、本地法人管理、劳务等咨询业务，我们的客户95%是日资企业，已为150多家企业在中国设立当地机构提供了支持。企业打算缩小公司规模，面临税务和劳务等问题时，我们也可以帮忙。我们这里还有中国的律师和会计师，我跟他们一起工作，为日资企业客户提供法律法务等业务。在10年前协助成立新公司的业务比较多，目前不算多。其中一个原因是日资企业的投资减少了；另外一个原因是中国的行政改革，使得成立新公司非常便利，在网上就能处理。基本上所有的咨询公司都是这种业务模式。

P：贵公司是按照日资企业的发展方向来提供服务？

M：按客户要求来建议，最近广州的业务较以前少了。我不是建议他们离开中国，我首先会建议他们搬到中国国内的其他地方，因为法律、货币相同，比较方便。

P：来广州这么长时间了，您还记得第一次来广州的印象吗？

M：第一次来的时候感觉绿化做得不错，树木很多，人也多，这个是哪里都一样的。现在的变化很大，车多了，高楼大厦多了，人更多了。广州人比较友好，这里有当地特色的饮茶文化，谈生意的时候会说先喝杯茶吧。广州人比较容易结交朋友，他们比较让人放心。广州也比较宜居，气候很好，饮食文化也很丰富，我在这边比较容易适应，冬天不会太冷。

2. 广州开放较早又很好地保持了本土文化

P：与您第一次来的时候相比，广州的营商环境发生了什么样的变化？

M：广州这边节奏比较快，是一个比较有特色的城市。比如说在上海，讲上海话的小朋友越来越少。广州这边保留了本土文化的传承，大部分人会讲粤语，在学校学普通话，在家里讲粤语。

P：这可能跟广东的电台、电视台用粤语广播有一定的关系。

M：是的，上海没有讲上海话的电视频道。

P：而且广州有很多歌都是粤语歌，很多人学，上海缺少流行的上海话歌曲。

M：另外一个原因是广东的南面是香港，就像福建和台湾一样，有着相似的文化，广州和香港一直保持着交流。广东和福建比起来发展也要快一些。

广州市的电话号码是020开头的，比较好记，是02号开头第一的号码，上海是021，天津是022，首都北京是010开头的。

P：010开头的号码只有北京。

M：这个号码证明当时广州的定位在上海之前。

P：这倒不是。据说一开始有3位区号的只有8个城市：010北京、021上海、022天津、024沈阳、025南京、027武汉、028成都、029西安。广州之前隶属于以武汉为中心的中南大区，电话在武汉中转，后来华南大区从中南大区独立出来，020给了华南大区中心广州。后来重庆直辖，023给了重庆。但可以肯定的是，当时广州电信发展快，电话的使用量多。

全中国现在有三大电信枢纽平台：北京、上海、广州。广州的用量特别大，早些年，广州人如果拥有一台“大哥大”是很气派的事情。现在广州的手机用户数量也是排名靠前的，跟城市的发展水平有一定的关系。

您对广州的饮食文化有什么样的了解？

M：对我们外国人来说，到广州都会去“饮茶”，吃点心，例如虾饺、叉烧包、萝卜糕等，那些是很传统的粤菜。现在走高端路线的粤菜变多了，我比较喜欢传统的味道。现在的粤菜味道好，但我还是怀念以前的味道。

P：点心和喝茶的变化不大，粤菜的变化大。

M：是的。加入了创新菜式。但全世界的饮食习惯都在发生变化，会不断地开发新的菜单。

P：那您可能要去到越秀区和荔湾区。因为在广州，特别是天河那边有许多外地人，为了迎合大众的口味，现在广州的粤菜经常会融合川菜、湘菜。因为一桌子吃饭的人很少都是广州人，所以很多粤菜馆往往同时融合了几个菜系。

M：是的。外地人多了，饮食习惯相应发生了变化。

3. 广州的生活比较随意

P：平常上班是自己开车还是坐地铁比较多？体验如何？

M：坐地铁比较多，广州人会排队，不管是巴士还是地铁，年轻人会给老人让座，我觉得非常好，北方有些城市还没有这种习惯。而且地铁网络也很发达，连接了很多地方，还可以去到佛山，很方便。

P：平时有没有跟广州市民交流，对他们的印象如何？

M：印象一直都很好，广州人一直很友好，容易交流，我没有被广州人骗过。

P：你们平时一般会参与什么样的活动呢？

M：我们这里的律师是广东人，我参加过他的婚礼，他和他夫人的父母和朋友很乐意跟我交流，交朋友，很容易建立友好关系。广东的婚礼比较随意，没有特别的规则，圆桌子，很多人。

P：婚礼是典型的反映生活风格的事情。您有什么印象深刻的“广州故事”能跟我们分享一下吗？

M：我对广东这边的语言变化比较感兴趣，像花都话和南沙话都有所不同，花都人讲的粤语会比较特别。还有，广州话受香港口音的影响发生了变化。比如说“牛”这个字，广东和香港的发音会有不同，香港人是比较难发出鼻浊音“ngau”的。

P：您能感觉到广州粤语跟香港的不同？

M：是的，我的中文都是在广州学的，模仿他们的发音。我去过好几次香港，香港人问我是不是在广州学过粤语。我觉得广州粤语有传统的习惯，希望广州以后也继续保留这个文化。

P：广州是有名的旅游城市，有没有去过什么景点？

M：平时喜欢去白云山，广州有许多高尔夫球场，佛山、东莞也有，我经常去麓湖公园的高尔夫球场，那里地形高低起伏更有意思。

4. 广州要以华南中心城市来定位

P：对我们现在提的粤港澳大湾区有什么看法？

M：整个珠江三角洲，深圳先开始开发，但是广州西边的中山、珠海这条线还没充分地开发。港珠澳大桥快要开通了，随着珠海、中山、佛山的铁路和高速公路的开通，这片地区会出现更大规模的开发。珠江三角洲正好跟长江三角地区面积差不多，也有同样规模的发展的可能性。粤港澳地区开通更多的铁路和航运，可以更加充实地发展物流交通，会促进地区发展。

P：您对广州的发展有没有一些好的建议？

M：我觉得广州不仅要以广东省的省会来发展；还可以与华南地区以及湖南、广西等其他地区结合起来发展，发展成华南的一个综合中心城市；也可以与香港一起发展。白云机场是华南航运枢纽，人和货物的交流是最重要的，所以我建议广州以华南地区中心城市作为定位来发展。

（四）亚运会把广州变成了一个大都会

采访者（P）：彭澎

被采访者（M）：广州伊藤忠商事有限公司总经理松本刚幸（Matsumoto Takako）

记录整理：卢楚焱

时间：2018年6月21日上午

地点：广州伊藤忠商事有限公司

1. 亚运会把广州变成了一个大都会

P：伊藤忠商事很早就进入了广州市场了？

M：是的，1980年我们在广州设立办公地点，最早的时候在中国大酒店，然后搬到了金利来大厦，今年1月份搬到天河城大厦。

P：那松本总经理是什么时候来到广州的呢？

M：第一次来广州是在1990年，当时来出差。那时候没有从日本直飞广州的航班，一般要从日本飞到香港再坐船到广州。从香港坐到莲花山港大概两个到两个半小时。我2009年开始在广州这边工作。

P：您对广州的第一印象如何？

M：说实话，我1990年第一次到广州时，觉得广州比较落后。很多地方在施工，到处都在开挖，把山变成平地再建成道路。第一次来广州的时候觉得广州很多人，特别是广州火车站那边，我当时从广州坐火车到肇庆，人很多，完全进不了站。

P：您是去肇庆拜访客户吗?

M：是的。有时候从广州坐车去肇庆要超过4个小时，没有高速公路不好走，经常爆胎。

P：2009年来工作的时候，离您1990年第一次来广州过去了19年，对广州的印象发生了什么样的变化?

M：2009年来的时候颠覆了我对广州的印象，我非常吃惊，广州变化很大，已经从乡下变成了一个大都会。

P：2009年的时候我们正在准备亚运会。

M：是的，亚运会之后，一些知名的国际品牌酒店如雨后春笋般在广州出现，例如威斯汀大酒店等。

2. 广州的产业结构也发生了巨大变化

P：您从2009年开始就一直在广州工作吗?

M：2009年我在伊藤忠集团的另外一个事业公司工作，是汽车产业的。在广州工作了四年半后，去了上海半年，之后在山东济宁工作了3年，2017年4月回到广州，从2009年到现在一直在中国。

P：您在哪里学的中文?

M：在广州学的，白天工作，下班以后去学校学习中文，当时在一个语言学校培训。

P：伊藤忠商事广州总部是覆盖全中国的吗?

M：不是的，北京公司是中国集团的总部，同时也是华北的总部，香港公司是华南总部，广州公司隶属于香港总部，华东总部在上海，在天津、重庆、大连、青岛等也有公司。

P：您在企业工作，您觉得广州的营商环境跟以前相比有什么变化?

M：20世纪90年代广州的企业大部分是轻工业，如鞋子、衣服、包包这一类的生产为主，现在外国企业增多了，也增加了他们在中国的投资，产业发展速度很快，广州变成了一个国际化发展的都市，现在主要的产业是汽车产业。

P：那么现在和以前相比，中国的营商环境还有什么需要改进的地方？

M：以前在中国改革开放初期，政府希望吸引更多的外国企业过来投资，提供了很多优惠政策，例如税金减免，现在没有以前优惠力度那么大了。虽然现在南沙开发区的发展也吸引了很多外企去投资，但市区变成了信息时代这样的社会环境，感觉这方面会强一点。

3. 广州人热情开朗

P：谈谈粤菜吧，您刚才也提到了一点，有没有特别喜欢的粤菜呢？

M：粤菜特别好吃。我很喜欢肠粉，在日本很少能吃到，第一次吃到觉得很好吃，烧鹅也不错，但我更喜欢吃白切鸡，如果能在餐厅吃到好吃的白切鸡就会觉得这家餐厅不错。

P：您对广州的文化有什么了解吗？

M：我对广州的饮茶文化和书法方面比较感兴趣，我爱人很喜欢书法，她来广州，我们一起去文德路那边的古玩市场。在公园看到老人家在写毛笔字，会觉得很有中国味道。

P：您业余的时候会参与些什么活动呢？

M：周末的时候会去看足球比赛，我有广州富力的年票，也很喜欢恒大，两个队伍的比赛都会去看。以前跟员工一起打羽毛球。

P：富力是在越秀山，您自己会踢足球吗？

M：我不会踢，但我会打羽毛球。我小学到大学都参加了学校的羽毛球部。

P：有没有坐过广州地铁？对广州的交通有没有印象呢？

M：去看富力足球赛的时候会坐地铁到越秀公园，平时在这边偶尔也会坐地铁，上下班的时候人特别多，通常要等两三趟才能坐上地铁。跟北京的地铁比起来，广州这边的地铁比较漂亮、比较新。广州人的性格比较开朗热情，坐地铁的时候会感受到这种气氛。

P：我们经常将广州地铁和东京地铁做比较，觉得东京地铁有值得我们学习的地方，您对广州地铁有什么好建议？

M：坐地铁的时候秩序需要改善，另外广州地铁换乘设计比较合理，换乘比较方便。

P：对广州人的印象如何？

M：跟其他城市相比，广州人的特点是性格好，开朗热情，对外国人很友善、亲切。公司里有很多都是广州人，除了跟员工接触之外，去到饭店也会跟一些服务员接触，我觉得广州人很随和。以前餐厅的服务员一般不化妆，衣着缺少时尚感，不如上海、香港那边的人，现在注意自己形象的人多了，这是一个变化。

4. 中国准备迎接“华南时代”

P：现在广州在讨论建设粤港澳大湾区，对此您有什么建议或看法呢？

M：粤港澳大湾区日益发展，伊藤忠内部也对此有构想，广州伊藤忠也在4月份的时候专门成立了华南投资开发部，以粤港澳大湾区契机，做一些新的项目，寻找商机。我们之后会以广东，尤其是深圳、珠海、香港为中心，我相信以后中国会由“北京上海时代”变成“华南时代”。

P：粤港澳大湾区的发展，我们对比旧金山、东京、纽约大湾区，您觉得我们跟东京大湾区相比，还需要关注哪些地方，有什么是我们需要借鉴学习的？

M：当时东京湾区建设时，高速公路网方面的考虑还不够充分，这次粤港澳大湾区建设时应该考虑这方面的问题。

P：有没有特别的“广州故事”跟我们分享？

M：我本身喜欢广州的饮茶文化，广州很多喝早茶的地方早上7点钟就会有很多人去排队，有一次我6点多去排队，当时已经排到了18号。因为服务员叫号都是用粤语，我就跟服务员说我是外国人，听不懂粤语，叫到18号的时候麻烦用普通话。然后一直等都没有听到我的号码，突然间听到了一个人用粤语喊：“18、18。”我想这可能是我的号码，就过去跟服务员抱怨说为什么不是用普通话，服务员回我说：“你不是一样听懂了，过来了吗？”这是我遇到的一个很有趣的经历。

P：伊藤忠在中国的未来发展有些什么样的打算？

M：我们公司现在跟正大集团和中信集团有携手推进新的项目，因为粤港澳大湾区的构想，我们比较关注华南地区的发展，现在的工作中心以食品、医疗、自动车为主。

5. 看好中国市场的前景和机会

P：来广州这么多年，对广州未来的发展有什么建议呢？

M：现在全世界比较瞩目深圳的发展，我们广州伊藤忠4月1日也在深圳成立了分公司。但是我认为广州作为广东省的省会，具有很深厚的底蕴。虽然2017年深圳的地区生产总值超越了广州，但我相信，广州将会继续保持良好的发展势头，与深圳一起，带领广东省的经济迈上一个新的台阶。现在广州比较重视南沙开发区的发展，希望高铁线路不要只限于香港到广州南站，最好能连接到市区，这样会更加便捷。我还是希望广州能成为广东省的第一名，因为广州人比较热情好客，更加有人情味。

P：最后一个问题，您觉得中国改革开放对世界造成了什么样的影响？

M：2010年的时候，中国的国内生产总值已经超过了日本，现在在汽车和手机产业方面成了世界第一市场，我觉得今后市场中心会向中国转移。以前中国以出口为主，出口到欧美等国家，现在中国变成了一个很大的市场，今后国内贸易也会更加重要。

P：您的判断得非常正确，中国正在从出口型转变为消费型，市场潜力非常大，我们城市化进程的推进之中会有很大的商机。

M：中国是世界四大文明古国之一。古代中国繁荣的时候，日本也派过“遣隋使”和“遣唐使”。中国发展繁荣的时候，日本也向中国学习，就这样日中两国都能够一起发展下去。2017年6月份的时候我接受日本杂志的采访时指出过，现在日本经济方面可能已经不如中国了，例如说移动支付。但是大部分的日本人还没发现这一现实。如果说日本的经济发展速度像火车的话，那么，中国的发展速度就像高铁一样。以前日本这趟火车比较领先，但现在中国正以高铁的速度赶超日本。但是现在世界全球化，我相信，如果中国发展的话，一定会带动日本更快发展的。

四、媒体述评：创新之城吸引投资

（编者按：2017年在广州举办的《财富》全球论坛吸引了众多的外企参加。这里有中国发展前景的吸力力，但毫无疑问，正如这次《财富》全球论坛选择在广州举行一样，这里是世界级制造业基地的中心，这里正在孕育世界级大湾区。世界那么大，为什么偏偏是广州，参加2017《财富》全球论坛的多位企业老外为我们提供了多彩的解释。）

（一）“我被广州惊艳到了”①

杰伊·沃克（Jay Walker）是美国最大的在线旅游公司Priceline［旗下品牌有著名的Booking（缤客）和Agoda（安可达）等］创始人、Upside Travel创始人兼首席执行官。曾两次被《时代》杂志誉为“数字时代最有影响力的50位商业领袖”之一，沃克本人还拥有600多项发明专利。他还在美国东北部康涅狄格州拥有一座3层楼高、330平方米的私人图书馆，收藏了很多关于中国的书和藏品。参加2017《财富》全球论坛，他带来一本有900多年历史的关于中医药的书，他对记者谈到了对广州的看法，认为广州“站到了更高的国际化平台上”。在各种采访中，只要是最近第一次来广州的老外大多要“被广州惊艳到”！这显示了广州40年改革开放积累起来的发展成就，当然也显示了亚运会后近10年来城市面貌的巨大变化。

记者：你认为广州的潜力体现在哪些方面？

沃克：广州并不仅仅是有潜力（笑）。这里非常现代化，有优秀的基础设施，美丽的市容市貌，我被惊艳到了。广州不仅是中国最活跃的商贸城市、最繁忙的港口城市之一，而且站到了更高的国际化平台上。

记者：《财富》全球论坛后，你觉得广州可以怎样延续它的影响力？

沃克：在欧美，人们对Canton的熟悉程度超过Guangzhou。我不是要广州改回旧英文名，而是说，对于广州这样的国际大都市，这正是对城市品牌的对外传播提出的挑战。广州应该增强城市形象的视觉可见度和独特性，比如让人提到中国的商业或媒体业时，达到这样一种效果：“啊！你是在说广州吗？”

---

①本目摘编自《南方都市报》2017年12月8日刊登的《“我被广州惊艳到了”》，作者是裘萍、张艳芬、张沛。

（二）“这个城市很有包容心”，外国人在广州活得奔放自由[①]

2017年11月3日，广州四季酒店总经理博乐（Patrick Pollak）接受了记者的采访，聊了自己跟广州的缘分，以及自己对美食和艺术的想法。

他说，4个星期之前他还在夏威夷的酒店工作，因此现在还不是很习惯摩登现代的国际化大都市氛围，“早上从床上坐起来，睁开眼睛望出窗外，还是下意识地在寻找沙滩和椰子树。”

车多人多的广州虽然没有沙滩、椰子树，却让他想起童年时候在墨西哥的生活。这个精通法语、西班牙语和英语的法国人，从小就在世界各地生活，墨西哥是他的第二家乡，热闹拥挤，充满日常生活的人间烟火气息，广州也让他有相似的感觉。

1. “城市需要商业为原动力，也需要文艺来平衡”

记者：窗外就是广州的中央商务区珠江新城，四季酒店所在的更是地标性建筑广州IFC（国际金融中心），站在这里是种怎样的感受？

博乐：广州这座城市的美妙之处在于，既有历史的故事，又有现代气息；既十分本地化，又有国际化的一面。想要真正认识她，本身就需要站在一定的美学高度。我刚到的时候，同事们带着我去参观了沙面历史建筑群，看了许多18世纪的领事馆和洋房建筑，还体会了一把广州特色的大塞车，这些让我想起了童年生活过的墨西哥，也是这样人多车多，大家热热闹闹地挤在一起，跟欧洲和夏威夷完全不同。

从这个窗口往外，可以看到许多的高楼大厦和商业建筑，但也并不缺乏博物馆、歌剧院、图书馆这样的文艺建筑。包括现在我们所在的天河城西塔，本身就是建筑物里面的艺术品，内部的大堂、厨房和每个角

---

①本目汇编自《新快报》2017年11月16日刊登的《“这个城市很有包容心”外国人在广州活得奔放自由》，作者罗韵。

落，沙发、窗帘的布料和墙面都充满艺术设计感。这充分说明了一个道理，也使我很快喜欢上这座城——广州人懂得城市的发展需要商业为原动力，也需要艺术和文化作为平衡。

记者：你来到广州，第一件事情就是办了一个艺术活动，初心是怎样的呢？

博乐：初来乍到的我在寻找跟广州的联系，同时作为一家奢华酒店的管理者，也需要去寻找跟珠江新城、周边环境和建筑物的联系，这本身就是一种艺术，艺术就是和周围发生联系。我年轻时是一个厨师，总是思考这个问题：厨艺也是一门艺术，不仅为他人提供好酒、好菜、好环境，更要利用这之间的联系，去设计一种艺术氛围，给人以独特的体验。因此，从个人和工作的角度，我都希望跟这里的人群产生联系，我们的“邻居”除了商业写字楼，还有博物馆等艺术机构，除了我们的消费者，还有本地艺术家。我看到酒店里面摆满了他们设计的艺术品、画、书法和雕塑、纪念品等，有效增加了这里的艺术浓度。

2. 不同文化背景的人都能在广州舒适地生活

记者：作为一名新广漂族，对广州的国际化环境你有怎样的看法？

博乐：广州的海鲜好吃又便宜，我喜欢得不得了！虽然我刚来不久，但是有很多已经在这里生活多年的外国朋友。他们告诉我，广州的发展速度很快，国际化的一面也越来越明显，作为外国人在这里生活和工作，办公、购物等环境也越来越舒适。

跟其他城市不同，在这里生活的外国人，大多数性格是奔放自由的，看得出广州很有包容心，能让不同文化背景的人都舒服地在这里活成自己想要的样子。在欧洲很多地方，你会看到厨师都是比较传统的，穿个制服，严肃的，不说话，终日躲在厨房里。可是我在广州认识的第一个外国厨师就是年轻又有个性，喜欢穿牛仔裤，戴着耳钉，刺着文身，性格开朗活泼，喜欢跟客人聊天开玩笑，外形活脱脱一个摇滚歌手，但是做得一手好菜。

（三）广州很多技术是世界其他各地没有的①

全球市值最高的苹果公司首席执行官库克（Tim Cook）从刚刚闭幕的乌镇世界互联网大会现场飞抵广州，参加《财富》全球论坛。这是库克任期之内第11次到访中国，却是他第一次访问广州。

1. 广州有非常多的技术，专业能力非常出色

记者：这是你第一次来广州吗？对广州的直观印象如何？

库克：是的。这是我第一次来到广州。我一直都很期待来广州，这次终于梦想成真。广州是一个美丽的城市。我觉得靠近水边的城市都拥有独特而鲜明的个性。我很期待在广州多走走、多看看。

记者：参观了欧菲影像（广州）有限公司车间之后，你对广州的科技实力有何评价？

库克：广州在技术含量和专业能力方面非常出色，有非常多的技术和能力甚至是世界其他地方所没有的。对我们来说，跟欧菲影像这样的企业合作也是一次很好的经验。我们在这方面做了非常多的技术合作和转移，不断把一些技术从美国转移到中国，让大家共同进步和提升。非常期待这样的技术转移在与广州的供应商合作中实现。这次终于见证，我非常开心。这是其他国家和地区无可比拟的。

2. 广州本土开发者带来了很好的创意和创新的能量

记者：苹果公司如何加大在广州的投入和合作，比如开展与广州本

①本目摘编自《南方都市报》2017年12月7日刊登的《广州很多技术是世界其它各地没有的》，作者谢艳霞。

地企业、学校等科研机构的合作，以及拓展苹果零售店等？

库克：我们有很多产品都是通过跟合作伙伴紧密合作而完成，这是一个非常大的社群。我们在中国的本地供应商雇佣了很多很多员工。我们的合作关系日渐紧密。除了和供应商密切合作外，我们在中国还有非常大的开发者社群。现在中国有180万名开发者，其中很大比例在广州。他们带来了很好的创意及创新的能量。在这方面，我们将有很好的发展。

3. 持续聚焦支持企业发展、支持创业

记者：对于提升广州的科技实力，你有什么好的建议？

库克：其实，广州在这方面已经有了非常好的发展和进展，广州本地的领导已经做出了非常大的努力。包括对企业方面的支持，支持创业，亦对供应商公司的发展提供了很大支持；如果能持续聚焦这方面，这一定是一条正确的方向和道路。广州是一个非常好的、适合企业家和创业人士前来发展的城市。

（四）来到“创新之城”广州，我是抱着学习的态度①

2017年12月5日，首届《财富》国际科技头脑风暴大会在广州开幕。在头脑风暴大会前，举行了一场“我与财富领军者的早茶会”。早茶会上，《财富》杂志执行主编亚当·拉辛斯基（Adam Lashinsky）与记者谈起了全球化视野下的新财富观。

1. 硅谷之外，许多地方值得学习

记者：美国硅谷是世界公认的创新之地。此次您从硅谷来到广州，有什么感受？

---

①本目摘编自《羊城晚报》2017年12月6日刊登的《来到“创新之城”广州，我是抱着学习的态度》，作者刘云。

拉辛斯基：来到广州后，我感觉自己对创新的了解还远远不够，在硅谷之外，特别是在中国，还有很多值得我们学习的地方。

今年首创的《财富》国际科技头脑风暴大会是美国版大会的衍生品，也是《财富》杂志与广州深度合作的结晶。大会特别设置“财富创新奖”，表彰在中国创新领域可能成为领导者的初创企业。我从入选的15个项目中看到，我们彼此之间还有许多可以互相学习的地方。

记者：《财富》全球论坛在广州举办，您对这座城市的印象如何？

拉辛斯基：这是我第一次来广州，这是一个美丽宜人的城市。来之前，一年当中，我在全球不同城市都听到了“广州”这个名字，这让我的期望越来越高。

来到广州，我不仅看到这里有完善的基础设备，也感受到这座“千年商都”和“创新之城”有许多地方值得我们学习。此番我是抱着受教育的态度来这里的。

2. 新兴产业，在中国获有力支持

记者：近两年，广州正大力发展IAB、NEM等新兴产业创新集群。美国有没有发展相关产业的经验可供我们借鉴？新兴产业在发展之时，除了人才和资金，还需要哪些要素？

拉辛斯基：我很早就听说了微信，但在美国较少人使用。微信开放平台副总经理胡仁杰先生告诉我，未来使用两种语言的商务人士不需要同声传译，用微信就可以解决语言差异的问题，这真的很棒，我很期待。

在美国，对创新企业而言，资金是非常关键的。在中国，我看到一件令人兴奋的事情就是政府正强有力地帮助新兴企业，这点与美国不同。当然，有一点，在硅谷，人们敢于试错，认为犯错也是一件好事。我不确定世界上其他地方是否也像硅谷对待新兴企业这样，允许企业犯错。

3. 共享经济，是全球未来的趋势

记者：您来到广州，听说了共享单车、共享汽车吧？共享经济眼下十分热。您也是《财富》杂志科技类文章的主笔，著名的《苹果内幕》一书为众人所熟知。那么，您对中国的共享经济怎么看？你认为中国的未来有什么样的机遇？

拉辛斯基：非常感谢，原来我5年前写的那本书，你们知道。苹果公司其实不是一个共享经济类的公司，它希望你们买他们所有的产品，一次又一次地付钱，这实际上是一种旧的商业模式。而现在，全球需要一种新的经济发展方式。

我最近也写了一本关于Uber（优步）的书。关于共享经济，我认为现在需要调动全球所有的资源，资产资源是有限的，需要分享，这是为了城市的发展以及为了我们的星球。共享经济不仅在中国，在美国乃至全球都是一个趋势。在未来很多年，共享经济会发展得更好。

（五）让“科技头脑”聚集广州，让广州影响力辐射世界①

“广州是中国通往世界的南大门，作为国际贸易中心，千百年来广州既是中国参与全球商务的著名历史象征，又是中国参与全球商务的杰出现代代表。未来10年，广州有充分的条件保持商业领域的开放和创新。”穆瑞澜（Alan Murray）对广州的评价与其身份十分吻合。

穆瑞澜是《财富》杂志的第17任主编。曾担任《华尔街日报》的副总编和网络版执行主编。在任《财富》主编前，他曾出任皮尤研究中心的总裁。

“广州在海上丝绸之路具有战略地位。”穆瑞澜指出，2015年世界银

①本目摘编自《广州日报》2017年12月6日刊登的《我爱荐广州》，作者方晴。

行的一个报告发现，珠江三角洲在面积和人口两方面都已经超过东京，成为全世界最大的城市地区，该地区被认为是中国快速发展的中心。

开放和创新是广州的特质与优势。穆瑞澜在广州企业对话《财富》世界500强会议上强调，“开放和创新是未来10年城市和企业成功必不可少的两个因素。广州由于地理位置和历史传统的塑造而形成了开放和创新的特质。我认为，未来10年，广州有充分的条件保持商业领域的开放和创新。”

穆瑞澜强调，与《财富》全球论坛同期举行的还有科技头脑风暴大会，它是一个平台，将吸引中国乃至全球的创新者和创业者聚集到广州，为全球经济创造科技创新交流机会。“我相信这个会议的作用将从广州辐射到珠三角，让珠江三角洲成为中国的创新中心。就像我所了解到的广交会一样，影响力辐射全世界。广州就是有这样的优势，因为它拥有与全球经济贸易交流开放的悠久历史。”

五、媒体述评：在广州实现中国梦

（编者按：经济发达、文化开放和气候宜居的广州是外籍人士来华就业和居住的热门备选城市之一。广州市地理位置优越，对外贸易产业发达，与世界各地均有经贸交流往来，因此聚集大量外籍人士。在穗外籍人口中，职业行业千差万别，但从事投资、经商、创业的仍是一个比较大的群体。这些外籍人口在广州生活时间长短不一，有的在穗生活长达十几年、几十年之久，而有的短则几天、几周或者几个月，但都对广州这座城市有独特的理解和印象。）

（一）外国专家看广州：一线地位稳定，南沙和琶洲最有潜力①

在广州居住生活的来自全球各地的精英管理层与技术人士，他们对这座城市的印象如何？他们怎么看待广州的未来发展前景？网络媒体对第一太平戴维斯华南区市场研究部主管罗伯特·瑞塔卡（音译）（Robert Ritacca）进行了专访。他认为，广州是一座能给人“稳定感”的城市。无论是普通人还是企业，都能以相对合理的成本，在广州找到价值。

这位来自美国的高级经济分析师觉得，广州与美国著名城市达拉斯有许多相似之处——南方第一大都会、充足的就业机会、良好的教育资源、积极的开发商以及稳定的租金和房价。这些优势，使广州成为一个“健康的市场”，发展动力源源不绝。再叠加“一带一路”、粤港澳大湾区等优势，罗伯特认为，广州的地位非常稳固，不会跌出一线城市队列。

1. 如何对比广州与深圳?

由于工作原因，罗伯特频繁来往于广州、深圳之间，对两座城市都相当熟悉。他眼中的深圳“节奏很快、非常年轻”，而广州的中国味道更加浓郁，文化和美食魅力十足，广州给人的感觉也更加稳定。

“稳定的意思是，你可以在广州找到自己的位置，你可以在这里买房，不会太贵。”

罗伯特觉得，对企业来说，由于租金太高、人力成本太高，许多高科技公司都从深圳搬到了东莞。“深圳有前海，我觉得前海想成为曼哈顿，而深圳想成为纽约。纽约的成本是世界上最高的，大公司可以承受，小公司很难坚持。”

罗伯特认为，成本增长是公司发展的杀手，很容易扼杀城市的创造

①本目汇编自网易2017年8月4日发布的《老外专家看广州：一线地位稳定　南沙琶洲最有潜力》。

力。相比之下，广州不仅有更低的经营成本，还有更丰富的教育、医疗和政治资源。作为华南门户，大企业可以在广州找到市场，中小企业也能在广州找到机会，这在一定程度上解释了从思科、微软、富士康到新兴科技企业先后落户广州的原因。

“从各项指标来看，广州都有优势，我相信广州依然可以维持一线地位。”罗伯特说。

那么，同为一线城市，粤港澳大湾区会加剧广州和深圳之间的竞争吗？罗伯特说，这种“较量”不应该成为重点。粤港澳大湾区由11个城市组成，广州、深圳是最重要的两座城市。它们有竞争关系，但首先是一个整体。

2. 制造业升级带动南沙，现代服务聚焦琶洲

罗伯特认为，广州本就是一个国际化城市，如今又迎来了政策红利的爆发期。粤港澳大湾区、“一带一路”、中国制造2025……大范围的政策联动，使广州有机会与世界上三分之二的国家和地区产生联系。其中，港口扮演着非常重要的角色。

第一太平戴维斯提供的一组数据显示，广州第二产业占比将近30%，制造业基础雄厚，转型升级后的高端制造业更被视为广州未来发展的重要引擎。相邻的佛山也是制造业重地，广佛制造业走向全球需要港口，南沙承接了这一重任。从地理位置上来看，南沙在粤港澳核心湾区中的位置仅次于香港、深圳，是湾区经济的前沿地带。

罗伯特认为，在粤港澳大湾区的机遇下，南沙将成为受益最大的区域之一。

罗伯特也看好琶洲和国际金融中心。他介绍，广州第三产业的占比高达70%，已经达到了发达国家水平。广州正在向服务业经济转型，目前，珠江新城是广州现代服务业的中心，“但粤港澳大湾区属于未来，

琶洲也属于未来”，罗伯特认为，琶洲、国际金融中心的成本明显低于深圳的前海、福田，能够吸引大量人口和中型企业。

3. 广州与达拉斯很相似

从外国人的视角来看，广州与国际上哪座城市比较相似？罗伯特对这个问题很感兴趣。“我试着将广州与纽约、伦敦、香港、东京等城市相比，发现它们都不尽相同。广州有更具潜力的制造业基础、更高的人口增速，我认为更适合把广州和发展中的城市相比，比如西雅图、达拉斯。”

从城市地位来看，达拉斯是美国南部最大的都会区，与广州“华南第一门户”相吻合。此外，罗伯特认为，达拉斯与广州有几大关键的相似之处——就业、租金水平、住宅空置率、开发商的建设态度。

据达拉斯经济开发局官方数据，至2016年底，达拉斯的失业率仅为3.7%，就业增长率则位列全美第一。罗伯特介绍，达拉斯的住宅租金适中、稳定，跟广州的租金水平相似，吸引了越来越多的企业进驻。此外，达拉斯的房地产市场较为火爆，开发商态度积极，住宅供应量排名全美第二。根据研究机构Foley and Puls的市场报告，达拉斯地区的单户住宅、公寓库存逐年降低。

既然广州与达拉斯有众多相似之处，这种类比能否为广州带来一些启发?

“价格稳定是最重要的。”罗伯特认为，达拉斯的整体市场比较健康，再加上不断增长的就业率和人口数量，区域的发展欣欣向荣。对于广州也是如此，要吸引企业与人才，就要确保房价、租金等成本的稳定。

罗伯特透露，达拉斯的房价近5年增长率约30%——很明显，广州的房价增幅远不止这个数字。

“不能这么对比，因为广州的波动更大，而且涨跌都有政策影响。”在政策、人口、交通、港口尤其是教育的强力推动下，一线城市中，罗伯特最看好广州的房价。但面对明显收紧的调控政策，罗伯特认为，广州的房价会稳定增长，但这是未来10年的事情。在目前政策的影响下，两三年内房价比较稳定，不会暴涨。

罗伯特特别指出，很多人有个认识误区，觉得美国人不买房，其实美国人不是不买房，而是不会这么年轻就买房。当储蓄积累到一定程度，许多中年人会购买自己的房产。但美国年轻人大多数选择租房，不必过早承受房价压力。

罗伯特也留意到，中国政府正在推广“租购同权”，他认为这是一种积极的探索，不仅能够遏制房价，中国年轻人的负担也将大大降低。

4. 粤港澳大湾区4所顶级学府全部位于香港，广州高校水平仍需提升

广州作为粤港澳大湾区的重要城市，区域经济实力雄厚。据统计，珠三角9座城市及香港、澳门，以全国5%的人口、0.6%的土地，创造的地区生产总值占全国GDP的13%。随着“粤港澳大湾区”概念的提出，这片城市群未来将迸发出更多机遇，但和旧金山湾区、纽约湾区、东京湾区等世界几大主要湾区相比存在差距。尤其是作为粤港澳大湾区核心城市之一的广州，许多方面仍有提升空间。

目前，广州的教育水平在粤港澳大湾区中名列前茅，但世界顶级高校数量稀缺。第一太平戴维斯提供的《粤港澳大湾区分析报告》显示，世界排名前100位的大学在粤港澳大湾区有4所，仅从数量来看，与旧金山、纽约和东京湾区差异不大。可是细看区域分布，粤港澳大湾区的4所世界顶级学府全部位于香港，广州无一所学校上榜。

罗伯特认为，广州可加强中外合作办学，直接引进海外顶级学府资源。目前，这种合作办学主要分布在长江三角洲一带，如上海纽约大学、南京大学—约翰霍普金斯大学、宁波诺丁汉大学、昆山杜克大学等等。邻近的深圳也在积极引进香港的教育资源，目前，香港大学、香港中文大学都已在深圳设立校区。

“广州需要更多国际化的学校，那么学生们就不必非得去海外留学，在本土，学生能以更低的成本，得到更多的教育机会，为城市留住源源不断的人才。”罗伯特说。

此外，罗伯特认为，粤港澳大湾区有很强的金融合作属性，但香港有自己的市场，内地（如深圳前海）和香港之间的市场交流还是不够顺畅。“整体趋势是积极的，我看到了越来越多的自贸区，越来越多的政策，很明显，中国的开放程度逐渐加深，香港与内地会有更好的合作，但这需要时间。”

同样需要时间和耐心的，还有粤港澳大湾区的实际利好——利好指的是真实的地区生产总值增长。罗伯特认为，港珠澳大桥、深中通道、虎门二桥等交通要道，是真正推动粤港澳大湾区建设的动力。根据公开信息，港珠澳大桥预计2018年底通车，虎门二桥预计2019年通车，深中通道预计在2024年建成。到时，“中国制造2025”的目标也即将实现，这意味在5—7年的时间内，广州会看到粤港澳大湾区带来的真正红利。

罗伯特强调，由于粤港澳大湾区的强区域属性，它甚至不能称作“政策”，而是由城市群带来的“概念”和“规划”，因此，粤港澳大湾区带来的红利有持续性。罗伯特认为，至少在2030年（中国的城镇化水平迈入成熟期）之前，粤港澳大湾区红利不会消退。

（二）“广州已是全球范围内最棒城市之一”[①]

2017年广州《财富》全球论坛期间，来自世界各地的超过千名中外

---

①本目汇编自《南方都市报》2017年12月9日刊登的《广州已是全球最棒城市之一》，作者是裘萍、尹来；《南方都市报》2017年12月7日刊登的《广州面向世界的大门进一步打开》，作者是裘萍、尹来和任先博。

各界代表和广州来了一场“亲密约会”。其中的老外大多来自企业界。他们对当今的中国、珠三角特别是广州有什么印象？他们对广州有何期许？众多记者纷纷在会议间歇访问外国代表，让他们讲述和中国、广州的故事。

1. 对在广州市场的开拓非常有信心

“我觉得广州是个活力十足的城市，已经有许多产业发展完善，特别是基础设施建设，让人印象深刻。在硬件完善的基础上，广州仍然保有非常强的创新力，这是广州未来发展的潜力来源。”这是凯悦酒店集团总裁兼首席执行官马赫澜（Mark Hoplamazian）第三次到访广州。

马赫澜介绍，目前凯悦酒店集团已在广州拥有几家酒店，计划继续拓展在广州的业务，已经有了一系列明确的投资计划。他对在广州的市场开拓非常有信心：“因为广州是一个需求非常旺盛的城市，同时拥有非常健康的投资环境。”他表示，作为传统第三产业的物流业和酒店业在创新赋能方面仍有巨大潜力，未来也将更加注重将创新引入酒店业。

马赫澜认为，广州庞大的消费群体不仅为凯悦集团的业务拓展提供基础，更是广州蓬勃的创新力的重要驱动力。广州是一个国际化的城市，来自世界各地的来访者和游客都非常多，拥有不同文化背景，构成了庞大消费群体的同时也将新的理念、经验和点子带到了广州。马赫澜认为，这种全球化环境下，多元文化的沟通和交流也是广州创新力的基础和支撑点之一。

2. 正在广州寻求建立办公室的机会

Insigniam管理咨询公司创始合伙人内森·罗森博格（Nathan Rosenberg）早在15年前就曾应广州市政协的邀请，来广州参加一个关于企业文化和领导力建设的学术论坛。当时，广州活跃的营商环境给他留下了深刻的印象：“在北京和上海参加论坛时，主要是15人左右的国企代表参加。而到了广州，一下子来了50人，其中大部分是私营企业和初创企业代表。广州活跃的市场氛围可见一斑。”罗森博格表示，对广州的发展变化之迅速感到十分惊喜，“广州已是全球范围内最棒的城市之一。”

他介绍，目前Insigniam在珠三角地区的业务仍由香港分公司运营，但已开始寻求在广州建立办公室的机会。

罗森博格建议，广州本土的企业应有意识地打造独特的企业文化，用企业文化赋能战略决策。在企业创新方面，他提出三点建议：第一点，在拓展新的业务来源和打造新的市场机遇方面，需要引入创新意识。第二点，授人以鱼不如授人以渔，他强调，企业要有意识地培养整体创新能力，这比具体的科技或商业模式创新更具意义。第三点，他建议广州企业，可聚焦企业内小团队做项目，会给企业带来意想不到的成效。

政府如何推动创新环境的营造？他称，政府应推动营造能让人们勇于尝试新点子的社会环境。在政策规定方面，推动建立“让人们能承受失败风险的环境”，让创业者有机会从失败中学习，吸取经验教训。最后，他强调，清晰的流程意识在创新环境的建设中也有非常重要的作用。“一旦我有了一个新点子，我要通过什么渠道去落实？政府在这方面能给出清晰的流程指引的话，会非常有帮助。”

Insigniam是美国的一家管理咨询公司，成立于1990年，总部位于加利福尼亚州。罗森博格表示，做咨询需要不同的能力，目前公司在广州还没有设立办公室，他希望在中国寻找到相应的人才。

罗森博格来过广州许多次，他认为广州在世界范围内都是一座伟大的城市。“我很喜欢来广州，不仅因为其历史悠久，还有它的自然环境、沿江贸易环境等，这都使广州相对中国其他城市而言更容易拥抱新想法、新方式，在历史上也是如此。”

罗森博格还分享了他对创业创新的看法。“没有失败，就没有创新。首先，公司文化需要包容失败，要从失败中学习，明白为什么不成功。其次，也需要一种能够开放交流的环境。就是说公司里不能有一种等级体系，不能说老板就是公司里最聪明的人，而是要互相坦诚交流。最后，要有清晰的进程。如果你有一个伟大的想法，不管你在公司中是什么职位，都需要知道如何实现它。创新必须有一个清晰的流程，这应该是每家公司专属的。适用于一家公司或机构的做法并不适合另一家公司。”

罗森博格认为，过去来自欧美的想法和方式不一定适合中国。过去5年来，中国的企业家已经认识到建立自己体系的必要性。他盛赞在广州举办的《财富》全球论坛将带来的创新驱动力。“投入到国际市场能推动创新。如果仅仅在中国市场发展，并不需要太多的创新。但是在国际市场上，公司更加需要创新以使自己具有竞争力。”他表示非常乐意向客户推荐广州。

3. 粤港澳大湾区可成为第二个纽约湾区

霍瑞西斯（Horasis）创始人、主席弗兰克–久根·里切尔（音译）（Frank-jurgen Richter）博士是达沃斯论坛的组织者之一，他创办Horasis智囊机构，经常参与组织国际会议。经常往返于中美之间，来过广州很多次，第一次来是36年前自己当学生的时候。“那时广州的交通还不甚便利，有许多低成本小工厂聚集。现在广州已经逐渐成为高科技创新中心，站在香格里拉酒店环顾四周，就能看到琶洲会展中心、广州塔等。这些都展现出广州目前的闪耀成果。”他是对广州相对了解的外国朋友，可以一口气说出广州的好多好处。“我很欣赏广州人从容淡定的生活方式，还有广州人的契约精神。广州很宜居，我十分喜欢这里的气候和生活环境。此外，广州和深、港、澳都有很紧密的联系，整个珠三角都是经济活跃旺盛的区域。我认为，以广州为中心的粤港澳大湾区能成为第二个纽约湾区。当然，我也非常喜欢广州的美食！”

值得一提的是，他对广州的年轻人印象特别深刻："创新创业，找合作伙伴非常重要。因此，年轻人的集聚，成为广州打造国际创新枢纽的一大优势。"

4. 现在中国制造的产品都非常出色

你可能不知道赫曼米勒（Herman Miller）公司，但你可能听说过赫曼米勒的椅子。赫曼米勒是美国一个百年家具老品牌。其1.2万元一把的椅子，堪称办公椅中的贵族。该公司在中国成长迅速，近年年销量增速9%至10%。正是因为看重中国市场，该公司亚太地区副总裁卡蒂克·舍西亚（音译）（Kartik Shethia）先生这次专程赴穗参加2017《财富》全球论坛。

广东是传统制造业大省，赫曼米勒公司在东莞就有生产工厂。提起制造业，卡蒂克有颇多感触。"Made in China（中国制造）给人的低廉、低质印象早就是陈年旧事了，现在中国制造的产品都非常出色，中国已经在生产标准化、机械自动化、工厂的管理等方面有了很大的提升。"

尽管中国制造成本越来越高给他们造成一些压力，卡蒂克仍然表达了对中国市场的信心。"我们不会离开，还会加大在华采购，"他称，"公司正在通过不断创新以生产更好的产品来补偿人力成本的增加；同时工厂还增加了自动化设备以降低成本。"

赫曼米勒之所以能做成百年老牌，卡蒂克认为秘诀是尊重设计和原创，并不断持续创新。遍布珠三角的传统制造业转型是一个焦点话题，卡蒂克借此提出建议："作为生产厂家一定要持续发展科研创新，不要因为产品得到市场的认可就止步不前。此外，尊重原创设计。正是因为世界上很多知名设计师的加入，才让赫曼米勒成为知名家具品牌。"

5. 广州很有建立金融中心的潜力

摩根大通董事总经理、亚太地区副主席李晶（Jing Ulrich）非常看好广州在新兴产业发展中的作用。她说，广州给她留下了非常深刻的印象。“摩根大通2009年在广州设置分行，过去的10年见证了广州的飞速发展。印象最深的是珠江新城从城市近郊变身成为高楼林立的商务区，这也是广州快速发展、产业升级的缩影。”

广州金融业近段时间在世界排名中的表现十分抢眼。“建立金融中心，广州有很大潜力。”李晶称，广州是广东省的省会，加之毗邻深圳和香港，物理距离随着交通的发展越来越便捷，这对广州发展金融业有很好的促推作用。在李晶看来，广州不光是花城，而且是商都，是粤港澳大湾区的一个重要的枢纽城市。“在粤港澳大湾区中，广州的角色是纽带，把不同结构、不同文化、不同政治制度的城市都连接在一起。”

她表示：“从创新角度来看，很多创新企业是私人企业、民营企业，很多天使投资人、私募基金都在全国寻找投资的机会。摩根大通在广州投资超过10年时间，对当地一些公司非常了解。跟广州很多大型企业都有密切的合作。我们期望能在广州支持和帮助更多企业，不光是国有企业，还有民营企业。”

（三）广州：不同肤色的中国梦①

外国人到广州来追逐中国梦，这已经是一个新现象，而这些追梦者又以经商者为多。与外资企业相比，作为创业者和打工者的外国人也是一个不容忽视的群体。

在广州，活跃着成千上万的外籍逐梦者。他们有的来自非洲，有的来自中东，有的来自东南亚……肤色不同、文化各异，共同构成了广州

①本目汇编自《环球》杂志2017年第24期刊登的《广州：不同肤色的“中国梦”》，作者是张建华。

多种族大家庭。广州这座城市，也正向世界展现出中国城市蕴含的无限机遇和包容气度。

1. “广州是我第二个家”

在广州定居的喀麦隆商人金斯利（Kingsley Azieh Che）在2004年来到中国时，还只是一个23岁的小伙子。如今，他已经在广州经商10年，事业有成。光景好的时候，他的公司每年可以向非洲出口30万套西装，一度被生意伙伴称作“西装之王”。

金斯利目前和中国妻子王双共同经营一家公司——广州瞰合湾贸易有限公司，主要从事中非贸易，他是这家公司的总裁。刚起步的时候，金斯利和大部分在广州的非洲生意人一样，都是从小本买卖起家。2007年，他向父母借了约合15万元人民币的资金，做起了中非外贸生意。10年来，他的生意范围已经扩展到陶瓷、家具、卫浴、机械、仓储、物流等多个领域。目前瞰合湾公司在香港设有办公室，在广州租有一个仓库，并在广州雇用了25名中国员工。

2017年是金斯利和王双结婚十周年。13年前，他从喀麦隆来到山西运城，成为运城一所中学的英语和数学老师。在那里，他与王双相遇、相恋，二人于2007年在运城一间教堂里举办了婚礼。为了给家人创造更好的生活，金斯利决定到中国南方经商。他先是在香港成立了一家公司，随后在广州开设了办事处，一头扎进广州“小非洲”的商海之中。

在穗非洲人的数量在经历了若干年的增长之后，近几年开始有所回落。究其原因，一方面，珠三角生活成本和经商成本都在上升，一些非洲人感叹，钱没有以前那么好赚了；另一方面，相关部门近年加大了对“三非”（非法入境、非法居留、非法就业）人员的打击力度。

“以前2000块钱一个月就能招到一个中国员工，现在每月3000块甚至4000块也很难留住他们，用工成本增加了不少。”来自刚果民主共和国的商人菲力（Philip）告诉《环球》杂志记者。菲力是一家跨国货运贸易公司在广州的首席代表，在广州已经居住、经商14年。

不过，大批像菲力这样的人继续留守广州。“广州是我第二个家，我仍然看好这里的机会。”

金斯利告诉记者，“办公室租金每月2.5万元，仓库每月租金6万元，支付员工的工资每月14万元，所以我每个月的压力都很大。”但他对生意前景抱有信心。

2. 一些待消除的误解

中山大学社会科学调查中心执行主任、移民问题专家梁玉成告诉记者，几乎每个月都有来自世界各地的学者来广州就非洲人问题开展田野调查，广州的非洲人群体已渐渐成为国际学者研究的热点话题。

记者检索一些国际论文数据库发现，国际上对在穗非洲人的研究范围涵盖了人类学、社会学、民族学、移民研究、国际关系、文化研究、电影、摄影等多种不同的学科领域，“小非洲”成为国际人文社科领域非常引人关注的样本和名片。

一些国内民众以为在广州的非洲人不少是“三非”人员。事实上，据官方统计，在广州的非洲人主要是留学生和商人两大群体，其中相当一部分曾在其本国接受过高等教育。中国学者的研究也表明，在广州经商的非洲人虽然不一定大富大贵，但在其祖国大多属于能力较强的社会精英阶层。

在穗非洲人的违法犯罪比例也没有社会上渲染的那样严重。据广州公安部门统计，2016年，广州市公安机关查处的“三非”外国人占广州外国人总数的0.11%，其中非洲国家人员只占18.9%。

3. 成为广州“市民”

2015年8月，国际移民组织总干事斯温（William Lacy Swing）到广州市考察时，对广州外国人服务管理工作给予高度肯定。广州公安出入境部门近年来探索出了富有地方特色的外国人服务与管理模式。

比如，广州市构建了被称作“大外管”的治理格局。广州公安出入境部门在全国较早构建了由45个政府职能部门参与的“大外管”工作格局，形成了各部门直接参与、齐抓共管的工作局面。通过完善广州市外国人动态信息系统，汇总公安、税务、人社、工商、民政、卫生等18个政府部门及边检出入境、住宿、签证、车管等各方面外管数据信息。

此外，广州公安出入境部门也采取了针对外籍人士的签证便利化措施，在7个区开办外国人签证证件签发业务，服务触角前移，实现在“家门口”办证，辖内外国人可直接在本地办理相应的签证证件。

为了方便外籍人士的住宿管理，广州市将外国人住宿登记系统配置到社区，他们不出社区就可办理住宿登记。同时，广州还在社区招募了不少外国人作为志愿者，邀请他们共同参与社区建设和管理，帮助其他外籍人士充分融入社区。

梁玉成说，中国和全球交流越来越紧密，一定会有越来越多的外国人来到中国，“我们需要外国人，外国人也需要留在中国，所以我们要接纳他们”。

他说，他能看到非洲人想融入中国社会的努力，他们能很快地学习普通话、粤语等，针对外籍人士的管理制度也应有所突破。

梁玉成建议，管理部门可以探索更多帮助外籍人士融入本地的政策和措施，比如入境时可以举行移民倾向测试、中文考试等，各地多举办非洲节、中外联欢等互动活动，让本地民众接触他们的文化，进而增进相互了解。

“通过增加种族教育，让孩子有宽容、包容的大国心态，因为我们的下一代很可能会面临一个充满各国移民的多元化时代。”梁玉成说。

4. 在广州实现中国梦

记者见到金斯利的时候，他刚刚向政府部门递交了申请“绿卡”的文件。“我从不后悔留在中国。我现在正申请中国‘绿卡’，因为‘绿卡’可以让我有一个更舒适的经商环境。中国正越来越开放。我从电视上看到，中国已给7000多名外国人发放了‘绿卡’，这促使我也决定申请一个。”金斯利说。

很多新闻报道把来华发展的外籍人士称作“淘金者”。金斯利不太喜欢这个说法。“我不是一个淘金者。我教过书，雇用了很多中国人一起来赚钱，努力工作，用这种方式为中国经济做出了贡献。我在非洲推广中国大巴，这也是在帮助中国发展。”

除了在中国开拓事业，金斯利也非常擅长用“中国制造”去对接非洲需求。去年，金斯利在喀麦隆成立了一家客运公司。他从郑州宇通集团购买了8辆中国生产的豪华大巴，在喀麦隆最大的两个城市雅温得和杜阿拉之间开辟了新的客运专线——美联快线。“这些中国产大巴车上可以无线上网，配有洗手间，提供食品，车票也不算贵，很受当地乘客的欢迎。”他说。

金斯利正通过自己的努力，让更多“中国制造”服务于喀麦隆的国家振兴。2019年，喀麦隆将主办非洲大陆最高规格的足球赛事——非洲杯。届时，将有大批运动员和观众前往喀麦隆，比赛期间的交通出行将会成为一大刚需。金斯利正在向喀麦隆相关部门争取，希望在非洲杯期间引进更多中国生产的车辆，为参赛的各国运动员提供中国“专车”服务，他相信这是向非洲民众展示中国产品的好机会。

金斯利希望人们明白，他在中国做生意，并不是单纯为了自己赚钱。

他认为，自己一生都会和中国捆绑在一起。“等到我的孩子们上完高中，那已经是15年之后的事情了，我希望他们在中国上大学。等他们都上完大学，我已经56岁了，我的一生都留在了中国。”

“我已经在亲历我的中国梦。我能够留在中国，拥有自己的公司，在这里做生意，这对我来说都是很大的机会。我想让人们知道，不论你做什么，你都可以通过努力取得成功。”金斯利说。

来自刚果民主共和国的菲力同样打算在广州长久兴业。他说，一些非洲国家的经济这几年不太稳定，对外国商品的需求有所下降，尽管生意有涨有落，但他从未想过离开广州。“我打听了世界上很多国家的市场情况，我觉得中国还有很多机会，有很多我可以做的事情。”

对于未来，菲力的计划是立足广州，开拓非洲之外的国际市场。“我准备去加拿大和美国考察一下，如果合适，就考虑在那边设立一个办公室。不过我的基地还是在广州。”

“我以前去北美逛过很多商场，里面很多东西都是‘Made in China’，都是从中国销售到那里，所以我觉得这里面可以找到属于我的机会。”他说。

菲力一家有兄弟姐妹7人，他是家中老大，有一个妹妹远嫁到法国，还有一个弟弟被他送到安哥拉经商。去年，赴巴黎看望妹妹一家归来，他说：“巴黎虽然环境不错，但是住得不习惯，我最了解广州，还是更喜欢广州一些。”

在中国的14年里，菲力没有把自己局限在外籍人士的小圈子里。他走街串店，入乡随俗，几乎每天都和中国百姓打交道，只用一年时间就练就了一口流利的汉语，他的微信朋友圈里用中文和英文频繁更新着他在中国的收获和见闻。“在中国这些年，我一直心怀希望，不管怎么样，我相信一切都会更好。”

（四）很多外国人来了广州后就不想走了[①]

用电视节目集中报道外国人在广州的生活情况，并不多见。为了宣传2017《财富》全球论坛在广州举办，广州最新城市形象宣传片《花开广州·盛放世界》在美国纽约时代广场24小时循环播放7天。那么，在众多外国人眼中，广州又是怎样的呢？

1. 新财富的吸引力之城

三井住友银行（中国）有限公司广州分行的行长丹菊文男，来广州3年了。三井住友银行是日本第三大商业银行、世界十大商业银行之一，其广州分行的发展与这个城市非凡的经济活力有着紧密联系。

在丹菊行长的眼中，广州是一座机遇之城，同时也是一座有温度的城市。

"我比较喜欢像沙面这样的地方。驻足于19世纪建造的建筑群中，眺望珠江，仿佛看见从这里踏上探索世界旅程的故人，在此可以感受到与世界的连通。"

"广州可以说是一座'机遇之城'，广州聚拢大批外资企业，根源于这个城市立足创新，展现出对高端资源强大的吸附力和辐射力。有赖于此，三井住友银行在广州已经进入第25个年头。我非常期待今后广州的发展。"

2. 多元化之城、宜居之城

今年33岁的Bram来自荷兰，他参与了广州BRT（快速公交系统）和绿道的设计，这段经历让他对广州念念不忘，他还给自己取了中文名：欧阳白。

他在自行车上开始探索广州这座城市。3年来，他创立的Cycle

---

①本目摘编自广州电视台2017年7月27日的节目《我在广州等你》。

Canton（环广州）已经带领了来自65个不同国家的约5000名外国人骑行广州，骑行者从3岁到80岁，同样的线路，不同的感受。

“这个城市有太多地方可以去看，这里有太多的历史与文化可以去探索。在我们的骑行活动中，我们会带大家到你自己都几乎不会想到的地方体验这个城市，去看看那里的人是怎样生活的，听听他们的故事，了解他们在这个城市的生活。”

“在广州，我最喜欢的地方是人民公园。这是广州最古老的公园之一，这里绿树成荫，可以见到各式各样的人。这里可以交到很多朋友，和他们一起唱歌，一起跳舞。”

3. 文化之城、美食之都

米歇尔·加扎（音译，Michael Garza），广州交响乐团现任大管首席，曾与马友友、小泽征尔等国际大师合作。

“广州是一座文化之城，芭蕾舞、歌剧、交响乐等各种艺术形式在这里发展。让我惊喜的是，这里的人们如此热爱音乐，喜欢唱歌、跳舞，我喜欢这里的艺术氛围。”

加入广州交响乐团16年，米歇尔说：“广州交响乐团是一个非常棒的大家庭！在世界上难以找到一个如此合作无间的乐团，但她就出现在广州。”

在米歇尔眼中，广州还是一个24小时不眠不休的美食之都。

4. 活力之城、体育之城

广州的公共体育设施服务覆盖率达到100%，形成城市“10分钟体育圈”。

在广州生活了15年的卡拉·伍兹克（音译，Kara Wutzke）是一位健身教练，她来自加拿大，帮助周围的人变得更健康是她想在广州实现的梦想，而广州随处可见的便民健身器材，也给她留下了深刻印象。

"我喜欢二沙岛，因为那里环境优美，而且在公园里还有便民健身器材，我可以随时在户外锻炼。我非常喜欢广州。我已经在这里生活了15年了，我喜欢住在这个城市，我也很喜欢广州人，他们很友善，乐于助人，还很有活力。"

5. 梦想之城

广州德国啤酒节的宣传大使——来自奥地利的小伙戴维（音译，David），从没想过自己能在广州买车买房，而现在他已经成为能独当一面的中国大酒店西餐厅经理。

"广州是一座充满机会与可能的城市，这座城市现在就是我的家。"

他把笑容和周到的星级服务带给来广州旅游或经商的外国人。如果说奥地利的水土养育了他，那么广州应该是让他成长的城市。

"不管是去传统气息浓厚的越秀区，还是珠江新城，只要你有足够的时间，相信我，在这座城市越久，越会爱上这里。"

融商、融智、融天下的包容开放理念，成就了这座机遇之城、创新之城、梦想之城。人，是永远的主角。伴随着城市成长，广州吸引了全球各地的活力人士来到这里。他们国籍不同，语言不同，肤色各异，但他们在这里碰撞交融，让广州更具活力与包容性。

（五）我们为何选择广州[①]

2017年，思科（广州）智慧城项目动工；通用电气医疗亚洲首个生

---

①本目汇编自《羊城晚报》2017年12月8日刊登的《牛企CEO讲述幕后：我们为何选择广州》，作者是刘云；《广州日报》2017年12月8日刊登的《AI"看病"广州落地》，作者是何道岚、李天研、张忠安、肖欢欢、申卉；《广州日报》2017年12月7日刊登的《投资广州，我们放心》，作者是王丹阳、温俊华、何道岚、申卉、杨逸男、肖欢欢、罗桦琳；《广州日报》2017年12月8日刊登的《前程远大，广州眼光》，作者是肖欢欢，温俊华。

物科技园动工……

什么是创新？首先要摆脱“模仿者”的标签。从“跟跑”到“引领”，全球巨头都绕不开中国。在2017广州《财富》全球论坛“全球创新的未来”访谈中，思科首席执行官查尔斯·罗宾斯（Charles H. Robbins）和通用电气大中华区及通用电气医疗中国区总裁兼首席执行官段小缨（Rachel Duan），讲述了他们与广州发生的故事，畅谈了他们对中国创新的认识和理解……其实，每个投资广州的世界级企业都对“我们为何选择广州”有不同的回答，但共同点是创新环境、投资环境。

1. 广州智慧城市之创新，连美国人也无法想象

过去5年，思科首席执行官查尔斯·罗宾斯来了中国16—18次。如此频繁的往来，已经让身边的朋友把他当作“中国通”了，可他却说：“即便来了这么多次，我也不能说自己是中国专家，因为这里的变化实在太快。只能说，我比5年前了解中国多一些。”

在论坛上，查尔斯·罗宾斯介绍了思科正在进行的“中国制造工程”。“我们在中国有最大的一个研发中心，很多中国员工都在那里做研发。2016年，一个城市的政府官员说希望跟思科一起合作，建立绿色城市，这个城市就是广州。”

罗宾斯被“绿色城市”的想法所打动，2017年4月，思科（广州）智慧城项目在广州破土动工，这里将集产、学、研、商业、金融于一体，成为全球一流、全国具有示范效应和产业拉动作用的智慧城市样板。

当来自美国《财富》杂志的主持人好奇地问“智慧城市到底是怎么一回事”时，查尔斯·罗宾斯耐心地解释：“城里会有智能照明、智能交通，在广州不同地方会有人工智能中心，将这些AI（人工智能）送到研发中心。我们和广州合作的创新中心，不仅要改变制造过程，让它变成智能制造，还要将城市变成智能城市。”

有意思的是，查尔斯·罗宾斯表示："我并不认为美国真的了解这一点，即便是在硅谷。"

查尔斯·罗宾斯举了一个例子。"我就不说名字了，一家硅谷比较大型的公司的首席执行官给我打电话，想跟我聊一聊关于中国的事。他问，思科在广州建设一个智慧城市，是不是在修建一个城市啊？"

说到此案例，查尔斯·罗宾斯十分感慨："我想说，你不能坐在加州了解中国市场，如果你不到这个城市，就不会看到这里发生的一切。从他们自己的角度一定很难理解，为什么会有这么大规模的变革和创新。"

"所以，这位首席执行官应该来参加广州《财富》全球论坛。"主持人说。"我完全同意。"查尔斯·罗宾斯回应。

2. 我们要在广州打造一个世界级生物制药生态圈

"我出生、成长在中国。我坚持一个观点，你一定要来到中国才能理解中国。"在通用电气大中华区及通用电气医疗中国区总裁兼首席执行官段小缨看来，当前中国的发展速度和发展规模，全球其他国家或地区无可比拟。

段小缨介绍了通用电气开始进入升级阶段的中国布局。2017年，通用电气和广州市政府在黄埔区广州开发区打造了一个PPP（公私合营模式）项目——通用电气医疗集团在亚洲首个生物科技园，年产值预计40亿到80亿美元。"我们做的不仅仅是一家公司、一笔投资，而是要在中国的南大门打造一个世界级的生物制药生态圈。"

面对全球财富大咖，段小缨介绍道，通用电气生物科技园专门为新药研发加速走向市场提供了全链条服务，包括了试验平台、上下游生物工艺、快速生产以及设备管理、技术人员培训等，"我们看到了中国的无限前景，通用电气的很多产品从设计、研发到生产都在中国"。

段小缨认为，作为该公司在美国本土之外最大的单一国家市场，中国对通用电气未来发展至关重要。

通用电气公司进入中国市场已超过百年。“我们在中国布局了能源、医疗和航空产业。我们看到了中国的无限前景。”

段小缨认为，中国是全球最大电力市场，且正朝着洁净能源和天然气发电方向发展；中国目前是世界第二大医疗保健市场，预计未来几年这一市场需求将进一步扩大，会成为全球最大的市场；在航空市场，波音和空中客车公司制造的飞机中，三分之一被中国购买，受城镇化推动，中国有望在10—15年内成为全球最大航空市场。

3. 广州将成医药领域的创新高地

作为广州IAB产业的老朋友，《财富》500强、医药零售巨头沃博联集团在中国的生意最早就起步于广州，已经深耕广州多年。

被称作医药连锁领域的“并购大王”的沃博联执行副董事长、总裁斯德法诺·佩西纳来到《财富》全球论坛，从医药连锁企业的视角谈论医疗的未来，将如何通过密布的医药零售店收集数据，进行研发，推动医疗创新。他坦言，广州是他第一个到访的中国城市，这里也将成为未来医药领域的创新高地。

佩西纳认为举办《财富》全球论坛对广州的发展拉动非常大。广州市政府可以借此契机让更多人了解广州，获得更多的投资机会。相当于搭建了一个平台，了解全世界和中国企业家的想法。对世界500强企业来说，可以增强他们在中国尤其是广州投资的信心。广州作为中国中心城市的地位会更加巩固。

当记者问及沃博联集团近期有没有在中国投资的计划时，佩西纳回答：“广州对于我们企业来说就好像家一样。我们的第一个项目就是在广州做的，如今我们和广药集团的合资企业建立10年了，做得非常好。我们会继续大力支持合资企业的发展，也会支持广州的发展。因为我们与广药10年的成功合作，与中国合作伙伴的良好关系，我们对中国市场发展才更有信心了。我们是以药店为主导的医药保健企业，所以，我们对中国市场的兴趣不是仅仅在广州，我们还会考虑整个中国市场。但广州是我们的家。”

广州在生物医药方面的发展前景如何？佩西纳认为：全世界范围内，有很多关于生物医药的前沿话题，一个重要的方面是如何获取数据，研发生物医药。对广州来说，发展生物制药不是问题，广州可以让有实力的企业过来，让外资做他们的合作伙伴，他们也很愿意来。对于外资来说，广州依然是非常有吸引力的地方。只要政府的政策是持续连贯的，相信广州的生物医药产业的发展会有光明的前景。

4. 广州是外企投资的极佳选择

怡和控股有限公司执行董事，英中贸易协会主席詹姆士·沙逊（James Sassoon）勋爵说起广州，显得十分熟悉：“我对广州的未来非常乐观，广州未来将在创意产业、文化、教育、医疗以及部分金融业和高科技产业方面有所创新。早在100多年前，怡和就在广州成立。我们愿意在自己企业的发源地继续投资合作。”

过去3年，怡和集团在中国大陆市场的总投资以平均每年10亿美元的速度增长，目前累计总投资额超过100亿美元。

对广州的创新有什么建议？沙逊勋爵回答说：“广州完善的知识产权保护政策对于吸引国际企业有着重要的意义。除此之外，科技创新需要有很好的软环境支持，比如好的住房条件，鸟语花香的生活环境等，这些都是吸引人们聚集到一个城市的原因，也为创新提供了基础。”

谈及其多次来广州的观察，以及对广州的经商环境的观察，沙逊勋爵说：“我对广州的历史文化很感兴趣。几天前，我刚刚去了西汉南越王博物馆，感到非常震撼，也对广州2000多年的建城历史有了进一步了解。

广州是外来企业投资和合作的极佳选择，毗邻港澳的地理位置也为广州增加了筹码。”

5. 建设金融中心广州优势巨大

“广州过去数年发展非常快速。在城市建设方面我对广州印象深刻，每次来广州都有新变化。广州是一座创新之城，这里聚集着大量适合创新的因素。”来广州出席《财富》全球论坛的摩根大通董事总经理、亚太地区副主席李晶接受了记者专访。

李晶表示，摩根大通很早之前就在广州投资，2009年在广州设立分行，见证了广州的变迁和快速发展。粤港澳大湾区是中国未来发展的重点，广州是整个粤港澳大湾区的枢纽，有独特的区位和文化优势。

对于广州的创新环境，李晶给予高度评价。她表示，广州不仅有大量掌握先进技术的高科技公司，并且有丰富的高校资源和科研院所，关键是广州有一个鼓励创新的环境，广州的营商环境长期以来在全国都是最好的，这决定了广州是一所创新之城，完全有条件成为国家的一个创新中心。

李晶表示，广州作为国家中心城市和综合性门户城市，在建设金融中心的过程中有非常巨大的优势。首先，广州是千年商都，有这样的条件和基础。2017年3月，广州首次入选了全球金融中心指数体系（GFCI），名列第37位。并且，广州连续5次被福布斯评为中国大陆最佳商业城市第一名，累计有将近300家世界500强企业在广州投资，累计有3万家外商投资企业在广州落户。金融业作为广州的支柱产业之一，为实体经济的发展输入了必不可少的动力。以互联网和信息技术为代表的新兴产业推动着广州新一轮跨越式发展，这些产业的发展也需要金融业的支持。

粤港澳大湾区对广州的发展是一个很大的推动，广州可以利用的资源非常丰富，也可以利用自身优势实现“八面来风”。从金融业的发展程度来看，广州的金融中心建设非常有必要，也非常有前途。

李晶说：“不管是什么样的投资者，他肯定会发掘这些机会。我们公司在广州已经有很多年了，对当地一些公司非常了解，比如广汽、广药、越秀集团等，我们公司希望将来能在本地协助更多企业发展。”

6. 广州有世界一流的投资环境

来广州参加《财富》全球论坛的正大集团资深董事长谢国民（泰籍华人）接受了记者的专访，对广州的投资环境和创新环境赞不绝口。“广州有世界一流的投资环境，非常难得。”

谢国民告诉记者，他之前曾经不止一次到广州考察过广州的投资环境，比如南沙自贸区。“广州最有前途，最有机会，市场非常成熟，加上广州市领导非常有眼光，广州的未来不可限量。将来我们肯定会来广州发展。”谢国民说，广州过去这么多年坚持了土地的可持续发展利用，像广州这么大的城市，如今还有充裕的土地可以用，这是别的城市没法比的。广州的经济转型也非常成功，产业迈向新台阶。广州市领导对世界未来的发展趋势掌握得很清楚，规划具有前瞻性。

谢国民表示，正大集团可以在很多领域和广州开展合作。首先是食品行业，比如从农业饲养到农产品深加工环节，一直到餐桌。第二是物流业的合作。“广州是一座枢纽城市，可以通过线上、线下相结合，把实体经济做强。”第三是生物工程领域，他表示广州的生物制药业很发达，有很强的技术基础，正大制药这些年也正在向这些领域发力，将来双方可以展开深度合作。

谢国民分析说，广东的经济体量这么大，蕴含的商机无限。广州创新环境非常好。有大量高水平人才，良好的生态环境，创业政策也很宽松，营商环境在全中国都是最好的。“广州跟上了工业4.0时代，最主要是广州有一个开放的思想，创造出了世界一流的投资环境，非常难得。”

谢国民表示，《财富》全球论坛在广州举行，这对广州来说是一个难得的机遇，可以让全世界一流的大企业家了解广州、了解中国，特别是广州大发展的空间。“我每次来广州，都看到广州有大变化。广州城市环境很整洁，空气也很好，是一座花园城市，很有现代大都市的气派。”

第四章

外教看广州

与外资的进入几乎同等重要的是外国教育工作者的进入。这不仅打开了中国人的视野，也为人才培养提供了多样化的知识和可资借鉴的思想观念。从改革开放之初少数大学引进外教开始，现在全国几乎每个高等院校都有外教，在广州甚至一些中学、小学、幼儿园都有外教！同以往人们把目光放在大学外教身上不同，这里把目光引向广州的一些国际学校的外教，确实让人耳目一新！

一、概述：十人有一人做外教

40年来，广州的外教数量增长迅猛。早期的外教主要出现在大学，而且主要是语言类；后来，外教开始进入国民教育体系中的中小学和幼儿园；近10年来，各种国际学校和形形色色的语言培训机构、早教班如雨后春笋，而且都雇有一定比例的外教。在各家学校或培训机构的宣传册上，各种外国人面孔都成为吸引人的亮点。随着互联网科技的发展，线上教育项目、一对一学习app（计算机应用程序）和家庭课程的外教也在增加。更值得关注的是，现在的外教已经不仅限于外国语言教学，许多专业课程，如建筑、美术、音乐等专业课程，以及管理学、经济学、社会学领域课程都能看到外教的身影。

做老师几乎是来广州闯荡的外国人最容易找到的工作，出自这个行业的估计，通常一家国际幼儿园的外教就有5—10名。广州知名度相当高的多元文化社区登峰街道是城中外籍人口最密集的地方，登峰街道外国人社区融合项目的资料显示，截至2017年底，这里常住的外籍人士有15000多人；而根据广州市公安局的数据，截至2017年2月25日，广州市共有在住外国人77877人。[①]据相关估计，当前广州外教人数有近8000人，也就是在广州居住的外国人1/10在做外教。

外教工作为什么吸引外国人呢？专门从事外籍人才中介工作的人士给出的答案是“体面、轻松、收入高”。据说，母语为英语的外国人中，还有许多人因为文化地缘等关系精通多门小语种。固定受雇于培训机构的外教月薪一般在1万元人民币以上；如果能进入正式的大、中、小学或国际学校，月薪则一般有2万—3万元；有资历能管理外教团队、带来资源的收入的外教更上一层楼，月薪能达到每月5万—6万元；外加各种津贴，条件好的还包吃住。“除了外企派来的高管，普通外国劳动者在广州很难找到这样高收入的其他工作。即使只做一名自由职业外教，服务于网站、app或经熟人介绍做家庭教师，因应不同语种、不同专业一节课几百上千元，一个完整的课程数万元，都是正常的市场价。”中介人士这样说。不过，随着市场需求的上涨，外教规模的疯狂“扩招”也带来很多隐患。不同水平、带着不同目的的外国人没能经过严格统一的审查，就走上讲坛教书育人。与此同时，广州消费者的鉴别能力和要求也在同步增长，其间必然会产生矛盾。这也是需要有关方面关注的。

但无论如何，除了过把瘾、赚笔钱就离开的人，对于真正喜爱从事

①摘自《新快报》2017年5月10日刊登的《十个老外在广州 就有一人是外教》，作者是罗韵。

教育事业的外教来说，眼下对外教需求急剧增长的国际化的广州，正在迈向“全球城市”的广州，显然正处于他们眼中的“黄金时代”。

二、走笔：外教背景多元化

（一）来自世界各地

广州外教来自世界各地。改革开放以来，到广州从事教育事业和培训行业的外国人数量呈快速增长趋势。统计显示，当前广州外教主要来自欧美发达国家和与中国地理相近国家，诸如英国、德国、法国、荷兰、西班牙、葡萄牙、意大利、俄罗斯、日本、韩国、澳大利亚等。在每年新增的外教中，来自美国、韩国和日本的人数最多。来自各国的外教相聚广州，带来了不同的文化传统和教育理念，向广州市民传播知识和技能，丰富已有的知识体系，帮助大、中、小学生开拓国际视野，推进多元文化的交流和融合。

（二）知识体系多元

在广州从事教育工作的外籍人员具有丰富的知识背景，涉足领域广泛。相关研究分析表明，在穗外教的教育背景呈现出较大的多样性，即外教之间所擅长的专业和领域具有较大的异质性，涵盖了文科、理科和工科三大主要领域。研究发现，语言培训机构和语言学校是多数外教主要的从业场所，培训的语种主要有英语、法语、德语、俄语、韩语、日语等。相当多的外教毕业于国际著名理工类大学，在物理学、化学、生物科学、机械构造、土木、交通等方面具有良好的知识素养。此外，广州各类艺术学院吸引了众多讲授艺术知识，从事音乐、美术等培训的外教。体育事业的发展同样也吸引了众多外籍教练来穗从教，主要在足球、篮球、游泳等项目上。

（三）快速融入广州

外教能够很快融入广州这座城市。在广州的街头上，经常看到黄皮肤、黑皮肤和白皮肤的人三五成群走在一起，谈笑风生，这是这座城市的一道靓丽风景线。广州的开放性、包容性使得不同国籍、肤色和语言的人能够快速地融入当地的圈子，适应这座城市的生活节奏和饮食习惯，广州的外教亦是如此。他们平时工作接触大量的广州人，能够从学员那里更好地了解广州的传统和城市的布局，在教学与交谈中慢慢接受广州的文化，逐渐融入这座城市，成为广州大家庭中的一员。

三、自述直播：我为我见证了这个城市的发展感到自豪

（编者按：以下为书面采访，主要由广州市外国专家局联系，编辑团队组织翻译。外国人名除了受访者有明确的中文名字的，其他为自译的音译名字，作者名保持原名。）

（一）广州成了我的家——凤凰城中英文学校教师艾玛·麦克·唐纳（Emma Mc Donnell）

早在2014年，来中国的想法就开始在我脑海里形成，我在地图上看着这个广阔的国家，寻找着最适合我的落脚地。我知道我想去现代都市，但北京和上海的前景阻碍了我的脚步。下一个最大的城市是什么？广州！首先吸引我的是广州的地理位置和温暖的气候，广州位于东南亚边缘。其次其交通便利程度进一步使我感兴趣。我向几所学校提交了申

请，寄出了材料，并参加了面试。当其中一所学校向我抛出橄榄枝时，我即刻启程来到了广州。

我来时正值8月下旬，刚抵达广州我便沉浸在阳光灿烂的白天和温暖的夜晚里。我所居住的郊区街道两旁满是棕榈树，这才使我感到真的远离了家乡都柏林，来到了万里之外的广州。虽然我住在广州的郊区，这里还没有通地铁，但我对四周的环境感到很满意。我所居住的是一个小而友好的外籍人士社区，这里空气清新，设施齐全，有户外场所让我们做运动和烧烤。

广州是一个机遇之城，聚集了来自世界各地的人。因此，我有机会认识不同文化或不同国籍的人，并结交了许多朋友。他们有不少跟我一样来自爱尔兰，我们一起分享了家庭的趣事和怀念的事物。不过，自从我来到广州之后，广州飞速发展并变得更加国际化。所以，我越来越少怀念故乡的事物。在如今的广州，我甚至可以找到最不起眼的爱尔兰产品！

作为小学老师，漫长的寒假与暑假使我有机会游历中国和亚洲其他地区。白云机场是国内和国际航运的重要枢纽，你可以早上9点从家里出发，当天下午就在泰国或越南的沙滩上！火车和高铁让国内旅游变得更加便利。扬州是我最喜欢的旅游目的地之一，风景名胜跟我以前见过的都不一样，我完全被震撼了。

随着时间流逝，作为外国人，我越来越适应广州的生活，广州已进入移动技术时代。应用程序可以解决你生活上的所有事情！需要出租车吗？想要点菜？买电影票？都可以用手机应用解决！微信是中国最受欢迎的社交媒体平台，它就是一个“宝盒”。你可以用它发送消息、支付账单、给手机充值、监控每日步数。我不能没有它。

广州地铁近年来经历了大规模的扩张，并且覆盖范围还在不断扩大。这意味着以后即使是最偏远的郊区也可以乘坐地铁。它干净、可靠，超级便宜。一个备受期待的地铁站最近在我住的郊区开通了。这对于本地的发展来说是一个极大的利好，扩展了广州可探索的地区。我觉得如今有了动力离开我熟悉的地方，前往其他地方！

在广州有许多事情可以做，如果你有兴趣去户外，有很多美丽的公园和自然景观。参观美丽的白云山，如果你徒步累了，可乘缆车下山。如果你想冒险，为什么不尝试蹦极跳呢？新建的广州图书馆是一个令人惊叹的现代建筑，有许多藏书，还有阅览区和舒适的休息区。

广州是一个建立在贸易之上的城市，可通往中东，是中国和非洲之间的贸易之都。因此，这里有很多市场。我周六的午后常在市场里走走，大部分时候是欣赏橱窗里的物品，但我也会买一些有趣的东西。广州还有宠物市场，这是一个有争议的地方，但也是一个非常吸引人的地方。茶叶市场也是一个必须去的地方，这里有数以百计的茶商店，卖家都愿意让你坐下来，让你品每一种茶，告诉你每种茶叶的起源和其独特性。还有电子城，服装、化妆品市场，可逛之处不胜枚举！当然，还有每年两次的广交会，展出大量的商品，来自世界各地的贸易商在这里与中国制造商建立联系。

广州是一个对比鲜明的城市。它可能乍一看是一个现代化的青年城市，但它拥有绵延数千年的丰富的历史，如果仔细观察，在城市建筑中仍然可以看到这一点。珠江新城是一个现代化大都市的缩影，有高端商店和耸立的摩天大厦，但是到了荔湾，你将会惊讶于这里就像中国版的欧洲城市，蜿蜒的水路，小船从中穿行。

这也是一个多元化的城市，你可以通过居住在这里的外国人和外地居民看到。与教堂同处一带的庙宇——位于越秀区的怀圣寺，同时也是中国最古老的清真寺。

另一件令人惊叹的是粤菜。实际上，广州的餐馆和茶馆比中国其他城市都多。每个人都熟知广州的点心、美味的饺子和各种馅料，但实际上广州还有许多其他有代表性的食物，适合不同人群来尝试。这里有烤乳猪，通常在特殊场合供大家共同食用。如果你点的是鸡或鱼，请做好心理准备，它们是不去头的！

晚餐后，你可以沿着珠江漫步，或者登上广州塔顶端欣赏广州的壮丽景色。然而，如果没有夜游珠江，那么广州之行就是不完整的。珠江两岸迷人的景色可以和香港媲美。

总而言之，当我出发来中国的时候，我预计会待一年，如今却已经是第四年，广州成了我的家。这个城市充满活力，不断发展，改变着我们的生活，你几乎可以感受到它的脉搏。作为它的一部分，我感到很兴奋，并期待着我和广州的未来！

（二）凤凰城中英文学校教师天龙（英文名：Stuart Alan Simpson）：广州的白天和黑夜同样精彩

自从我2013年搬到广州以来，这里发生了很大的变化。

当我到达中国时，我住在广州市郊的一个小镇的凤凰城。房子是巨大的豪宅，棕榈树林立在路边，到处都是干净的。在来之前，我已经知道广州是个繁华的城市，但这些描述都不够鲜活。我用了一个半小时，转了几次公交才到达了这个小镇。我安静地生活在这个舒适的小镇，没有摩天大楼，没有霓虹灯，没有塔。

几个星期后，我们被带到市里去做体检和办理签证手续。这也是我第一次参观这个城市。我们开车从单车道驶入了快速路，道路逐渐变得像意大利面一样纵横交错。我住的小镇的豪宅跟广州的天际线和闪闪发光的摩天大楼比起来瞬间失色。

在快速完成了医院体检和签证后，我和我的同事们在市里放松放松。这是我去过的最繁忙的地方之一，到处都是行驶的汽车、排队的巴士，到处都是桥梁和地下通道。在正午的阳光下，高楼大厦遮住了我们的影子。这也是我们第一次迷路。我们很快就意识到不知道要去哪里或如何回家。但是，我们有足够的时间，所以我们决定到处走走。我们设法通过导航找到回去的公交，直到我们见到之前在公交上曾看见过的巨型电影海报，我才知道我们在岗顶的一个电子城。电子城里，电子产品琳琅满目。所有你能想象到的电子产品都能在这里找到，从宽屏电视和电脑到闭路电视和电风扇。每个人都准备好了向你或下一个人推销东西，这就像是一个活动的蜂巢。

我们当时在广州最繁华地区之一的天河区，四周的商铺能满足你所有的购物需求。广州被分为许多个区，每个区都足以满足你的所有购物需求。我们在人流中穿梭，最终找到了回家的公交。小城镇和大城市相比有着天壤之别，我们需要再探索。

我们决定把在市中心找餐馆和酒吧度过一晚的夜生活作为第二次冒险。我们一群人聚在一起，去探索市中心的夜生活。我们前几天看到的这个城市已经消失了，我们被汽车和各处的标志抛入了一个明亮的灯光世界。对于餐馆，我们有太多的选择。广州汇聚了全国各地的食物，从四川到北京，再回到广州。除中国餐馆外，广州还有来自意大利、法国、西班牙、巴西、印度、越南、日本、泰国和韩国的餐馆。在广州可以吃到各地的美食。

填饱肚子之后，我们漫步于天河区的小巷中。与商业街的华灯相比，这里尽管稍显黑暗，却充满了生机。环绕着住宅区的是小商店、餐馆和小酒吧。你可以看到老人打麻将、玩纸牌和下象棋，有人在驻足观看。宽阔的空地里中老年妇女们在跳着广场舞，每隔50米就能听到一首完全不同的歌，偶尔也能看到5岁以下的小朋友们跟着跳舞。繁忙的都市中，这些小巷就是一扇窗户，从中可以窥见中国的传统生活。

在宁静小巷的另一边是酒吧街，有着更多的餐厅和酒吧。我所在的这个城市与我们曾经听到过的关于中国的描绘相去甚远。来自世界各地的人与当地的中国人交流，仿佛有几十种语言在耳边萦绕。我们生活在这个世界的中心，每个人都在一起社交。

我曾经来过广州两次，不过之前只接触到了它的表面。如今每当有机会，我就选择广州一个不同的区去探索，练习我正在学习的汉语，尝试当地的东西，去发掘这个城市新的一面。白天，我在炎热的阳光下沿着河边散步，穿行于隐约可见的树木投下的阴影里；夜间，迪斯科舞厅灯光如昼，巨型电视四处可见，慢跑者、遛狗者和夫妻们在广州塔附近的花城广场散步。

在10月的艳阳中，我好不容易鼓起勇气去爬白云山。爬山过程中，我路过了一群群在热烈舞蹈的中老年妇女。许多市民在白云山的公园中休息放松，做着继续攀爬的准备。通往山顶有若干条线路，包括有小店的主干道和穿行于丛林的阶梯小路，人们总可以选择一条适合自己的道路。爬至山顶，你便可以将广州尽收眼底。如果你有足够的耐心，可以静静地待在山顶直至白云山再次恢复平静。萤火虫如同广州的灯光点亮了你四周的地平线。

接下来，我去了荔湾区的沙面：一个在广州曾经的商业中心的欧式码头。沙面比较小，但是遍布欧式建筑。这些建筑包括古雅的小商店，游客中心和如画的餐厅。街道两边排列着榕树，它们的根给小岛增添了一丝神秘和古老气氛。在荔湾区，你可以漫步于荔湾湖公园，观赏古典房屋。这些古典建筑保存得很好，几乎看不到岁月的痕迹。四处可见的树木与鲜花又让街区显得生机盎然，使这个位于河畔的昔日商业中心在现代的洪流中依旧风景如画。

尽管我探索了这么多，但是实际上我一直在珠江附近活动。接下来的日子，我去了无数的公园、博物馆和其他景点。广州自然地融合了现代和古典、主流和独特、工业和自然。这个城市不至于大到让人们觉得自己微不足道，但又足够大到总可以发现它新的一面。几年间，我无数次穿行于广州的街道，它就像一个不断变化的迷宫，不断给我惊喜。

广州在飞速发展，不断开发新城区，修整老城区，人们有了越来越多的去处。在本文开篇，我提到了公交车，然而如今广州的地铁已经覆盖到了离中心城区相距一小时车程的郊区。乘坐高铁，旅客们朝发夕至便可以穿越大半个中国。广州朝气蓬勃，日新月异，却不忘本源。这种现代与古典的完美交融让它充满魅力。我在广州已经生活了4年，然而我对它的探索仍在继续。

（三）广州誉德莱国际学校教师凯瑟琳·琼·菲尔普（音译，Catherine Joan Philp）：以前和现在——我在广州度过的15年

我对亚洲的探险，从2003年8月接受了白云区国际学校的聘用，自寒冷的南非转机到炎热潮湿的广州开始。Ubuntu是一个非洲词语，意思是“善待他人”，它体现了人与人之间的关系、社区和关怀的思想。在中国，我也能找到这份人性的关怀，这让我感觉非常温暖。在身份和文化上，我们都是独一无二的，但是在广州我们互相尊重和关怀，我有了强烈的归属感。

那年，骑摩托车的人与骑自行车的交织在一起，人们手里拎着家禽、花卉和蔬菜，三轮车载着两层发泡胶、纸板和塑料等回收废品。汽车不多，路上多是绿色出租车。一年后，摩托车被限行，私人汽车成为珍贵的财产。现在的道路熙熙攘攘，挤满了公交车、私家车和各种颜色的出租车。电动自行车和电动平衡车在路上穿行。而近年共享单车出现

在了人们的视野里，共享单车的概念是一个奇迹，很多地方也修建了自行车专用车道。总的来说，道路交通系统已经有了很大的改善，过去的交通拥堵得到了很大改善。不过广州的交通仍有不足，尽管政府不提倡按喇叭，但喇叭声还是经常从窗外传来。

地铁发展迅速，公共基础设施很干净。2004年新的白云机场取代旧机场，成为国内、国际的航空枢纽，其吞吐量不断增加。有些事情永远不会改变，珠江夜游，发光的游轮，给你提供了欣赏广州的机会。天际线已经改变，令人印象深刻的广州塔夺人眼球。

广州是一座混凝土丛林，但高高的摩天大楼因树木和花卉变得柔和。不管是地上还是地下都能找到办公室和餐厅。2003年，你只能从不同的商店购买到包包、珠宝、手表和电子产品等不同的产品。现在任何地方都可以买到不同的商品。这是一个购物者的天堂，琳琅满目的商品让你不用从家乡购买特产，因为在广州都能买到。以前，盗版影碟以便宜的价格在街角出售，而现在电影院提供了真正的视觉盛宴。

几年前，我非常想念蓝天。由于空气质量差，灰色的天空是常见的，很少听到鸟儿在唱歌。没有阳光照射在可爱的湖泊和公园池塘，夜空中难以见到星星闪烁。这些年来，空气质量大大改善了，晴朗的天空往往被认为是理所当然的。现在，日出和日落反映在变幻的云彩的颜色上。

我的身高是180厘米，以前经常觉得自己很高，在升降机和地铁上尤其明显。在上下班高峰期，当大家紧紧挤在一起时，这是一个很大的优势。我的身高和金色的头发吸引了许多人的目光，我鲜艳的衣服与当地人穿的灰色、褐色和白色的衣服形成了明显的对比。不管是以前还是现在，我喜欢在秋天和春天的节日里惯用的红色和金色的中国材料。我不再在人群中显得突兀。来自全国各地的外来人口纷纷到广州安家，形式各异、现代时尚、闪闪发光的配饰和有设计感的衣着很受欢迎。

以前，外国人常会引起人们的好奇心，当地人可以与外国人练习英语。外国人无论是购物、用餐、徒步旅行还是运动，被陌生人搭讪并进行交谈并不罕见。现在这种情况很少发生，因为很多当地人可以说流利的英语。

2008年的奥运会和2010年的亚运会为中国在国际上推广体育和旅游业提供了大量的机会，出租车司机和服务提供商等被期待能够用英语交谈。当然这也意味着外国人可以在广州生活，即使不怎么会中文。

传统的中国大酒店、花园酒店和白天鹅宾馆是世纪之交达到国际品质的少数酒店。①外国人经常光顾这些酒店享受自助餐，使用酒店的蹲厕对外国人来说是一种挑战，厕所的气味也不那么使人愉快。现在，这里有许多的五星级酒店，提供的设施和服务堪称世界一流。

一些外籍酒吧提供了家酿的味道，昏暗的灯光，简陋的场所成为早期外国人聚集的场所，因为它们经常转播国际体育赛事。今天，有很多优秀的餐厅供应各种本地和进口的饮料和食物。这些不仅是外国人经常光顾的地方，而且越来越多被当地人所喜爱。现在这里可以找到各地的中国菜品和外国菜品。我们的家乡与广州相比是非常小的，因此提供的食物数量和种类非常有限。这里是天堂。2004年，第一家星巴克在花园酒店附近开业，现在，几乎每一个中央商务区都有星巴克。

我曾经从窗口向下看到一个村子。狭小的街道里挤满了公寓楼，住着数以十万计的人口。一楼的空间被用作商业用途，在潮湿的市场里有开锁、鞋子修理、硬件和电话卡销售等营生。我最喜欢的是洗头和按摩服务，价格比一杯咖啡还便宜。2009年，在短短一个月的时间里，林和

---

①20世纪80年代，广州在全国率先引进外资建立了一批五星级酒店，并率先向全国开放，成为广东改革开放的一种象征。这种情况几乎延续到90年代上半期。

村的660幢建筑消失了，随着拆迁，一个社区里的人成了朋友。珠江新城以前就是农村，现在它是一个现代化的地区，有着超现代建筑和宁静阴凉的林荫大道。现代建筑已经取代了老房子，随着时间的推移将创造新的传统。

我当年来中国的时候没有手提电话或者个人电脑。我买了电话卡并对比哪一个服务商能提供更长的国际通话时间。以前，我偶尔在午餐时间到提供网络的咖啡厅或者网吧完成收发邮件工作。多年过去了，一台笔记本电脑取代了我的铅笔盒和日记本，我的手机变得越来越小，越来越轻，帮助我管理生活琐事。Skype、WeChat（两者均为即时通信工具）和WhatsApp（一款应用程序）将我与家人和朋友联系起来，使我的世界变得更小，但这也侵入了我的个人空间和隐私。微信允许我通过电子方式购物、租一辆自行车、预约出租车、交谈、快速收发信息。除了时间以外，我比我来到广州之前得到了更多。数据时代，电子产品从我身上偷走了什么?

教学方式和学习模式发生了巨大的变化。秉承国际教学理念的学校将重心放在提升学生的参与度方面，并鼓励学生承担责任，对他们的学习和行为负责。这激励了学生自觉学习，提高了他们的个人能力和学术成就。

现在，“三R”（Reading、Writing、Arithmetic），“读”“写”和“算”在尊重、韧性和反思性思维的发展中具有重要的价值。有趣的是，父母不再只关注成绩，以便他们的孩子可以学习说英语或保持母语。他们选择探究性的学习环境，培养好奇的、独立的、有见识的、关爱他人的年轻人，鼓励他们的个性发展。

二沙岛星海音乐厅交响乐厅的音乐会给我带来了很多欢乐。然而，以前会有不少观众在会场站立着和走来走去拍照，还有人在演出结束前离开。如今这种行为在音乐厅和剧院越来越少，音乐和舞蹈得到了高度的赞赏和推崇，现在仍然有许多人在公园和公共空间里练习。

广州向北、南、东、西扩张，从化一度是一个独立的城市，现已经被纳入广州的范围内。科技产业在这个曾经的农村地区兴旺起来，但稻草节强调着这里的本地意识并没有丧失。稻草的线条是错综复杂的，在田野上制作艺术作品来描绘生活。家庭的纽带十分强韧，家人之间互相尊重，人们手中的微信揭示着他们彼此之间的联系越来越紧密。

在中国的外国人都丰富了他们的体验，个人的变化是不可避免的。了解更多本地的文化，学习另一种语言，拥抱神秘而神奇的声音，中国的景色和气味，使我们都成为具有本地和全球视野的公民。

我在广州度过了将近15年的时间，这让我对“我的家乡在哪”感到困惑。这里，还是那里？广州是一个世界性大都市，它提供了无限的机会和可能性。

（四）广州开发区华南师范大学附属外国语学校教师张允瑛（Chang Youn Young）：广州成了我想停留下来的城市

第一次踏上广州的土地是2005年冬天和朋友们短暂的香港旅游时。广州与繁华、略带复杂的香港不一样，但静谧简朴的小巷与香港十分相似，这就是我对广州的第一个印象。

再次接触广州是在2010年韩国的电视上。在2014年举办的仁川亚运会上，韩国被寄予厚望，因此2010年韩国所有电视频道都转播了仁川亚运会前一届的直播——广州亚运会。虽然只是短短的几年时间，但却让人看到了更多的高楼大厦和美丽的广州塔，让人很难从中辨出以前的广州。这份短暂的回忆在偶然的机会中，成了我与中国缘分的纽带。在2015年春季，经过北京和山东再抵达广州时，我脑海里浮现了一个想法：是不是我与广州有着一份很深厚的缘分呢？

如果晚上能抽出时间游珠江的话，华丽的霓虹灯和珠江周边鳞次栉比的高楼大厦，怎么看都让我觉得这里与香港、上海甚至迪拜挺相似的，给我留下了不可磨灭的印象。让我感到惊讶的是，广州能在这短短几年的时间里得到如此飞跃的发展，处处都充满了现代化和国际化的感觉。

时时刻刻都换“新衣服”的广州塔看上去就像是“优雅的女士”，现在说起广州就自然会想起广州塔，它是广州的标志性建筑，成了城市的标志。

坐在游船上迎着凉爽的江风，欣赏着珠江的夜景，我情不自禁地按下相机快门。在韩国的首尔也有一条像珠江一样的江——汉江，我在汉江坐游船看过无数遍汉江夜景，但珠江的夜景与之截然不同。

当然，韩国和广州的天气除了在春天、秋天有点相似之外，其他的季节可以说是非常不同的。广州的夏天，频繁的暴雨和强烈的阳光交替，冬天虽然温度没有低于零下，但天空阴沉，寒冷彻骨，所以这两个季节我很容易感冒。但是现在我寒暑假期间回到韩国停留的时间越来越短，反而对广州这里的人们、气候、生活都越来越熟悉和适应。

来到广州后第一次见到的学生我至今仍然记忆犹新。我坐在北京路一个咖啡馆的二楼，到中午时分，穿着运动服的年轻的女学生三三两两地聚到咖啡馆。因为没有座位，坐在旁边的女生听到我说话的时候非常高兴地用英语和我交谈。她说：“我对韩国歌曲非常感兴趣，我是在这里附近的公立高中读一年级的学生。”初次见面的我们，却感到像老朋友一样的亲切，她很可爱，让我觉得很满足。那个学生当时就加了我的微信，现在她已经成了大学生，我们还一直保持着联系。来到这里教书后更深刻感受到了，广州的学生们比其他地方的更热情活泼、交际能力更好。我认为从根本上讲，教育的开始是对对方的关怀，其中最重要的是问候，这是必要的品德。这里的学生非常礼貌。无论是在上学的早晨还是什么时候，每次见面时都会打招呼问候，让人心情愉悦。我认为广州学生的社交能力和礼节与广州在中国率先接受西方文化、成为重要的港口城市有密切关系。在广州，也遇到很多利用暑假或寒假到中国其他地方或者较近的新加坡、越南、泰国，较远的美国、英国、法国等去体验学习生活的学生。也许他们已经在其他国家或地区体验到了很多异国风情，即使遇到陌生的人或陌生的环境，也不会害怕。

我们学校的学生除学习英语，还学习了第二外语。只要他们坚持学习和练习，在不接受课外辅导的情况下，也可以很自然地有条理地学习。第二外语是根据本人的喜好来选择的，兴趣使他们学习得更好。语言是我们的青少年最强大的武器，它将成为最具实用性的工具，没有语言障碍的世界，无论去到哪儿都像是祖国一样。我觉得广州的学生在地理或社会知识上有优势，也有与世界接轨的想法，我看到他们正在竭尽全力地努力。

广州科学城附近有黄埔区少年宫和图书馆。这有助于学生的教育和社会体验，我也经常光顾。特别是图书馆，有着各种类别的书，多得读不完。我也喜欢那里读书的空间布局和照明。高级的桌子和宽松的座位间距，桌子上设置好的灯光制造出来的氛围看上很有情调，就像坐在咖啡厅里看书一样。我曾经很喜欢在咖啡厅看书，然而现在在图书馆能免费阅读图书，同时还可以挑选自己想看的电影，这对我来说是最好的场所。

科学城的道路也井然有序，道路两旁有美丽明亮的路灯，因此不用刻意去别处寻找美丽的夜景。广州成了我想停留下来的城市。

（五）广州开发区华南师范大学附属外国语学校教师林德安（Derek Andrew Hollins）：广州一直处于潮流的前沿

至2018年1月，我来到中国已经7年整。7年间，我去了很多地方，看到了很多东西，品尝了很多美食。总的来说，这是一段让我终生难忘的经历。我见证了中国各方面的发展，中国就像一个孩童在我眼前成长，不断尝试新事物，接受新观点，并去其糟粕，取其精华，最终学以致用。我不打算撒谎，作为一个外国人在中国生活并非毫无障碍，但是这段生活就像冒险一般充满乐趣，并永远地改变了我人生的轨迹。

中国最让我惊奇的就是它的发展速度，比方说，如今的广州与2011年相比，变化之大令人难以置信。那时的广州对生活垃圾的治理并不尽如人意，如今却大为改善。关注垃圾治理可能有点不同寻常，但对我来说，对一个来广州定居的美国人来说，城市的干净整洁至关重要。

另一点与众不同的是广州的空气。它通常混合着不同食物、不同古典建筑以及一些我无法辨别来源的气味。在我的家乡，空气中弥漫的只有花花草草的香味，然而广州的气味充满生机，让我不禁想外出探索，追寻气味的来源。我对广州的第一印象还包括这里便利的公共交通。在这儿我第一次看到电动自行车，不禁好奇它的安全程度。实际上，我第一眼就被它所吸引，并渴望驾驶它，虽然最终我也没有得偿所愿。现在的广州开通了更多的地铁和公交线路，再加上滴滴出行和Uber，出行变得更加方便。

中国和广州的声音同样令我印象深刻。大街小巷传出的各种方言，小贩的吆喝，汽车、公交车和火车行驶时发出的声音，无不洋溢着生机和活力。初来乍到时，我随处都可以听到粤语，现如今似乎使用粤语的人越来越少了。一方面，这是一种进步；另一方面，这似乎是文化的倒退，因为我觉得粤语是一门很棒的语言。

然而，最让我惊讶的变化莫过于那些使所有人的生活变得更加便利的进步，尤其对于不会中文的外国人而言。比如说，几年前现金几乎是唯一的支付手段，因为商贩们不接受银行卡或信用卡。微信和支付宝的出现让支付变得极其简单，我们需要做的只是扫描或出示二维码。必须携带足够零钱来乘公交车或地铁的日子也因此一去不复返。市场上出现了大量的翻译软件，比如Pleco、WCC、google翻译和微软翻译，以及搜索引擎，比如说百度，交流同样变得无比简单。在这些技术的帮助下，人们可以轻松跨越语言或文化的障碍，更加轻松自由地分享他们心中所想。除了交流更加轻松自在，阅读同样变得畅通无阻，尤其是在餐厅点菜时。过去，在中国通过中文菜单点菜就像赌博，要么是佳肴带来的惊喜，要么是黑暗料理带来的失望，因为你根本不知道自己点的是什么。现在，大部分餐厅的菜单配有英文翻译。即便没有，你也可以使用翻译软件，让自己像本地人一样点菜。实际上，真正的本地人都知道用“百度外卖”或者“饿了么”等外卖服务程序从网上点食物最方便省心。无论你是不小心点了很多火辣辣的牛三鲜和鸡爪的害羞外籍人士，还是疲惫的上班族，外卖服务都会减轻你的压力，甚至可以满足你的消夜欲望。

在中国生活了将近十年，我见证了中国的突飞猛进：万丈高楼起于平地，村庄壮大成商务区，数以百万计的人从农村迁至城市，手机技术日新月异，无人机从玩具发展成专业视频平台，电动自行车从短途代步发展成日常交通工具，比亚迪开发了电动汽车，物联网从想法逐步变成现实。

我居住在这样的中国常常感觉到不真实，因为中国总是在引领科技和创新的潮流。这也是中国在短时间成长为超级大国的主要原因，它不断地在挑战极限，勇于尝试。而广州一直处于潮流的前沿，它的发展更加迅猛，因为在这里，外来和本土想法得到碰撞和交融。

我经常被问到为什么会留在中国或者为什么当生活遇到困难时不回祖国。我猜这个问题唯一的答案就是每当我遇到困难，我知道明天总会有一些新鲜有趣的事物出现，成为新常态。就像7年前QQ（即时通信工具）还非常受欢迎，现在已经被微信所取代，或者人们不再只是在微博上分享照片并转发一些他们从未见过的事情，而是在直播他们自己正在做的原创内容。10年前我从未想过的事情此刻正在中国和广州发生，我想在这里目睹它们如何成为我们正在创造的未来的一部分。这不仅是广州，而是整个中国，在过去7年中发生的最大变化。它已经从一个人们脑海中的拥有大量拥挤城市的世界工厂，变成了一个全世界都在关注的不断创造奇迹的国家。

我相信在中国我们可以看到此时此刻发生的事情逐渐改变未来，我相信我们将看到科学技术使我们今天所拥有的一切看起来像是位于广州或深圳某条黑暗巷子里的后街店铺所制造的石器时代古董，或者一些外地的科研人员因为他们的出色设计而一举成名。只需访问一家普通的电脑配件商店，使用一台3D打印机，他们拥有的任何科技梦想都可以在短短几天或几个月内完成。这就是我不离开中国的原因——它仍然是后院修理工、车库建造者，或者下一个史蒂夫·乔布斯的摇篮。

（六）加拿大国际学校主管马克·瑞恩·恩普蒂奇（Mark Ryan Emptage）：假如我是广州导游

我是一个在中国广州生活和工作了8年的外国人。当我在这里生活，在中国和周边地区旅行时，我越来越确信，亚洲没有别的城市比广州更好了。

2018年的广州与2010年的广州比有很大的变化。2010年在广州几乎不可能找到任何好的西餐，交通网络不佳，支付账单，无论手机账单还是房子租金，都是一场噩梦。微信的出现和滴滴出行等应用程序的普及，真的帮助了生活在这里的外籍人士。除此之外，珠江新城、番禺等部分地区的发展，让大量的西餐厅和休闲场所得以出现。

除了很好的餐饮外，广州还有很多文化亮点。番禺的宝墨园是一个巨大的锦鲤保护区，人们可以花半天的时间散步、喂鱼。另一个可以带着家人一起去的地方是北京路。你可以透过玻璃地面看到一条古老的街道，你可以沿着街道步行到六榕寺，北京路上有很多商店和餐馆，这是一个丰富的“广州体验”。北京路是一个能让你度过夜生活的地方。万木草堂位于中山四路的拐角处，是城市中心的一个惬意而又古朴的地方。19世纪末由于西方教育的引进而闻名于世，游客来这里可以参加旅游团、书法班或各种社区活动。如果你想了解“老广州”的感觉，这个地方是一个很好的起点。

沙面是每个到广州的游客必去的地方。虽然很多人会知道这个地方，是因为这里是想收养孩子的西方夫妇必去之地。沙面的历史可以追溯到18世纪。有一段时间，这是中国唯一允许外国人踏足的地方。如今，这里有不错的咖啡馆和餐厅，下午时，你可以愉快地漫步于殖民时期的老式建筑和有趣的雕塑之间。街对面有一个广州的海鲜市场，所以如果你有兴趣在当天晚上买些新鲜捕捞的鱼来做晚餐，这是一个在回家的路上停下来的好地方。

广州塔是城中无人不晓的标志性建筑。它附近有一个地铁站，相当方便，它确实是一个值得参观的景点。游客在一楼购买门票，然后排队乘坐电梯到达顶层。在塔顶，观光者可以在这个城市最高的建筑里遍览广州全景，这里也提供望远镜给想观察城市不同地方的好奇者。广州塔与世界其他塔楼的区别在于，游客实际上能够在建筑物的顶部走动。对，如果你在冬天去的话，一定要带一件外套，因为你甚至可以走到外面去看广州——甚至没有隔着窗户。除此之外，根据你的胆量，你可以在塔顶挑两个游乐设施中的一个体验：一个是简单的水平式摩天轮，带着你在一个玻璃围成的小型车厢里围绕着塔楼边缘观光；第二个是“跳楼机”，你坐在座位上，它会把你瞬间送上塔顶，让人觉得既兴奋又恐惧，然后会做自由落体，这个设施是为那些追寻刺激的人准备的。广州塔周围还有许多餐厅和商店，人们可以在观塔后再光顾。

要感受一下这个城市的现代化，广州塔附近就有花城广场。它是城市最有代表性摩天大楼的所在地，这里有广州IFC和天河城东塔。从广州IFC开始，这里的游客可以在意珍的咖啡厅预订一个座位，这是一家由四季酒店运营的位于塔顶的餐厅，可以欣赏到广场的景色。广州IFC坐落于友谊商店隔壁，大楼底层有一些优秀的餐厅，如果四季餐厅订不到位置的话，这些餐厅也是不错的选择。除此之外，对面的东塔也有很多有趣的商店和餐馆，东塔是目前世界上第七高的摩天大楼，在地下层还有一个室内购物商场。在游览花城广场的同时，你可以在广州歌剧院和广州少年宫前拍摄照片，这两座建筑物绝对值得一看。你也可以在对面找到广州图书馆。如果选择在广场步行，那么你最终会进入珠江新城国际购物中心，这是一个很好的购物和餐饮场所，设有一些有趣的景点，如环球魔幻世界和一个电影院。总体来说，这里最有可能是下午漫步城市中最舒适和现代的地区之一。

不提到白云山，就不算一篇关于广州景点的文章。白云山是这座城市的中心旅游景点之一，位于城市北边，可供游客远足，如果你不想爬山，也可以选择乘索道到达山顶。这里有干净的空气、美景和蹦极设施，是这个城市的必去之地。

生活在广州的好处之一就是城市里的一切相互关联。游客通常步行数分钟就能到达地铁站，这些场所甚至提供英语服务方便游客使用。你可以通过办理地铁卡或者下载应用程序来买到地铁票。此外，如果你想在旅行期间使用免费Wi-Fi（一种短距离高速无线数据传输技术，主要用于无线上网），你将需要一个应用程序。随着更多新的地铁线路不断开放，游客可以更好地探索周围。一个很好的例子就是花都广场，这是新开的地铁9号线经过的一个地方。

我祝愿所有读过这篇文章的人，无论是长期居民还是游客，都能在广州愉快、安全游玩。

（七）加拿达国际学校主管保罗·马修·寇振（Paul Matthew Kozyn）：我为我见证了这个城市的发展感到自豪

我是一名来自多伦多的加拿大人，从2004年5月以来一直在广州生活。我想谈谈我的经历，以及让我长期居住在中国的原因。

最初，我和女朋友做了一个计划，在别的国家教英语，在来到中国之前我们认真地考虑了南美。她说服了我去北京，但最后一刻，她告诉我，她有一个在广州生活和工作的表弟，所以我选择了广州，最终这个决定是正确的。我和女朋友虽然后来分道扬镳，但自从我第一次来到中国之后我一直待在广州，如果没有选择这个城市作为落脚地，我不确定是否还会在外国生活。

外籍人士最常被问到的一个问题是："你一定非常喜欢中国吧？"可以公平地说，我喜欢中国，但是更确切地说我喜欢广州。我发现这里的人民和城市非常开放。它可以让你感觉到异国情调，令人兴奋，但它也可以让你感到舒适，这样，它就成了我的家。有一天我可能会回到加拿大，但最少在未来的5年时间里，我决定在广州度过。

早在2004年我刚来的时候，我的计划是给这座城市6个月到1年的"试用期"，但一年过去了，我发现这个城市深得我心。我喜欢广州的大都会特质，这是一个古老的城市，古老的中国文化与新的中国文化融合在一起，具有国际影响力。闲暇时，如果你愿意的话，你可以花上一天的时间去参观陈家祠或者六榕寺等传统历史文化景点，在晚上享用土耳其烧烤，然后在爱尔兰酒吧喝一杯。这是在其他任何城市都不可能做到的。

广州的美食种类丰富多样。我的朋友从广州回去后常常会想念广州的点心的味道，这是当地美食文化的一个重要组成部分。作为住在广州的外国人，我很庆幸能够在这里找到来自中国各地乃至全世界各地的餐厅。我特别喜欢吃中国菜中的东北菜和香港风格的餐馆里的传统粤菜。

广州位于珠江三角洲。这里的交通枢纽可以使你快速并容易地到达香港、澳门和深圳，虽然广州比起它们来说似乎名声不大响（但仍然非常酷）。你可以很便捷地乘坐火车或者汽车从广州去香港、澳门或深圳一日游。对于那些想来亚洲生活的外籍人士来说，他们来到珠江三角洲之前没有考虑到一些好处。对于那些想在国外工作的人来说，他们主要是对旅游感兴趣。在珠三角工作的人，一般都会有体面的工资，在兴旺的城市里可以买到国际商品，还可以方便地到达几个国际机场，甚至可以使你在制订旅行计划的过程中找到一些购物优惠，可以以优惠的价格游玩中国不同地区和亚洲其他国家。大多数在广州工作的外籍人士发现，他们的可支配收入，连同多个出境点，为他们从广州去往世界各地提供了大量机会。

在我的工作中，我面试了很多还没有到过亚洲或中国的申请人。我经常被问到关于广州和中国的问题，还被问过几次我在广州有什么好玩的事情，我总是觉得奇怪。这有点像问我在伦敦或纽约做些什么，我无论做什么都觉得很有趣，我从来没有在广州感到无聊过。我的工作之一就是帮助外籍人士适应这里的生活，我从新员工那里了解到的活动非常多。我被要求去寻找热门的瑜伽馆、骑马场、射箭场、柔道健身房、娱乐冰球队和莎莎舞蹈俱乐部等，来满足他们在家乡时的喜好。外国人对中国的一个普遍的误解是，这是一个不发达的、完全陌生的国家，现实情况是，中国和世界其他地方一样有广泛的体育及娱乐活动和场所，广州像别的主要城市一样可以满足多种的乐趣。

在加拿大的朋友和家人并不是很容易理解广州已经成为我的家的这种想法，我在这里每天都以这样的方式度过我的生活。中文很难学，但我有耐心。在广州到处走走可能比在多伦多容易和方便。他们想象中的广州是一个从不奢望能理解的地方，我试图告诉他们，如果你愿意的话，中国可以像世界其他地方一样，而且我在这里非常舒适。我娶了一个中国女人，我女儿在广州出生，我现在的生活和我住在多伦多的时候没有什么两样。事情并不总是那么容易，因为中国的某些做法与我在加拿大习惯的做法有所不同，但我很乐意学习和适应，就如同我的妻子很包容和乐意尝试我的文化偏好一样。

这并不是说中国不是一个令人兴奋的地方，这么说远远不符合现实。这里的文化非常丰富，与西方人的文化很不同。全国各地都有异国情调，而广州也不例外。我已经在广州生活了10年了，我仍然在学习中国的传统和历史，我为在这里住了这么久而感到自豪，这使我有机会亲身体验中国（和岭南）文化。在中国生活中我最喜欢的部分之一就是探索对20世纪的中国的看法。作为一个西方人，中国人和我常常被说成是处于历史的两面。去学习像第二次世界大战这样的历史事件，从中国的角度去了解苏联，对我来说真是太棒了。在中国学习近代历史是非常有趣的。我其他的朋友喜欢学习中国古代史，我则更为近代历史所着迷。然而，如果你想了解这个国家的整个历史，要学的知识量是相当惊人的。

总的来说，我很开心做了到中国生活和工作的决定，同时，这些年来，我很幸运地可以把广州称之为我的家。这是一个很受外国人欢迎的地方，可能不像上海或北京那么出名，但我们都很喜欢这里。我到过全国各地旅游，看过长城、兵马俑、上海外滩等知名的景点，我都很喜欢，但回到沙面、广州塔和白云山时我依然很高兴。

我在广州的这段时间里，这个城市飞速发展，我为我见证了这个城市的发展感到自豪。我刚来到广州时，这里仅有2条地铁线路，现在已经开通了13条地铁线路，预计未来会达到21条线路。作为这一转变的一部分，所有地区都是非常酷的。

（八）广州加拿达国际学校外籍经理瑞金·关丽诺·蒙特罗（Rhegene Guarino Montero）：生活在广州非常便利

在海外生活对于那些正在寻求获得大量有用经验和宝贵知识的人来说是一个很好的机会。尽管如此，生活在国外是令人兴奋的，但也是艰苦的经验。这段时间注定不会是平凡的日子，而是充满新鲜感的经历和难忘的日子。会有起起落落，会有微笑也会有皱眉，但最后，这将是一个永远不会被遗忘的非凡体验。

本文的目的是分享我个人在中国的经历，以及我对外国人生活和工作的整体看法。

在中国工作和生活的第一个好处就是可以学习中文，不会中文对于我这样的外国人来说是一个棘手的问题。我希望这篇文章能够回答那些有疑问的外国人和有机会在中国生活和工作的外国人。对我来说，中国给我的一个机会就是在CIEO（Canadian International Educational Organization，加拿大国际教育集团）当一名教育工作者。

1. 第一印象不会总是一样的

欢迎来到广州！我在中国的第一天真是太棒了。当我还在上大学的时候，我上了一些选修课，有一部分是关于中国的。在我看来，中国是一个有低矮建筑，人们比较矮、穿着传统服饰的地方。但是这一切都是错误的。当我来到中国的时候，我被那高耸的摩天大楼惊呆了，它们非常壮观、非常惊人。人们穿着时髦的衣服，中国人漂亮、帅气，女士和男士也都挺高的。我在这里已经生活了10多年的时间，我已经学会了如何去热爱这里的文化和传统，实际上我甚至学会了做中国菜。我学会了信任中医，包括使用针灸。到目前为止，这个国家一直在不断发展，变成越来越国际化和现代化的大都市，令人震惊。

了解和遵守中国法律是所有外国人到中国时应该知道的重要的事情。对于任何一个城市来说，尊重和遵守一个国家的法律将永远在最高的优先级。

2. 中国广州，我的落脚点

我的工作有90%的时间是在广州完成的。这个城市使我独立，热爱学习和成长；这个城市造就了今天的我，现在我把广州称为“故乡城市”。

广州是广东省的省会，于公元前214年建立，是中国最古老的城市之一。它位于珠江三角洲的中心。珠江是连接中国南部最发达地区的中国第三大河，沿江美景成为主要的旅游景点。

由于广州与香港紧密相连，连接两个城市的交通网络非常发达和便利，这使所有这些成功成为可能：广州作为中国的贸易中心，已经成为众多外籍人士的家园。广州的交通要比北京和上海的交通好，而且更便利。广州通过地铁和公共汽车把地区很好地连接起来。

工业化发展以及日益增长的外资企业也吸引了来自中国各地的大量员工，他们希望在外资企业工作。随着外资企业和人口的增加，对英语口语的需求也创造了一个全新的产业（是的，以今天的规模来说，“产业”将成为英语教学行业的用语）。今天，至少有50%的外籍人士在广州直接或间接参与英语教学业务。入境外国人的快速增长也增大了对餐馆和娱乐场所的需求。

3. 生活在广州

我觉得生活在广州非常便利，坐两个小时火车就能到香港。靠近珠海——一个很适合周末度假的地方。从广州出发能在几个小时内到达许多东南亚国家。在广州很安全，我从来没有感到不安全，不管在什么时间和地点。良好的公共交通是在城市周围转转的绝佳方式，如果避开高峰时间会更好，因为你可以欣赏到很多美景。

这里的人。我在这个国家已经有好几年了，现在我可以说我对中国人的感受和想法。这里的人民如此友善，中国人的生活非常简单。和菲律宾人一样，中国人也有亲密的家庭关系。我喜欢中国的新年，可以看到他们尝试各种方法出行，以便在过年的时候可以和家人团聚。我也很佩服他们尊重长辈，爱护环境，热爱自己的祖国。

中国菜特别好。菜品总是在菜单上，外国人应该尝试中国菜！大多数人都说在中国，粤菜是最好的。到目前为止，我已经学会了喝茶，还喜欢吃点心，包括鸡脚和蒸鱼等。

4. 工作在广州

作为一名外籍的教育工作者，我发现CIEO是我在中国的一个家。在中国教授ESL（English as a Second Language，以英语为第二语言）具有挑战性。教中国的孩子需要有足够的耐心去传递教育目的，让他们能够轻松地适应国际教育。由于CIEO推动教育和文化交流，我发现自己很容易接受中国文化，从而轻松地将学生带到国际文化层面。

留在CIEO，我了解到，这不是教与学。这是向孩子们开放可能性的世界。它的特殊教育方法EFL（英语为第一语言）①，这种教学方法提供英语浸入式环境，帮助孩子认识西方文化，教育目标是让孩子学习双语。作为一名教育工作者，我相信为了能够理解孩子的思想，你必须抓住他们的心。因为只有一个孩子感觉对了，他才能正确思考。

随着时间的推移，你会发现在这个领域成长，你将能够在这里发展你的事业。由于CIEO不仅为幼儿开放探索的机会，也不断向所有老师提供培训的机会。CIEO精通诗词，精通国外文化知识，CIEO也熟悉和照顾所有的外籍教师。

一些外国人觉得在中国做外教很简单，其实不然。作为教育工作者，我们在教学和文化方面有冲突，有不同的看法，如何填补这一空白，以及缩小与管理层之间的差距，与当地中文教师的衔接有分歧是我们面临的问题。在工作之前，我必须为自己和年轻的学习者设定目标。我告诉自己，做这项工作是因为你喜欢做这件事，学着去做，因为这是你作为教育者的职责和责任。要想着你能给什么东西，而不是你能得到的东西。作为教育工作者，我们必须致力于这个行业，因为我们触及了年轻的学习者的生活，这些年轻的学习者把我们视为光明未来的典范。

所有的事情如何运作？我遵循一个非常简单的理念，可能不适用于所有人，但无论我走到哪里，都能为我解决问题：学习语言，学习当地人的文化，这将有助于你接受你周围发生的事情，并尝试使你的同事成为你的大家庭里的一部分。

---

①根据（美）塞尔斯–穆尔西亚（Marianne Celce–Murcia）编写，外语教学与研究出版社2006年出版的《英语作为第二语言或外语的教学》（*Teaching English as a Second or Foreign Language*），ESL与EFL其实是一个意思，即英语作为第二语言和英语作为外国语言的缩写。但作者在这里可能是把F解释为first，而不是foreign，因此，含义完全不同。

（九）美国人国际学校教师埃里克·罗素·里拓（Eric Russell Little）：方兴未艾的广州——一颗隐藏的宝石

大多数西方人很熟悉中国，他们知道长城、天安门广场和兵马俑，也知道中国是最可爱的大熊猫的故乡。就城市而言，他们对北京、上海和香港一定非常熟悉。但是，当提到广州，中国第三大城市“羊城”或“花城”，很多人都不了解。我很惭愧地承认，11年前我刚得到广州美国人国际学校教职工作的时候，我不认识这个城市，但是我很快就意识到，不是我不了解广州，而是在英文里，广州被称为“Canton”。我以前经常会在旧金山的中国城吃广东菜，甚至我在斯坦福的同学里也有广东人。话虽如此，我还是不太了解广州的情况。我很快意识到，我已经有幸搬到了我所称的“隐藏的宝石”的地方，这是一个英文成语，意思是非常出色，但并不是很多人知道。如果说我在2007年初到广州的时候已经感觉到了这一点，那么今天我的感受就更强了，因为我已经看到了这座城市正在改善，发展成为我认为是现代化典范的城市。

1. 珠江新城：现代摩天大楼的花园

令人震惊的是，广州在短短10年间改变了多少！2007年我第一次来广州的时候，我在二沙岛上住了一年多时间。我在客厅遥望广州塔，它只完成了三分之一。朝北望去，那里有许多起重机，数以百计。珠江新城有非常多座建筑正在建设中。广州的最高标志性建筑中信广场现在被广州IFC和几十座耸立的现代摩天大楼迎头赶上。早在2007年，广州就拥有了两个不错的现代化购物中心：天河城广场和正佳广场。不过，现在，广州有许多超豪华的购物中心，例如太古汇、中环广场和天汇广场。

珠江新城不仅有时尚的建筑群，市政府做得很好的一点是把美丽的花园和公园融入城市景观当中。我最喜欢的两个是珠江公园和世界一流的海心沙公园，对我来说，珠江新城之于广州就像中央公园之于纽约。

广州图书馆、歌剧院、广州塔和珠江两岸都是非常好看的地方，尤其是在晚上。我第一次来中国的时候，不得不付钱进入公园，但现在所有这些美丽的公园都是免费的。关于广州我最喜欢的一件事是，人们会在公园打太极拳、步行或慢跑锻炼，或是和家人一起悠闲地散步。我的许多家人和朋友都对广州的环境如此清洁、现代和美丽感到惊讶。虽然空气污染仍然是一个问题，但比我10年前到来时要好得多。这些改进许多都是在2010年亚运会之前完成的，并一直惠及市民。

2. 现代、便捷和实惠的交通

我喜欢住在广州的一个原因就是没有必要买汽车。我很自豪地说，我现在有了中国的驾驶执照，能够租一辆车去城外旅行真是太好了。不过，我喜欢广州的易于出行，而且有这么多方便又便宜的公共交通工具可供选择。广州地铁是我最喜欢的交通工具之一。2007年，广州只有4条地铁线路，现在有13条线路，包括APM（旅客自动输送系统）线。在这里住了10年，当我去到一个地铁没有玻璃安全屏蔽门的城市的时候，我真的很感叹广州地铁有多么的安全。每天接待超过800万人次的车站的清洁程度仍然使我感到惊讶。我最喜欢的是地铁可以直达机场和码头，不会延误。在高峰时段，我会尽量避开乘坐地铁，有时我希望地铁能在晚上多运行1小时，特别是在周末或者我搭晚班机、高铁到达的时候。

我经常遇到刚来广州的西方人，当我告诉他们比起搭出租车我宁愿搭巴士的时候，他们很惊讶。广州有这么多的公交线路，虽然如果不能读懂中文的话，要弄清楚坐哪一路巴士可能有点困难，但是一旦你了解到经常去的地方的主要路线，巴士是一个非常方便和便宜的选择。我喜欢新的双层巴士，很容易在楼上找到一个座位，可以欣赏美丽的景色。我有时会搭出租车，大多数的出租车司机很好，不像我在中国旅游的一些城市，广州几乎所有的出租车司机都知道这个城市的路线。以国际标准来说，搭出租车根本不贵，我住在广州的10年里，里程费只涨了一次。

我一直喜欢火车，因为火车很浪漫，可以把人带回旧时光里。如果我有额外的时间，我实际上更喜欢慢火车。但是我不得不说，我完全为中国的“子弹头”列车着迷，乘坐它感觉就像在飞机上一样，你的旅行速度几乎和飞机一样快。我其实更喜欢乘坐它去北京或上海。广州南站实际上更像机场，是一座令人印象深刻、难以置信的现代建筑。

3. 广州的人与文化

我喜欢住在广州的很大一部分原因是广东人。在过去30年中国经济飞速发展期间，许多城市发展迅速，实际上你很难遇到一个真正土生土长的人。虽然广州已经有了一定的发展，但这个城市的悠久历史是他们引以为傲的，其历史可以追溯到2200多年前。我觉得广东人是开放的、有礼貌的、朴实无华的。作为在广州生活的外国人，我遇到了一些友善和好奇的人，当他们遇到西方人时，经常想通过与西方朋友交流来练习他们的英语。我记得在2007年我去过电脑市场后，一个年轻的职员追了我两个街区，只为了把我的笔还给我！另外一个变化就是，现在大多数人礼貌地排队等候公共汽车和地铁，10年前通常不会发生这样的事情。

广东人喜欢他们的食物，生活在广州，你会发现有许多不同类型的中西餐厅。现在广州的高档西餐馆比10年前多多了。但我也很喜欢探索小街小巷和当地的餐馆，我最喜欢的广州美食是点心。多年来，我很享受“羊城”的名胜古迹，特别是白云山和珠江。我喜欢珠江夜游，或者乘坐渡轮。我喜欢沿着珠江两岸漫步，或攀登白云山。

多年来我一直热爱在广州生活，现在我把广州当成了我的家，这个夏天当我回到美国探亲的四五个星期里，我发现我想念在珠江两岸“隐藏的宝石”里的新家。这是我在11年后仍然留在这里的原因，我希望留得更久！

（十）广州美国人国际学校电脑部总监罗伯特·迪恩·鲍尔（Robert Dean Bauer）：广州的公共交通工具达到了世界级水平

我和我的家人在广州生活了13年。我还记得2005年我第一次来广州的时候，白云机场刚刚建成一年，老电视塔还在使用。13年过去了，到今天，使我们爱上这个城市的东西仍在，但现在这个城市有更多让人钟情之处。

我们全家在7月的时候来到广州，随行的还有一对18个月大的双胞胎男婴和我们3岁大的女儿。最令我们印象深刻的是广州人民和中国社会的家庭价值观。在中国，孩子们受到欢迎和被珍惜，但不是所有地方都这样。当我们通过美国的安检通道时，官员们会提高他们的声音来阻止孩子在队伍里讲话，但在中国和亚洲的其他国家，人们都理解孩子们可能不会在队伍中保持安静。事实上，家庭通常借此来改善通行安检通道的气氛。

我们最早的发现是二沙岛和东湖公园。我们惊讶地发现公园里有很多活动都是为儿童准备的。像喂养锦鲤鱼这样简单的事情就能使孩子开心。我们会去听老人唱爱国歌曲，看看在公园里跳舞的人。这就是我们对中国的第一印象。

时间到了2018年，广州开设了十几条地铁线路，旧电视塔已经被优雅的广州塔所取代，我们住在二沙岛的时候看到它的建设过程。我们的孩子现在长大了，我们不再把他们带到公园。但是，大树林立的街道还在那里，我们抽出时间去散步，这让我联想到我们到广州的第一天。

在广州感到安全是始终没有改变的事情。我们以前在沙特阿拉伯工作。那段时间里发生了爆炸，我们学校的学生和老师受了伤。我和我的妻子第一次在二沙岛的大东路上走着，手牵着手，驻足欣赏我们所拥有的。能够在街上牵着手安全地漫步是在世界上不少地方无法做到的。

2005年广州已经是一个绿色城市。街道上的芒果树和波罗蜜树有点新奇，它们排满了整条街道的两侧。但是2010年的亚运会是另一个变革。我们在当地的公园里看着公共绿道项目改造了这条河，把河边小路升级成了世界级水平的自行车道和慢跑道。我们家会沿着河边骑自行车。

在我们以前生活过的美国、肯尼亚和沙特阿拉伯，我们很少乘坐公共交通工具，它们或不存在，或不可靠。但广州的公共交通工具在2005年已经很好了，现在达到了世界级水平。地铁线路从2005年的2条线路增加到今天的13条，还有BRT。所有的事情都在我们眼前发生变化。就在这周，一辆新的电动公交车从我们位于珠江公寓对面的公交车站开始运营。在网上看到一些新事物，在日常生活中发现它们已经被实现是很棒的事情。

我们搬到广州时，空气中还有点儿灰霾，2005年后，空气污染有所改善。来中国定居已经有十几年的时间了，我们非常高兴。上个星期，我和妻子去了猎德村市场，在生姜和山药摊位间穿行。我们停了片刻，她说她喜欢在中国生活。在广州改变的时候，有些东西始终不变，我们还是一直很快乐。

（十一）私立华联学院日籍外教王真（Ou Shin）：中国民办教育的“开拓者”

我是一名日籍人士，2017年3月经友人介绍于9月受聘于广州市私立华联学院，任日语外籍教师。在我的印象中私立学校似乎在中国是不可能存在的，但当我走进这所民办大学，醒目的“私立华联大学”的校名映入眼帘时，令我惊诧不已。

认识该校校长侯德富教授，是2017年6月底在他的办公室里。当时，与我相邻而坐的他是一个神采奕奕、侃侃而谈、和蔼可亲的长者，虽已是86岁高龄，但精力充沛，办好教育的豪情壮志不减当年。凡与之接触者，无人不为之折服。倾听了董事长、校长侯德富先生对私立华联学院创建28年以来的成长历史的介绍后，我对学校有了深刻的认识。

该校创立于1990年，由华南师范大学退休教授侯德富先生和华南理工大学、暨南大学、广东技术师范学院等一批离退休老教授们联合创办，这是当时广州第一所民办大学，得到了中共广东省委、省政府的高度重视。此时此刻我对校长侯德富先生退休后放弃安享天伦之乐，开创新的教育事业的敬佩之情油然而生，深深感到私立华联学院不仅是一所学校，更重要的是这所民办大学是中国改革开放的新生事物，开辟了民办教育的先河，使一批经验丰富的老教授退休以后继续发挥聪明才智与专业特长，献身中国的教育事业，同时还吸纳了因高考失利而失去学习机会的莘莘学子，践行了侯德富校长“知识改变命运”的教育理念。

我来到广州执教以来，深深地感到广州这片热土到处都充满了改革的生机。通过对私立华联学院的进一步了解，我深深地体会到该校自创立以来，与中国改革开放40年的历史发展一样，并非一帆风顺，它的成长伴随着来自各方的困惑、迷茫、疑虑、压力，白手起家，不靠国家任何资助，经历了“借窝生蛋”“租窝生蛋”“筑窝生蛋”的3个艰难历程。在校长侯德富先生带领下，凭着对教育执着的追求，全体师生的辛勤努力、无私奉献的精神，私立华联学院发展成为占地面积1000多亩（约0.67平方公里），在校学生近9000人并为社会输送各类人才5万余人的民办全日制普通高等学校。

在私立华联学院，侯德富先生不管在办学中遇到多大的困难，仍然坚定不移地秉承人民教育家陶行知的“教育即生活，学校即社会，教学做合一”的教育思想，依据生活而教育，立足生活办教育，着眼社会开门办学，面向大众，在教育教学中体现手脑并用和教、学、做合一，注重对学生的技能教育、创新教育和全人教育。

办学28年，侯德富先生精打细算，厉行节约，勤俭办校；他本人衣着简朴，食宿简单，从不浪费，处处以身作则。侯德富先生具有博大的平民教育情怀，他坚持办学的公益性，在学院自身发展的基础上，利用一切机会回报社会，资助贫困和残疾学生，采取提供勤工助学岗位等各种措施，帮助学生完成学业，顺利走上社会，确保不让一个学生因贫困而失学。

时至今日，侯德富先生依然坚持每天7点10分到校，为学校发展而奔波，与师生交流谈心、讨论如何教书育人，鼓励青年教师在教学活动中，做“有理想，有道德，有知识，有仁爱之心”的新时代教师，除此以外，他自己每周还承担8～10节专业课的教学任务。

我在私立华联学院任教一年多，感受到办好教育对于侯德富先生来说，不仅是他的事业，更是他生命的全部。他已将自己的一切融入到教育事业当中，把民办教育的发展注入到自己的生命之中。中国自改革开放以来，应该说冠以“私立”的大学校名的第一所高校出自广州这座名城；她是中国40年前改革开放之初，邓小平1992年南方谈话之后，引领中国改革开放，大刀阔斧进行教育改革的新生事物，侯德富先生在邓小平南方谈话精神鼓舞下，顶住了重重压力，带领一批老教授创办了中国本土第一所私立大学，探索出了为社会、为国家培养人才的一条创新之路。

侯德富先生以日语专业作为开创专业的切入口，为社会、日资企业以及中日文化交流做出了卓越的贡献，编写日语教材发行超过10万册，培养日语人才数以万计，他们活跃在珠三角地区及广东全省的日系企业等各个部门，正由于侯德富先生为中日两国文化往来和交流做出了巨大的贡献，2015年秋季他荣获由日本天皇颁发的旭日绶章，这是日本政府对于海外为日本文化交流做出积极贡献者的最高奖项。

他常对学校师生们讲：“华联不是我的华联，而是华联人的华联，更是中国人的华联；干教育不是干一阵子而是干一辈子，这一辈子与教育结缘就再也割舍不开了，如果离开了教育，离开了老师和学生，离开了这个生死与共、风雨同舟的团队，生命或许也就延续不下去了。”侯德富先生不愧是伴随中华人民共和国成立成长起来的一代学人，既有教育家的情怀，又有企业家的魄力，不愧为中国改革开放时代民办教育的创业者，新时代中国民办教育的开拓者。

私立华联学院能够有今天的发展，与侯德富先生的民族担当、国家情怀是密不可分的。从他身上，我似乎寻找到了人生的真谛，也获得了一种巨大力量的感召，愿为私立华联学院的发展贡献生命的全部。

作为一名外籍教师，短短几个月让我从私立华联学院和校长侯德富先生那里看到了中国改革开放的巨大成果，看到了中国民办教育的发展潜力与前途，也看到了老一辈离退休教授们的辛勤耕耘的硕果，更使我看到了中华民族的教育改革的希望。

四、媒体述评：在广州的岁月、认识的人已经成为我生命的一部分

（一）一位英国外教与广州的不解之缘[①]

（编者按：几乎所有老外都对广州保留传统与现代化发展之间取得的平衡表示赞赏。而青睐广州旧建筑的老外不少，似乎对旧建筑感兴趣的老外也比较钟爱中国传统文化。）

①本目及下一目汇编自广州电视台2017年12月6日的节目《一位英国外教与广州的不解之缘》。

广州有几千年历史，在广州的老街老巷，不时会看见古色古香的历史建筑吸引着不少街坊过来探古怀旧。其实，这些建筑不仅仅广州街坊喜欢，有一位来自英国的外教海武（Simon），也对广州的历史建筑很有兴趣。电视台录制采访了他和广州的不解之缘。

“我的英文名字叫Simon，我的中文名字叫海武。我是英国人，我现在有两份工作。第一份是在广外教财经英语，第二份是在《南方日报》的英文网站当编辑。”

海武来广州已经三年半了，在海武的心里，广州是一个有意思的城市。他说广州既有喧闹的城区，也有安静的地方。

逢源路一带就是海武最想介绍给朋友的地方。海武觉得这个地方让他很轻松。“这里是比较安静的，车是很少见的，你会看见他们总是骑自行车或者走路。”

街坊邻里，家长里短，小朋友在阳光下玩耍，老人家在晨运、锻炼身体，隔壁家自制腊肉在飘香，这里的一切透露着浓浓的生活气息。

海武说这里的一花一草都让他深深地着迷。“那边到处都有树，我觉得挺好的，很绿色的感觉。”

他对古色古香的建筑也特别感兴趣，比如趟栊门、骑楼、满洲窗等等。他说自己手机里面有不少照片都是和它们的合照。

“不少骑楼的建筑特别好看，你可以很仔细观察一些东西，一些细微的东西。很漂亮的门口、窗户。”

海武说他知道骑楼底下（一楼）用于经商，二楼以上住人，既可防雨防晒又便于橱窗展示、招徕生意，还说他真的很佩服广州人的智慧。

说到对广州人的印象，他说正是因为爱上这里的人，所以爱上了这座城市。“到广州的时候，我很快就习惯了，这里的人很友好，我很喜欢去咖啡馆一边练中文，一边喝咖啡，也可以和咖啡师聊天。”

海武说他的第一份工作就是在天河区一家大型培训机构任职外教。他说见到很多的白领，结束了一天的忙碌还会选择继续进修，所以他非常欣赏广州人这种积极向上、奋发图强的精神。“他们是真的在追求他们的理想。”

广州人的务实奋发，让广州这座城市不断焕发生机。

广州经济的飞速发展也提供了越来越多的就业和创业的机会，让世界各地心怀梦想来到这里的人都能找到他们的位置，也让更多像海武这样的国际友人爱上这里。

（二）这位日语外教为何对沙面情有独钟

（编者按：这位外国朋友对广州旧建筑也特别感兴趣，尤其是沙面。）

“我叫冈泽成俊，来自日本大阪，来广州已经10年了，现在在大学教日语。”

说到自己最喜欢广州哪个地方，冈泽老师就和记者谈起了自己最喜欢的沙面。“我觉得沙面处处都完好地保存了古老的建筑，传承了100年前的历史文化，是个非常好的地方。”

冈泽老师第一次来到沙面的时候，就被这个充满了欧式风情的地方吸引了。他印象最深刻的就是在沙面可以看到很多外国人，这让他想到了日本长崎出岛。

沙面和出岛有很多的共同点，“比如说两者都是人工岛，都是很多外国人的居住地，同时都是（在锁国时期）唯一允许和外国进行对外贸易的地方”。在这里，随处可见的欧陆古建筑和带有粤式文化的铜像完美共存。冈泽老师表示在这里欣赏美景之余，还能够了解到广州深厚的传统文化。

“我觉得沙面没有发生太大变化的原因，在于人为修缮，不是让古老的建筑就这样慢慢地陈旧下去，而是将其用作办公室或者居所，我觉得这是沙面可以保持不变的原因之一。”

沙面这个地方有着不同于其他地方的生活节奏。冈泽老师表示每当来到沙面自己就会感觉很轻松。

“别的观光地，观光设施完备，但可能感觉到无趣，沙面可以一边走，一边看到生活场景，是一个好地方。我和朋友和家人来过沙面很多次，和家人一起来和铜像拍拍搞笑的照片，欣赏一下公园的风景，抑或是悠然自得散一会儿步，就会觉得整个人放松下来了，很开心。”

在广州生活了10年，冈泽老师走遍了广州的大街小巷，生活习惯也逐渐向广州靠拢。几年前，他还在广州组建了家庭，有了一个可爱的混血宝宝。

“广州的气候很好，工作方便，整个广州很大，交通也很方便，所以我想在广州一直住下去。”

其实，有很多像冈泽老师这样的外教，他们本来只是想在广州工作，但是也都在广州慢慢落地生根，会讲一口流利的粤语，偶尔叹茶吃点心。

可见，广州是一个充满吸引力的城市，令人不知不觉间融入其中。爱上广州，就是这么简单！

（三）在广州的岁月、认识的人已经成为我生命的一部分[①]

（编者按：在广州的外国人里，可能外教是一个较为感性的群体，

①本目及下一目汇编自《新快报》2017年5月10日刊登的《十个老外在广州　就有一人是外教》，作者是罗韵。

他们有更多观察和体验，可能也有更多假期和个人兴趣。记录他们的感受，广州在外国人眼里也变得更为丰满。）

1. 曾有个热爱摇滚的语言外教，在课上让学生听写歌词

30年前刚来到广州的时候，互联网还未普及，家人远在千里之外，身边也没有特别要好的朋友，对于在家乡爱热闹爱聚会的约翰·史密斯（John Smith）来说，寂寞是一种全新的体验。

幸好，一个人这么在广州待了几年以后，他的雇主认可了广州市场，把外教编制从一增加到二，他担任了这个二人小团队的主管，也有了一位来教语言的老乡，两人结伴在广州居住和生活。只是语言教师的职位流动性太强，有人因为不适应这里的生活而申请回家，有人在这里找到别的谋生门路而离职，还有人找了个中国太太然后跟随太太去了别的城市。

史密斯回忆，他曾经有个叫弗里德·威斯汉（Fred Westham）的搭档，是个来自英国利物浦的摇滚青年，他的上课之道就是在语言课堂上给学生听英伦摇滚音乐，让大家听写歌词，还常常在阳光晴好的大草坪上教学生弹吉他。威斯汉布置的家庭作业是看老电影，还有当时无字幕的英剧，让学生自己当“字幕组”翻译台词。他虽然没有逗留很长时间，却成了学生们心里很酷的老师。

史密斯说：“时代在变，外教这个群体受到的关注和挑战没有变。人们从对外教盲目崇拜追捧，到质疑外教的经验和水平，这对于提高外教整体的素质、约束外教的行为不无好处。在我个人的经验，哪个群体都有优秀的人和拖后腿的人，有许多年轻人自愿远离家乡，为这里的教育、这里的孩子而留下，以教给他们一门新的语言、技能，打开一扇看世界的新窗为使命。”

2. 老外教带新外教，张罗一桌饭局“传道解惑”

随着年龄和资历的累积，史密斯成了在广州的老外教，他除了担任雇主项目的主管，带领10来个外教团队以外，还为雇主和其同行介绍来华人才，保持自己团队的稳定和定期更新，为不少有志于从事教育的外国人创造就业机会。

多年来，每当团队中或者认识的外国人里有新人走上讲坛，他就会张罗一桌饭局，邀请城市里有经验的外教、本地教职员和毕业的校友围坐一桌，给这位“新人”出谋划策，让他较快进入状态。在广州当外教是种怎样的体验，广州的学生需要怎样的老师等问题，“新人”能够在饭局里得到解答。

他还会利用自己在广州外国人圈子里积累的人脉资源，为新外教排忧解难。当他们需要带学生课外实践或者需要来自企业和行业的专家学者当顾问、需要研究课题的时候，他帮忙提供必要的资源。

“在欧洲做调查实践，学生只需要自己跑到人多的街上去，或者向相关的企业、政府部门提出需求，自然会有人愿意提供帮助。可是广州的文化环境不一样，东方文化比较含蓄内敛，对人有戒心，不擅长响应陌生人的请求，想达到目的需要熟人帮忙。”因为在这里待的时间长，他在广州外国人圈子甚至本地学生群体里都小有名气，比新外教更了解这里的社会和文化，也拥有更多的人脉资源。

如今，从讲师熬成系主任的史密斯，在异国的城市里也写下了自己的故事，但是依然没有离开自己喜欢的讲台。

“在广州的岁月、认识的人已经成为我生命的一部分，无论以后走到哪里都不会丢下。看到这么多孩子掌握外语作为走向更大世界的钥匙，拥有更多选择的人生，那种快乐无法取替。”他说。

“教育行业以外的人往往误解，认为母语为英语的人就可以教好语言，其实这是错误的。”史密斯说，关于一小部分外教的负面评价还不是最让人担心的，“跟那些缺乏能力和责任心、整天只知道兼职赚钱的外教相比，望子成龙的父母还有鱼龙混杂的教育机构才是真正的诱因，教育机构太多，外国人都不够用了，自然会出现不符合资质的外教。”

史密斯眼里“不符合资质”的外教，他表示自己也见过不少，“没有教育培训的背景，也不喜爱自己的职业，对学生没有责任心，这类型的外教往往薪酬便宜，受低端培训机构的欢迎，毕竟高校和大机构在招聘方面要求比较高，也愿意投入成本，而不是贪小便宜”。

（四）成为外教的心路历程：每人都有一个故事

（编者按：中国有一句古话——有心栽花花不开，无心插柳柳成荫。一些来广州的外国朋友也有这种境遇，误打误撞成了“另类外教”。他们的人生因广州变得有趣，广州也因有了他们变得更加多彩。）

1. 为一句“中国到处都是建筑工地”，西班牙女建筑师闯荡广州，成了外教

5年前，席尔瓦·维拉斯奇（Silvay Vel á squez）在西班牙马德里一家建筑事务所任职，她所在公司的业务不多，许多同事都远赴东方寻找机会，她还记得一位同事上飞机前对她说：“中国到处都是建筑工地。”就是这句话，让当时没有存款、三十好几还住在父母家里的维拉斯奇心生向往，糊里糊涂地来到了广州。

本来想找一份专业对口的工作，可是维拉斯奇发现，这并没有想象中容易。不懂中文也没有人脉的她，最迫切的需求是找到一份能付得起房租的职业。

她的第一份工作，就是教房东的女儿英语，后来被房东介绍给社区的一家早教机构，从此就进入了教育行业。5年后，维拉斯奇已经成了一家主打国际化语言环境的早教机构的合伙人，还兼职在某高校开设的小语种学习班教西班牙语，月收入7万元人民币左右，租住在珠江新城一栋高端住宅楼里，还购买了一辆二手德系汽车。

这对于出身西班牙平民家庭的她来说，是生活品质的极大提升。维拉斯奇说，她的父亲是个工人，母亲是家庭主妇，从小到大，家里日子一直过得紧巴巴。“我并没有非常努力，也没有什么特殊的技能，但是感谢这个时代、这个城市，让我换一个地方生活和工作，就得到这么多的财富。”

维拉斯奇笑着说：“去年，我把父母接到广州来度假，他们走进我的房子都惊叹不已，问我干什么工作能赚这么多钱。当我说我在当老师教小朋友时，他们都不敢相信。”

“在世界上的许多国家，教语言的报酬都很低。但是广州的家长挑选外教有着独特的标准，选择学校、教育机构的时候，在家长眼里，是否有外教、外教的数量以及他们的国籍都是很重要的指标，也决定着外教老师的薪酬。”维拉斯奇计划着，要把早教机构多开几家，让弟弟也来广州跟自己一起干，过几年，把全家人都接来广州生活。

2. 为实现音乐梦想，加拿大贝斯手进民办学校教钢琴，被要求剪掉长发取下耳钉

在广州地下音乐圈混迹8年的加拿大贝斯手里安·杰佛逊（Liam Jafferson），去年开始，成了一家民办学校的外籍教师，教授钢琴的同时也教英语。签约的那天下午，他被要求剪去一头长发，取下金属耳钉，拍了一张“完全不像自己”的工作照，后来被印刷在学校的招生宣传册上。

学校开出的月薪是1.3万元，这个收入是杰佛逊从前当全职音乐人的

3倍，他还可以免费住在校园内的教职工宿舍里，免费在食堂吃饭，这样，他离他梦想中那把名牌吉他又近了一步。

大半年过去，他接受采访的时候说，自己还是没有完全进入教师的角色，上课的时候总觉得自己是在玩音乐，只不过伙伴换成了一群中学生，“我觉得我的心理年龄跟他们差不多大”。

杰佛逊曾经组过近10个乐队，发过EP（迷你专辑）和网络歌曲，经常在酒吧和各个演出场所表演，但是他认为乐队的流动性太强限制了事业的发展。“跟外国人组乐队，虽然文化、语言相近，但是他们总不会在这里待得长久，总是忽然就因为种种原因要回国了，之前投入的精力、相互磨合的时间就都白费了。跟本地人组呢，他们又往往太在意经济回报，有养家糊口的压力。”

杰佛逊选择当外教的理由，让人目瞪口呆：“我想来想去，只有读中学的孩子们能够自由地玩音乐，可以不受外界因素影响，稳定地在一个乐队里面待几年，所以决定用外教的身份作为起点，来发展这里的人脉。”

事实上，他发现学生家长才是发挥最大作用的人脉，家长们总是无私地为他提供一切他需要的资源，“他们想要的回报则非常简单，孩子会弹、唱一首简单的歌曲，参加一场小型演出，甚至朋友圈里发一张乐队排练的照片，他们就十分开怀。我羡慕他们这种亲密无间、彼此关心的家庭成员关系”。

到了周末，他就拉上几个有天赋的学生到自己的排练室里练习，学生家长知道以后也很支持，自觉做起了后勤，承担日常的花费，还为他们介绍演出机会。“家长们很热情，也支持孩子玩音乐，愿意支付乐器的费用，几个家长硬要帮我支付排练室的租金，还想付课时费，我花了很长时间跟他们解释，乐队排练并不是上课。”

杰佛逊曾带着学生乐队到二沙岛江边进行露天演出，家长们呼朋唤友，制作了简单的横幅、带着气球等物品在旁助威，那阵势像是对待一场明星演唱会。“家长和孩子们的热情慷慨，成全了我的音乐梦想，我所能回报的也只是教授他们一些知识和语言。我只希望，他们现在这份支持孩子玩音乐的心，以后孩子长大了也不要改变。”

3. 德国大学肄业生来华教德语，其实想要的是“在中国的经历”

两年前，德国大学生卢卡斯·赫森伯格（Lukas Heisenberg）大学还没有毕业，就辍学来到广州，当上一所外语培训机构的教师。对他来说，担任外教是一个职业生涯的跳板，给他提供必要的资金和合法身份，他想要的是在中国的经历。

教课之余，赫森伯格学习汉语和中国的历史文化，在中国各地背包旅行，他去过许多中国人未必涉足的偏远乡村。“现在大学毕业也找不到好的工作，全世界都知道未来的机遇在中国，有了在中国的经历，我回国以后，可以从事跟中国有关的工作或研究。”

赫森伯格说，过去的许多年里，他有部分亲戚朋友在中国找到工作，在家乡找不到合意工作，来中国当外教就成了年轻人的一个新的选择。

通过教学，赫森伯格结识了许多同事和学生，跟他们成了朋友，结伴一起到各地旅行。“我们背着大包就出发，走很远的路，到人烟稀少的山里面。往往在那些地方，人们从未见过外国人，纷纷拉着我合影，知道我会说中国话，也很愿意跟我交流，几乎无话不谈。”

他曾在新闻上看到过的广州，是一座繁华、充满商贸机会的城市，可是走进市井生活，他才发现这里有着2000多年历史。行走在真实的土地上，赫森伯格了解到一个跟西方媒体报道的完全不一样的中国，完全不一样的广州。

“我的女朋友是广州人，她的家人经常邀请我去家里吃饭，他们十分的温文有礼，整洁爱干净，对于生活惊人的博学。她的母亲总是谦虚地说自己读书不多，但是她能辨认很多种蔬菜和鲜花，知道哪种植物应该怎样养，也知道如何轻松去除我弄到衬衫上的污渍。”

（五）丹麦“老船长”的广州爱情[①]

（编者按：这是一对跨国恋人，两人因为一段沙发客经历而结缘。男女主人都是教师，虽然不算严格意义上的外教，但这种中外教师之间的恋情能够如此特别，如此打动人，也折射出广州的魅力。起码说明除了一个“务实的广州”之外，还有一个“浪漫的广州”。）

卡尔·马丁是丹麦国际航海学院的教师，并长年兼任着渡轮船长；游小艳是土生土长的广州人，曾担任过中学教师。两人的前半生都有过一段不太愉快的婚姻经历，在人生的下半场，他们幸运地找到了彼此。

相识相知6年后，他们于2017年喜结连理。

悠然地坐在珠江边，马丁惬意地喝着啤酒接受采访。他身形高挑，一头泛白的长发随意地扎拢着，眼角布满鱼尾纹，简单的T恤搭配牛仔裤，一副十足的“嬉皮士”风范。而妻子则依偎在他身边。

1. “小鲜肉”变成了“老船长”

马丁1954年出生于丹麦，如今已是“花甲老人”，但马丁却越活越年轻，每天爱喝啤酒，爱到世界各地去听音乐会。

马丁出生于传统丹麦家庭，他从小独立、性格开朗，高中毕业后一个人搬出去租房子住，并开始找工作。在丹麦，高中生毕业后往往不急

---

①本目汇编自《广州日报》2017年12月12日刊登的《丹麦“老船长”的广州爱情》，作者是蔡凌跃。

于上大学，而是先选择自己喜欢的行业工作两三年，确定了方向后再选择相应的专业进行深造。对外面世界充满好奇的马丁选择了航海业，成为一名水手，开始了他与海洋的缘分。

这份工作让他爱上了大海，上大学后，他主修航海专业，毕业后顺利当上了远洋游轮的船长。两年后，像大多数适龄青年一样，马丁步入了婚姻的殿堂。为了有更多的时间照顾妻子和家人，他放弃了自己的爱好，回到大学里面进修社会工作者方面的课程。

但马丁心中割舍不下对浩瀚海洋的爱，在回校深造期间，他还利用暑假的时间出海，大学毕业后到一家轮渡公司上班，只做在国内往返的短途航行。就这样，马丁又在海上漂了10多年，从一个“小鲜肉”变成了“老船长”。

在此期间，生活并不轻松，马丁与妻子育有3个女儿，加之贷款买了一幢大房子，马丁肩上的担子始终沉重，对海洋的热情也被一点点地消磨掉。1993年，马丁申请到丹麦国际航海学院的教师职位，在航海之余将更多的精力放在教学上。

同样被消磨掉的还有妻子对马丁的感情，长期的聚少离多加剧了他们间的不信任，马丁的妻子在2005年向他提出了离婚。这对马丁无疑是一个沉重的打击，他开始漫无目的地到处旅游。

2. 好像找到失散多年的爱人

在地球的另一边，游小艳经历着和马丁相似的前半生。比马丁小8岁的游小艳，婚姻同样不幸福，在女儿出国求学后，游小艳于2001年选择离婚。

单身的游小艳尝试着让生活变得不一样，2011年初，她在一社交平台上登记成为一名接待“沙发客”的中国女房东。

她先后接待过来自20多个国家的40多位沙发客。

2011年深秋的一个晚上，游小艳手机响了，她收到了社交平台群发的一封新邮件，邮件内容非常详细，发件人是一位来自丹麦的大学教师，对方声称要去新西兰探望自己女儿，回程时会在广州中转，希望有个本地人愿意提供沙发并陪同游玩。“我当时第一反应是，怎么会有这么傻的老外，在公开邮件里把自己祖宗三代的信息都介绍了，但我内心又欣赏这种诚实的人，所以就答应了。”这位沙发客正是马丁。

在出发前的两个月里，马丁与这位女房东一直保持着邮件联系。“我们知道了彼此的经历，有一种惺惺相惜的感觉，所以在见面之前就已经熟络了，那感觉很奇妙。”游小艳说，两个素未谋面的人，在当时已经对彼此有了好感。

回忆起两人初次见面时的情景，游小艳略带羞涩地形容那种感觉就像“一见钟情”，而她身旁的马丁就直接得多了，“我第一眼就爱上她了，一见面就给了她一个拥抱和一个吻。”在马丁回国之前，两人就已经堕入爱河。

对于这段天赐良缘，游小艳和马丁都十分感慨，“就好像找到了一个失散多年的爱人”。

3. 相隔两地的爱情长跑

确立了恋爱关系之后，这对跨国恋人也开始了异地恋。

马丁除了每天用情话诉相思，还联系了一家国际送花公司，隔三岔五就下单买花，让其在广州的分公司代为邮寄，用一束束鲜花带去对游小艳的思念。“他这个人很浪漫，那时我们有7个小时的时差，每天晚上我跟他聊完后就去睡了，而他就下单买花。我经常第二天醒来就收到鲜花，但他从不会提前告诉我。”

那时两人均未退休，没有办法一直陪在彼此身边。难解相思之苦的马丁在2012年萌发了来广州工作的念头。于是马丁通过交流教学的方式在广州度过了3个月，下班之后，马丁和游小艳把时间都用来陪伴对方，两人的感情也持续升温。

此后，马丁也利用假期数次来广州，他也希望将游小艳带到丹麦去看看。2013年游小艳退休，马丁便邀请她去了丹麦一起生活，两人住在马丁租的公寓里。在那几年里，他们的相处模式基本都是夏天一起在丹麦过，冬天一起回广州过。

到了2016年5月20日晚上，刚下班的马丁回到家，衣服都还没来得及换就神秘兮兮地问游小艳："要不我们开支红酒吧？"小艳觉得有点莫名其妙，果然，喝了酒之后，这位浪漫的老船长突然单膝跪地，并捧着鲜花向游小艳求婚。"我当时惊呆了，但回过神来确信他是认真的，于是我就答应了。"

4. 广府婚礼成焦点

2017年春节前夕，回到广州的游小艳有一天在家里翻阅报纸的时候看到首届广府集体婚礼的消息，作为一个土生土长的广府人，她自然对此很感兴趣，二话不说就在手机上报了名。还在丹麦上班的马丁得知这个消息果然很兴奋，春节后很快便赶回广州。

在2017年3月初的这场广府集体婚礼上，马丁和游小艳成为全场新人中的焦点，而他们也很享受这个过程。

过去的几年来马丁都会随游小艳回广州，如今他也已爱上了这座温暖的城市，包括这里的美食和美酒。

马丁说自己披头散发的时候像一个"摇滚老炮"，而音乐正是他一生中不可或缺的爱好。对马丁而言，这段跨国恋情最美妙的一个地方还在于，他喜欢的音乐类型，游小艳都能够支持并接受，"我以前不知道自己能接受这么多的音乐，是马丁唤醒了我的音乐细胞，我跟着他参加各种音乐节，慢慢地我也爱上音乐了"。

“我们都不喜欢逛街，现在的生活就是去不同的地方体验当地的音乐文化和啤酒文化，同时力所能及地帮助一些有需要的人，我们都很享受这种状态。”

5. 对话：希望结婚让她将来有更好保障

记者：当年航海时有什么难忘的经历？

马丁：刚开始远航的时候差点回不来。有一次我们途经黎巴嫩海域的时候引擎坏掉了，当时风浪特别大，我们的船就这样在海上漂了三天三夜，最后才被救援船拉到里斯本，3个星期后才回到丹麦。当时虽然有点害怕，但我并没有打消当水手的念头，得救后又开始期待下一次的航行。

记者：小艳当年为什么会想要接待沙发客？

游小艳：其实是出于一种回报社会的心态。因为我女儿读研之后去过很多欧洲国家旅游，当时有很多热心的外国人都为她提供了免费的沙发，这让我特别感激，所以我也愿意开放自己的家，为这些来广州旅游的外国朋友提供方便。我一直到退休之前都接待沙发客。

记者：你们为何会在这个年纪还选择结婚？

马丁：因为她总会做很多事让我开心，让我想要每天见到她。

当然还有一个重要的原因，如果我在退休前娶了她，按照丹麦的政策，假如我将来先离世了，她每个月还可以获得跟我同等级别的生活津贴。我爱她，所以结婚也是希望她的将来有更好的保障。

游小艳：其实一开始我们只是恋爱，没考虑过结婚，但就像他说的，结婚是为了我晚年生活有保障，但我也是在他求婚之后才知道的。

现在想想还是很不可思议的，我们真的很幸运，能在对的时间遇上彼此，做什么事都能想到一块去，每天在一起生活都会觉得很新鲜。

记者：你们刚开始恋爱的时候会在意周围人的眼光吗?

游小艳：不会。我们都到了这个年纪，不再需要看别人的眼光做事。我们就是勇敢地跟着自己的感觉走，在哪里都可以大大方方地向对方表达爱意。这种不用伪装自己的状态很幸福。

记者：你们的相处之道是什么？会有闹矛盾的时候吗？

马丁：信任和包容。我喜欢最本质的她，所有的优缺点我都接受，她在我面前不需要伪装和解释，我们不会做伤害彼此的事。

游小艳：每个人都会有缺点，但这才是真实的他，我们只需要做好自己；至于矛盾也不会有，我们都包容对方，做错事了就一句“没关系”，让它过去就是。

记者：对现在的生活满意吗？接下来有什么计划？

马丁：很满意。我还有两年退休，现在是半退休状态，每年只有一半时间上班，剩下的时间可以带她去海岛上玩，去欣赏更多的好音乐，然后每年可以回到广州来过一个暖冬。

游小艳：我们都很珍惜当下，既有自己的生活，又有家人可以陪伴，每天的时间都过得很快；接下来会回去申请丹麦的长久居留权，以后的生活顺其自然吧。

（六）洋教师过起了中国年[①]

（编者按：中国传统的新春佳节将至，花市牌楼和年货街装点出一派年味。在春节即将来临之际，很多在广州的外国人也想“凑一下春节

①本目汇编自《南方日报》2018年2月16日刊登的《洋教师过起了中国年》，作者是许蕾。

的热闹”。与外交官、商人不同，外教过春节似乎更加“接地气”。）

马丁和家人总算搞掂了租房的事情，不用在年后跟“租房大军”拼运气了。采购新家的家居用品之余，马丁一家饶有兴致地顺手采买了一些年货，在花市逛的时候，他们碰到有商家现场手书春联，红底的春联贴在门上很喜庆，马丁一家很喜欢。

1. 未雨绸缪，年前租房

今年36岁的马丁来自哥伦比亚，在大学城做外教，他和太太以及一子一女在广州生活半年多了。最开始，马丁独自一人来到广州，住在学校提供的公寓里。两个月后太太和儿女一起到来，马丁觉得原先的单人公寓有点不够住，希望能有个面积更大的居所，让家人更加自在。同事告诉他，趁着春节前租房或许会有“笋盘”。“什么是‘笋盘’？”马丁很困惑。同事解释，这是本地说法，简单点说，就是“租金优惠，房子还很不错”的意思。于是，开始过寒假的他盘算着租房。

热心的学生和同事还告诉他，最好委托附近的中介带去看房。马丁找到中介，却被告知：临近春节，放租的房源并不多；而春节之后，是广州的租房旺季，到时候要租到合心意且价格优惠的房子会更难。好在中介比较积极，很快就带来了房源的消息。马丁一家去看的第一套房子是大学城附近某小区的三房两厅单位，朝向很好，各方面都过得去。不过，太太觉得不是特别满意。中介带看房的时候就说明，这是一套“吉屋”，也就是说，只有交楼时的装修，其他家私家电都需要自己准备。马丁注意到，只有主卧安装了空调，客厅和客卧以及儿童房都没有。

家具缺了很多，再加上墙壁有些地方还需要修补，这些都要在春节假期前弄好的话，时间有点赶。马丁向中介提出再看多两套，到第三套的时候，马丁一家决定：就是它了。

2. 身在异国，也要有家的感觉

这套110平方米的三房单位，很合马丁一家的心意。装修简洁，该有的“大件儿”家具都有了，难得的是，房子很新的同时，房东还很贴心地新购了冰箱、席梦思床垫和洗衣机，签好租约第二天，电商就送货上门了。

初步打扫整理完毕，马丁一家决定对新家做一番装饰，让它更有家的感觉：小孩的儿童房需要重新贴墙纸，因为女儿还小，家里还需要安装一些婴幼儿的安全设施；厨房的厨具要按照太太的想法重新采买；太太爱养些花花草草，少不得在阳台上打理一下。

第一次逛广州的花市，马丁一家感到特别新鲜，小孩子们更是高兴坏了。“以为花市就是卖花的，结果什么都有”，小吃、年花、年桔、日用品，还有春联、中国结之类的新春小装饰，从街头逛到街尾，马丁一家满载而归。

他最喜欢的是一副春联。在这位洋教师的眼里，汉字的魅力和书法的美感最有中国韵味，配上红彤彤的中国红底色，很吸引人。春联是花市现场一位老人挥毫写成的，马丁拍照发给朋友问：这上面的文字都写了些什么？得知都是中国春节里大家约定俗成要说的吉祥话儿，马丁觉得很有意思，兴致勃勃带回家决定像隔壁邻居一样贴在大门上。

从一副春联开始，马丁了解到不少中国春节的习俗，他开始期待除夕夜。“中国的同事说，会来我的新家聚会，给我送年糕和饺子尝一尝。”

（七）美国教授亲身体验广州巨变：历史上最具革命性的30年

（编者按：当本书即将完稿的时候，看到《参考消息》的这篇文章，觉得对本书是不可多得的材料。参考消息网9月12日报道彭博新闻社网站9月11日刊登了题为《美国教授亲身体验广州巨变：历史上最具革命性的30年》的文章，作者是美国乔治·梅森大学经济学教授泰勒·考恩。这位美国教授在文中讲述了他亲身体验到的广州30年巨变，文章具体摘编如下。）

我已经30年没有来过广州了，我想看看它能勾起我的哪些回忆。答案是：几乎为零。没有什么地方可以像广州一样在这样短的时期内经历如此彻底的转变。

在1988年7月，街道上有非常多的自行车和摩托车，但很少见到汽车。我的旅行团乘坐一辆大巴车，在自行车队伍中艰难地穿行。我经常看到人们骑着自行车，有时甚至能闻到一些自行车上悬挂着的猪肉的气味。

如今，令人印象深刻的地铁系统是主要交通方式，而街道上则填满了汽车。当地居民使用手机出行软件预约车。自行车大军重现广州街头——这一次是手机应用支持的共享自行车服务。

发生改变的不只是经济。广州的情侣在公共场合接吻、拥抱、牵手，这种画面与在西方很多城市一样常见。我上一次到广州时，人们的行为要拘谨得多，大多数人穿着一种黑白两色的制服，与今天五颜六色的时尚风格相差甚远。

30年前我到访一家幼儿园，那里的小孩子目不转睛地看着西方游客，他们还想拔我手臂上的毛。现在，根本没有人注意到我的存在。在广州的非洲人聚居区，土耳其餐馆、中东餐馆比比皆是，到处都是非洲来的创业者。同样，他们既没有吸引多少人的关注，也没有让人感到多么惊讶。

要想理解广州怎么可能发生如此巨大的变化，你可以想一想经济的复合增长。如果一国经济每年增长大约10%，那么它的经济规模基本上每

7年就翻一番。即便是现在，中国经济大约保持7%的年增长率，中国经济差不多每10年也会翻一番。把时间拉长到30年，而且在增长速度快于全国平均水平的广州，你就很容易理解为什么想不起来过去是什么样子了。

回到1988年，那时我还远没有忘记尼克松1972年对中国的访问。在我看来，到广州旅行这样的新鲜事于我仍是遥不可及的。直到我抵达香港看到那些广告，我才终于预订了为期4天的旅程。

如今我每年都会来中国，在选择酒店、餐馆以及如何与出租车司机交流方面有一整套的“中国流程”（其实并不复杂：我的智能手机上有一款翻译软件）。中国已经成为一个我非常喜欢且熟悉的目的地，而不再是一个充满异国情调的地方。我也不再像过去那样只能参加束手束脚的广州旅行团，而是和一位俄罗斯熟人以及一位华裔加拿大朋友结伴旅行。

香港到广州的火车之旅有什么变化吗？1988年，我在途中看到农民和他们的耕牛一起犁地。如今，这趟旅程会带我穿过深圳，这是中国的技术之都，它的经济活力甚至让广州相形见绌。

中国最近的经济高速增长并非常态。可以说，我这两次旅行之间恰好是广州历史上最具革命性的30年。

第五章

留学生看广州

当中国人还在考虑如何多向国外派遣留学生的时候，不经然间，中国已经来了众多的外国留学生，显示了留学教育的双向性和互动性。庞大的外国留学生群体已经成为服务和管理上不容忽视的对象，他们毕业后可能选择回国，也可能选择留在中国工作，从而产生难以预期的影响力。无论如何，这个群体对所在城市的看法也不能不引起重视。而且，在广州，留学生群体也呈现了丰富的层次性，他们对广州的观感和意见值得我们关注。

一、概述：广州是留学生的重要目的地

来华留学事业是我国教育事业的重要组成部分，也是文化软实力体现的窗口。随着中国经济的腾飞，中国传统文化对外国学生的吸引力也在增强，自2005年以来，来华留学生人数一直持续高速增长。据教育部2017年3月1日发布的数据，2016年共有来自205个国家和地区的442773名（数据不含港澳台地区，下同）各类外国留学人员，在31个省、自治区、直辖市的829所高等学校、科研院所和其他教学机构中学习，比2015

年增加45138人，增长了11.35%。[①]这显示出在高等教育国际化浪潮中，中国在国际舞台上越来越醒目，已经成为亚洲最大的海外留学目的地国。

按洲别统计，来华留学人数最多的是亚洲、欧洲和非洲，美洲和大洋洲来华留学人数相对较少。2016年来自亚洲的留学生人数有264976名，欧洲71319名，非洲61594名，美洲38077名，大洋洲6807名。（见表5-1）

表5-1　2016年来华留学生人数统计表（按洲别统计）

排序	洲别	总人数	占总数百分比	比上年增减人数	同比增减
1	亚洲	264976	59.84%	24822	10.34%
2	欧洲	71319	16.11%	4573	6.85%
3	非洲	61594	13.91%	11802	23.70%
4	美洲	38077	8.60%	3143	9.00%
5	大洋洲	6807	1.54%	798	13.28%

数据来源：中华人民共和国教育部网站2017年3月1日发布的《2016年度我国来华留学生情况统计》

按国别来统计，2016年来华留学生中，来自韩国、美国、泰国、印度、巴基斯坦、俄罗斯、印度尼西亚、哈萨克斯坦、日本、越南、法国的留学生最多，均超过了1万人。来自韩国的留学生人数最多，2016年甚至超过7万人，远远高于其他国家。（见表5-2）

---

①数据来源：中华人民共和国教育部网站2017年3月1日发布的《2016年度我国来华留学生情况统计》。

表5-2　2016年来华留学生按国别统计表（前5名）

排序	国别	总人数
1	韩国	70540
2	美国	23838
3	泰国	23044
4	印度	18717
5	巴基斯坦	18626

数据来源：中华人民共和国教育部网站2017年3月1日发布的《2016年度我国来华留学生情况统计》

2016年来华留学生来华学习的专业也打破了以汉语学习为主的格局，学科分布更加均衡。2016年来华学习汉语的留学生人数占留学生总人数的38.2%，比2012年的53.5%下降了15.3个百分点，更多留学生来华学习汉语以外专业。与2012年相比，教育、理科、工科和农学学科留学生数量显著增加，增幅均超过100%；经济、西医、文学、法学、管理等学科留学生数量增幅均超过50%；占比增长最快的学科为工科，较2012年增长了5.2个百分点。学历生中，就读人数最多的学科依次为西医、工科、经济和管理。①

按省、区、市划分，北京、上海、江苏、浙江、天津、辽宁、广东、山东、湖北、云南等是留学生人数最多的地方。广东省也是留学生选择较多的省份，每年吸引了大批的留学生，据统计2016年来粤留学生人数达到了24605人，在全国位列第七，这与广东省优越的地理位置和改革开放以来经济、教育的迅速发展是分不开的。（见表5-3）

①摘自搜狐网2017年3月2日发布的《教育部发布2016最新出国留学和来华留学大数据》。

表5-3　来华留学生人数按省区市排序表（超过一万人的）

排序	省市自治区	总人数	排序	省市自治区	总人数
1	北京	77234	8	山东	19829
2	上海	59887	9	湖北	19263
3	江苏	32228	10	云南	14925
4	浙江	30108	11	黑龙江	14310
5	天津	26564	12	广西	12189
6	辽宁	25273	13	福建	12180
7	广东	24605	14	四川	10796

数据来源：中华人民共和国教育部网站2017年3月1日发布的《2016年度我国来华留学生情况统计》

广州作为中国改革开放的窗口，是拉动来华留学生教育发展的重要力量，来穗留学生数量也持续增长。主要有以下几个原因：第一，改革开放以来，随着中国的国际影响力日益增强，中国与周边国家贸易往来不断增加，广州经济飞速发展，经济实力雄厚，这对来华留学生尤其是周边国家的来华留学生很有吸引力；第二，汉语学习在国际持续升温，这促使越来越多的国外学生选择到中国学习汉语；第三，广州地理位置优越，交通十分便利，且广州教育资源优势明显，拥有好几个较有影响力的国际汉语教育基地；第四，广州具有开明、包容、开放的文化，使得来穗留学生能够快速地融入广州的生活。

二、走笔：不断改善来穗留学生政策

改革开放以来，来穗留学生人数的迅速增长，也从侧面反映出广州市经济的发展和教育水平的提高，这与改革开放带来的政策红利和广州市政府所做出的努力是分不开的。

（一）不断完善来穗留学生的相关政策，吸引留学生来广州

1. 促进高等学校的国际交流与合作

为加强对接受和培养外国留学生工作的规范管理，1999年教育部颁布了《中小学接受外国学生管理暂行办法》。2000年教育部又专门出台了《高等学校接受外国留学生管理规定》，规定高等学校接受和培养外国留学生的工作必须遵循深化改革、加强管理、保证质量、积极稳妥发展的方针，应当具有必备的教学和生活条件，以及相应的教学科研水平和管理水平。同时在外国留学生的类别、招生、录取、奖学金制度等方面做出了详细规定，规范了外国留学生来华留学的相关程序，提供了政策指引。

2010年出台的《国家中长期教育改革与发展规划纲要（2010—2020年）》提出，进一步扩大外国留学生规模。同年发布的《留学中国计划》提出，到2020年，全年在内地高校及中小学校就读的外国留学人员达到50万人次，其中接受高等学历教育的留学生达到15万人。2016年，中共中央办公厅、国务院办公厅印发了《关于做好新时期教育对外开放工作的若干意见》，强调要改进来华留学教学和管理，提升来华留学人才培养质量，打造“留学中国”品牌。通过完善立法，提供法治保障和法治规范，有利于提高国际学生培养质量，增强来华留学吸引力和扩大来华留学规模，提高我国教育的国际化和现代化水平。

2017年教育部发布了《学校招收和培养国际学生管理办法》，赋予高等学校更多自主权，使高校在国际教育中的主体地位更加突出，有利于充分调动高校在招生和教学方面的积极性和主动性。

2. 为留学生提供更多就业机会

为进一步拓宽人才引进的渠道和领域，早在2004年，广州市人事局

就出台了《关于加快我市人才引进的若干意见》，规定在国内普通高校留学并取得学士以上学位的外国留学生可进入广州事业单位工作，这为来穗留学的外国学生提供了更多的就业机会，也吸引着更多留学生来广州。

2018年2月11日，广州市政府常务会议通过了《珠三角国家自主创新示范区（广州）先行先试的若干政策意见》。为引进和激励人才，意见提出，广州将健全更为便利的出入境及居留政策；支持和鼓励外籍学生和毕业生在广州创新创业，在“双自”[①]区域就业创业的外国留学生可与本国公民同等享受市科技创新创业各项扶持政策；按薪金水平分层次给予高层次人才奖励等。

（二）丰富来穗留学生生活，促进留学生积极融入广州

1. 定期举办交流活动，丰富来穗留学生的生活

2016年12月19日，广东公共外交协会、广东省人民对外友好协会、广东国际教育交流协会主办了2016年“魅力广东，助我圆梦”在粤外国留学生交流活动，活动由暨南大学、广东高等教育学会外国留学生工作委员会承办，来自中山大学、华南理工大学、华南师范大学、广东外语外贸大学、暨南大学、南方医科大学、广州中医药大学、深圳大学八所高校的近2000名在粤留学生参与了活动。[②]2017年中山大学负责承办了在粤外国留学生交流活动。上述八所高校中，来自42个国家的近800名外国

①指珠三角国家自主创新示范区（广州）园区或中国（广东）自由贸易试验区广州南沙新区片区。

②摘编自中国新闻网2016年12月19日发布的《2016在粤外国留学生交流活动在暨南大学举行》，作者是郭军。

留学生参与其中。[①]

2. 各高校采取多种措施，积极推动来穗留学生融入校园生活

华南理工大学广州学院为留学生安排免费接机服务，抵校后由国际交流中心的老师陪同或指引其办理一系列入学手续，同时还在入学前就为留学生安排一名中国伙伴学生，通过“一条龙”的入学服务和完善的在校管理帮助留学生尽快融入校园生活。

三、自述直播：传统与现代完美结合，广州独一无二

（一）暨南大学中国研究专业硕士研究生：广州的文化在中国是独一无二的

（编者按：娜娜是在美国犹他大学国际关系——中国文化和特性专业完成本科学习后来广州留学的。以下是中山大学邓宇斌教授引介的书面采访，由编辑团队编译。）

2016年1月，我获得了犹他大学的海外实习机会来到广州，在广州律所进行为期三个月的实习。在这期间，我体验到中美两国之间的法律差异、公司文化差异，非常感激我谦逊的同事们对我的友爱和包容。广州这座城市完全颠覆了我的想象，很多美国人以前十分担心我在中国的安全，不过来到之后我才发现中国是一个非常安全的地方。我认为，美国朋友有这样的担心主要是因为美国媒体对中国的选择性报道吧。

①摘编自中山大学新闻网2017年12月15日发布的《2017“魅力广东，助我圆梦”在粤国际学生交流活动在我校举办》，作者是中山大学学生处。

广州给我的第一印象是善良和友好，无论是熟人还是陌生人，他们都十分愿意帮助我。随着待在这里的时间的推移，我越来越喜欢这座城市，当我2017年10月获得暨南大学硕士学位时，我已把广州当作我的第二故乡。虽然我以前没有在大使馆工作的经历，但我希望毕业之后可以在美国驻广州总领事馆工作，这样就可以穿梭在中美两地，体验两个国家美好的事物，并分别将这些美好的方面呈现给对方，同时也可以实现我的自身价值。

在中国的这段时间，我游历了香港、澳门、珠海、汕头、深圳等地方，这些城市都离广州不远，每一座城市都有其不同的一面，带给我不一样的感觉。虽然生活在每一座城市的人们都有属于自己独特的文化，但对中国的归属感和作为中国人的荣耀感将他们紧紧相连，为此，我十分敬重中国人的爱国主义情怀。而且我发现我游历的这些城市的菜系和广州有所不同，这也是我喜欢游历不同城市的原因之一。我想，即使我再在中国待上十年也尝不完中国所有的美食。我是粤菜的超级粉丝，喜欢尝试各种食物，而广式茶点是我的最爱，吃多少我都觉得不够。

每当我家人或朋友来广州旅游的时候，我都会强烈推荐广东的美食，“食在广州”是这里永恒的主题。这些精致的广东美食在你面前出现时，即使再吹毛求疵的食客也忍不住品尝，而且这里饭店的服务非常得体。广州的饭店服务遵循顾客即上帝的宗旨，尽量满足你的一切需要，如果你有要求，即使他们再忙都会过来帮助你。而在美国，服务员都在特定的区域并有特定的分工，你需要等他们一项一项做完自己的事情再来帮你。广州的饭店一般都有一个非常强大的服务部门，这个部门包括经理在内都要立即解决顾客所遇到的问题。总体来讲，中国的人们都对我十分友好。

广州的文化在中国是独一无二的。这里的文化具有多元化及传统与现代完美结合的特点。热情好客的广府文化让我不敢相信世界上还有这样的地方存在。这里有许多设备完善的公园、富有设计感的建筑，晚上明亮的街灯让我流连忘返。广州的商业氛围变得十分浓郁，外国的投资者和工作者增强了这里的生产力。同时，中国的改革开放也给中国人和外国人创造了很好的外部条件。开放的商业环境和求同存异的商业理念让中国人和外国人都在这场经济盛宴中获得收益。

广州地铁系统令人大开眼界。当我第一次在广州乘坐地铁时，我被干净的地铁站和有良好秩序的乘客所震惊。事实上，成千上万人一起乘坐地铁是一件令人难以想象的事情。虽然有这么多人乘坐地铁，但是地铁总是可以准时到达，我每次都能及时上车，而且绝对安全。我从不担心走失或者受伤，因为地铁站里的许多地方都有地图，而且地铁里的工作人员都十分乐于助人。广州地铁和其他公共交通（BRT、网约车、自行车等）都十分干净安全，可以带你到这个城市的各个角落。

中国提出的大湾区发展规划也吸引了我，这个规划连接了广东、香港和澳门，这一区域将整体协同发展。

在广州过的第一个生日也成为我在这个城市难忘的回忆，我和家人在花园酒店不仅享受了富丽堂皇的装潢和精美的菜肴，还一起喝了茅台酒。花园酒店的服务非常好，吃完饭我们在酒店的花园消食散步。我发现中国人强调用少吃和运动来保持健康。中国人对他们创造的食物很自豪，我也为他们感到自豪。我在生日那天收到的礼物有红包、金链子、手镯和丝巾，以及一块质地很好的美玉，我戴上了玉项链来保存我在广州美好的回忆。

我希望能踏足广州的各个角落，我去了白云山，泡了白云山温泉，享受了白天鹅宾馆和星河湾宾馆这些高质量饭店的服务。我希望吃遍广州所有好吃的餐厅，同时也深深被广府文化所吸引。广州具有很强的包容性，希望将美好的一面展现出来。

我相信许多广州人也想去我的祖国旅游，这个比率会随着中美良好的双边关系和双方相互了解的逐步深入而增大，广州人去美国旅游的趋势就能说明这一点（中国人也十分乐于探索未知的地方）。我希望促进和加强中国和美国的双边旅游合作，特别是鼓励广州人民和美国人民相互理解和尊重彼此文化，加强两个地方的文化和社会的相互理解，才能促进建立更加紧密的双边关系。

我也希望可以对广州和中国的发展提出自己的建议。我希望中国对一些外国人保持警惕，因为有些外国人会嫉妒中国的快速发展、利用中国人的仁爱思想。我建议通过协议限制外国人进入中国，中国应该只让那些对中国发展有利、尊重中国文化和对中国抱有积极态度的外国人进入。在过去，中国人的仁爱思想被一些外国人利用，中国有关部门应该对此提高警觉，避免再次发生。中国经济改革给世界设定了一个新的标准，这些标准不仅影响了发展中国家还影响了发达国家，各国经过比较后也可以对自己国家的情况进行反思，促进各国经济发展进步。中国经济也在激励其他国家的人民更加努力工作，让他们认识到走适合自己国家的发展道路才能让国家经济朝着更好的方向发展。

（二）奥斯陆大学访问研究生：地面的情况比较复杂，地铁是非常高效的

［编者按：特雅·玛丽·瓦伦儿（Thea Marie Valler）是挪威驻广州总领事馆介绍来采访我的研究生，她在复旦大学留学，却关注广州的汽车限牌问题，这使我联想起，既然她研究广州，何不反过来采访她。以下是书面采访，由编辑团队翻译。］

在2017年的春天，我在广州待了六个星期，作为一名硕士研究生，为完成我的交通政策论文进行田野调查。在前期的研究过程中，我决定对在中国几个城市实施的车辆登记的限制进行调查。我曾在上海和云南做交换生，但这是我第一次来广州。我选择广州的原因有很多，其中一个是很多人认为广州是一个开放的城市，作为一个具有悠久历史的国际化城市，广州更容易做研究。

初到广州，我住在广州西门口附近的老城区。住所附近窄巷交错、古树参天，因此广州给我的第一印象是一个生活节奏缓慢的绿色城市，几乎就像一个小镇。后来，我搬到了这个城市的其他地方，领略了这个城市的多样性。珠江新城的现代商业区，美丽的中山大学老校园，有着很棒的咖啡屋的体育西路，都散发着年轻、时髦的气息，这是斯堪的纳维亚人所欣赏的。白云山那片容易进入的森林让你在周末可以亲近自然。首个给我留下印象的是广州的地铁系统为外地人提供便捷的出行体验。此外，在这座城市感到安全，而且总有新的地方等待被发现。鉴于此，我认为广州无论作为一个学习还是工作的地方，都让人们感到有趣并愿意更长时间地待在中国。

广州人以他们的美食为荣，这一点也不奇怪！不仅本地美食种类繁多，你在广州还可以很容易地享受到中国各地的美食。广州的美食并不一定很贵，一些最好的美食体验是当地的小吃摊档，食物单价远低于5美元。

作为一名专注于交通运输的研究人员，公共交通系统对我来说尤其有趣。地铁给我的印象是非常高效。是的，在交通高峰期，尤其是在雨天，站台和列车都被挤得水泄不通。然而，对于乘客而言，这通常只是一个涉及是否存在私人空间的问题。其实，地面的情况比较复杂，对城市交通秩序提出新的挑战，很难预测出行时间，还可能长时间地陷入交通堵塞。BRT系统通常是特例，可以行驶在指定的车道。

当然，最重要的是，最让我难以割舍的是广州人。我非常感激我遇到的所有热情、乐于助人、有趣和慷慨的人。

（三）广州大学来自意大利的交换生：我亲身经历的改革开放中的广州

（编者按：这是广州市教育局协助联系的书面采访，原文是中文，编辑团队只做了些微修改。）

我叫安德雅·费诺（Andrea Ferro），出生在意大利威尼斯水城附近的一个小村庄。我今年23岁，是广州大学的一名交换生。

我还记得来广州大学做交换生之前的无比兴奋的心情。当时，离开我最好的朋友，离开让我厌烦又永远崇拜的家，我热情澎湃，又十分沮丧。我不知道迎接我的将是什么。

我有很多疑虑："远离家乡，我会生存吗？中餐什么样？我能交到一些朋友吗？生活在这个世界上最大的城市[①]中会有什么样的感觉？……"现在，在第一个学期的学习生活结束之后，我可以毫不怀疑地说，这是我一生中最美的经历。

在所有的地方中，我最想去的就是中国，特别是中国的广东省。为什么？首先，我坚信现在学习汉语比以往任何时候都重要。其次，中国不仅在自然地理环境方面，更重要的是在文化上与其他国家完全不同。例如，粤菜就蜚声全世界。

①原文如此。估计在安德雅·费诺看来，广州确实够大了。

广州是我所见过的最美丽的城市之一。它的建筑令人叹为观止。这里有很多惊人的建筑，让我们仿佛看到神奇的天界。广州塔是广州市的地标，是世界上最吸引人的景点之一。夜幕降临，它的灯光闪耀，灿若星河。

在广州的最初几个月，我被广东的风景和文化所震撼，被它的历史和民俗所吸引。我结交了很多朋友。这里的人们非常好，他们总是乐于帮助你。这一经验证明，在交流方面，不同文化和宗教的人，甚至来自曾经处于敌对状态的国家的人，都可以坐在同一张桌子上，忘记分歧，尽释前嫌，建立共同的交流基础。

我意识到，说“你好”比说“再见”要容易得多。事实上，当我离开的时候，我一定会想念这里众多的朋友。我的朋友，中国学生和来自其他国家的学生，都是友善、随和的人，让我有在家里一样的感觉。我承认，他们常常让我想起意大利的人们。

与此同时，在广州大学，我的教授慷慨地抽出时间来指导我，指导我如何进行自我阅读和写作。在我的专业领域，我不知道我已经获得了探索新领域的能力。在广州大学学习是很好的经历。我遇到了很多的专家教授，他们给了我很大的启发，给了我提高能力的活动机会。我获得了很多中国法律专业的知识。在中文课上，我也学习到了很多，了解了中国的传统，对中国人也有了进一步的认识。我发现，中文是一种非常吸引人的语言，我想一直学习下去。

这是一段非常美好的经历，我非常感谢广州大学和广州市政府。我知道这一切归功于广州的对外开放政策。

当然，我要毫不犹豫地向你们推荐广州和广州大学。广州是一个非常大的城市，它能给学生提供很好的条件：地理位置优越、校园宽敞、生活便利——咖啡馆、超市等设施齐全，价格也优惠。广州大学校园优美、交通便利。

广州交通发达，去中国其他城市和旅游景点都很方便。从广州到北京，坐火车慢车21个小时。这是一个很了不起的旅程。

在广州的学习生活，开阔了我的视野，改变了我的工作重点，调整了我的未来计划。一年前，我觉得不可思议的不可能做到的事情，现在我都体验过了，这将是我人生经验的重要部分。让我知道了如何发挥自己所拥有的，并积极挖掘自己的潜能。

最后，我意识到，在广州的经历，让我拥有了全新的面貌和认识。如果没有来到广州，我永远不会这样看待中国。我现在认为：广州是我的第二个故乡，我很喜欢广州，它给了我这样一个外国人很多的发展机会。我希望广州越来越好！

（四）广州大学来自埃及的留学生：我所见到的广州

［编者按：这位自称哈利，全名为阿莫尔·阿默得·卡里·沙菲克·萨班（Amer Ahmed Khairi Shafik Shaaban）的埃及留学生似乎为了证明自己是认真写这篇小文的，还附上了自己的护照号码。这是广州市教育局协助联系的书面采访，原文是中文，编辑团队只做了些微修改。对文中的有些观点只能追求和保持“和而不同”。］

我很高兴有这样一个机会来写这篇关于广州改革的作文，我来到广州已经有半年了，对此我印象深刻。我在埃及学的专业是中文，对中国有一点儿了解。来到广州，当我更了解它的历史、感受它的现在时，我对广州的印象越来越深刻。

在广州大学城，我学习的地方，可以看到南亭村、北亭村和贝岗村里的牌坊等老的建筑，也可以看到我们学校广州大学旁边的科学中心和我们学校的现代建筑。在广州市，我们可以看到像广州塔、广州大剧院、广州图书馆这样的现代建筑，也可以看到沙面的近代建筑，以及大佛寺、光孝寺、六榕寺这样的古老建筑。广州的交通很发达，地铁线路很多，高架桥很多，高速公路也很多。这种多样性在世界其他城市是不容易找到的。

广州有2200多年的历史，是海上丝绸之路的主要发祥地，今日仍然是主要港口城市和交通枢纽。广州有一段美好的时光，因为它是孙逸仙筹划创建中华民国的主要活动城市。

这个城市在历史上也遭受了很多次的磨难。最后一次是第二次世界大战时期被日本侵占，日军摧毁了太多的建筑物，而这座城市在1949年后得到新生。我知道中国在20世纪70年代末开始实行改革开放政策，广州也得到了更好的发展。

广州的广交会很有名，很多国家和广州都有贸易交往。我的祖国埃及的很多大的企业都在广州设有公司，和广州做生意，我希望我们国家和中国有越来越多的来往。

我认为，对西方文化的开放有其好处，也有其不利之处。广州的快速发展帮助人们提高了生活水平和文化水平，交通运输变得更加发达，十几条地铁线路几乎覆盖全城。人们也愿意接受可能完全不同于传统的新东西，特别是在除夕派对上穿衣风格的改变，穿着黑色西装而不是红色西装。

我认为不利之处是：人民生活水平和文化水平提高了，但是家庭关系（家人亲密度）一直在下降。例如：有的父母为了获得更多的钱，有时住在国外，很少照顾自己的孩子，甚至丈夫和妻子也可能不在一个地方，他们很少见面，与自己的父母也是很少见面。这是对西方技术和文化开放的结果。

最后，广州真的值得去寻找保护传统文化的方法。

（五）广州大学来自巴基斯坦的博士生：我在广州的生活

［编者按：这位自称阿里，全名为安瓦尔·沙衣得（Anwar Shahid）的同学也附上了护照号码。这是广州市教育局协助联系的书面采访，原文是中文，编辑团队只做了些微修改。］

我叫Anwar Shahid，中文名字是阿里。我来自巴基斯坦，我是广州大学的在读博士生。

当我第一次来到中国广州的时候，我完全爱上了中国的文化和友好的中国人。当一个完全不懂汉语的外国人来到中国可能会遇到的麻烦，我都没有遇到。国际教育学院有人到机场接我，帮我安排了住宿以及办理一切生活需要的证件等。当我寻求帮助的时候，学校的同学也很热心帮我解决了困难。我在广州很开心，也很适应。

广州市位于中国南部，靠近其他美丽的城市，是中国的大城市。它拥有1400多万居民，是地球上人口最多的城市之一。城市融合了现代和当代建筑、传统和古老的建筑；有很多旅游景点；夜生活很丰富，有许多俱乐部和酒吧。

从广州大学的大学城校区，乘坐约40分钟巴士或地铁到市中心。珠江水环绕着整个广州大学城。在大学城有10多所高校。

广州大学有27个学院，33000多名学生。

我的主要研究方向是应用数学。但我必须学习基础汉语课程和中国文化课程。通过这两门课程的学习，我与中国人有了更多的交流，还学到了很多关于中国文化的知识，对中国人有更多的了解。这些课程的上课形式灵活、自由。我们可以参与并讲述我们的经验或观点，教授们非常乐于听取我们的意见。教室设施很好。我们参加了很多课外活动，比如参观公园、动物园，去广交会做志愿者。

我们的校园环境很好。校园有很多服务提供。我们留学生的住宿条件也很好，有完善的生活设施。我和我的室友共用一间浴室。宿舍有热水和洗衣房，我们可以在宿舍挂衣服或保管行李。宿舍楼每层有两台洗衣机，我们可以用来洗衣服。宿舍也有床单，我们可以每10天更换一次床单，前台24小时为学生提供帮助。

我们学校有3个食堂，菜式品种丰富，有许多传统的中国美食，包括传统的粤菜。我和中国学生的关系很好，我们经常在周末晚上在校园里和他们一起聊天，分享一些东西，做游戏，和同学一起唱歌或进行其他娱乐活动。他们总是给我吃东西，这表明中国人非常好客，关心外国人，让他们度过一段段愉快的时光。

广州大学城是在一个独立的岛上的。这个岛很大。想了解更多的周围事务，我可以走路或租一辆自行车去。我经常在靠近河边的长廊上慢跑，但我觉得周末时在岛上与朋友骑自行车是非常有趣的。我们学校有很多体育设施，我经常和一些中国朋友打羽毛球、网球、乒乓球。夏季天气炎热时还会使用游泳池。学校还有健身房和学生游乐场。

我和同学们参观了广州的许多地方，有岭南印象公园、宝墨园、珠江（夜游）、北京路、广州歌剧院、广州博物馆、黄埔军校、黄埔古村、陈家祠、白云山、越秀公园等，这些有的记载了广州的历史，有的表明了广州发达的现代化，也都是我喜欢的地方。

广州是一个商业城市，这里有著名的广交会。每年都有很多外国商人来参加广交会。广交会一年举办两次。在广交会期间，我一直是广州地铁的志愿者。2017年4月15日到5月5日我第一次做志愿者；2017年10月15日到11月4日我第二次做志愿者，帮助和指导了外国人到达目的地。通过这个有意义的活动，我学到了很多东西，也更加深入地了解了广州。许多中国人在地铁站经过我们的接待台时，会微笑着向我们打招呼。他们中的一些人会想和我们聊天或拍照。我觉得对一个外国学生来讲，在广交会期间做志愿者是一个很好的机会。广州地铁公司还邀请我们到广州地铁博物馆参观，一起吃饭，欢聚一堂，共同分享我们难忘的时刻。我感受到他们的工作人员的工作配合度非常高，相互关心，合作非常愉快。我也感受到广州地铁的高度发达，管理非常先进。

我是广州大学的全额奖学金生。学费和住宿费全免。每月还有生活补贴。这里的老师非常友善，在我们有需要的时候，给我们提供帮助。不论是国际教育学院的工作人员，还是宿舍的工作人员对我们都很好。我们周围的中国人也非常友好，他们很善良，也很好合作。生活在广州，我认为中国是世界上最和平的国家，中国人民是最友善的人民！这些都是广州改革开放的成果！

（六）广州医科大学来自尼泊尔的留学生：充满机遇的梦想城市

［编者按：尼特希·谢瑞莎（Nitesh Shrestha）是学医的留学生，附上了自己的学生证号。这是广州市教育局协助联系的书面采访，原文是中文，编辑团队只做了些微修改。］

“无论我们如何努力，我们都无法让时间停止流逝”，同样，我们所见到的所有变化都是惊人的。广州又称“花城”，是广东省省会，位于中国南部，毗邻香港和澳门，是拥有多元文化和民族传统的最美丽的城市之一，是中国最受欢迎的城市之一。像其他大城市一样，广州拥有一系列的基础设施，例如机场、地铁、公共汽车、高速铁路和互联网等。这些基础设施对发达城市至关重要。广州拥有两千多年的悠久历史。广州有大量的大专院校，特别是医学院校，吸引了全中国以及其他国家的学生。广州所有的大学都设施齐全，并配备了最好的师资。这是留学生被广州的大学吸引的主要原因。在广州，来自不同大学不同专业的留学生达数千人，他们都梦想能学习到在其祖国无法学到的知识。留学生就像来自不同国家、文化、传统和社区的花园里的花朵，但他们都梦想顺利完成学业并成为成功的学者。

"如果我们想获得某些东西，我们就需要放弃一些东西。"大多数留学生离开家庭、朋友、亲戚和家乡来追求梦想。（幸运的是）高科技和现代设施，如手机和高速互联网等，帮助我们能随时随地联系到家人。和其他留学生一样，我也是来广州追逐梦想——成为医生。我想从这里学到一些新东西，并利用我学会的知识服务人类。

我在广州医科大学学医已经有6年了。在这段时间里，我看到许多起起落落。我经历了很多，遇到了很多人，这些都给我留下了很深刻的记忆，有些很甜而有些很苦。我仍记得初来广州的日子，那时我对这些一无所知。我发现了很多新面孔，体验了不同的语言、文化和食物，这些统统与我的祖国相去甚远。最困难的莫过于语言障碍。我认为这是所有来这里读书的留学生都会遇到的问题。广州市民讲的是粤语。首先，我的中文水平并不高。其次，当地语言粤语与普通话不同。我不知道如何向店主表达我想要什么。但现在我发现那些以前对英语一窍不通的店主可以用英语与我交流，虽然我也可以说中文，但是当有人用英语与我聊天时我真的很高兴。

广州已经是一个发达的城市，但我们依然可以随处见到热火朝天的建筑工地。我感觉广州人民对他们所拥有的东西并不满意，他们希望更上一层楼。我们可以看到管理得很好的街道，耸入云霄的大楼，来自世界各地的餐馆，等等。无论我们去广州哪里，我们都可以看到地铁站和公交车站，这使得生活更加便利和现代化。

对于许多留学生来说，广州就像是一个梦想之城，因为它拥有我们所需要的一切，无论是学习还是娱乐。我还记得曾经我们需要随身携带现金，但现在时代已经变了，我们只需要一部连上互联网的手机。仿佛广州的一切都已经联网。我们可以网上购物，并在家门口签收。我们可以使用笔记本电脑和手机搜索互联网上的一切。这是“信息高速公路”的真正含义。另外，广州比起过去也更加繁荣。

最后，我想感谢在这次旅程中帮助过我的广州医科大学的每一个人，希望广州的未来更加美好，并帮助更多留学生实现他们的梦想。

（七）广州医科大学来自澳大利亚的留学生：令人赞叹的广州

［编者按：西尔瓦（De Silva Sembukuttiarachige Dushinka S H）可以称作“澳大利亚籍斯里兰卡人”或“斯里兰卡裔澳大利亚人”，也附上了自己的学号。这是广州市教育局协助联系的书面采访，原文是中文，编辑团队只做了些微修改。］

这是我第一次来中国，也是第一次来到美丽的“花城”——广州。我目前正在著名的广州医科大学学习。两个月前，我为了追寻我的“医生梦”而来到这。我是一名来自澳大利亚墨尔本的学生，但其实我的家乡是斯里兰卡。我大部分的时间都待在澳大利亚或斯里兰卡。

我只在这里待了很短的时间，还没有完全了解广州的神韵，但我想我已经能够捕捉到广州的精髓了。我已经能找到这里和家乡的联系，郁郁葱葱的热带绿色植物鸡蛋花树和九重葛，这跟我的家乡斯里兰卡很相似。广州医科大学番禺校区地处新造镇，农田里种植着不同的蔬菜。在发达地区种植农产品的这一举措提醒我，现代社会应当意识到饮食均衡的重要性。

由于广州是一个发达的城市，基础设施与墨尔本的非常相似，给生活在这里的人们带来了便利，增强了幸福感。广州是中国的商业中心，每年许多论坛和会议都会在这里举办。城市规划很漂亮，其中最引人注目的是位于市中心的广州塔，即使你在20公里以外也能看到它。广州拥有壮观的天际线，当我参观广州塔灯光秀时，这一点非常明显。珠江上映着壮丽的摩天大楼以及沿着河水蜿蜒而下的游轮。在喧嚣中，你总能看到小巧复杂的寺庙。这显示了广州深厚的文化底蕴。

热情的广州市民是最亮丽的一道风景线。作为一个外国人，语言不通使我遇到了沟通障碍，然而，当我买早餐或问路时，有许多人愿意花时间帮助我，并且总是面带笑容，这使我感到很舒适。此外，我喜欢这里是因为这里的每个人都非常热情好客和乐于助人。在广州街头或地铁里行走时，总会有人以微笑跟你问好，最特别的是当你与一个可爱的婴儿对视时。我在广州待了好几个月，我已经学会了一些日常用语，这使得我们的沟通更顺畅了，这缩小了距离，为我打开了一扇能更深入了解广州文化的大门。

便利是广州的一大特点，大多数商场都有地铁线路覆盖，而且还在不断地完善。广州的地铁网络覆盖着每一个角落。除此之外，巴士线路也十分便利，能让你畅游广州。我惊讶地发现广州竟然有电车，跟我在墨尔本看到的电车不一样，更宽敞，更具现代化。最吸引我的是创新型的电车站，这使电车呈现出了未来主义风格。由于广州有完善的高速公路网，乘坐出租车或者网约车出行是您不二的选择。广州最重要的特点是安全，任何人都可以在不同时段单独出行，这是外国学生很看重的一点。

广州的食物非常诱人。都说“食在广州”，这里不仅有中国各地菜肴，而且有来自世界各地的美食。这一点使这个城市成为“吃货”的目的地。我大学食堂里也有各种各样的美食，厨师会根据天气、季节等来调整菜品的种类，让我对其充满了新鲜感。肠粉是我最喜欢的早餐之一，顺滑的米粉包裹着青菜、肉与鸡蛋，提升了肠粉的味道。同时，我也喜欢吃广州的包子和饺子，特别是烤猪肉馅的，一口咬下去，松软的表皮，饱满的肉馅，是一种享受。作为一个南亚人，我热衷于品尝美食。广州的四川菜馆也是我和朋友的常聚地，辣味与蒜香的完美结合，使我欲罢不能。食物是每个人生活中不可或缺的一部分，我相信不同菜品会映射出不同的文化。

来到广州深造是我做出的最正确的决定。在这里的学习生活能让我朝着我的梦想进发。广州人的生活方式使我向往，他们能在学习、运动、社交中取得很好的平衡。这里的环境非常平和，能让我保持头脑清醒和实现梦想。在广州的6年时间里，我希望能够有机会沉浸在这座自然风光优美与文化底蕴深厚的城市里。

（八）广州医科大学来自印度的留学生：你好，广州

［编者按：雅希普瑞·森·山度（Yashpreet Singh Sandhu）是印度留学生，也附上了自己的学号。这是广州市教育局协助联系的书面采访，原文是中文，编辑团队只做了些微修改。］

广州一直是蒸蒸日上的城市，一个各方面都很优秀的城市，例如旅游、贸易、金融、交通、教育等。我在广州市居住了五年，作为一个外国人，我很高兴地说，到目前为止，我认为这是一个非常棒的城市。

作为一名在广州医科大学攻读临床医学的印度学生，（我认为）在中国接受教育一直是一段了不起的经历，与在祖国的经历截然不同。

生活在异国他乡是困难的。较为明显的难点是远离舒适的家，尝试融入一个与我之前所有习惯都大不相同的社会。在现实中体验到的这种差异远超我的预期。虽然（适应起来）很困难，但（我从中）感受到了广州无比的热情。

广州没有令人失望，我发现中国人对我蹩脚的普通话颇为包容。（与他们沟通）一直很具挑战性，但这里的人们一直对与我沟通持欢迎的态度。当地的食品杂货市场就是一个完美的例子——即使商家不懂英文，他们也会给你温暖的笑容，并且利用百度翻译来帮助你。老实说，他们积极学习英语和用英语交流的态度让我的普通话得以突飞猛进，远强于读大一时。

作为一名医科学生，我有幸遇到了很棒的老师，他们将知识传授给我，我永志不忘。我认为广州的教育总体上达到了前所未有的高度。广州的大学每年接收数千名留学生。学校每年颁发奖学金给那些在学术和课外活动方面表现出色的学生，这进一步鼓励了我们留学生的参与，并激发了我们的学习热情。

随着我在中国学习的逐渐深入，我意识到以前我对中国教育方法的看法，主要包括认真记笔记和阅读教科书，都是错误的。诸如解决问题、批判性分析、收集证据和实验等教育研究手段都已经被广泛地采用。近年来，政府一直在鼓励使用新的教育方法，将学生放在课堂活动的中心，并增加老师和学生之间的互动，以及将新技术运用于教学中。

广州美食的种类之多让我赞叹，即便我已经在这生活了5年。在大多数地方做素食者是很困难的，因为素食的选择较少，但我必须说我对这里的美味素食感到惊讶。我曾担心我会不适应，但是在了解广州的素食菜肴后，我才知道我的担心是多余的。我从来不曾担心无法全心全意地享受这里的饮食。除了各地常见的麦当劳和肯德基以外，真正的中国味道让我敬佩不已。我曾经认为不可能的组合已经被中国的街头小贩带进了人们的生活，他们创造了最美味的食物组合。为了让人们更好地用餐，这里有数百个可供选择的地方，每个地方都有各自的中国特色菜，令人垂涎欲滴，不可抗拒。

广州科学技术的进步也让我着迷。QR码①的使用让生活变得如此简单。事实上，你只需简单地扫描就可以做很多事情，这是惊人的。二维码让你与物理世界相连。这些小小的代码让我无须使用现金就可以买东西。

我目睹广州取得如此多的突破。它通过与像ofo和Mobike（摩拜）这样的公司进行合作实现了单车共享，这对于广州的污染治理产生了巨大的积极影响。微信是中国最大的社交网络，拥有超过7亿的活跃注册用户，将QR码置于用户与平台交互的核心。它让使用地铁和公共汽车的旅行变得更容易，乘客不必为零钱而烦恼。我甚至看到过宠物的项圈上有QR码，以便好心人在它们走丢时送它们回家！

多年来，政府为保持广州的美丽而付出的努力并未被忽视。街道一直保持清洁，每个角落都有垃圾桶。诸如珠江新城、广州塔、珠江、中山纪念堂等景点都是这座美丽城市的亮点，从未让参观者失望。每年庆

---

①QR码是二维条码的一种，是英文“Quick Response”的缩写，即快速响应的意思，源自发明者希望QR码可让其内容快速被解码。QR码比普通条码能储存更多资料，亦无须像普通条码般在扫描时直线对准扫描器。

祝活动中的装饰都会变得比上一年更加漂亮。

虽然已经拥有这么多美丽的地方，但我仍然可以看到即将建成的有吸引力的基础设施，我仍然觉得这是值得赞扬的。

这个城市在保持文化传统的同时，始终保持着令人难以置信的清洁和华丽。

广州一如5年前我刚来到这里时的美丽。

在广州的这几年，我从来没有经历过任何让我感到不安全的状况。有时我不得不在夜晚从地铁站步行回家，但从未感到害怕。我不仅指男性，我认为广州对女性来说也是比较安全的。我从来没有见过女人在街上被骚扰。虽然我不建议在“奇怪”的时间独自出门，但我可以肯定地说广州是一个安全的城市。市政府通过设置地铁站的安全检查以及在越来越多的地点安装摄像头和部署警卫等诸多手段，有力地保证了广大市民的安全。

中国政府不仅积极参与了一般意义上的安全行动，多年来在提高公民的健康安全方面也表现出色。我们都知道2002—2013年“非典”席卷了中国的大部分地区。在赢得这场艰难的战斗后，政府已经能够完全防止危险的流行疾病的暴发。对于一个人口稠密的国家来说，保持大部分地区的良好健康状况是卓越的成就。

在广州的经历教会了我很多知识，帮助我以一种独一无二的方式成长，而我认为这种方式在其他地方是不可能有的。文化调整、学术观点、移民法规和生活环境的变化都非常激烈，但总的来说这种经验十分宝贵。耐心和决心使我能够轻松面对和挑战人们必须面对的障碍。在广州的经历使我在自律的同时更加独立，我知道，这将是我永志不忘的经历。

四、媒体述评：社会气氛包容友善

（一）外国留学生：奋斗在广州，收获未来、友情与美食[①]

（编者按：在广州的留学生生活也是丰富多彩的，当然学生味也是很浓的。相对来说，他们对广州的观察和看法也是最没有功利性的，因为毕竟不是每一个留学生毕业后都会留下来。因此，他们与广州的接触更加流露真情。）

1. 广州人很nice（友好），社会气氛包容友善，海外奖学金项目种类繁多

正在广州某高校就读MBA（工商管理硕士）课程的美国人依萨克·斯坦福（Issac Stafford）已经35岁了，他笑称自己“高龄留学”一度成为他融入留学生群体中的障碍。不过，他从比他年轻的同学们身上学到了很多，更得到了很多广州同学、朋友的帮助与支持，“自我放飞”到而立之年的他，才萌生奋斗的决心。

而说起自己来留学的理由，依萨克·斯坦福有些不好意思，他表示，自己当初是不顾一切追随喜欢的女孩而来，谁知道后来恋情已成往事，他却收获了在广州沉淀与奋斗的人生。

和依萨克·斯坦福一样，因为各种各样稀奇古怪理由来到广州的留学生还真不少。他们对记者表示，不管当初因何而来，广州这座城市，

①本目汇编自《新快报》2017年9月6日刊登的《老外留学生：奋斗在广州，收获未来、友情与美食》，作者是罗韵。

都让他们收获了意外的惊喜。

作为植物爱好者，最爱广州繁花似锦

体型高大、气质阳光的依萨克·斯坦福曾是一名兼职演员，五年前在美国的街头偶遇一位在当地参加短期访学的广州某高校女教师，两人迅速坠入爱河。为了与爱人厮守，很快，依萨克·斯坦福就办理了相关手续，申请到来广州留学的资格。

后来，虽然曾经相互吸引的两人已经分道扬镳，但是依萨克·斯坦福却发现自己已经爱上了在广州的生活。友善的邻居、舒适的气候、丰富的植被和种类繁多又便宜的美食，把他的心和胃都紧紧抓住。

“在美国，我在大学里读的专业是农业和种植，在生活中我也很喜爱研究身边的植物。以前就曾听说过，广州有‘花城’的美称，一年四季都有绿意盎然的植物和不败的鲜花。当我踏上这片土地，看到这里的植物种类极其丰富且形态各异，无论是在城市中心还是在郊区，在豪华酒店还是在居民楼的阳台，都能看到被精心养育呵护的植物，如果真的一样一样去研究细看，花多少年都不够用。”

依萨克·斯坦福相信，在广州的繁花似锦里，自己的专业和爱好能够得到进一步的提升。

然而，理想归理想，现实中的问题依萨克·斯坦福必须面对。

首先，他所在班级的学生来自不同国家，有不同的语言和文化，要迅速融入彼此并不容易，大家小心翼翼地交朋友与抱团。而依萨克·斯坦福像橄榄球运动员一样的健壮身形和他的“高龄”让他被迫成了容易落单的那一个。

其次，课室里的桌椅都是按照常规身材定制的，对于依萨克·斯坦福的身高体型来说太“迷你”，坐下来勉强缩着手脚听课实在谈不上有助于学习。看似小事情，却令依萨克·斯坦福十分苦恼。

意外收获新的事业与人生

随着圈子里的本地朋友越来越多，在经历了失恋的痛苦后，或许是从周围更年轻的同学身上看到了自己的短处，晚熟的依萨克·斯坦福慢慢收起吊儿郎当的样子，一边在广州读着MBA，一边通过网络远程学习美国高校的课程。

为了生活，他没有过上想象中莳花弄草的悠闲日子，课余往往奔波在做英语家教的路上。

这时候，做过兼职演员的好处才显现出来，依萨克拥有比其他母语为英语的外国人更字正腔圆和富有感染力的语音语调，这让他受到许多家长的欢迎。

采访中他展示了手机里面储存的上课照片，孩子们通过游戏互动、模拟演戏演讲等方法学习语言：剪着冬菇头的小女孩伸出小小的手掌，跟他的大手击掌，“这就是give me five（击掌）”——透过对焦不准的模糊照片上面孩子、家长的笑脸，也能感受到当时欢乐温馨的教学气氛。

“有一对小姐弟，特别聪明，一教就会。虽然他们的家在郊区，每次从天河来回都要在地铁上花很长时间，可能拿这个时间去教别的孩子能更轻松或者赚更多钱，但是我很喜欢他们，他们也很喜欢我，特别离不开我。”依萨克·斯坦福带着小骄傲告诉记者。

2. 跟广州的哥“尬聊”学中文

来自尼泊尔的某高校临床医学专业大五的25岁留学生施得汉特（Siddhant）第二天就要迎来新学期。今年他最期待的事情，就是要跟同学们一起被分配到某医院开始为期三个月的实习——穿上梦寐以求的白大褂，面对面跟病人沟通，用专业知识为他们解除病痛。这是令施得汉特最激动和兴奋的事情。

施得汉特的家乡经济水平不高，家庭也不算富裕。少年时代的他有机会接触到许多中国游客，生活中也使用着各种由中资企业提供的基础服务，包括水电、网络等。对这个相邻的文明古国，他早早就有了向往。选择到广州留学，施得汉特坦承，主要是相比较其他大城市，留学广州的学费和生活费更低一些。

此外，广东的留学生项目也会为一些成绩优秀的外国留学生提供几千乃至上万元的奖学金和生活补贴，这为类似施得汉特的家庭来说减轻了不少负担。

“来到广州的第一年，是挺难熬的，感觉很孤独，不被倾听。整个第一学年，几乎都没有交到朋友，有时候晚上躺在被窝里扪心自问，选择背井离乡求学，会不会是个错误的决定呢？”

施得汉特回忆起当时的心情，分析说：“当时我中文不会说，英语也带有浓重的口音，可能大家会觉得很难跟我沟通吧，于是干脆就把我晾在一边，自己用中文交谈了。”

于是，课余时间他主要的聊天对象是出租车司机们，通过跟带有天南地北不同省份口音的司机们聊天，逐步提升自己的中文听说能力。

到了第二年，出租车司机们的“中文课”开始显示出效果，他跟本地同学们的互动逐渐增多。他这才发现“原来广州的同学们只是性格太含蓄内敛，而且害羞，他们说他们也对自己的英语没有信心，不好意思开口和我说话，这种想法不就和我在担心自己的中文水平一样嘛”。

施得汉特感慨：“这才发现，我们是一样的，其实他们内心都是很好很好的人，我在生活上遇到什么麻烦，他们都会无私地提供帮助。”

在孙逸仙塑像前许下希波克拉底誓言

混熟了以后，施得汉特彻底被拉进了广州风格的大学生活里，性格也乐观自信了许多。

下课以后，离开干净无菌的实验室，跟同学们呼朋引伴、勾肩搭背赶到学校后门熙熙攘攘的食街，叫上一大盘便宜的麻辣烫，还喊老板加上多多的免费辣椒。在广州就能吃到中国各地的特色美食，一直是施得汉特觉得广州最不可思议又最棒的亮点。

每逢假期结束在广州重聚，他和同学们必然要大撮一顿麻辣烫。在这热腾腾香喷喷的人间烟火气里，独在异乡为异客的愁绪也一并蒸发了。

在采访过程中也足见施得汉特学习中文的决心，他一直坚持用不那么标准的中文来回答问题，实在有不会说的词汇，才转回英语。在采访结束的时候，他执意反过来向记者提出一个问题："你们是怎么看待像我这样的外国留学生的？你觉得我跟你们，有什么不同的地方？"

他说，在结束广州的留学生活以后，也许会争取到美国深造，之后回到家乡，成为一名真正的救死扶伤的医生，实现自己在孙逸仙塑像前许下的希波克拉底誓言。

3. 开学带来一大箱特产送广州的老师和朋友们

来自斯里兰卡、某高校临床医学专业在读的24岁留学生明纳里·普兰纳维雅（Minali Prranavethya C Minali）是施得汉特的校友，看似温柔娇小的女孩，却能在上解剖专业课的时候面不改色，课后照常大吃大喝，让同学们刮目相看。采访的时候，她还兴致勃勃地给大家展示自己手机里储存的在解剖课上拍的照片。

这位重口味的女汉子在她的广州同学们眼里却是温柔会照顾大家的小姐姐。开学的时候，她从家乡回到广州，本来一个背包就能搞定的行李，硬生生被她打包成几个大箱子，历经千辛万苦才回到广州的住处，好像经历了一场春运一般。"因为我的箱子里装满了家乡的特产，要送给在广州的老师和朋友们，因为他们喜欢，所以我多辛苦都要背回来。"

原来，明纳里·普兰纳维雅的家庭从事着斯里兰卡最广泛的行业——种茶。她是个出生和成长在茶园里的姑娘，随身总带着一只修长透明的便携杯，里面泡着蜜橘色的茶水，透着花香和水果香混合的气息。当大家大口喝着矿泉水和可乐的时候，她斯斯文文地低头抿上一口，被人注意到，就会害羞地笑。

她的性格十分洒脱随性，选择来到广州，首先是因为交通方便，离家乡不算太远，其次是为了中华博大精深的中医学文化。

“在我们学校里面有许多十分资深的老教授，他们脑海里有数不清的学问，我们学几辈子都学不完。但遗憾的是，他们不懂英文，我的中文水平也不是很好，面对面想要提问的时候，总是说不清楚，急死人了。”为此，她十分刻苦地练习自己的中文，她说，“生活上遇到的麻烦都是小事情，我就是来学东西的，我的任务就是吸收更多知识”。

最喜“广州人性格友善英文又好”

在实习过程中，她在跟本地病患的接触中也遇到很多令人尴尬的情况，比如病患对她的不信任，语言沟通的不顺畅，有时候还会遇到病患的“差评”。这时候，总会有本地同学、老师或医院里的医生及时“拔刀相助”，帮助她渡过难关。

虽然她的中文水平不足以记住每个人的姓名，但她还是很坚持地向记者背诵了一遍帮助过她的人的名单，许许多多位“×同学”和“×老师”。

“广州人的性格特别友善，不会因为肤色什么的就对我另眼相看。而且他们的英语水平都很好，基本上大家用英语沟通都没有问题，可以愉快地聊天。”

在开学第一天，她在公交车站等待通往校园的车，遇到一群小学生打扮的孩子也在家长陪同下候车。其中一个小朋友看到她，主动又热情地走上来笑着说“hello”，这个笑容融化了开学第一天带来的压力、忐忑等复杂情绪。类似这样在生活中偶遇的“小确幸”（细微的幸福），让她对广州的感情越来越深。

4. “花一年学中文远远不够”

来自印度、某高校语言班在读留学生普拉拉维丝亚（Prranavethya）的父亲在她家乡是一位颇有成就、人脉较广的商人，有不少生意伙伴和亲友在广州生活，把年轻的女儿托付给这些熟人，她的父亲很放心。

在来这里之前，她对一些相关的福利就比较了解，比如说某高校有这样的一项优惠：在正式入读该高校设置的专业之前，先来广州修读一年的中文学习班，外国留学生就可以拿到一个月3000元人民币左右的“语言学习鼓励金”。

她告诉记者，事实上她发现，想要进入全中文的专业学习环境，一年的语言学习肯定是不够的。她和她的留学生同学们都后悔没有在家乡的时候就开始学中文，晚学中文导致他们在生活、学习上因为语言问题多遭了不少罪。

“广州这座城市，包容友善的气氛和种类繁多的奖学金项目能让外国留学生在这里生活得很好。只是想要不虚此行的话，必须在家乡的时候就要提前学中文，对留学生而言，一年的中文课是远远不够的，语言水平不够会带来社交上的隔膜和学习方面的阻碍——掌握了中文，你会打开一个全新的世界。”

做义工、办派对、游览景点，想要了解最真实的广州

刚刚展开留学生活的她，课业还比较轻松，经常参加国际留学生会和学校组织的各种活动。她跟同学们一起，参加了学生会专门为留学生举办的派对，结交新朋友，也自行组织举办了不少社交联谊活动，传播自己国家和民族的文化；体验了茶道、书法等中华文化项目；尝试了做义工帮助弱势群体；游览了越秀山、广州塔、花城广场、南越王墓、长洲岛等名胜古迹。

（二）外国留学生讲述“我与中国梦”[①]

［编者按：中国梦本义是“中国人的梦”，其内涵是民族复兴、国家富强、人民幸福。2012年11月29日，中共中央总书记习近平带领新一届中央领导集体参观中国国家博物馆“复兴之路”展览现场时提出，实现中华民族伟大复兴，就是中华民族近代以来最伟大的梦想。后来具体界定为，到中国共产党成立100年时（即2021年）全面建成小康社会，到新中国成立100年时（即2049年）基本实现现代化，把我国建设成社会主义现代化国家。但对于外国朋友来讲，中国梦可能有新的内涵，也就是说，外国朋友可以参与中国梦的实现，也可以找到自己的“中国梦”，这就使中国梦有了国际化内涵。这与当初美国梦的提出有异曲同工之处。］

2013年7月，华南理工大学国际教育学院举办了一场主题为“我与中国梦”的征文朗诵大赛，给来自世界各地的留学生提供了一个展示自己中国梦的平台。

2011级全英国际经济与贸易专业本科生阿戴利娅·尤兰达说：“一些人追逐着美国梦，梦想着能够去美国工作，过上富足的生活，但我却在追逐着我的‘中国梦’。”

尤兰达来自印度尼西亚，身上有一半中国血统。她梦想着来中国读大学，但因为家境贫寒，常被人讥讽为做白日梦。但她没有放弃，靠自己的努力和优异的成绩获得了中国政府奖学金，成功地实现了自己的

①本目汇编自《光明日报》2013年7月29日刊登的《外国留学生广州讲述“我与中国梦”》，作者是吴春燕、祝和平。

“中国梦”。她说：“我的心中仍然怀着很多梦想，并且相信很快就能够实现！我梦想着自己将来成为一位成功的商人，为推动中国经济和社会的发展，为印度尼西亚和中国的友谊作出自己的贡献。”

来自马来西亚的华裔学生汤文康为2010级建筑学专业本科生。他很早就对自己的身份产生了困惑：我究竟是马来西亚人还是华人？六岁时，他曾好奇地问爷爷。爷爷说：“你是地地道道的中国人！”他更好奇了，于是再问妈妈。妈妈说：“你是马来西亚人和中国人的后代。”他疑惑了，再问爸爸，爸爸却说：“你是马来西亚人！”三个人给出三个答案，这反而激起他强烈的好奇心。他说：“从那天起，我决心寻找我的根。这也成了最初的‘中国梦’。”

萨莎是语言班D2班的学生，来自俄罗斯，曾祖母是一名翻译，懂六种语言。她说：“擅长学习外语似乎是我家族的遗传。”在家庭的影响下，她决定进入莫斯科大学外语系学汉语。开始学习中文后，她发现中国除了有伟大的古典文学外，还有非常出色的现代和当代作家，而在俄罗斯很难看到翻译成俄文的中国书籍。源于对中国和中国文化的热爱，萨莎萌生了这样一个梦想：“我希望在中俄两国文学之间架起一座桥梁，把更多的中国优秀文学作品介绍到俄罗斯去。”萨莎表示，学成后一定要回国，因为只有在俄罗斯，才能实现传播中国文化的梦想。她说：“我的梦就像美丽的俄罗斯套娃一样。最大的梦想是由无数小的梦想组成的，包括到中国留学、到北京登长城、结交中国朋友、攻读硕士、找到一份有意义的工作……”

汤米来自非洲塞拉利昂，也是语言班D2班的学生。提起家乡，他既充满自豪，又充满悲伤。家乡有湛蓝的天空、清澈的海水，还有无数的钻石和黄金。但连绵不断的战争、流血冲突，使得人民家园破败、流离失所。他说：“我想到中国学中文，把在中国学到的东西带回我的国家。我爱中国，我希望我的祖国能够变得跟中国一样好。”他讲了一个小插曲。一次，他听校长王迎军谈“幸福”。校长说：“有梦想的人是幸福的，有了梦想才有前进的动力。”他专门查了汉语字典有关“幸福”的词条，茅塞顿开。他说，我的中国梦就是在中国学习自己喜欢的建筑专业，回去建设祖国，成为一名出色的建筑师。

这次比赛表达了外国留学生对中国和中国文化的真情实感。

（三）为什么来广州上学：外国留学生如是说[①]

（编者按：办理开学手续或新生报到，这些高校秋季开学时中国学生要面对的问题，对于外国留学生来讲，也是同样的“功课”，他们的表现也是“全球化”的大同小异。对于“为什么来广州上学”这一问题的回答，多少也反映了他们对广州的最初了解和印象。）

2017年9月初，广州的各大高校陆续开学，同样回到校园的还有各国留学生。他们也带着大包小包送给本地朋友的特产，一边抱怨着麻烦的开学手续、热闹的地铁和酷热的天气，一边迫不及待地冲到学校附近的食街与路边摊如“小别胜新婚”……

9月3日，在广州市新家园社会工作服务中心一堂专门帮助外国留学生融入本地社会的课程结束后，记者在现场对话了几位在广州留学的学生，他们分别来自印度、尼泊尔、斯里兰卡和美国，有的学习中文，有的学习企业管理、临床医学等专业。

---

①本目汇编自《新快报》2017年9月6日刊登的《为什么来广州上学？外国留学生如是说》，作者是罗韵。

为什么选择在广州留学？理由可谓五花八门，“交通方便”“有亲戚在这里”“四季气候温暖，绿意盎然”“学费和生活费性价比高”“打工赚零花的机会多”甚至还有“爱上广州姑娘”都可能是他们踏上这片热土的初衷。

但是，通过读书考试获取中国的文凭，到其他国家继续深造或回家找到一份薪酬可观的工作，是所有外国留学生共同的期待。

最后，受访留学生都表示，如果可以再来一次，希望自己能提前准备好的是——学中文！

他们说，广州有太多的学术知识资源，包容友善的气氛、种类繁多的奖学金项目能让外国留学生在这里生活得很好，只是想要不虚此行的话，“必须在家乡的时候就要提前学中文”，语言水平不够会产生社交上的隔膜和学习方面的阻碍，“掌握了中文，你会打开一个全新的世界”。

（四）在历史与现代之间找到了完美平衡[①]

（编者按：在广州举办《财富》全球论坛期间，关注广州的目光也少不了留学生群体。而要了解现实中的广州，也不能忽略这个特殊的群体。）

2017《财富》全球论坛在广州举行，世界的目光纷纷投向广州。不单全球主流媒体力推“广州时间”，居住在广州的外国人也开始讲述他们的“广州故事”。

不同语言、不同肤色的外国人为广州这座城市注入了国际化发展的

①本目汇编自《南方日报》2017年12月8日刊登的《外国友人看广州：在历史与现代之间找到了完美平衡》，作者是刘丹颖。

新鲜活力。外国人眼中的广州，在历史与现代之间找到了完美平衡。

来自荷兰通讯社的安德烈·波罗维奇（Andrzej Borowiak）表示，他在广州生活了将近六年，得以站在局内人的角度了解这座城市，这也反过来印证了他对这座城市的喜爱。在中国所有大城市中，他最喜欢广州，因为在商贸繁荣的同时，这里的生活氛围仍然是相对舒适轻松的。以荔湾区为代表的历史传统和以天河区为代表的现代成就并存，这是广州的独特之处。中国的字面意义是“位于中间的国度”，是所有文化汇合的中间点，而广州就是一个典型代表。作为一座开放城市，广州历来是中国文化与外国文化彼此交融的地方，来自世界各大洲的人在此相聚相识。

来自韩国的安淑希正在中山大学学习汉语，她表示，广州是一座生活便利的大城市，这里的人非常友善。她选择来到广州，是因为这里的机会非常充足。

2016年曾在中山大学商学院学习的美国留学生克里斯托夫·汤姆斯（Christopher Thomas）认为，广州在现代创新与传统观念之间取得了一个平衡点，这是它与众不同的地方。如果要在中国所有城市中选择一个生活工作的地方，他会选择广州，因为它是连接不同城市的国际枢纽。广州拥有多元创新的环境，从服饰行业到虚拟现实行业，从技术领域到金融领域，这里无所不包。这大概也是《财富》全球论坛选择这里作为举办城市的原因。这里的人兢兢业业，积极创新，勇敢创业，会展经济蓬勃发展，由此可见，中国的未来发展前景光明。

作为国际化大城市，广州的产业发展计划吸引了全球先进的科创研发机构落户于此。世界创新潮流的中心更吸引着全球的年轻人奔向广州。在穗留学生群体正积极融入广州这片热土，希望在广州求学、就业、定居，共享美好未来。

（五）俄罗斯美女为什么一定要来广州留学[①]

（编者按：广东外语外贸大学是留学生最为集中的高校之一，也说明很多留学生来到广州还是要过语言关的。这里采访的俄罗斯留学生对广州的看法和期望有一定的代表性。）

说起留学生最多的高校，广东外语外贸大学（简称“广外”）应该是当仁不让的。在校园里，留学生独自看书，相互交流，或者上语言课，这样的场景，在广外每天都能够看见。

来自俄罗斯的留学生吴静姝，今年已经大四了。她讲着一口流利的普通话，日常的沟通交流完全难不住她。

提到为什么会来中国留学，她说一切都是源于她的妈妈。“妈妈觉得中国这个国家很有前途，她的确很有眼光。”加上自己对中国文化的喜爱，就这样，静姝开始了自己的留学生活。

留学第一年，虽然静姝要面对很多语言不通、文化隔阂方面的困难，但是她都通过自己的勤学苦练逐步解决了。而当她一开始和中国人交流的时候，她发现自己很快就爱上了这个地方及这里的人。

“现在其实我分不出来我到底是一个俄罗斯人还是一个中国人，只有看到中国人好奇的表情，我才会想起来我原来是在俄罗斯出生的。”

静姝觉得来到广外读书，可能真是冥冥中的缘分。她说她的家乡顿河畔罗斯托夫以前就是丝绸之路上的一座商业城市，而广州是海上丝绸

①本目汇编自广州电视台2017年12月7日的节目《俄罗斯美女为什么一定要来广州留学》。

之路的起点。“当时我的家乡是丝绸之路上的一座城市，而且是很著名的一个地点，当时整个城市都是商人，大家都在做生意。”

随后，静姝带我们记者来到广州塔下的珠江边。她说她最喜欢站在这里看着对岸的珠江新城，看着这座城市的商业中心。

虽然，广州和自己的家乡相隔几千公里，但是它们相似的商业气息让吴静姝倍感亲切，让她生出一种向上的力量。

“这些大楼，代表了一个城市发展的程度。对我来说，它们不仅有魅力，也有威力。”静姝说广州是很值得自己向家乡推荐的一个城市，它的美丽，它的生机让即将毕业的静姝看到了实现梦想的巨大可能。

“广州是一个大城市，很现代化，这里对于年轻人来说有很多的机会。如果你追求更好的生活，特别是如果你是一个年轻人，我建议你在这里发展。”

其实不只是静姝，很多留学生通过在广州学习和生活，都渐渐爱上了这里。因为在中国，在广州，他们可以看到很多的希望，也有很多的机遇。

（六）外地留学生在广州的第一次“春运”[①]

（编者按：一个外国留学生在广州遭遇中国人都头痛的“春运”，可以说是一次与广州“特殊的相遇”，毕竟不是每一个来中国的留学生都能体会中国“春运”，而广州火车站显然是观察和体验中国“春运”的典型范本。）

---

①本目汇编自《广州日报》2018年2月7日刊登的《春运面孔三看：心朝着列车的方向》，作者杨逸男、陈诗蓝。

坦桑尼亚小伙纳比尔（Nabeel）的“春运”故事可谓一波三折。他原本买了Z190次列车的车票，计划（2017年）2月5日15时42分从广州北站赶去武昌，因为对广州的火车站不熟悉，到达的站点是广州火车站。发现错误后，他迅速打车驰向广州北站，无奈已经误车。所幸重新订票，赶上了最后一趟广州到武汉的列车。纳比尔于2月6日凌晨1时30分左右，到达他就读的华中科技大学。

不知12306为何物

纳比尔今年21岁，一身简单的学生运动装扮，一份打包的餐食，行李轻便。从广州火车站地铁出来，他神色有些不安，似乎想要找寻什么。

2016年9月，纳比尔被录取为华中科技大学药学专业的学生，会说一些简单的汉语。最近两周，他来广州找做生意的哥哥一同游玩。哥哥于两天前回到坦桑尼亚，他也准备返回学校，于是在网站上开始买票。

纳比尔并不知道此时是“春运”期间，也没有找人推荐，自己在网站上下了个抢票软件。来中国五个月，此前一直待在武汉，他还没听说过12306网站。当天上午，他抢到了一张从广州北站到达武昌的火车票。

就是这张票，让他开始了一天的曲折行程。

火车站让非洲小伙犯晕

当天14时左右，纳比尔到达了广州火车站，排队进站乘车。因为票面信息不符，他被拦了下来。他找到志愿者，这才意识到自己赶路到达的是错误的车站。工作人员告诉他，换乘或者退票，都需要返回广州北站才能进行。来不及多想，他马上找了一辆的士赶往广州北站。

纳比尔有点心疼，这一趟打的花了160多块钱。然而，让他失望的是，到达广州北站的时候，他已经错过了乘车时间。遗憾的是，当日当次车也没有票了，不可以退票或改签。工作人员劝他到广州火车站再看看其他余票。纳比尔有些失望，但还是拖着行李箱再次回到了广州火车站。

当别人告诉他，广州除了北站，还有东站、南站，他更是露出吃惊的表情。“广州的火车站太多了。”这一次，他不太着急，慢慢地搭乘地铁赶了回来。好在广州地铁便捷，纳比尔18时左右到达了广州火车站。

偶遇记者重新订票赶东站

头发卷曲、拖着行李箱的纳比尔的出现，引起了记者的注意。

大家简单交流两句，他求助记者，记者一路随行帮助他换票。他对偌大的火车站里的中文标志牌一脸困惑。

半小时内，纳比尔到了改签大厅，又辗转到买票大厅。因为身上只携带了护照，他才知道只能到人工售票窗口排队买票。他有些迟疑，打开了手机中的订票软件，一看，当天只有20时36分由广州东站开往武汉的火车还有较多站票，其他车次剩余的一两张硬座票无论如何是抢不到了。

“今天或明天一定要回到武汉。”在记者查阅了列车时间后，纳比尔没有多犹豫，买了这趟20时36分火车的站票，随后与记者奔往广州东站。

一路绿灯顺利进站

好在辅警们迅速提供了有效信息，并建议纳比尔走应急通道。尽管来回折返了一两次，但纳比尔终于在19时40分左右随着“购票口”“进站口”和志愿者的口号指示，顺利到达了绿色应急通道。

拿到那张夜灯下“闪耀”的火车票，纳比尔悬着的心终于放下了，“祈祷不要再误车了”。还有近一个小时排队进站，纳比尔开心地与两位记者合影，并邀请他们一同去武汉过春节。

让他更加意外的是，车厢内竟然还有空座位。只是中文还不够好的他，不太习惯周围人各种口音的唠嗑。

这是他经历的第一次“春运”，接下来，还会有他的第一次春节体验。

（七）广州高铁上来了外籍志愿者[①]

（编者按：让外国留学生做“春运”志愿者，不知是谁的创意，但应该说无论对留学生了解中国，还是在中国人中传播志愿者精神这样做法都是很好的方式，值得点赞。）

在今年春节“城市建设者”高铁专列上，一群不一样的“动哥”引起旅客关注。他们穿着统一的绿色马甲，有的说着一口流利的中文，有的比画着手势尽量回答旅客提问。他们是华南理工大学的外国留学生志愿者。

非洲“范伟”也有“中国梦”

当天，他们登上发往成都东的D1818次“城市建设者”高铁专列，在动车上提供服务，送城市建设者们回家过年。

广州南站也有一个“范伟”。记者见到他时，范伟正在人群中间侃侃而谈，对于已有多次“上镜经验”的他来说，接受采访可谓驾轻就熟，不仅可以轻松找到机位，还丝毫不见紧张，用一口流利的中文介绍着自己的志愿经历。

范伟来自马达加斯加，他表示，这次是第一次做“春运”志愿者，想尽自己所能，帮助返乡的人们。范伟表示，这次在广州南站的志愿服务，遇到了许多来自各地的人，他们讲着不同的方言，人山人海，这就是中国的“春运”。

---

①本目摘编自《广州日报》2018年2月9日刊登的《外籍志愿者“陪”建设者回家》，作者是卢梦谦、赵方圆。

这次可以跟车服务，范伟感到非常高兴，“可以和大家分享过年的祝福，还可以好好交流”。范伟称，他也有个“中国梦”，“我很喜欢广州，也喜欢广东话，毕业之后应该会选择留在广州工作几年”。

中国人很可爱

站台上，D1818次列车刚刚停稳，来自肯尼亚的外籍志愿者琦勇科林指着车窗上贴着的窗花告诉记者，“那个字念‘福’”。琦勇科林说他的名字也大有来头：“是我的四个中国好朋友，每个人从自己名字中送了一个字给我组成的。”

这次来到广州南站担任“春运”志愿者，源于他对中国文化的浓厚兴趣。琦勇科林说：“‘春运’也是中国文化的一部分，而且对中国人来说十分的重要。许多人从这里出发，在春节与他们的亲人团聚。”而自己能够帮助他们开心回家，琦勇科林说：“这很有成就感。”此外，琦勇科林还会说两三句简单的粤语，并表示，“我很喜欢广州这座城市”。

同样来自肯尼亚的林博东也将登上爱心专列与乘客同行，这是他第一次乘坐高铁，感到非常激动。林博东告诉记者，通过做“春运”志愿者，发现中国人很可爱也很亲切，自己非常喜欢中国的文化，尤其是春节文化。“可以和自己的家人团聚在一起是很有爱的”。

（八）法国“广漂”收获爱情与梦想[①]

［编者按：到底广州有多少“广漂”可能没有几个人能说得清楚，关键是“广漂”的定义极为模糊。应该说，“广漂”一词来源于“北

①本目汇编自《广州日报》2018年2月14日刊登的《法国“广漂”收获爱情与梦想》，作者是申卉、黄蓉芳、叶碧君、贾政。

漂”（指在北京漂泊的工作者）。不过，作为“广漂”中的特殊群体，外国留学生哪怕只是自称“广漂”（也有称他们为“洋漂”的），对广州的看法也不是走马观花，他们更加接地气，更加敏感，更加细致，也不排除他们从“漂浮”转为“扎根”的可能。]

正如19世纪法国著名历史学家儒勒·米什莱（Jules Michelet）所说，一个故事总在梦想着另一个故事。广州和巴黎，同为梦想家的乐园，对无数怀揣梦想的年轻人有着难以抗拒的吸引力。

2018年的情人节，《广州日报》刊登了两个来自读者的“双城故事”，故事的主人公都是在广州寻梦的法国“广漂”。他们当中，一个放弃家族企业来广州创业，如今已经在广州拥有了自己的战略咨询公司；一个从法国来穗学针灸，从不懂中文到认清300多个人体穴位，未来还将攻读硕士课程……在这些不远万里到广州来实现梦想的法国年轻人眼中，广州这座城市，既古老又富于创新精神，既传统又有着包容和开放的胸怀，这种独特的城市魅力，就是发展机会，就是实现梦想的彼岸。

故事一：放弃家族企业来广州创业

在巴黎出生的特里斯坦·罗盖特（Tristan Roquette），来广州已经10年，自嘲是法国“广漂”。今年38岁的特里斯坦家境极好。1933年，特里斯坦的家族创建罗盖特（Roquette）集团，是世界顶级的淀粉深加工企业。但是特里斯坦·罗盖特并没有从事家族产业，而是选择了自己创业，在广州创立了自己的战略咨询公司。

刚开始，对很多广州的公司来说公司的战略咨询业务还是比较陌生的，他们觉得自己的公司不需要这样的培训服务。特里斯坦·罗盖特只能为国外创业公司提供服务，慢慢有了客户。

现在特里斯坦·罗盖特已经从75平方米的办公室搬到了250平方米的

大办公室，员工也从自己一个人扩展到了15人。特里斯坦告诉记者，到2020年，自己的公司计划增加到50名员工。

“选择在广州创业就是自己做得最正确的一个选择。”特里斯坦说，这几年，政府的规则更明朗，营商环境更好，更多的外国创业者愿意在广州安顿下来，并有着长远的打算。他们不是来赚钱而是来创业的。赚钱的好地方，变成了创业圣地。

来广州10年，特里斯坦·罗盖特不但从一个独自闯荡东方的法国小伙子，成长为一个成功的企业家。3个月前，女儿的诞生，还让他成为一个幸福的父亲。

特里斯坦·罗盖特告诉记者，自己的女儿会在广州生活成长，“在广州，女儿既能学习法语和英语，又能学习中文和粤语，感受到岭南文化。广州是一个适合她成长的地方”。

巴黎是他的心里柔软的一部分，是他的家，塞纳河边的老建筑永远让他流连忘返。虽然巴黎号称“花都”，但是他另一个家——广州的花却比巴黎还要美，而且四季常青，遍布全城的树木、花卉和街心公园成了特里斯坦跑步路上新的景色。

故事二：法国小伙来穗学针灸治愈母亲肩周炎

朱利安今年38岁，出生在有“香水之都”之称的法国南部小镇格拉斯。2011年，他遭遇了职业倦怠，被工作“压得喘不过气来”。更糟的是，他的韩国籍母亲患上了甲状腺疾病，诱发了肩周炎，肩膀因疼痛而无法上举，还经常彻夜难眠。

偶然的一次谈话，母亲无意间提起了中医的针灸疗法，孝顺的朱利安便记在心上。后来，当在网络上看见大量冬天的广州仍绿树成荫、鲜花盛开的照片时，他便决定来广州学习针灸。

于是，他以针灸为关键词，找到了广州中医药大学的网页，并在一周时间内完成了针灸课程的报名。

“语言关”还一度成为学习针灸的“拦路虎”。朱利安说，针灸课程从早上排到下午，学习经络学、刺法灸法学等中医基本理论知识。“条口、天宗、肩髎、臂臑……学习针灸，先从认识穴位名称开始，我只能多下苦功夫学习中文，一步步弄懂中国医学。”他说。

幸运的是，朱利安通过多说多背，又因结识了不少中国朋友，中文水平慢慢得到提升，掌握的针灸知识也越来越多。每逢节日，朱利安便回到法国用推拿、针灸、拔罐等手艺“犒劳”父母亲。久而久之，母亲的肩周炎慢慢痊愈，亲友们也对神奇的中国医术十分感兴趣，纷纷请求朱利安能在他们身上“刺”一下，帮助疏通体内经络。

2011至2016年，朱利安白天上课，学习针灸，晚上就“变身”黑带教练，在学校体育场空地、五羊邨、天河体育中心等地推广他钟爱的运动——巴西柔术，以赚取日常生活费。

曾作为2006年法国公开赛76公斤轻量级巴西柔术的冠军选手，以及国内为数不多的黑带教练，朱利安不时到各地参加巴西柔术研讨会，也因此认识了同是巴西柔术“发烧友”的湖南姑娘邹语嫣。由于兴趣相投，两人很快确定恋爱关系，并在2016年夏天组建家庭，在广州定居下来。

得知今年广州将在巴黎首次开设海外花市新春灯光音乐秀活动，推广广州花市和美食，邀请巴黎市民到广州过年，朱利安说：“作为法国人，我也希望未来有法国城市来到广州举办活动，加深广州市民对法国的印象。”

第六章

外国游客看广州

对一个城市来讲，能否吸引广大外国游客，应该有多种因素。通常来讲，景点是第一的，但广州作为中国早期的对外贸易口岸——“一口独开”“五口通商”（鸦片战争后，中国被迫开放广州、厦门、福州、宁波、上海五处为通商口岸）和广交会所在的城市，商务一向是广州吸引外国人前来的“独一无二”的法宝。而当前，广州旅游业实施“造月工程”，拓展了人文、地方特色等旅游资源，使外国游客数量大幅增长。虽然游客较多是走马观花，但形成的对广州的第一印象往往十分直接。因此，了解外国游客如何看待广州也是不可或缺的。

一、概述：广州是重要的旅游城市

随着社会经济的发展和生活水平的提高，人们对精神文化的需求进一步加大，旅游成为人们的基本生活方式之一。旅游业也迅速发展成为全球最大的新兴产业。全球旅游经济增速总体高于全球经济增速，成为一些国家重要的支柱产业和财政收入的重要来源。

我国旅游资源丰富，种类繁多，截至2017年5月，我国共有5A级旅游景区247处。[①]改革开放以来，随着我国经济的发展和旅游环境的改善，我国旅游业经历了起步、成长、拓展和综合发展四个阶段，实现了从旅游短缺型国家到旅游大国的历史性跨越，入境游客数量也在迅速增长，成为居法国、美国、西班牙之后的全球第四大旅游目的地国家，部分年份甚至一度超过西班牙，成为全球第三大旅游目的地国家。2015年，旅游业对国民经济的综合贡献度达到10.8%。“十二五”期间，我国旅游业全面融入国家战略体系，成为国民经济战略性支柱产业，国内旅游、入境旅游、出境旅游全面繁荣发展，已成为世界第一大出境旅游客源国和第四大入境旅游接待国。旅游业成为社会投资热点和综合性大产业。[②]

广州历史悠久，具有丰富的自然和人文旅游资源。广州市一直积极发展旅游业，对标国际先进旅游城市，拓展国际视野，加快旅游供给侧结构性改革，不断完善旅游服务设施、经营管理和服务水平，并扩大旅游产业规模，努力把旅游业培育成为广州市的战略性支柱产业和人民群众更加满意的幸福产业。广州市经济实力雄厚，基础设施和服务水平优势明显，旅游经济进入超前发展模式。从2000年至2017年，广州市A级景区迅速增加，至2017年12月，广州市共有A级景点53处，其中5A级景区2处，4A级景区26处，3A级景区24处，2A级景区1处，广泛分布在全市各区。[③]（见表6-1）

---

①摘自中国产业信息网2017年6月1日发布的《2017—2023年中国旅游地产市场专项调研及未来前景预测报告》，作者是智研咨询集团。

②摘自中华人民共和国中央人民政府网2016年12月7日发布的《关于印发“十三五”旅游业发展规划的通知》，作者是国务院。

③摘自广州市旅游局2017年12月31日提供的材料《广州市A级旅游景区基本情况（2017.12）》。

表6-1 广州市A级景点情况表（截至2017年12月）

级别	数量	景点名称
5A	2	长隆旅游度假区、白云山风景名胜区
4A	26	中山纪念堂、莲花山旅游区、宝墨园、西汉南越王博物馆、黄花岗公园、越秀公园、碧水湾温泉度假村、广州动物园、华南植物园、广州起义烈士陵园、陈家祠、广东科学中心、九龙湖旅游度假区、南海神庙、石头记矿物园、正佳广场、白水寨旅游度假区、岭南印象园、南沙湿地滨海景区、圆玄道观、广州塔、百万葵园、南沙天后宫、北京路文化旅游区、沙湾古镇、广州神农草堂中医药博物馆
3A	24	洪秀全故居、十九路军淞沪抗日阵亡将士陵园、广州气象卫星地面站、广州荔湾博物馆、增城何仙姑景区、增城湖心岛旅游风景区、增城小楼人家景区、增城文化广场、从化大丘园农庄、从化宝趣玫瑰世界、从化田心社农家乐、从化溪头旅游村、邓世昌纪念馆、十香园纪念馆、潘鹤雕塑艺术园、梯面红山村、塱头古村、珠江琶醍啤酒文化创意艺术区、广州星期8小镇、南沙永乐农庄、中国皮具产业文化创意园、太古仓码头、广东省旅游职业技术学校（广东修学旅游体验园）、大埔围村美丽乡村景区
2A	1	丹水坑旅游区

注：根据广州市旅游局提供《广州市A级旅游景区基本情况（2017.12）》编制

在2001年以前的很长一段时间，广州市仅有两处A级景点，为白云山风景名胜区和香江野生动物园，旅游资源十分匮乏。从2002年开始，广州市大力发展旅游业，旅游景点数量持续保持增长，至2010年已经有A级景点22处。2010年至2011年，广州市A级旅游景点迅速增加，包括南海神庙、石头记矿物园、正佳广场、白水寨旅游度假区等共计增加了12处，其中4A级景区增加了3处，3A级景区增加了8处。白云山风景名胜区升级为5A级景区。之后几年，广州市A级景点数量一直保持上升趋势，至2017年底，广州市A级景区数量已经达到了53处，是2001年的近27倍，广州市旅游资源得到了极大的丰富且有了质的提高，这为广州市旅游业的发展

奠定了坚实的基础。（见图6-1）

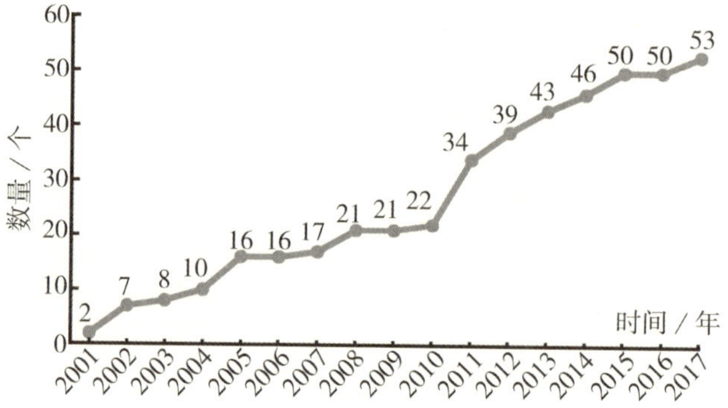

图6-1　广州市A级景区历年增长情况图（2001—2017年）

注：根据广州市旅游局提供《广州市A级旅游景区增长情况统计（2017.12）》编制

从分布情况来看，广州市旅游景点在各区都有分布，其中越秀区和花都区景点最多，均为7处；其次是海珠区、番禺区和增城区，均为6处；荔湾区和黄埔区景点最少，也均有2处A级景点。（见图6-2）

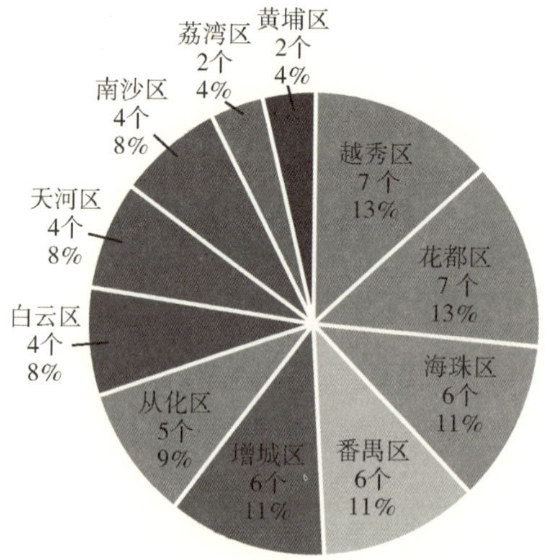

图6-2　广州市A级景区分布情况图

注：根据广州市旅游局提供《广州市A级旅游景区分布情况表》编制

二、走笔：不断提升城市旅游综合竞争力①

改革开放以来，广州市大力推动旅游业发展，旅游业总体呈持续稳定上升态势，这与改革开放为其提供的良好机遇息息相关。

1990年以来，除2003年受“非典”影响广州市接待过夜游客数量有所降低以外，其他年份接待过夜游客数量一直保持持续稳定增长。与之相对应的，广州市每年的旅游业总收入及外汇收入也相应增长。1990年，广州市旅游业规模还相对较小，当年接待过夜游客人数806.50万人次，旅游业总收入71.45亿元，外汇收入2.08亿美元。之后，旅游业保持持续增长。1993年，广州市接待过夜游客人数首次突破千万人大关，达到1243.48万人次，年旅游业总收入达到163.95亿元，外汇收入为4.16亿美元；与1990年相比，旅游业总收入为其2.29倍，外汇收入也翻了一番。2010年11月至12月，由于亚运会及亚残会在广州召开，广州市旅游业迅速增长，其中亚运会期间广州市接待海外旅游者54.37万人次，亚残会期间接待海外旅游者26.82万人次。2010年，广州市接待过夜游客总人数为4506.38万人次，与2009年相比增加了530.85万人次；2010年广州旅游业收入为1254.61亿元，首次突破千亿元大关，与2009年相比增长了约26个百分点；2010年旅游外汇收入为46.89亿美元，与2009年相比增加了10.65亿美元，增长了约29个百分点。至2017年底，广州市年累计接待旅游总人数2.04亿人次，同比增长10.09%。其中2017年接待过夜游客人数达到6275.62万人次，为1990年接待过夜游客人数的近8倍；旅游业总收入

①本节未注明出处的资料和数据皆来自广州市旅游局2018年1月18日提供的材料《关于2017年工作总结和2018年工作计划的报告》。

为3614.21亿元，为1990年旅游业总收入的50.6倍；旅游外汇收入也增长至63.14亿美元，为1990年旅游外汇收入的30.4倍，广州市旅游业发展迅速[①]。（见表6-2、图6-3）

表6-2　1990—2017年广州市接待过夜游客数量及旅游业收入情况表

年份	接待过夜游客/万人次	旅游业总收入/亿元	外汇收入/亿美元
1990	806.50	71.45	2.08
1991	859.58	93.85	2.72
1992	931.33	123.69	4.14
1993	1243.48	163.95	4.16
1994	1402.69	214.40	6.85
1995	1580.19	236.09	8.52
1996	1867.82	257.86	9.92
1997	1982.80	291.68	10.22
1998	2044.86	323.46	10.63
1999	2115.92	363.46	11.67
2000	2299.97	415.72	15.06
2001	2511.68	475.49	19.43
2002	2706.06	504.89	18.72
2003	2369.82	453.52	16.04
2004	2674.71	547.04	18.97
2005	2850.56	625.60	22.83
2006	2960.01	715.75	31.55
2007	3338.73	798.15	31.91

①数据来源：根据各年度《广州市统计年鉴》整理而得。

（续表）

年份	接待过夜游客/万人次	旅游业总收入/亿元	外汇收入/亿美元
2008	3528.74	837.71	31.30
2009	3975.53	994.04	36.24
2010	4506.38	1254.61	46.89
2011	4594.85	1630.80	48.53
2012	4809.57	1911.09	51.45
2013	5041.92	2202.39	51.69
2014	5330.05	2521.82	54.75
2015	5657.95	2872.18	56.96
2016	5940.56	3217.05	62.72
2017	6275.62	3614.21	63.14

注：根据广州市旅游局提供《1990年—2017年广州市接待过夜游客及旅游总收入》资料编制

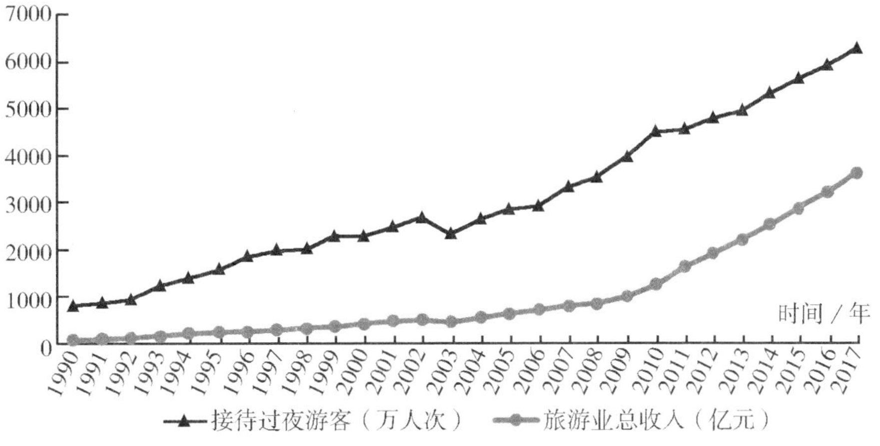

图6-3　广州市1990年—2017年广州市接待过夜游客及旅游业总收入走势图

注：根据广州市旅游局提供《1990年—2017年广州市接待过夜游客及旅游总收入》资料编制

（一）多措并举，提升城市旅游综合竞争力和影响力

改革开放以来，为加快旅游产业的发展，广州市大力整合文化旅游资源，提升旅游城市形象，旅游综合竞争力仅列北京、上海之后，居全国第三，副省级城市第一。广州的国际知名度也在不断提升，在2017年度全球百大旅游目的地城市排行榜中列全球第18位，是世界十大发展最快旅游城市之一，旅游影响力在不断增强。

1. 整合广州文化旅游资源

扶持珠江红船项目发展，启动广州“文化之旅”特色线路，依托北京路、上下九、天河路等特色旅游街区，传承非物质文化遗产，鼓励发展特色手信，弘扬广州老字号品牌，推进“旅游+文化”深度融合。

2. 推行精准营销战略

带领旅游企业先后赴美国、日本、加拿大、澳大利亚、德国、意大利等11个国家，以及南京、武汉等24个国内主要城市，举办和参加各类旅游展会、推介活动40余场，促进业内交流，共享旅游资源，实现互惠共赢。在第三届“中国时代”免税和旅游零售大会上，面向来自世界各地的高端奢侈品牌运营商，进行了“花城广州·幸福之旅”主题旅游推介，向世界发出了“广州邀请”。

3. 全力办好各种旅游展会活动

成功举办第二十五届广州国际旅游展览会。来自51个国家和地区的980家旅游单位参展，国际参展比例高达66%，现场接待游客14.23万人次，比上届增长15.2%。创新举办“中国旅游日”广州专题活动。在北京路举行了声势浩大的启动仪式，首度发布了由原国家旅游局局长李金早作词、著名指挥家和作曲家李复斌作曲的粤语版旅游主题宣传歌曲《旅游天下》，现场推出4条最具岭南特色的“广州文化之旅”专线。此外，还成功举办了国际灯光节、国际美食节、国际购物节、国际户外艺术节

等活动。

4. 注重加强国际旅游合作

一是组织召开亚太城市旅游振兴机构（TPO）第8届总会，广州市领导带队出席了在韩国统营举办的会议，签署了《统营宣言》，广州市选送的“广州国际旅游展”获得了最佳营销活动奖。二是先后与美国、法国、马来西亚、冰岛等国家政府进行旅游交流合作，参加中美旅游高层对话和世界旅游联合峰会等活动，交流学习旅游工作经验。三是积极推进米其林餐厅评定落户广州。举办了米其林指南进驻广州全球预告会，签订了战略合作协议，2018年6月正式发布第一版米其林指南，广州成为继上海之后大陆第二个拥有米其林评定的城市，进一步提升了广州美食和广州旅游的国际化水平。四是全力做好《财富》全球论坛接待工作。牢固树立“精准服务、极致服务”意识，全力做好酒店住宿、餐饮服务、会议场地保障，精心组织参观活动和欢迎宴会。五是成功举办了广州、洛杉矶、奥克兰三城旅游合作论坛。围绕“合作、交流、同享、共赢”主题，搭建多形式的沟通交流平台，进一步推进三城旅游业互利共赢的务实合作。六是成功举办国际旅游目的地建设大会。邀请中国旅游研究院院长戴斌、中山大学旅游学院院长保继刚等旅游业重量级专家，围绕在“一带一路”及粤港澳大湾区背景下广州建设国际旅游目的地问题进行了广泛研讨交流，进一步提升了广州国际知名度。七是主动对接粤港澳大湾区国家战略，积极参与大湾区旅游交流合作，广州市旅游局当选“粤港澳大湾区城市旅游联合会”首届轮值主席单位。八是承办中澳旅游年活动闭幕式，在国家和省旅游局的指导下，圆满完成了闭幕式相关活动。

5. 多维宣传广州城市形象

加强与报社、电台、电视台等传统媒体深度合作，在机场和码头大型屏幕持续播放广州旅游宣传片。依托社交网站、微信公众号、旅游app等新型媒体进行常年不间断宣传。头条号、网易号、搜狐公众号等平台广州旅游粉丝量达到34万，推特（Twitter）、脸书（Facebook）、品趣志（Pinterest）和优兔（YouTube）等境外社交网站广州旅游账号有超过830万人次阅读，受众覆盖45个国家38种语言人群，广州旅游知名度不断提升。

6. 扎实推进景区酒店提质增效

重点指导“广州塔·珠江黄金水段”景区、“宝墨园·南粤苑”景区、花都石头记珠宝小镇创建国家5A级景区，各项工作有序推进。“北京路文化旅游区”被世界旅游组织评为广东省首个、全国第三个“世界优秀旅游目的地”。增城区被评为全国休闲农业和乡村旅游示范区，沙湾古镇和广州神农草堂中医药博物馆被评定为4A级景区，增城大埔围村被评定为3A级景区，宝墨园被原国家旅游局评为“港澳青少年游学基地”。至此，全市A级景区共53家，旅行社共600家（其中出境游组团社129家，外资投资旅行社7家），星级酒店共180家（其中五星级22家，四星级35家），高星级酒店和国际品牌酒店数量位居珠三角城市首位。同时，携程、同程、途牛等知名在线旅行社（OTA）在广州业务不断拓展，广东同程创游国旅等企业线下门店发展迅猛，本土的“要出发旅游网”已成为全国最大的“周边游”互联网公司。

7. 完善配套设施建设，进一步提升旅游公共服务水平

一是推进诚信旅游机制建设。修订颁布《诚信旅行社服务规范与评定》，加大对诚信旅行社宣传力度，累计评定“广州地区诚信旅行社”112家，旅游信用体系日趋完善。二是开展旅游环境专项整治。围绕“干净整洁平安有序”的目标，组织对A级景区和星级酒店进行环境大整治，提升旅游企业管理标准化、精细化、品质化水平，创造优美舒适的旅游环境。三是完善智慧旅游体系。完善广州旅游互联网公共信息服

务，健全旅游电子政务应用体系，实现政务服务全流程电子化。探索开发区级“全域旅游智慧导览”app，全方位推送旅游资讯。目前，全市所有的旅行社、导游及领队全部接入电子政务平台，A级景区智慧旅游数据接口覆盖率达到100%。四是合理推进旅游集散中心和咨询中心建设。按照国家《城市旅游集散中心等级划分与评定》和《广州旅游集散中心规划研究》，组织开展标准化创建活动。新建花城广场、火车东站、火车南站旅游咨询中心，全市现有旅游咨询中心25个。依托旅游观光巴士建立流动旅游咨询点，升级电子旅游触摸屏自助查询系统支持语种至12种，引进“救命神器”全自动体外除颤仪（AED），全面推出游客喜爱的“i游广州”手绘地图中英文版本，完善旅游咨询员培训和考核激励机制，稳步提升旅游服务质量水平。

（二）持续深化旅游行业监管，进一步优化旅游发展环境

1. 规范旅游行政管理

加快旅游行政审批制度改革，优化审批程序，完善网上办理系统，实现审批事项全流程网办，进一步提升行政管理效率。深化导游管理体制改革，成立广州市导游协会并召开了首次会员大会，全市持证导游人数达到3.29万人，广之旅、携程、美丽行、中青旅四家企业成为广州市首批线上导游自由执业试点单位，1.8万人完成了电子导游证注册。

2. 严格旅游市场监管

制定《广州市旅游投诉受理工作细则》。协调公安、工商、交通、发改、质监等部门，开展旅游市场秩序综合整治，重点打击违法违规行为。2017年共处罚旅游经营单位及个人案件16宗，处没罚金29.72万元，回复处理各类旅游投诉、举报、求助3042件，召开调解会141场，旅游市场秩序综合整治行动受到市领导充分肯定，旅游投诉案例分析报告被省

旅游局转发学习。

3. 加强旅游人才培养

圆满完成年度导游岗前培训，培训导游807名；举办旅游景区“金话筒”大赛，评选了“十大金牌讲解员”；开展旅游酒店从业人员系列培训，参训1230人次；组织酒店业“工匠杯”服务技能竞赛，有效提升了一线旅游服务人员技能水平。

4. 倡导文明安全旅游

积极开展文明安全旅游宣传，在广州电视台、市内公交车投放安全文明旅游宣传片。举办“安全出行，文明旅游”主题活动，与共青团广州市委员会（下称“团市委”）合作在30个志愿驿站开展日常旅游志愿服务，促进旅游志愿服务日常化、专业化运行。突出旅游安全防控，每季度召开旅游安全工作会议，开展旅游安全大检查活动，突出A级景区和星级酒店安全检查督导，保持了全市旅游业整体安全稳定。

（三）深化改革创新，谱写新时代广州旅游新篇章

“十三五”期间，广州市将旅游业作为全市战略性支柱产业，瞄准打造世界旅游名城和国际旅游目的地集散地的目标，加快推动全市旅游从高速增长向优质发展转变，促进旅游业持续发展，以谱写新时代广州旅游新篇章。

1. 闪亮出台旅游发展政策

制定《广州市人民政府关于进一步加快旅游业发展的意见》和《广州市旅游业发展第十三个五年规划》，描绘了广州旅游业发展的宏伟蓝图和行动计划。

2. 全面实施“六个一”行动

创造性提出了“打造一张广州城市旅游卡、新建一批旅游推广中

心、建设一批国家级旅游示范区、推出一批旅游重点项目、培育一批乡村旅游示范点、开设一批国际化旅游公共服务中心”的旅游工作“六个一”行动，并全力推进实施。目前，集交通、景区、酒店、购物优惠于一体的广州城市旅游卡即将推出；与南航合作在纽约、巴黎、莫斯科等十个世界重要城市建立了“广州旅游境外推广中心”；番禺区作为“国家全域旅游示范区”，越秀、增城、从化、天河、海珠五个区作为“广东省全域旅游示范区”，创建工作稳步推进；60个旅游文化特色村建设紧锣密鼓展开；旅游集散中心和旅游咨询中心基本覆盖交通枢纽、商业旺地和热门景区。

3. 着力打造旅游发展平台

一是项目平台。与广州市产权交易中心共同建立了“广州旅游资源交易平台”，入库项目67个，其中已挂牌交易项目4个、委托交易项目4个、洽谈项目59个；建立了涉旅重大建设项目库，共筛选入库项目50个，投资总额900亿元，有效促进了旅游品牌和资本的集聚融合发展。二是投资平台。与广州城投集团和广州基金合作，推进设立广州旅游产业发展基金，总规模100亿元，目前已达成合作意向，计划2018年完成基金登记和挂牌。加紧推进设立旅游产业重点项目扶持资金，通过市财政每年安排2亿元，连续投入5年，用于扶持具有前瞻性、引导性和成长性的重要旅游产业项目，升级现有的主题公园，配套建设重大旅游公共服务设施。三是法律平台。积极推进“1+3”新型旅游综合管理体制改革，市本级和番禺、从化两区相继成立旅游巡回法庭，成为全省市级单位第一家，实现旅游纠纷案件快调、快立、快审、快结，在依法治旅道路上迈出了坚实的一步。四是数据平台。正式成立广州旅游数据中心，协调落实九个人员编制，研究制订工作职责，组织客源市场分析，加强与携程、腾讯等企业合作，初步展开旅游数据统计分析，为推动广州旅游科学发展提供了坚实的数据支撑。

4. 持续做好广州旅游精准营销

一是精细筹划“广州过年·花城看花”专题旅游宣传，严密组织春节花车巡游，举办“国际旅游知名人士，花城广州幸福之旅”活动，邀请20个国际旅游界领军人物家庭来广州过年，进一步在国内外打出广州品牌。二是组织广州国际邮轮文化节等系列活动，将邮轮旅游打造成“花城”旅游重要吸引物。举办广州“城市精神，荣耀之旅”活动，邀请30名广州城市精神杰出代表免费乘坐“世界梦”号邮轮，以此吸引更多的人来广州坐邮轮、品美食、看美景。三是有针对性地组织旅游企业到国内外重要目标市场进行广州旅游精准营销，增强花城旅游宣传的广度和深度，扩大覆盖面和影响力。四是加强与高铁沿线城市的旅游交流合作，打造合作品牌，积极开拓国内重点客源市场。五是宣传推广“千年古城游”“岭南风情游”“红色景点游”“海丝古迹游”等4条“广州文化之旅”旅游线路，传播广州历史文化。六是利用广州国际旅游展览会、2017—2018沃尔沃环球帆船赛、广州马拉松赛、广州国际美食节和广交会等重大会展和赛事活动，不断宣传广州旅游品牌。

5. 继续加强国际旅游交流合作

按照广州市委、市政府“建设国际交往中心三年行动计划”部署，对标“广州已经具备打造国际一流城市的底气和条件”的定位，坚持广州旅游发展的世界眼光、国际标准、高点站位，在世界级旅游城市群体中找标杆，积极推进旅游走出去战略，深化与“一带一路”沿线国家和地区的旅游交流合作，发挥粤港澳大湾区城市旅游联合会首届轮值主席单位作用，牵头办好年度相关活动，促进粤港澳大湾区“9+2”城市旅游发展，组织赴境外主要客源地举办广州旅游推介会，积极参与亚太城市旅游振兴机构（TPO）总会、世界旅游城市联合会（WTCF）年会等国际旅游组织及国际性会议活动，举办国际友好城市旅游局长会议，不断提升广州国际知名度。

三、采访直录：旅游代表团夜游珠江畅谈

（编者按：2018年4月25日晚上，将要参加第六届澳门国际旅游（产业）博览会的两个外国代表团应邀来广州访问，根据广州市旅游局和广之旅的安排，我们采访了正在珠江夜游的他们。）

1. 粤菜好，珠江啤酒也好

来自葡萄牙的商业顾问保罗·布里门（Paulo Brehm）很高兴地接受了采访。对于广州的第一印象，比如最喜欢哪一个景点，保罗表示很难回答，“我们这次的行程很丰富，使我们有很好的体验”。一谈到粤菜，他就很是兴奋：“广东的食物很美味，午餐时我们去了广东的本土餐厅吃粤式点心。很多在葡萄牙的中国人都来自广东，他们在葡萄牙开了中餐厅。但说实话，我在这里吃到的粤菜比我在葡萄牙吃到的好吃多了。”

“这是我第一次来广州，我们都很享受这次的旅程。但我觉得广州的交通堵塞是个问题。”保罗在抱怨时也坦承这是大城市普遍存在的问题。

最让保罗印象深刻的是广州市民的友好。“他们非常友好，有着漂亮的笑容。笑容很重要。不过你们需要说英语，因为这是世界通用语言。但总的来说，你们都很友好。每个市民都在微笑。”一边猛喝着珠江啤酒的保罗跟旁边喝德国啤酒的朋友表示，他很喜欢珠江啤酒，大家也都喝了很多，但珠江啤酒的味道比起德国啤酒有一点淡。

作为旅游顾问，保罗负责旅行中的沟通与对接工作。在采访过程中，不断传来欢呼声。那是大家穿过珠江上的桥梁时发出的呐喊，中国

旅客也大多这样。不同的是，这些老外没有在楼下吃饭就直接上来喝啤酒，看到广州夜景“嗨”得不得了。在酒精的作用下，叫喊声也显得更豪爽！

2. 印尼人对广交会和就医感兴趣

与欧美团同来的还有一个东南亚的团体，也都是旅游从业者。由于夜游时间较紧，两位从事旅游业的女士一起接受了我们的采访。

印度尼西亚国联假期有限公司业务经理弗罗娜·韦德佳佳（Floura Widjiaja）知道我们正在编写《世界看广州》一书，兴高采烈地与我们聊了起来。她表示：“这是第一次来广州，但是我经常听到关于广州的新闻。广州每年4月和10月会举办广交会。因为我之前任职于新加坡航空，所以我知道每年4月和10月的广州会有多么繁忙。”

谈到对广州的第一印象，弗罗娜·韦德佳佳直赞广州非常美丽。“我觉得广州如今已经非常现代。对于广州的历史形象我不太了解，但是如今非常现代，交通很繁忙。我们从佛山来时，就觉得这里的交通‘与众不同’”。

她说，2000年去过深圳，但“广州有点不一样。广州不仅现代，也是社会文化中心。有很多高楼，很多知名公司在广州有办公室”。聊起饮食来，女士比男士更兴奋。弗罗娜直言：“超喜欢点心。今早我吃了馒头，有点像包子。在印度尼西亚也有包子，但广州的最好吃。印度尼西亚的包子有点不一样。雅加达有一家福建餐厅，包子里有肉。”哈哈，估计是她没有搞清楚包子跟馒头并不是一回事！

谈到对广州市民的感觉，她憾称，“可惜我不会中文，不过他们很好客。另外广州现在的天气挺不错，不算很热，跟印度尼西亚的天气差不多”。她们已经去了广州塔、泮溪酒家等。她特别提及，印度尼西亚有很多商人专程来参加广交会。另外，广州的医疗也很棒，广州有很出名的医院。她表示，印度尼西亚人对来广州参加展览会、购物、就医都很感兴趣。

3. 广州城市之大让人吃惊

同样来自欧美团的美国世纪旅行社的高级旅行顾问杰茜·卡萨尔（Jessie Cassar）也是第一次来广州。

提到对广州的第一印象，他说："这是个很大的城市。来广州之前，我做了功课，所以对广州的面积之大有了心理准备，但是亲身体验还是让我感到吃惊。导游跟我们说衡量中国城市的发展有五大指标，健康、财富……剩下的我想不起来了。这里的年轻人很有朝气，朝着一个方向努力直到成功。"

杰茜出生于美国加利福尼亚州，现在居住在佐治亚州的亚特兰大。因为记者去过那里，就对她说，那里有可口可乐公司总部，也是一个大城市。杰茜马上说没法和广州比，她指着珠江两岸灯火璀璨的夜景，表情甚为夸张。

对于白天的广州，她表示，"我们今天下午在市场逛了逛，观察市民的穿着和交流方式，然后照了照相"。谈及广东饮食，杰茜说："当然，在本土餐厅品尝到地道的粤菜，感觉很棒，并且能从饮食中体验当地文化。我们有个很漂亮的导游，我们向她学到了很多关于广州的知识。"

评价到广州市民，她称："我们去的每个地方的市民都很好客，可惜语言不通。今天我们和不少市民有交流，找他们拍照。"陈家祠、北京路、泮溪酒家都给她留下了深刻印象。

四、媒体述评：对广州可以说是一见钟情

（一）国外记者评价广州："我是第一次来广州，对广州可以说是一见钟情。"①

（编者按："媒体看广州"活动是广州对外宣传的一种方式。由于是短期来访，就将其归为"外国游客看广州"。）

作为海上丝绸之路上的千年商都，广州在"一带一路"沿线国家的友人眼中究竟呈现何种形象？2017年12月，"2017'一带一路'沿线国家主流（网络）媒体看广州"活动在穗进行，来自12个国家约50人组成的中外媒体采访团从历史、文化、智能制造、创新产业、城市风貌等不同维度对广州进行了深度挖掘和报道。"繁荣""创新""历史深厚""现代化""国际化"等成了传遍"一带一路"沿线国家的广州"热词"。

1. 不同维度发现广州

本次活动以"花城广州：开放与创新"为主题，旨在通过实地采访报道，更好宣传推介广州的投资环境和国际城市形象，宣传推介2017广州《财富》全球论坛。

活动采访团由中国国际广播电台、人民网、新华网、央广网、国际在线广东频道等重点新闻网站，以及蒙古国公共广播电台、韩国《中央

①本目汇编自《广州日报》2017年7月17日刊登的《国外记者如何评价广州？"我是第一次来广州，对广州可以说是一见钟情"》，作者是何道岚、秦松和邵权达。

日报》、巴基斯坦国家电台、柬埔寨国家电视台等12家“一带一路”沿线国家主流（网络）媒体组成。中外媒体采访团成员品尝粤菜早茶，登上广州塔，体验夜游珠江，还走进广州著名商务区及知名企业，从不同维度对广州进行了深度挖掘和报道。

截至7月13日，外国媒体报道广州80余次，其中马来西亚、泰国媒体都分别报道18次，老挝媒体报道16次。

2. 羡：经济发展速度令人惊叹

“广州经济发展速度令人惊叹，一批批科技创新型企业的崛起使这里充满了生机和活力；生物制药、汽车制造、无人机、IT产业的创新发展也全面展示了广州作为一流城市的强大实力。”尼泊尔都市调频电台记者比莫尔·塔巴激动地说。在他看来，“传祺速度”就是“广州速度”的最好诠释——广汽传祺自2010年底推出首款产品以来，销量从2010年的1.7万辆增长到2015年的超19万辆，2016年上半年传祺全系累计销量突破16.6万辆，同比增长170.1%。

同样被视为“广州速度”的代表，天河中央商务区在2016年实现地区生产总值2700亿元，同比增长9%，总量占全区地区生产总值的71.03%，成为经济总量仅次于上海陆家嘴的中国第二大中央商务区，是华南地区城市化发展水平最高、综合配套设施最全、集聚辐射能力最强、国际影响力最大的世界级平台。目前，140个世界五百强企业在天河中央商务区设立了184家项目机构、超过100家总部型企业，这里还汇集了全广州70%的金融机构和90%的外资银行总资产。

参观完广州高新技术企业代表后，泰国MONO29电视台主持人加沙达·玛尼拉感慨道：“万孚生物、广电运通、亿航这些科技创新公司让人们的生活变得越来越方便了！”此外，广电运通研发的自动柜员机（ATM）、远程智能柜员机（VTM）、智能柜台（STM）、清分机、自动售检票系统（AFC）等高端金融自助设备遍布城市生活每个角度，同样让玛尼拉印象深刻。

3. 赞：一个新旧和谐共存的城市

缅甸广播电视台MRTV记者佐敏通动情地说："我是第一次来到广州，可以说对广州这座城市一见钟情，这座城市的人文气息和历史底蕴十分深厚。我不得不提广州的早茶文化——琳琅满目、令人垂涎欲滴的各色广式点心小吃配上香气沁人心脾的工夫茶，给人带来视觉和味觉的双重享受。由此可以看出广州人对生活的精致态度。"

"广州是一个新旧和谐共存的城市，既有荔枝湾这样保留了历史文化的传统街区，又有天河中央商务区及众多的高科技创新企业，这给我留下了深刻的印象。"老挝记者京坎·乔西提冯说。让外媒感到不可思议的还有拥有两千多年历史的南越王宫。南越王宫博物馆是依托南越国宫署遗址而建的大型遗址博物馆，堆积着从秦汉一直延伸至明清和民国各历史时期的遗迹，是广州作为岭南地区政治、经济和文化中心地的历史见证。

除了历史文明的积淀，广州的现代文明也令众人刮目相看。当得知广交会作为综合性国际贸易盛会已成功举办121届，累计出口成交额达12635.2亿美元，到会境外采购商802.6万人次时，不少记者惊叹不已。广交会——这个中国外贸第一促进平台，中国对外开放的窗口、缩影和标志，深深印在各国记者的心中。

4. 各国记者寄语花城

老挝星空卫视记者西·坎蒙昆、京坎·乔西提冯：我们希望将来，借"一带一路"的东风，老挝和中国，尤其是广州的交往能够更加密切，中老关系能够取得更加丰硕的成果。

尼泊尔都市调频电台记者比莫尔·塔巴：广州是一座历史悠久的城市，地理位置得天独厚，自古以来就是重要的港口城市，是中国对外的一个重要窗口，制造业、科技创新等领域的大力发展使这座城市充满了活力。在这里我看到了很多值得尼泊尔学习和借鉴的经验。作为“一带一路”的参与国，尼泊尔希望能加强与广州的交流与合作。

越南通讯社北京分社社长梁英俊：广州人的热情好客、开拓创新、开放和包容给我留下了深刻的印象。我相信，人杰地灵的这一方水土，明天一定更美好。我会继续把这个美丽、热情、友好、飞速发展的广州介绍给越南人民。

缅甸广播电视台MRTV记者佐敏通：这座城市处处绿意盎然、植被繁茂，让人心旷神怡。可以说广州是我目前到过的地方中绿化最好的城市了，仿佛缅甸的翡翠一般碧绿剔透。

泰国MONO29电视台主持人加沙达·玛尼拉：广州有着悠久的历史，丰富的人文，其经济发展和科技发达程度也让人为之震撼。

四年前，我曾在广州留学两年，这次有机会再次来到广州，让我觉得既熟悉又陌生。熟悉的是广州市民幸福而祥和的面容以及整个城市带给我的温暖；让我感到陌生的是广州在这四年时间内的飞速发展。

回到泰国之后我将努力把这次在广州的亲眼所见以及亲身体验以视频、文字、图片等方式展现出来，让泰国人民更加清楚和深层次地了解广州这座古老又现代的城市。

（二）在广州生活是什么样的体验[①]

［编者按：这是来自网络的一位名叫约依普·冯德波尔（Joep van

①本目摘译自英文网站Quora于2015年10月30日发布的*What's it like to live in Guangzhou，China*？作者是Joep van der Poel。

der Poel）的外国朋友写的，总结得是否全面、精准是次要的，但发表后网上转载甚多，值得一看。内容有赞有弹，这里对明显不准确的内容有所删节，由编辑团队摘译。]

我在广州生活了3年，直到最近才离开。在广州生活对我来说就是生活在一个亚洲大都市，但是相对于某些大城市，有些方面让我更喜欢广州。

主要有以下几点（无优先顺序）：

·对比总是匆匆忙忙的一些都市来说，广州是比较清闲自在的。

·广州的外国人圈子是更加多元化的，因为彼此都是小群体，而小群体被迫要跟其他群体之间进行融合和交流。举例来说，其他大多数的国际城市有大的外国人团体的只有荷兰人，或者法国人，又或者美国人。

·广州的地铁系统是很不错的，但有些线路在上下班高峰期是拥挤不堪的，并不总是那么方便。

·广州的地理位置是十分便利的，坐火车到香港只要两个小时，又靠近珠海，适合周末去度假，而搭飞机到很多东南亚国家也只需要两个多小时。

·广州被一些人称为“世界的工厂”，如果你在做贸易生意，广州是个很好的选择。

·广州是个很安全的地方，无论在任何时间和地方，或是任何情况，都没有令我感到不安。

同时也有些地方我不怎么喜欢（无优先顺序）：

·在广州，如果你没有很高的预算去承担高档的外国人居住区的话，外国人找房子可谓是非常的不容易。大部分的房东都不愿意把房子租给外国人，而且你会发现大多数地方要么贵得离谱，要么并不符合你的需求。

· 外国人在广州的工作机会是相当少的。那个时候我幸运地找到了一家荷兰公司，但随着整体经济的增长缓慢，公司逐渐萧条。对我来说，很难再找到一个类似或更好的工作。据我了解，很多人跟我有相同的情况，导致一些人不得不选择离开。

· 虽然广州的空气质量比大多数中国城市要好，但是依然被视为不健康。总之，我总感觉自己缺少活力，整体来说没那么健康。

· 在广州生活成本是越来越高了。中国大多数地方也有同样的趋势。要知道在酒吧里买一杯酒，可是需要5欧元的。

· 广州的人是非常非常的多。官方统计人口达到1200万人，但实际上达到了1900万人。这对你的日常生活有很大影响，其中一个令人烦恼的就是我总搭不到的士。

总的来说，我还是很喜欢我在广州的时光，这绝对是一个开阔眼界的体验。经过这3年，我觉得也该离开了。我在广州有着美好的回忆，但这可不是我能安家立业的地方。对于来这里的留学生来说可能又不一样，我听过很多来自他们正面的故事。但他们中的大多数只在这里留学一个学期或者一年。

（三）广州非遗美食无英文名，外国朋友看展全靠猜[①]

（编者按：去到异国他乡，通常会遇到所谓的文化冲击，而衣食住行，首当其冲。饮食文化的差异，让外国朋友在解决“民以食为天”的

①本目汇编自《新快报》2015年8月26日刊登的《广州非遗美食无英文名　老外看展全靠猜》，作者是谢源源、华倍倍。

问题时遇到不少麻烦。当然，如果心态良好，其中也会有许多乐趣。尤其是在有着“食在广州”说法的这个城市。）

1. 小凤饼、沙湾水牛奶、波罗粽等用英文该怎么翻译

小凤饼、广州莲蓉饼、莲香楼广式月饼、沙湾水牛奶、广式腊味、沙河粉、波罗粽等，这些广式美食都是非物质文化遗产（下称“非遗”）。非遗保护机构及非遗传承人每年都会组织参加10多场展会去推介他们。但记者近日了解到，目前，非遗美食在申报时暂时没有要求有英文名称，所以大部分的非遗美食没有具体统一的英文名，因而，在非遗美食推广时遇上外国友人就有解说方面的难题。

2. 外国朋友求解释，传承人却“会做不会说”

广州非遗在广州及全国各地展览时，美食摊位不时有外国朋友流连，但是因为这些美食没有标准的英文名，其背后又有传统技艺及文化做支撑，文化差异导致外国友人“蒙查查”（不了解），只能靠猜，一知半解。而传承人也有“会做不会说”的问题，大多只会制作而不会表示，最后只能通过形式化的表现和实物来呈现。

从事非遗工作的人员表示，这确实是一个令人头疼的难题，他们也考虑过请人专门翻译，但是“越传统、越民间的东西，翻译就越要小心”，要想翻译得准确、贴切，难度着实很大。翻译的专家不仅要英语在行，也要对非遗文化有所涉猎，而且由于各家翻译的角度不同、理解不同，所以到最后各家意见很难统一。

行业人士建议，为这些传统美食取个标准英文名，还需要饮食行业协会做牵头人，由行业协会推进该事项具有权威性，且能够得到整个饮食行业认可。虽然如此，相关部门仍在着手翻译一本宣传非遗美食的小册子，力求不仅使非遗美食有相应的英文名称，还要把对应的难度更大

的传统技艺、制作工序也翻译出来，以更好地推广、宣传非遗美食。

3. 翻译应体现粤菜文化情怀

记者了解到，非遗美食的申报需要经过层层的推选，先是区级，再是市级，最后是国家级乃至世界级，每一个级别的申报都是对非遗美食的保护。然而判断非遗美食的重要程度，不能单从级别来区分，因为存在申报时间先后等因素的影响。

广州非遗美食是历代传统制作的结晶，也维系了几代人的情感。对传统美食的英文翻译，不能单纯着眼于美食本身，更多的应该是体会每一道美食背后的文化韵味。比如品尝波罗粽，着重的是村里老老少少一同在祠堂里制作的温馨氛围，突出的是城市化冲击下逐渐缺失的宗族亲情、邻里温情，英文翻译或许也需要体现食物所承载的文化情怀。

4. 广州市餐饮协会会长符波：行业应规范粤菜英文名

记者采访了广州市餐饮协会会长符波，他表示，目前粤菜的英文翻译没有统一标准，各酒店、西餐厅一般是各自找专业机构进行翻译，根据外国人习惯，把食材的英文名罗列出来。“原则上只要说清楚这道菜的食材、主要工艺就可以了，至于他们做得是否专业、完善就不太好说了。”

“粤菜是否需要一个统一英文名字，对这个问题我没有关注到。你这个问题提得很好，行业可以规范一下。”符波说。他还表示，餐饮行业可以考虑统筹，先摸一下底，看看企业有没有这个需求，有没有必要统一，能不能统一，至于标准如何规范还需要研究，比如宫保鸡丁怎么翻译才能让外国人了解，可能需要专业机构来给意见。

5. 英语专家：普通话拼音比粤语拼音，更利于菜名传播

针对粤语的英文翻译，记者采访了广东外语外贸大学国际商务英语学院副教授石静，她分享了很多关于粤菜英文翻译的看法。

记者：您提倡粤菜翻译使用普通话拼音，为何不是粤语拼音？

石静：大家在国外唐人街等地的中餐厅看到的英文翻译，大部分采用的是粤语拼音，目前比较流行的是香港语言学学会设立的粤语拼音方案。而在我们大陆地区，一直采用的是普通话汉语拼音教育，我自己本人从小到大接受的也是普通话汉语拼音教育，所以我不会书写粤语拼音。但因为我是在广州土生土长的，我会说粤语，所以我可以看懂粤语拼音。大部分的广州人应该跟我差不多，对粤语拼音应该是识读的水平，但是具体书写会有一定的困难。而对于不会粤语的人来说，要读懂粤语拼音就勉为其难了。为此，对于菜名我提倡采用普通话拼音。当然，考虑到要保留菜名的“粤文化”韵味，我们可以采用粤语拼音和普通话拼音双管齐下的方法，后面再加上相关英语解释。但可能从语言经济原则考虑，又显得比较烦琐冗长。关于这一点，有待学者们的进一步探讨。

记者：有人说翻译美食要尽可能翻译出一道菜的原料，又有人说简单易记才有利于传播，您认为呢？

石静：翻译准则是信、达、雅。我觉得要向外国人准确地阐述一道菜的主料、配料及制作工艺并不是非常困难的一件事，“信、达”这两条标准不难做到；而把这道菜背后的饮食文化诠释出来才是最难的，“雅”难至。短短的一个菜名翻译出来要做到信、达、雅的确不易，所以我觉得抱着省时省力的原则，只要能正确地把一道菜的主料、配料及制作工艺交代清楚，让老外清楚地了解这道菜原料是什么，以及基本的制作工序是什么就足够了。但我觉得意译会更好一些。2012年3月，北京市外办和市民讲外语办公室联合出版了《美食译苑——中文菜单英文译法》，为2158道中国菜“正名”。该书中提到了中餐菜单的一些翻译原则，例如，以主料为主，配料或配汁为辅的翻译原则；以烹制方法为主，原料为辅的翻译原则等。

（四）外国朋友来广州也爱买、买、买①

（编者按：广交会是外国朋友比较集中到广州的时间点。当然，这个时间来广州的外国朋友大多是参展的，或采购或推销，但也不妨碍他们顺便游览广州。他们在游览中也不改“买买买”的做派。）

这个月，广州的外国朋友圈里最大的焦点肯定是广交会了，不仅仅是星级酒店和高端餐厅酒吧，连大街小巷、公交地铁处处都染上了异国风情。

中国人到了国外，最喜欢的旅游项目之一必然是“爆买”（疯狂购买）：女性买母婴用品、服装、包包和美肤化妆品；男性买电器、数码和摄像器材；老人家也狂扫食品、药品等。这可不是中国人才有的爱好。记者发现，老外们来到广州也在爆买，交易会场内场外、因公因私都是熊熊燃烧的买买买之火焰。

他们喜欢爆买些啥？前方高能——这份购物清单有些可能十分合理，有些却会让你哭笑不得，主要还是围绕着价廉物美、选择多的重点。

比如说，外国朋友表示，欧美和亚非大多数地区的零食都是甜味的，各种软硬糖果、巧克力占据了零食货架的大半壁江山，甚至薯片、虾条也多数是甜味，所以，当第一次在中国接触到咸味的或重口味零食的时候，他们立马就被迷倒了。

所谓重口味零食，包括各种咸辣口的豆干、辣条、鸭脖等腌制食

①本目汇编自《新快报》2016年4月27日刊登的《老外来广州也爱买买买》，作者是罗韵。

品，以及话梅、陈皮等干果。在外国朋友扎堆的建设六马路一带，以及广交会周边的士多店、书报亭，精明的店主们纷纷把这些重口味零食摆放在店铺最显眼的位置，务求顾客老远就能看到，据说来买买买的外国朋友真的很多！

除了吃，外国朋友家居达人们也发觉，在广州采购家居用品更划算。家用小电器如风扇、空调、暖风机和加湿机，还有厨房用的烧水壶、微波炉、电磁炉和煎饼铛等烹调电器，性价比都是“杠杠的”（很好的）。软装就更不用说了，窗帘、床品的款式多、价格便宜，还能按照尺寸定做。家居装饰用的精品，比如花瓶、杯碟和小摆设，在批发市场有很多物美价廉的选择。中文好的外国朋友知道去旧货市场、天光圩（民间集市）这样的地方淘货杀价，以极低的价格买到以前的搪瓷盆、漆屏风、木雕、梳妆镜还有留声机，喜滋滋地拖回一大麻袋的宝贝，让家居来个大变身。

养宠物的外国朋友也喜欢在广州为爱猫爱狗爆买一番，像宠物的窝、衣服和餐盘，大件些的爬架和小屋子、笼子价格都很亲民，颜色款式也多。

以广州在全球服装制造业的赫赫威名，衣服、鞋子、包包和配饰自然受到外国潮人的欢迎。另外，本地产的平价手机，充电宝、鼠标、外接键盘和数据线等数码配件，以及花哨的水钻手机壳、iPad套、防尘塞等也是外国朋友必“扫”（购买）的项目。

多个外国朋友特别为国产“老人手机”点赞，字体大，功能简单，适合老年人及残障人士使用。欧美的数码产品更新换代极快，总在为时尚尖端的年轻人服务，无形中抛弃了学习能力和反应能力跟不上的老年人群，他们在海外难以找到类似的产品。

中国妈妈在国外狂扫尿布和奶粉，外国妈妈也是有备而来。玩具、文具和绘本等，都是她们一箱箱凑单海运回国的爱物。

第七章

外国运动员看广州

中国是一个体育竞赛大国，举办的各种国际比赛众多，这也是体现开放性的一个重要方面。广州作为改革开放前沿城市，所举办的国际赛事不断增加，层次也越来越高，是国内第二个举办过亚运会的城市。广州在拥有外援的体育项目上也表现十分活跃，在影响巨大的中国足球超级联赛中就有两支队伍。有的外籍运动员长期待在广州，成为引人关注的明星。这些外籍运动员对广州的看法也是一个重要的视角，折射着运动场内外的人和事。

一、概述：国际赛事体现广州国际地位日渐提高

广州是中国开展体育运动比较早的城市之一。早在清咸丰年间，就有英国人和法国人在广州市兴建现代体育设施，现代体育运动逐渐在普通民众中兴起。中华人民共和国成立后，在毛泽东“发展体育运动、增强人民体质”的号召下，广州市历任主政领导人都重视体育活动和体育事业的发展。改革开放以后，在发展群众体育运动和竞技体育运动的基础上，广州市不仅走出国门，开展广泛的国际体育交流与合作，同时也大胆创新，逐渐引进国际体育赛事，吸引越来越多的外国运动员到广州进行体育项目的交流。

广州市举办国际体育赛事真正开始于20世纪80年代末期，早期举办的国际体育赛事数量少、规模小，种类十分有限，以球类赛事为主（见表7-1、图7-1）。

表7-1 改革开放以来广州市举办的比较重要的国际赛事表（部分）

时间	赛事名称	参赛运动员
1988年4月2—12日	第三届亚洲游泳锦标赛	13个国家和地区的125名运动员
1988年6月1—12日	1988年国际女子足球锦标赛	12个国家的女子足球队
1988年6月11—14日	第一太平银行中国国际乒乓球公开锦标赛	15个国家和地区的76名运动员
1989年11月15—19日	第九届世界杯羽毛球锦标赛	10个国家的56名运动员
1990年10月23—27日	广州国际少年网球赛	13个国家的64名少年运动员
1990年10月29日—11月3日	第二届555亚洲台球公开赛	16名运动员
1991年11月	第一届世界女子足球锦标赛	6支队伍
1991年10月4—9日	第八届国际少年网球赛	14个国家和地区的75名运动员
1991年5月24日—6月4日	第三十三届远东桥牌锦标赛	11支男队和8支青年队
1992年7月26日—8月3日	远东国际少年棒球赛	8个国家和地区
1992年8月16日—21日	广州羽毛球公开赛	15个国家
1992年11月2日—7日	第九届广州国际少年网球赛	18个国家和地区
1993年8月20—22日	'93喜力世界杯乒乓球锦标赛	11个国家的16名运动员
1993年11月3—6日	第十届广州国际青少年网球邀请赛	21个国家和地区的106名运动员
1995年8月2—3日	'95中国广州（番禺）体育舞蹈亚洲太平洋邀请赛	13个国家和地区
1995年8月9—13日	第十届世界青年跳水锦标赛	27个国家和地区

（续表）

时间	赛事名称	参赛运动员
1995年10月28日	’95国际自行车环中国大赛（广州赛区）	5个国家和地区的14支专业队、4支业余队
1995年11月6—11日	第十一届广州国际青少年网球赛	9个国家和地区
1995年11月16—26日	第九届女子和第六十七届男子世界举重锦标赛暨1996年亚特兰大奥运会男子资格赛	73个国家和地区
1996年6月8—14日	第十三届亚洲台球锦标赛（个人赛）	9个国家和地区
1996年11月4日	’96国际自行车环中国赛广州赛段	5个国家和地区的14支职业队、4支业余队
1997年7月16—19日	第八届世界花样游泳锦标赛	13个国家和地区
1998年6月6日	’98广州国际龙舟邀请赛	6个国家和地区的40支队伍
1998年11月2—16日	世界台球锦标赛	33个国家和地区的64名运动员
1999年6月19日	’99广州国际龙舟邀请赛	6个国家和地区的66支队伍
1999年12月28日	第四届环南中国海自行车国际大赛（广州站）	18个国家和地区
2000年11月3—12日	托普2000年世界青年羽毛球锦标赛	34个国家和地区
2002年3月3—9日	“联合会杯”亚太区网球赛	8个国家和地区
2002年5月9—19日	“汤尤杯”世界羽毛球团体锦标赛	10个国家和地区
2002年6月8日	2002广州国际龙舟邀请赛	65支龙舟队4000多名运动员
2002年9月21日	中美篮球对抗赛	美国明星队、中国国家队
2002年12月17—22日	中国羽毛球公开赛	13个国家和地区

（续表）

时间	赛事名称	参赛运动员
2003年2月12日	中巴国际足球对抗赛	中国、巴西国家足球队
2003年11月11—16日	中国羽毛球公开赛	26个国家和地区
2003年11月19—25日	第二届亚洲体操锦标赛	亚洲14个国家和地区
2003年12月27—28日	第八届环南中国海国际自行车大赛（广州站）	14个国家和地区21支队伍
2004年11月9—14日	中国羽毛球公开赛	18个国家和地区
2004年11月12—14日	第二届世界杯武术散打赛	19个国家和地区
2005年5月17日	世界拳击协会（简称WBA）泛亚太洲际泛亚太拳击联合会（PABA）金腰带争霸赛	8个国家和地区
2005年6月18日	2005年广州国际龙舟邀请赛	12个国家和地区的102支队伍
2005年9月25日—10月2日	WTA2005年国际女子网球公开赛	16个国家和地区
2005年11月8—13日	中国羽毛球公开赛	31个国家和地区
2006年6月3日	2006年广州国际龙舟邀请赛	107支队伍
2006年9月25日—10月1日	2006年世界摔跤锦标赛	中国、日本、韩国等88个国家和地区
2006年10月17—22日	2006年中国羽毛球公开赛	23个国家和地区
2006年12月28日	第十一届环南中国海国际自行车赛（广州站）	20支队伍
2007年11月26—30日	国际大力士联盟（IFSA）2007年番禺105公斤级国际大力士破纪录赛	16个国家
2007年12月26日	第十二届环南中国海国际自行车赛（广州站）	13个国家和地区
2008年2月24日—3月2日	第四十九届世界乒乓球团体锦标赛	150多个国家和地区
2008年5月2—4日	第十七届亚洲铁人三项锦标赛	亚洲铁人三项联合会22个成员国

（续表）

时间	赛事名称	参赛运动员
2008年6月14日	广州国际龙舟邀请赛	10个国家和地区的110支队伍
2009年5月10—17日	李宁2009年苏迪曼杯世界羽毛球混合团体锦标赛	34个国家和地区
2009年10月10—12日	2009年乒乓球女子世界杯赛	13个国家和地区
2009年11月10—14日	第十八届亚洲田径锦标赛	37个国家和地区
2010年3月26—28日	第二十三届亚洲杯乒乓球比赛	9个国家和地区的32名运动员
2010年6月26日	2010年广州国际龙舟邀请赛	102支队伍
2010年10月16日	2010年NBA中国赛	休斯敦火箭队、新泽西网队
2012年4月6—8日	第二十五届亚洲杯乒乓球比赛	32名运动员
2012年9月20—26日	第四十六届亚洲健美锦标赛	22支队伍280名运动员
2012年11月18日	2012年广州马拉松赛	31个国家和地区的2万人
2013年3月28—31日	2013乒乓球女子团体世界杯赛	24支队伍
2013年6月22日	2013年广州国际龙舟邀请赛	102支队伍
2013年7月5—9日	2013年斯坦科维奇杯洲际篮球赛	4支队伍
2013年8月5—11日	2013世界羽毛球锦标赛	48个国家和地区
2015年12月6日	2015年广州马拉松赛	46个国家和地区的3万人
2015年12月15—23日	第二届世界围棋团体锦标赛	20多个国家和地区
2016年6月15日	2016年广州国际龙舟邀请赛	超过100支龙舟队4000人参赛
2016年12月11日	2016年广州马拉松赛	40多个国家和地区的3万人
2017年3月9—11日	2017年国际泳联世界跳水系列赛（广州站）	10多个国家和地区150名运动员

（续表）

时间	赛事名称	参赛运动员
2017年6月11日	2017年广州国际龙舟邀请赛	130支队伍
2017年8月16—22日	2017世界斯诺克中国锦标赛	世界前64名选手
2017年12月10日	2017年广州马拉松赛	3万人

注：汇编自1989—2017年《广州年鉴》及相关资料。由于广州市举办国际体育赛事的数量较多，本表只整理出了部分重要赛事

进入21世纪，随着广州市体育设施的完善，对外开放程度的加深和国际地位的提高，广州市举办的国际体育赛事项目种类增多，赛事数量显著增加，赛事规模和赛事影响力大幅度提升。

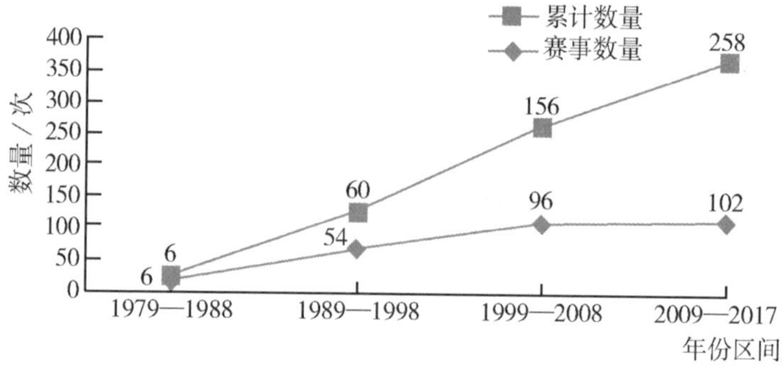

图7–1　广州举办国际赛事数量统计图

注：数据来自1989—2017年《广州年鉴》

二、走笔：广州走向“体育名城”

《广州市体育发展第十三个五年规划（2016—2020）》明确指出，到2020年，广州基本建成具有广泛知名度和影响力的国际体育名城。

（一）亚运会助力广州建设“体育名城”

2010年广州亚运会，举办亚洲规模最大的综合性体育赛事，一方面是对广州国际地位的肯定，极大地提高广州在亚洲乃至世界上的影响力；另一方面也是对广州举办国际体育赛事能力的检验。亚运会期间，亚组委共任命来自81个国家和地区的1845名技术官员参加亚运会组织工作。共有来自45个国家和地区的9704名运动员参加亚运会（含中国队977人），随代表团工作人员4343名（含中国队477人）。[①]

广州亚运会坚持“以一流的组织、一流的设施、一流的环境、一流的服务，把本届亚运会办成具有中国特色、广东风格、广州风采，祥和、精彩的体育文化盛会，为提高亚洲体育运动水平做出贡献”的办赛目标，充分展示了广州市的改革开放成就、中华民族的优秀文化和广州人民对亚洲人民的友好情谊，并进一步提升了广州的国际地位，提升了广州举办国际体育赛事的能力，促进了广州“体育名城”的建设。

（二）国际品牌赛事彰显广州城市魅力

建设“体育名城”对广州举办国际体育赛事的要求，不仅仅体现在赛事举办的数量和规模上，还在于通过高质量的品牌赛事，培育广州体育文化底蕴，彰显和提高广州“体育名城”的魅力。

1. 广州马拉松赛（2012年至今）

广州马拉松赛于2012年创办，为中国田协A类认证赛事，2013年被评选为中国马拉松银牌赛事，2014、2015、2016年被评选为中国马拉松金

---

①广州市体育局为本书专门提供数据。

牌赛事[①]，2016年同时被评为国际田联铜标赛事，2016年被评为“中国最具品牌影响力的马拉松赛事”（国内仅10站马拉松赛获此殊荣）[②]，2017年被评为国际田联银标赛事[③]，2018年广州马拉松赛升级为国际田联金标赛事[④]。广马赛道集中展示了珠江两岸最具岭南特色的人文风情和最能表现羊城历史的风景名胜，同时也具有时尚气息的文化潮流，赛事受到马拉松爱好者的热情关注，每年吸引来自40多个国家和地区的人员参赛。2012—2014年，每年参与广州马拉松赛的人数达2万人，2015—2017年，每年参与广州马拉松赛的人数达3万人，因此，广州马拉松赛自开办以来，累计达15万人次参与该项赛事。[⑤]（见图7–2）

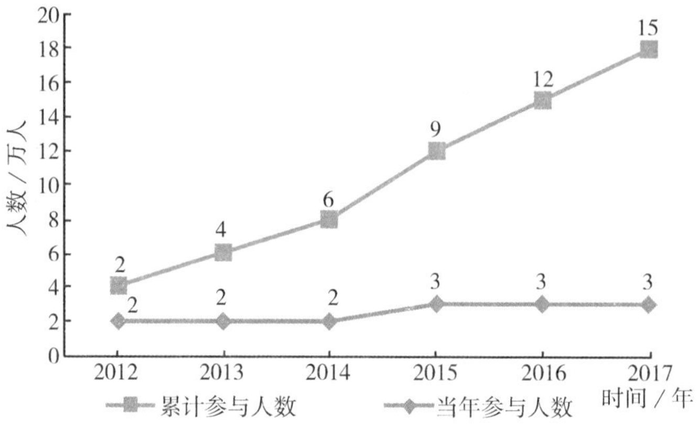

图7–2 广州马拉松参与人数统计图

①摘自广州市体育局2014—2016年《广州市体育年鉴》。

②摘自金羊网2016年12月12日发布的《从初来乍到到全民狂欢！明年广马要不要约起》，作者是邓强。

③摘自搜狐网2017年7月1日发布的《荣膺国际田联银标赛事称号，2017广州马拉松赛报名启动》。

④摘自中国田径协会官方网站2018年7月12日发布的《广州马拉松升级为国际田联金标赛事》，作者是荆淮侨。

⑤数据来源：广州市体育局2012—2017年《广州市体育年鉴》和相关报道。

2. 广州国际龙舟邀请赛（1994—2017）

广州国际龙舟邀请赛开始于1994年，每年举办一次。[①]经过20多年的发展，广州国际龙舟邀请赛已逐渐成为国内规模最大、影响最广的国际龙舟邀请赛之一，并得到中国龙舟协会的高度赞赏。广州国际龙舟邀请赛将中华民族优秀传统文化与现代竞技表演艺术相结合，集国际性、专业性、表演性和公益性为一体，在国际上已形成了一定的影响力和品牌效应，将中西龙舟文化交流推向新高潮。每年均吸引100支以上[②]的龙舟队伍参与赛事（见表7–2）。除了有标准龙舟竞速之外，赛事还设有传统龙舟竞速、彩龙竞艳、游龙表演助兴，展示独特的岭南传统文化和广州城市精神。广东卫视、广东广播电视台体育频道和广州广播电视台竞赛频道每年均对广州国际龙舟邀请赛进行现场直播。

表7–2　近五年广州国际龙舟邀请赛概况表

时间	赛事	参与情况
2013年6月22日	2013年广州国际龙舟邀请赛	102支队伍
2014年6月7日	2014年广州国际龙舟邀请赛	2万人
2015年6月27日	2015年广州国际龙舟邀请赛	105支队伍
2016年6月15日	2016年广州国际龙舟邀请赛	100多支队伍4000人参赛
2017年6月11日	2017年广州国际龙舟邀请赛	130支队伍

3. 广州国际女子网球公开赛（2004—2017年）

广州国际女子网球公开赛为WTA国际巡回赛，总奖金25万美元，该赛事是中国历史最悠久的国际女子网球赛事。2004年的首届赛事，“中

①摘自广州市体育局1995年《广州市体育年鉴》。

②根据广州市体育局1995—2017年《广州市体育年鉴》相关数据估算。

国金花”李娜夺得了中国女选手首个WTA单打冠军。[①]广州国际女子网球公开赛举办时间超过10年（见表7-3），办赛方为球员、观众、媒体、赞助商提供专业用心的服务，在数年内将WTA广网打造成国际化、市场化、具有可持续性的精品网球赛事。广网被誉为“冠军摇篮”，李娜、张帅等著名网球运动员都曾参加广网并获得冠军。[②]

表7-3　历年WTA广州国际女子网球公开赛概况表

时间	赛事	参与情况
2004年9月25日—10月3日	WTA广州国际女子网球公开赛	20个国家和地区
2005年9月25日—10月2日	WTA广州国际女子网球公开赛	16个国家和地区
2006年9月25日—10月3日	WTA广州国际女子网球公开赛	20多个国家和地区
2007年9月23—27日	WTA广州国际女子网球公开赛	多个国家
2008年9月13—21日	WTA广州国际女子网球公开赛	17个国家的44名运动员
2009年9月12—20日	WTA广州国际女子网球公开赛	10多个国家的选手
2010年9月11—19日	WTA广州国际女子网球公开赛	18个国家和地区
2011年9月17—24日	WTA广州国际女子网球公开赛	32名运动员
2012年9月15—23日	WTA广州国际女子网球公开赛	22个国家和地区的66名运动员
2013年9月14—21日	WTA广州国际女子网球公开赛	25个国家和地区的70名运动员
2014年9月13—20日	WTA广州国际女子网球公开赛	70名运动员
2015年9月19—26日	WTA广州国际女子网球公开赛	20多个国家和地区的70多名选手
2016年9月19—24日	WTA广州国际女子网球公开赛	20多个国家和地区的70多名运动员
2017年9月18—24日	WTA广州国际女子网球公开赛	20多个国家和地区的70多名运动员

①摘编自WTA国际女子网球协会网站。

②摘编自广州市体育局2005年《广州市体育年鉴》。

三、媒体述评：广州足球，生机盎然

（编者按：把与足球相关的媒体报道单列出来，一是因为广州足球在中超连续多年掀起了风暴，甚至让人一度看到了中国足球的希望；二是来广州参加比赛的外国运动员很多，但似乎只有一些国际足球明星常驻于此，且影响巨大。很可惜由于种种原因，没能在既定的时间里顺利约访他们。但是，要写《外国运动员看广州》又少不了他们。）

（一）保利尼奥：在恒大踢球的日子是我最幸福的几年①

（编者按：广州是足球之城，目前也是国内为数不多的拥有两支中超球队的城市。广州恒大足球队不仅连续多年取得中超冠军，也在亚冠联赛上创造了傲人的成绩，这些都与恒大足球队内外籍球员的努力分不开。这个报道是保利尼奥在刚离开恒大去欧洲踢球的时候谈自己在中超的日子。后来由于保利尼奥在俄罗斯世界杯上表现出色，恒大足球队又把他招回队内，继续扮演“暴力鸟”的角色。）

据巴西*veja*杂志报道，前广州恒大、现巴塞罗那中场球员保利尼奥在接受该媒体采访时表示，在广州恒大效力的时光是自己一生中最幸福的几年，自己也会永远感激恩师斯科拉里。

记者：加盟巴塞罗那之前，有人评论您的比赛风格与球队不符，有

①本目汇编自新浪网2018年3月23日发布的《保利尼奥：在恒大踢球的日子　是我最幸福的几年》。

没有考虑过这些？

保利尼奥：事实上，我从来没有想过人们会说些什么。我已经29岁，在我的职业生涯里面对过相当多的质疑。然而，我更愿意用自己的勤奋、敬业和更多的付出去将质疑打消。

记者：来到巴塞罗那后，你在战术和技术的训练中有没有提高？

保利尼奥：我每天都能在巴塞罗那学习到很多东西，尤其是在技术上，因为你身边的都是一些高水平的球员，你可以看到不同的东西。在这里能看到我的队友们运用着我过去从来没有见过的动作，这里像一座很不同的足球学校。

记者：梅西要求巴塞罗那去签你是真的吗？你和他关系很密切吗？

保利尼奥：我不知道是不是他的要求，但我知道他是一个帮助我去适应巴塞罗那风格的球员。每当我有任何问题的时候，他都是我想去咨询的人。他和我无话不说，他是一个场上场下都是焦点的家伙。在更衣室里，他每天都很安静，更像一个普通人。他的球技让我觉得他是来自另一个世界，但平时他又很平易近人，我对他非常感激和钦佩。

记者：你在中国踢球的感受是什么样的？你会建议其他精英球员也去中国踢球吗？

保利尼奥：这在很大程度上取决于球员的想法。当我去（中国）前，我在英格兰度过了一段不快乐的时光，我不得不为了寻找踢球的机会而离开。这是我当时做出的最好决定。我（在广州恒大）有两年的美好岁月，这是我一生中最幸福的几年，也是我职业生涯中最幸福的几年。如果任何球员想要建议，我会问他想要什么，目标是什么。我想要的是幸福，我想要比赛。我在英格兰的最后六个月没有参加比赛，我首先必须参加比赛，然后再考虑如何选择。

记者：斯科拉里执教巴西队和恒大队时的工作方式有什么差异？

保利尼奥：没有区别！每个人都有自己的哲学，有自己的思维方式和比赛风格。我会永远感激菲利佩（斯科拉里）。因为他是让我有机会参加世界杯的人。然后，我和他一起在中国工作了两年，他让我有机会在广州赢得很多冠军。我在英格兰的最后六个月对足球没有信心，是他给予我信任。我将永远感激他和他的教练组。

（二）阿兰：中国人想在足球获得成功，我愿为恒大再踢几年①

（编者按：与采访保利尼奥一样，这里对阿兰的采访也是巴西媒体进行的。这说明，外籍球员是世界了解广州的一个窗口。说实在的，阿兰在恒大的状态起伏很大，不过，他仍以功臣的地位在恒大继续发挥作用。）

2018年3月15日，阿兰接受了巴西媒体《兰斯体育》的专访。新赛季开始以来，广州恒大外援阿兰的状态可谓火热。在采访中，这位巴西射手谈到了一些对中国足球的看法，并且表示自己仍然愿意继续为恒大效力。

记者：在中国的生活怎么样？

阿兰：说实话，起初我很担心无法适应中国菜和汉语，但是现在我承认这适应起来并不困难。在我看来，作为一个居住地，广州是令人难以置信的，甚至比萨尔茨堡还要适合居住。我的家人也很快适应了这里的生活。而且当我抵达恒大时，当时球队里还有埃尔克森、保利尼奥和雷内这些巴西人，这无疑对我帮助很大，在那段时间里我甚至有宾至如归的感觉。

---

①本目汇编自腾讯网2018年3月15日发布的《阿兰：中国人想在足球获得成功我愿为恒大再踢几年》。

记者：这里与巴西俱乐部的主要区别是什么？

阿兰：巴西足球的技术性更强，球员拥有强大的个人技术，往往能让比赛变得与众不同。在奥地利踢球时，那里的足球更强调战术，对体能的要求很高，在那里我学到了很多东西来帮助自己获取进球。中超，和一般人印象中不同的是，这里的比赛节奏很快，强度也很大。中超俱乐部时常会收购一些强劲的外籍球员，他们在足球方面的投资非常巨大。中国人希望在足球领域获得成功。

记者：你还梦想进巴西国家队吗？

阿兰：我已经有机会入选巴西国字号的球队，这是一种独特的感觉，每个球员都梦想能为自己的祖国效力。我知道在中超踢球（的外国人）想入选国家队会更难，但是我们有榜样，比如奥古斯托（效力于北京国安的巴西国脚）就进入了国家队，而且国家队的教练组也在中超考察球员。我努力在俱乐部和日常生活中竭尽所能，并且全力以赴去比赛，如果能给我机会，我会准备好付出一切。

记者：你想回到弗鲁米嫩塞还是其他巴西俱乐部效力？

阿兰：当然，我希望未来某一天能回巴西，但现在不是时候。我非常适应广州恒大以及我所生活的城市，我的家人在这里也很快乐。我和恒大的合同还有好几年，我打算继续遵守合同约定。当我希望回到巴西时，弗鲁米嫩塞的确是首选，因为我就是在那里第一次打开了通向世界的大门。但是，足球世界是变化多端的，我也不会排除其他任何一种可能性。

记者：在弗鲁米嫩塞时，你和弗雷德做过队友吗？

阿兰：弗雷德是一个无法用语言描述的人，他是我在足球世界最尊敬的球员之一。因为我曾在弗鲁米嫩塞见过他的所作所为，我之前从未想到有球员能做到这样。那是2009年，弗鲁米嫩塞没有支付一些年轻球员薪水，然后弗雷德说，如果薪水无法发放，他会自掏腰包给这些球员发薪；他拥抱了所有人，并且承担了一切责任。我可以说，我从弗雷德身上学了很多，我很自豪能和他做过队友，他是我的偶像。

（三）富力续约扎哈维，越秀山之王将效力至2020年①

（编者按：说实在的，与来广州参加比赛的外国运动员相比，还是在广州长期服务于一家体育俱乐部的外籍运动员更能深入了解广州。如果这个外籍运动员在其母国也非常出名，他甚至可以带动其祖国同胞关注到广州。）

1. 扎哈维正式与富力续约

2017年1月24日，广州富力官方宣布正式与球队核心扎哈维续约至2020年底。“扎球王”将继续身披富力蓝色战袍，驰骋中超赛场。

2016年6月29日，扎哈维正式加盟广州富力足球俱乐部，身披25号球衣。作为以色列“国宝级”射手，扎哈维刚刚登陆中超赛场就火力全开，用一个又一个关键的进球和助攻，彻底激活了富力的攻击线，同时也成为球队主帅传控足球体系里的最完美拼图。

2016年赛季下半程，扎哈维在中超联赛里出场15次，打进11球助攻5次；足协杯出场4次打进6球，成为中超同期效率最高、数据最出色的进攻球员。凭借扎哈维的神勇表现，富力后程发力最终排名联赛第六，同

①本目汇编自新浪网2017年1月24日发布的《富力官宣续约扎哈维　越秀山之王将效力至2020年》。

时以独树一帜的传控足球成为中超最具观赏性的球队之一。

2. 我是“扎吹”我骄傲

以色列总理内塔尼亚胡：“扎哈维是一名伟大的球员，他为以色列带来了骄傲和荣誉，提升了以色列的国际影响力。”

富力主帅斯托伊科维奇：“其实上赛季结束后，我就想要引进他。扎哈维性格非常乐观，是一名团队型球员。他的技术非常出色，更关键的是他愿意为团队奉献，这也是我选择他的原因。富力打出我们风格的足球，漂亮的足球，让我非常开心。”

扎哈维：“我的转会费并没有那些高价外援高，但我的性价比较高，这是一次非常成功的转会，对所有人来说都是一笔很好的交易……中国和以色列完全不一样。我喜欢富力，我喜欢接受新的挑战，身边所接触的人都很友好，我喜欢广州这座城市。”

（四）与足球和梦想有关的故事①

（编者按：广州是足球之城，而成为足球强国可能是很多中国人的另一个“中国梦”。在这个意义上，广州的足球队也多少承载了这种梦想，哪怕它是俱乐部队，但在世界足坛上的表现仍给予中国国家队很多启迪与支持。足球学校及众多的“足球小子”可能是中国足球的未来和希望，而这里也还有另一种外教。）

在广州，有这样一群人，他们在球场上陪伴孩子成长。他们不是职

①本目汇编自《广州日报》2018年1月14日刊登的《外教在广州：与足球和梦想有关的故事》，作者是谢泽楷。

业球队教练，过往的球员经历也无人知晓。他们有的来自非洲，有的来自美洲，他们远渡重洋，定居广州，成为幼儿足球教练，他们也在为中国足球耕耘付出。

1. “内马尔”布莱迪：在广州延续足球梦

如果没有十年前的一次重伤，布莱迪的球员生涯不会过早“夭折”。如今定居广州的他，以另一种方式延续着自己对足球的热爱。

今年28岁的布莱迪，来到中国已经六年，来到广州也已四年。如今，他是广州爱奇体育俱乐部的一位幼儿足球教练，主要负责U–7年龄段球员的教学。布莱迪长相酷似巴西球员内马尔，有不少学员是他的“粉丝”。能够得到小球员的崇拜，布莱迪靠的不只是长相。出生在法国的布莱迪，父亲是法国人，妈妈是刚果（布）人。三四岁时，布莱迪就开始在法国当地俱乐部踢球。后来，布莱迪的家搬到了刚果（布），足球依然伴随左右。2007年，布莱迪入选刚果（布）U–18国家队并参加U–18非洲杯。资格赛中，司职中场的布莱迪右膝十字韧带受伤，这次受伤直接结束了他的球员生涯。“那时，我感到这个伤已不能让我继续踢球了，于是有了到其他地方学习的想法。”布莱迪的父亲曾到中国做生意，他建议儿子到中国学汉语。“一开始我跟我爸说，我不会汉语，英语也不会，到了中国我怎么办？”布莱迪一边回忆，一边用普通话流利地叙述着。

2012年，布莱迪来到厦门，准备在华侨大学学习汉语。他入读华侨大学后，周边的足球圈逐渐知道华侨大学有一名踢球很厉害的留学生。后来，厦门当地足球俱乐部找到布莱迪，让他训练U–8和U–9年龄段的球员。“是我朋友邀请的，我就过去帮忙。我受伤了无法再踢球，但我可以把我的东西教给孩子们。”布莱迪说。

在厦门待了两年后，布莱迪在朋友的建议下来到了广州。来到广州后，因为放不下足球，同时也要谋生，他就继续从事幼儿足球教练的工作。

如今，在中国从事多年幼儿足球训练工作的布莱迪变成了一个有故事的教练。“国外真正喜欢足球的小孩多一些，中国也有，但很少。对我们那里的小朋友来说，足球是一种爱好，是精神寄托，甚至会变成一种图腾。”

“小孩们在一起，肯定会疯疯的，对他们说话需要很大声，在国外也一样。但在国外，需要教练大声说的，是大一点的球员，比如U-9、U-12的球员。中国的小孩是反过来，年纪越小的越需要严厉地吼，大一点的反而非常听话。在我的国家，一些小孩可能踢得很好，但有时候会懒惰。中国这个年龄段的小孩，积极性要高一点。”

布莱迪认为幼儿足球训练，不管是对中国的小孩，还是对外国的小孩，除了培养足球兴趣和技术，最重要的是教给他们礼节。“足球不只是足球，所有运动都一样，有了礼节才会带来好的东西，比如倾听教练和队友的话。第一，学会礼貌；第二，认真训练。”未来，布莱迪希望能在广州继续当一名教练，培训U-16、U-17年龄段的球员。

2. 巴西外教费利佩：保利尼奥参加了我的婚礼

来自巴西的费利佩，是布莱迪的同事。两年前，经一足球经纪人团队介绍，费利佩和他的巴西同伴来到广州。此后，有些同伴因为不符合要求，有些因为家庭原因，相继离开，而费利佩留了下来。如今，他负责2008年和2009年出生的幼儿的足球教学。

费利佩曾经是一名球员，还曾在西班牙联赛和克罗地亚联赛踢球。结束足球生涯后，他在巴西达伽马足球俱乐部开始了教练生涯。来广州之前，他在巴西培训U-10至U-12年龄段球员，也培训过U-16和U-17年龄段球员。

因为广州恒大拥有不少巴西外援和巴西教练，费利佩很关注广州恒大的比赛。去年10月，费利佩在广州举办婚礼，当时还在广州恒大效力的巴西外援保利尼奥，还有广州富力的巴西外援雷纳迪尼奥都参加了他的婚礼。实际上，费利佩在巴西踢球时，就与保利尼奥等不少巴西球员交过手，也都相互知道对方的存在。来到中国后，他们在异国他乡变得熟络，经常一起烧烤聚会。现在保利尼奥离开了，恒大的巴西教练团队也离开了，费利佩说："但只要是有巴西球员效力的中国球队，我都会关注。"

作为一名青训教练，他同样关注中国足球在青训方面的种种举措。比如，与不少中国足球界人士的意见相左，他赞赏中国足球关于各职业俱乐部建立多级梯队的规定，他同样赞成外援上场人数与U-23球员上场人数相等的新政。"刚来的时候，这里的小孩（足球）水平很低，当时我在想，怎么教他们？"费利佩回忆着刚来广州时的情形。嘴上说着不知道怎么教，实际上他当时已经想好怎么做。他花费很大的力气，考察小球员们的足球基础和水平，将他们细分成不同的组别，再因材施教。

两年之后，费利佩表示，他目前培训的学员中，大概有七名球员，进步速度快于巴西同年龄段的高水平球员，他认为这些球员，有实力与那些巴西球员交手。"中国的小朋友非常有教养，但需要更多自信，也需要更多时间。他们一天里可能只有一两个小时练习，但巴西的小孩可能一直在踢。"

两年时间里，费利佩也遇到一些他此前没有想象过的事情。有家长带着小孩第一次来到训练班，就希望把自己的孩子放在水平高一些的精英队。"有些中国的家长喜欢一步登天，我一直向家长建议，要分水平高低。"此前，费利佩有一个学员，被家长逼着来训练，学员自己当时并不喜欢足球。今年，那名学员告诉费利佩，他希望将来能够成为职业球员。这让费利佩开心了很久。

不久前，费利佩送新婚妻子回国。明年2月，他还要在巴西再办一次婚礼。此前，有来自北京的俱乐部邀请费利佩北上执教，但他拒绝了对方，选择留在广州。费利佩计划在今年就在广州生一个小孩。

3. “小龙”教练：无缘中超外援却幸运遇见赵达裕

作为布莱迪的朋友，来自刚果（金）的小龙已在广州定居八年。与布莱迪一样的是，小龙的球员生涯也不如意。但如今，在广州足球青训圈里，小龙被不少家长熟知，他们称呼他“小龙教练”，或者“pk教练”。

小龙今年35岁，当时他来华的初衷是成为中国职业联赛（比如中超）的外援。18岁时，小龙进入国家青年队。22岁的时候，他第一次披上国家队战袍。小龙一直把出国踢球当作梦想，“当时还没想过来中国，也是在非洲其他国家。离我祖国很近，但也没有踢那么久。”

结束在非洲其他国家短暂的留洋生涯之后，小龙经朋友介绍，来到中国，准备找中超球队试训。但因为各种原因，远渡重洋而来的他，最终没能在中国实现踢球的梦想。“在中国找一个球队，不是那么容易的事。如果在这里待的时间很久，找一个球队就更难。刚刚来的时候，如果有人介绍就很好。”小龙说。但小龙没有离开中国，也没有离开足球，因为他在那个时候遇到一个人：广东足球名宿赵达裕。“赵指导说我有这样的水平，他可以帮助我。他是好人，后来我在他的学校，帮他训练学生。”在那两年时间里，小龙还上了教练员培训班。他培训的学生中，有些目前是广州恒大或广州富力的球员。

凭借良好的训练口碑，小龙在离开赵达裕的足球学校之后，成为不少青少年球员的私人教练。一开始，他在数名球员家长的邀请下，专门培训他们的小孩。如今，小龙在广州组织训练班，在帮助年轻球员训练的同时，小龙也开始培训幼儿。训练班的球员最小的5岁，大的已经20

岁出头。

“足校的小孩，他们真的很努力。在学校里边，不只你一个人。你想变得更好，不想被淘汰，一定要加倍努力。学生在训练中意识到自己存在不足，就过来找我。我帮他们找出具体问题，解决了，就回去。如果真的喜欢足球这个运动，就一定会付出。”无论寒暑假，还是平时周末，不少年轻球员都会利用业余时间，找小龙加练。

作为幼儿足球教练的小龙，则更加注重对学员基本素质的培养。每次给幼儿上培训课之前，他都要先“训话”。“你们在家里吃得好吗，睡得好吗？爸爸妈妈带你来训练，感谢他们了吗？在家里有没有跟他们吵架？”他希望他的学员能学会感恩。“我要求他们在日常生活中要独立。自己洗衣服和袜子。你年纪虽然小，但自己训练用的东西，就要自己负责，球衣、袜子要自己洗，鞋子要自己放在阳台吹风。”

对于未来，小龙依然会选择留在广州。“中国，我很喜欢，我就想在这里生活。我以前没有想过能在这里，这个国家帮助我很多，让我认识了很多人。以前没有见过没有学过的，在这里我见过、学过。”

四、媒体述评：“活力广州，运动无限”

（一）外国友人谈亚运会开幕式：惊叹，繁华都市的灵动[①]

（编者按：亚运会可能是广州举办过的外国运动员最集中的一项赛事。提到外国运动员对广州的印象自然少不了他们对亚运会的感受，甚

①本目汇编自人民网2010年11月12日发布的《外国友人谈亚运开幕式：惊叹，繁华都市的灵动》，作者是焦翔、季芳。

至可以说，亚运会是广州整体形象向世界的一次集中展示，而“亚运城市”建设也极大地促进了广州现代化都市轮廓的基本形成。）

“假如把多哈亚运会开幕式比喻成广袤大漠的奢华，把北京奥运会开幕式比喻为千年古都的崛起，那广州亚运会开幕式则是繁华都市的灵动，平易近人中带着令人敬佩的创意。”在观看了广州亚运会开幕式后，越南驻华外交官欧越兴给出了这样的评价。

2010年11月12日晚，在位于珠江畔的广州海心沙广场上，万众期待的第十六届亚运会开幕式激情上演，它不仅是中国人民为亚洲兄弟姐妹精心烹制的视听盛宴，是外国运动员、教练员展示风采的舞台，更是所有外国朋友了解中国、了解广州的窗口。

“亚运会开幕式在体育场之外举行，让人感觉耳目一新。”孟加拉国选手索杰布表示，在宽阔的江畔欣赏文艺表演，让人心旷神怡，“五彩的灯光与绚丽的焰火交相辉映，场面尤为震撼，令我难忘”。

在巡游彩船上观看了亚运会开幕式的巴勒斯坦运动员哈立德，觉得自己是最幸运的人。“珠江太美了，珠江两岸的风景展示了广州这座城市高度的现代化。而能够在彩船上欣赏焰火，让我不虚此行！”在彩船巡游期间，岸边热情的广州市民纷纷向船上的外国运动员招手、问好，聪明的巴勒斯坦运动员玛利才听了没有几遍，就能够大声而流利地向热情的中国朋友们高喊：“我爱你，中国！”

“这次开幕式充满了想象力，尤其是‘高空威亚’环节，天上的人随着背景画面不停地变换着造型，真是太神奇了。”印度运动员辛格觉得大饱眼福。而第一次来中国的伊拉克运动员伊斯梅尔也认为，看了开幕式的文艺表演，他对中国、广州有了全新的认识，“这里不愧为国际化大都市”。

多哈亚运会开幕式上，身着阿拉伯传统大袍的卡塔尔骑士冲上主火炬塔的一幕，至今仍给人们留下深刻印象。此次广州亚运会开幕式蕴含的中国元素，更是为外国运动员津津乐道，巨大的“炮仗”引燃了主火炬，这让卡塔尔选手萨利姆觉得新奇不已，“这样的点火方式真是中国味儿十足”。

盛宴在欢乐的气氛中已经落下帷幕，但各国运动员与中外观众被激发的热情却久久难以平静。在离开会场的路上，他们一步一停留，频频回望江中的灯火。对他们来说，广州亚运会开幕式或许不仅是一个完美的句号，它更将是一个巨大的惊叹号，久久印在他们心间。

（二）外国舆论盛赞广州亚运会，称“堪称完美”[①]

（编者按：亚运会使广州受到亚洲媒体的广泛关注，外媒报道亚运会多是来自体育记者，不少视角仍是从运动员出发或与运动员有关的。）

巴基斯坦《每日邮报》总编辑马克东·巴伯接受记者采访时表示，广州借鉴北京奥运会经验，精心举办了一届成功的亚运会。此次亚运会的运动员和观众规模都创下了历史之最。《每日邮报》专门派出文字和摄影记者赴广州采访，每天都推出专版介绍赛事最新进展情况。巴基斯坦在板球、壁球和曲棍球等传统项目上获得金牌，这些好成绩与中国给予的主场待遇分不开。本届亚运会为增进亚洲各国人民友好交流提供了平台。

①本目汇编自《人民日报》2010年11月28日发表的《外国舆论盛赞广州亚运会称“堪称完美”》，作者是牟宗琮、刘刚、霍文、孙广勇、廖政军、张慧中、于青和崔寅。

越南各大报纸开辟了亚运会专栏，向广大读者介绍赛场内外的精彩资讯。越南国家广播电台“越南之声”报道说，经过两周的激烈角逐，越南体育代表团虽然只收获一枚金牌，但越南在田径等比赛项目上取得了可喜进步。越南电视台第二套节目在直播亚运会闭幕式时指出，精彩纷呈的广州亚运会让人永远铭记。越南数字电视台第三套节目的《体育24小时》栏目评论说，广州亚运会的组织和比赛工作都取得了巨大成功，激情澎湃的广州亚运会给人们留下众多难忘的瞬间。

自广州亚运会开幕以来，蒙古国观众予以高度关注，尤其是他们喜欢的摔跤、柔道、射击、篮球和排球等项目。11月27日晚，蒙古国TV5、UBS两家电视台全程直播了广州亚运会闭幕式。TV5的解说员评论说，此次盛会创造了亚运会历史上一个又一个新的奇迹，中国为亚洲人民举办了一场神奇的体育盛会，此届亚运会堪称完美。

泰国国家电视台对广州亚运会开幕式和闭幕式都做了直播，并指出广州亚运会无论开幕式还是闭幕式都非常盛大和华丽。这是亚洲各国人民的一件盛事，作为东道主，中国圆满完成了对各代表团的接待工作和整个赛事的组织工作，再次证明了中国举办国际性盛会的能力，实现了“激情盛会，和谐亚洲”的目标。

印度《德干先驱报》认为，广州亚运会为所有体育爱好者们展示了精彩与激情。该报还说，中国人打破了想象的界限，奉献了一场美轮美奂的开幕式表演，令观众如痴如醉。

印度尼西亚《雅加达邮报》发表了题为《广州亚运会筹办完美受赞扬》的文章，盛赞广州自成功申办亚运会以来一直为提高城市的水质量、空气质量，以及居住和交通条件而积极努力。

日本时事通讯社11月27日报道说，广州亚运会是历史上项目最多的一届，东道主的金牌数创了新纪录。《朝日新闻》的报道称，亚运会成为继北京奥运会和上海世博会之后的又一大型活动，树立了中国在国际上的威信。

（三）外国运动员在广州最爱K歌[①]

（编者按：外国运动员除了比赛还爱干些啥，在媒体记者看来，这自然会引起读者兴趣；而在编者看来，这也是外国运动员了解广州和我们了解他们对广州看法的一个侧面。）

1. 将娱乐进行到底……

外国运动员来了广州，生活如何？外国运动员在运动员村内最爱干啥？外国志愿者如何服务亚运会？无论是外国运动员还是外国志愿者，他们在广州都有非常精彩的生活！记者探营运动员村发现，运动员们最喜欢的娱乐就是唱K，而说起对广州的印象，所有人都不约而同赞叹："Very nice！（非常好！）"

记者探访运动员村发现，运动员村五间KTV包房每日爆满，而包房旁边的舞厅却空空如也。一位娱乐中心的工作人员告诉记者，娱乐中心一共有三间大KTV包房，两间小KTV包房，从本月6日有运动员入住以来，几乎每天都是爆满的，运动员们一唱就是好几个小时。"很多小语种的歌都没有。运动员来KTV包房，主要是唱中文歌和英文歌。"记者来到KTV包房，一些运动员正在里面唱得起劲。一位来自马来西亚的运动员告诉记者，最让他想不到的就是，运动员村居然还有KTV包房。

①本目汇编自《新快报》2010年11月13日刊登的《外国运动员在广州最爱K歌》，作者是吴璇、范如石。下文中的"唱K""K歌"均指唱卡拉OK。

“太好了，我们都很喜欢唱歌。”

2. 运动员的广州印象

外国运动员对广州印象如何？说起这个问题，印度的软式网球运动员莫哈默德·纳希尔（Mohammde Nasir）连说：“Very nice，very beautiful！（非常好，非常漂亮！）”他还说，令他印象最深刻的就是广州特别的绿，马路非常宽敞，广州人特别的热情，尤其是女孩子还很漂亮。

不用担心玩过头误了吃饭。才刚到运动员村几天的香港情侣运动员吴森隽和林惠怡认为，广州亚运会是他们参加的所有国际级的运动会里面服务最好的。吴森隽说，来到运动员村发现，这里不但有购物的地方，还有美发、健身、跳舞、唱K的地方。他说，他们俩已经参加过很多国际级的运动会了，但是从来没有遇到过住所地有这么多配套服务的。林惠怡则说，她最喜欢的是运动员村里24小时都可以进餐，这样就不用担心玩过了头而误了吃饭。所以他们俩正“谋划”着没有比赛时候的玩乐计划。

学写中国字很有成就感。“赵——贤——珠”——19岁的韩国体操运动员赵贤珠在工作人员的指导下拿起毛笔写下了自己的中文名字。望着自己的“杰作”，赵贤珠“得意”地笑了，接着，拿起一枚印章认真地盖在了“作品”上。运动员村的中文学习室是喜爱中国文化的外国运动员青睐的地方，每到开放时间就挤满了外国运动员。在这里，他们可以学习中文、书法等。写完了自己的名字，赵贤珠又用英语让工作人员教他们写“体操”“亚运会”等文字。赵贤珠告诉记者，自己对中国文化很有兴趣，但来中国之前，自己只会说两句中文：“你好！”“谢谢！”

（四）外国运动员谈在广州的感受：爱上这甜美的生活[①]

（编者按：外国运动员在亚运村里往往可以轻松地谈论对当地的印象，起码谈这个比谈论比赛要放松一些。由于亚洲在世界各大洲中以人口众多、文化差异巨大著称，中国的长期稳定发展自然吸引人，而广州的生活堪称“甜美”也多少反映了中国目前的状态。）

11月，温暖的阳光普照在鲜花盛开的羊城，植物的清香与江水的清凉交融着，弥散在空气中，沉醉了远道而来的人们。

“每隔一段时间我就会来一次广州，看到各种漂亮的设施和村落，感觉很开心。”国际奥委会委员、印度人兰迪尔·辛格在英联邦运动会结束后不久，再次踏上中国南方的土地，不禁感慨广州“令人印象深刻”“发展成就卓越”。

随着亚运会开幕的临近，来自亚洲各个国家和地区的代表团已经陆续入住广州亚运村，开始了他们的“中国式生活”。

通常来说，亚运会都是在10月举办，然而考虑到广州的气候特点，组委会把亚运会安排到了11月中旬，这让来自南亚和西亚国家的运动员们倍感舒适。“我们的运动员很适应这里的气候，加上这里崭新的运动设施，我对巴勒斯坦国国旗在广州高高飘扬充满信心。”巴勒斯坦代表团团长阿萨德告诉记者。而参加过2006年多哈亚运会、2008年北京奥运会，并前来参加本次广州亚运会的卡塔尔奥委会秘书长贾巴尔表示，广

---

①本目汇编自人民网2010年11月12日发布的《国外运动员谈在广州感受：爱上这甜美的生活》，作者是焦翔。

州亚运会与多哈亚运会各有千秋，中国的现代化设施和热情民众给他留下了深刻的印象，“我们希望本着发扬体育精神的原则，在广州享受拼搏与竞争的乐趣”。

亚运会开幕前的多数时间，各国运动员都在亚运村适应环境、获得放松。所以，宗旨是“以运动员为中心”的广州亚运村显得尤其重要。几天下来，记者发现无论是行走在村边的宽阔广场，还是漫步在村里的林荫小道，无处不有清晰的指示牌和热心的志愿者，为外国朋友答疑解惑，提供帮助。“这里的志愿者很热心，很可爱，他们的人数比运动员还多，我可以随时随地获得帮助。”来自日本的运动员林勇气说。约旦的运动员巴希勒·哈舒则表示，“商店、邮局，甚至是礼拜场所这里都有，我挑不出广州亚运村哪怕一点毛病来，一切井然有序而又充满活力”。

叙利亚和伊拉克代表团的升旗仪式都在11日中午举行，其间，记者被一对聊得起劲的叙利亚教练和中国志愿者所吸引——“我的阿拉伯语是在大马士革学的，中文是在广州学的！”看到记者过来，这位教练紧紧搂住中国志愿者的肩膀说，“他是我在中国的良师益友”，两人随即相视而笑。中国不乏举办大型国际活动的经验，在成功举办了北京奥运会后，外国朋友对广州成功接待了规模如此巨大的国外代表团并未感到稀奇。叙利亚奥委会主席朱玛在接受记者采访时表示，“不但如此，广州组委会的精密筹划和热情接待，甚至超出了我们对亚运会的期待”。

无独有偶，伊拉克代表团团长拉登·哈姆尼在接受记者采访时也认为，比赛的结果已不那么重要，重要的是在中国度过一段欢乐的时光。“广州的基础设施、交通条件、空气质量等都很不错，我们希望好好享受，并借此机会密切与中国这个体育强国的交流。”就在这时，记者注意到，站在一边的伊拉克年轻女运动员达勒巴克用阿拉伯语轻声地说了一句：“我已经爱上了这甜美的生活！”

（五）古老运动焕新生，外国运动员在广州学武术

（编者按：金砖国家运动会是一个非常特别的体育赛事，竞赛成绩可能并不重要，而相互交流才是主要内容。广州作为现代武术的重要发源地之一，无疑极大地吸引了热爱武术的外国朋友的目光。）

2017年6月19日，参加2017年金砖国家运动会武术项目的五国选手来到广东省二沙体育训练中心武术馆，与这里的教练员、运动员们一起交流切磋。

2017年金砖国家运动会6月17日在广州开幕，作为首届金砖国家运动会产生金牌数量最多的项目，武术比赛于18日在广州迎来首日角逐。当天下午，武术类别比赛全部落幕，参加武术比赛的各国运动员随后赴二沙岛的广东训练基地参观广东武术队的训练。印度队的领队巴杰瓦表示："就仿佛瑜伽在中国一样，武术在印度越来越受欢迎！"

作为两种古老的运动，中国的武术和印度的瑜伽现如今可谓风靡全球。在生活压力加大、生活节奏越发加快的今天，武术和瑜伽作为一种强身和减压的方式，受到越来越多人的喜爱，在新时代中绽放新的光芒。

1. 外国武术运动员：从小爱看中国功夫电影[①]

按照武术学者的观点，中国的武术历史并不十分久远，中国武术大概形成于火器诞生之初，在明朝中期戚继光抗倭前后才开始真正形成。

---

①本子目（目下的阿拉伯数字标题为子目）汇编自《新快报》2017年6月20日刊登的《古老运动焕新生　外国运动员广州学武术》，作者是王敌、高京。

在这之前，中国并没有“武术”一说。中国人历来崇文敬武，习武之人很少，但在火器出现后，人们发现，如果不能近身搏斗，恐怕很难打得赢对手，这才开始有了练习武术的习惯。

1936年的柏林奥运会，中国派出了一支武术队去德国表演，并引发了欧洲人对武术的热情。然而，中国武术真正传到海外，大概还是要拜李小龙所赐。换句话说，是李小龙和功夫片让中国武术得以在全球范围发扬光大。

昨天下午参观训练时，南非和印度的武术运动员纷纷表示，第一次接触中国武术都是通过银幕，大多是中国的影视作品，不只是李小龙，成龙在这些国家更家喻户晓。南非运动员亚历山大表示，他小时候看过成龙的《我是谁》，在这部于南非拍摄的电影中，他对成龙的表演非常钦佩，这才走上了习武之路，迄今已习武超过10年。

印度领队巴杰瓦说：“在我们看来，练习中国武术和练习印度瑜伽在本质上是相同的，都是强身健体，不能用于实战。在印度，专门练习武术的人已经有9万—10万人，大家都很喜欢这种中国式的练习术。”

“在美洲，咏春拳非常受欢迎！”巴西代表队教练员若昂·席尔瓦激动地说。因为看了李小龙、成龙与李连杰电影而开始醉心于武术的他，从20世纪90年代起就频繁来到中国学习武术与针灸。在他的影响下，他的儿子布兰登与女儿布伦达都非常喜欢武术，此次都随巴西队参加了金砖国家运动会的武术比赛。

2. 金砖国家运动会武术运动员代表赴广州切磋交流[①]

金砖五国语言不同、文化各异，但一套陈氏太极拳24式打下来，任

---

①本子目汇编自《人民日报》2017年6月20日刊登的《金砖国家运动会武术运动员代表赴广州切磋交流》，作者是范佳元。

何沟通都能在招式中得到解决。“我觉得他们水平很高、进步很快，很多有难度的动作也做得很好。”中国武术队队员陈桂真说。第一次参加国际大赛的她首次与外国选手同场竞技，“感觉真的和电视上看到的不一样”。

“我非常喜欢武术。”面对媒体的提问，俄罗斯武术队运动员伊凡·卡拉什诺比跳过翻译，直接用中文回答。此次金砖国家运动会，他获得男子太极拳太极剑全能亚军。

伊凡今年19岁，是一名专业武术运动员，学习太极已经4年。对伊凡来说，广东省武术管理中心之行是故地重游，去年他在这里训练了十几天。“参加这次比赛让我感觉很有趣，对我的武术水平也是一种提高，我希望这次到中国能学到更多东西。”伊凡说。

此次金砖国家运动会，俄罗斯武术队展现出较强的整体实力，这与俄罗斯近些年重视武术运动密不可分，9月俄罗斯将举办喀山武术世锦赛。广东省武术管理中心南拳组主教练何强介绍，从2012年开始，广东武术队就和俄罗斯武术协会开展交流，俄罗斯武术队每年都会派运动员到中国训练和比赛。据了解，此次金砖国家运动会结束后，俄罗斯武术队并不会马上回国，而是留在广州体育职业技术学院继续训练半个月。

在中国武术队领队金肖冰看来，除了俄罗斯队运动员，印度队运动员进步很快，也给人留下深刻印象。“单看他的技术动作，难度和我们专业运动员不相上下。”金肖冰说的是吉安达什·辛格·马央兰巴姆，他获得男子太极拳太极剑全能项目冠军。据印度武术协会秘书长苏埃尔·阿赫迈德介绍，印度也有意在明年举办金砖国家运动会，促进印度武术运动的发展。

金肖冰介绍，从20世纪80年代以来，中国武术协会一直致力在全世界大力推广武术，每年都会派教练出国辅导国外武术爱好者。在金砖国家中，中国与俄罗斯、印度、南非签署了武术交流协议，进行武术推广与合作交流。

（六）不少外国选手坦言：龙舟赛成为他们近距离接触广州的窗口[①]

（编者按：广州每年都会举行龙舟赛，也会邀请外国龙舟队或驻穗外国人团队参加。正如参赛的外国选手说的，龙舟赛成了他们近距离接触广州和龙舟文化的窗口。）

本次国际龙舟邀请赛以“一带一路谱新篇，五洲百舸汇花城”为主题，邀请了来自广州、佛山、东莞、清远、惠州、肇庆、揭阳、珠海等地，以及加拿大、美国、新加坡等国家和地区的上百支龙舟队，包括传统龙12条、标准龙83条、彩龙28条、游龙7条，有上千名运动员参加。精彩的龙舟赛，成为连接中外的桥梁。不少参赛的外国选手和观众坦言，龙舟赛成了他们近距离接触广州和龙舟文化的窗口。

1. 新西兰惠灵顿龙舟队：广州“beautiful”，美食“so nice”

来自新西兰惠灵顿龙舟队的米歇尔（Michael）是第一次来到广州参加比赛。尽管在男子国际组600米直道赛的预赛中，米歇尔的队伍被淘汰，但他认为自己很享受这个过程。“这是我第一次和20多名队友一起比赛，其中年龄最大的队员已经70岁了，虽然大家赛后都很累，但也很开心。”米歇尔表示，他们几天前就来到了广州准备比赛，前天晚上他

---

①本目摘编自《广州日报》2017年6月12日刊登的《不少外国选手坦言龙舟赛成为他们近距离接触广州的窗口》，作者是何道岚、曾卫康、张丹羊、何瑞琪、陈映和孙嘉晖。

还和妻子一道登上广州塔，用相机记录下羊城的夜景。

在描述广州时，他用得最多的一个词是“beautiful（漂亮的）”。“我爱这里的风景，广州的市民很热情，这是我参加各种划船比赛中见到的现场观众最多的一次。明年我还会来参加比赛，争取拿到冠军。”这名身高超过1.8米的壮汉笑道，“不过现在我要做的是给妻子加油”。

原来，米歇尔的妻子所在的惠灵顿龙舟女子队不但在小组赛中勇夺第一，还顺利地闯入了最后的决赛。同样在岸边为女队员们助威的菲尔·巴德利（Phil Baldly）告诉记者，在两个半月之前，惠灵顿龙舟队就来到了中国，并在各地和龙舟健儿们竞赛，到现在差不多有80天了。菲尔·巴德利介绍说，惠灵顿龙舟女子队拥有强劲的实力，在徐州、南通的龙舟邀请赛都取得了第一名。

“每到一个地方，我们都会认识许多热爱龙舟运动的当地人，我希望我们下一次去的时候还能见到这些老朋友。”菲尔·巴德利说。除了比赛，美食无疑成了大家的最爱，惠灵顿龙舟队的一名队员打趣道：“虽然我现在还不大会用筷子，但这挡不住我对中国美食的爱。”

2. 美国总领事馆龙舟队：年年来参赛，成绩步步高

在本届国际龙舟赛场上，有来自美国、新西兰、伊朗、新加坡、马来西亚等国的龙舟爱好者参赛，而其中由美国驻广州总领事馆工作人员组成的龙舟队，已经是赛场观众的老朋友了——在过去的几年里，这支龙舟队一直活跃在珠江上。

昨天上午8点钟，队员们就来到中大北门码头的运动员区报到，展开热身活动，并在9点多下水，参加了随后的比赛。记者看到，这支队伍里美中队员约各占一半，其中还有几位女队员。据了解，这支龙舟队在四年前成立，其后每年都会参加广州国际龙舟赛，并邀请本地人做教练，在赛前利用周末开展训练。龙舟队队长，同时也是亚裔的纳尔·道（Nar

Dao）告诉记者，尽管队员们日常工作比较忙，但大家都尽力去克服这些情况。“我对今天的结果非常满意，我们的时间（成绩）比去年好得多了，因为今年的队员更有经验。”他说。

纳尔·道表示，自己曾经在纽约、台北等地参加过比赛，而各地的龙舟赛也在相同的历史渊源下发展出了新的文化韵味，这让他感到很有趣。“我觉得龙舟比赛最好玩的一点是比赛的气氛，还有就是看到其他队伍的努力。”纳尔·道总结道。

在赛场南岸的观众区，英国人丹尼尔（Daniel）和他的妻子正抱着两岁的女儿看龙舟竞渡，在一家外企工作的他已经来华五年，而这也不是他第一次带女儿看龙舟赛了。“这些都是很有中国文化特色的活动，我觉得她应该感受一下。”他认为，赛龙舟不仅是一种传统，也是一种健康的生活方式，“能让人看到一种积极、努力的态度”。

第八章

外国艺人看广州

对外文化交流已经成为社会开放的一个象征。广州是一个发育成熟的演出市场，在文化体制改革方面也走在全国前列。在这里，每年不仅有大量的外国演出团体前来进行文化交流和商业演出，而且也有不少演艺人员个体常驻广州表演。他们有的在专业的文化团体，也有的完全走市场化路线，在各种娱乐场所丰富着民众的通俗文化生活。他们对广州的印象和看法有的很“高大上”，有的则十分“接地气”。

一、概述：广州对外文化交流不断发展

（一）广州对国外文艺团体吸引力显著增强

改革开放以来，随着中国国际地位和国际影响力的提高，以及对外开放程度的加深，广州在对外文化交流中表现十分的热情和富有积极性。

1976—1990年，中国文化事业百废待兴，广州逐渐拓展了对外文化交流的局面，共接待了来自五大洲100多个国家和地区的960多批9000多人次的文化艺术界人士，包括政府文化官员，音乐、舞蹈、杂技、电影、电视、美术等各领域的文化艺术家。其中，到广州进行表演的艺术团体有140多个，演出超过200场，并举办了40多个外国文化艺术展。

1991—2000年，广州加快了对外文化交流的步伐，不仅增加了对外交流的次数，同时还扩大了交流的范围和领域。广州共接待港澳台和海外团队1572批次20974人次。1996年首次举办，并在之后每年定期举办的广州国际艺术博览会，吸引了更多的海外文化艺术团体来广州开拓市场，加深与广州的文化交流与合作。

2001—2016年，中国成功加入WTO（世界贸易组织）。社会主义市场经济体制的日益完善，为广州对外文化交流创造了更为优越的环境，更多的海外文化艺术团体愿意进军广州庞大的文化艺术市场。尤其是近些年，在全面深化改革的大背景下，广州作为改革开放的前沿城市，文化艺术市场更为繁荣。2014年广州市文化主管部门审批了港澳台和海外营业性表演133件，演员1183人次，演出19746场次。2015年广州市文化主管部门审批了来穗演出的港澳台和海外主场表演150件，境外演员1279人，演出23265场次。①

（二）进口影片在广州市场逐渐拓宽

根据《广州市统计年鉴》数据显示，1998年广州市进口国外影片数量为43部，至2016年增长至103部，增长近1.4倍。（见图8-1）从进口影片的累计数量上看，1998年至2007年，广州市共引进国外影片超过500部；1998年至2014年，引进国外影片超过1000部；至2016年，共引进国外影片1198部。②（见图8-2）

①数据来源：1976—2016年《广州市统计年鉴》。

②数据来源：1998—2016年《广州市统计年鉴》。

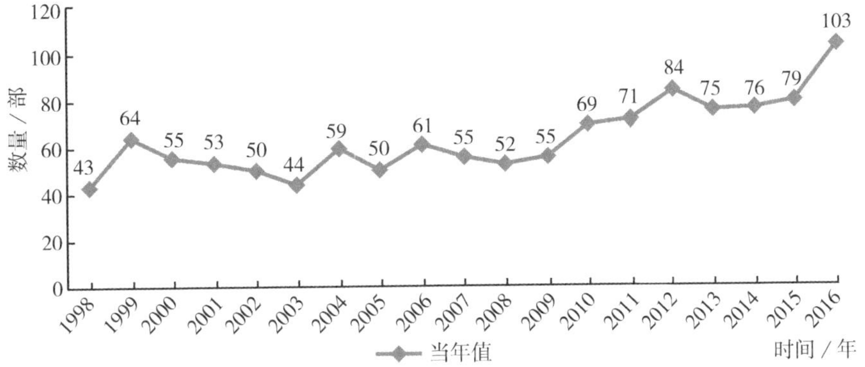

图8–1　广州市历年进口影片统计图

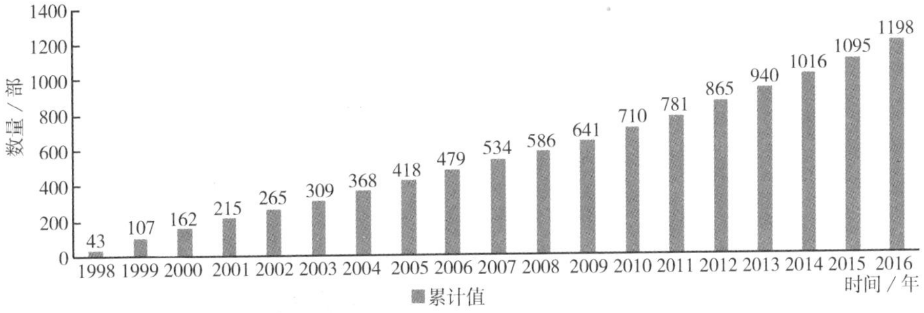

图8–2　广州市进口影片统计图

（三）艺术表演场馆设施日益完善

改革开放以来，广州市的艺术表演场馆在数量上发生了比较大的变化。1979年广州市累计有艺术表演场馆30个，到1988年，累计场馆数为23个。1989年至1998年，广州市艺术表演场馆累计有44个；截至2008年，累计数为19个；截至2016年，累计数为16个，相比1979年减少了14个，减少了将近一半。（见图8–3）虽然广州艺术表演场馆在数量上有所下降，但是场馆的规模和设施的完善程度是逐年提升的。比如，广州大剧院是目前华南地区最先进、最完善和最大的综合性表演艺术中心，总占地面积4.2万平方米，建筑面积7.3万平方米，建筑总高度43.1米，有三个排练厅（歌剧排练厅、芭蕾排练厅及交响乐排练厅），可以满足各类演出的需求。自2010年5月开始，广州年均演出数量突破400场，每年吸引超过3000名国内外优秀院团艺术家来到广州登台献艺。①

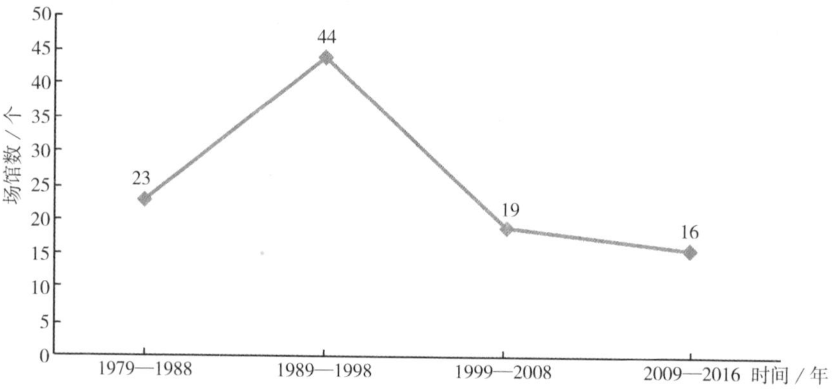

图8-3　1979—2016年广州市艺术表演场馆统计图

二、走笔：开放包容促进文化发展繁荣

文化是促进不同国家和地区之间沟通交流与合作的桥梁。改革开放以来，广州市以开放、包容的姿态，欢迎世界各个国家和地区的文化艺术团体到广州进行交流与合作，同时把源远流长的广府文化通过外国文化艺术家和表演者传播到世界的各地。改革开放后的几十年来，广州市通过创建多个艺术交流平台，提高了自身在国际上文化交流的地位和影响力，吸引了更多的国外艺术进入广州。

①数据来源：1979—2016年《广州市统计年鉴》。

（一）广州国际艺术博览会

广州国际艺术博览会是经文化部批准，由中国美术家协会、广州市人民政府主办，广州市文化广电新闻出版局承办，广州艺时代展览策划有限公司承办执行，是中国三大国际艺术博览会之一。

1996年12月2—9日，第一届广州国际艺术博览会成功举办，博览会设展位345个，展出作品5000多件。其间来自美国、马来西亚、新加坡等国家和国内各地的300多名画家、雕塑家参展。

2006年12月7—11日，第十一届广州国际艺术博览会成功举办，展览面积13 000平方米，共设4个展区470个标准展位，有210名中外艺术家11000件艺术品参展，其中包括法国、德国、美国等12个国家和地区的10个艺术机构和100多名艺术家。接待国内外观众6万多人次，艺术品成交2000多万元。

2016年12月2—5日，第二十一届广州国际艺术博览会成功举办，展览面积超过3000平方米，共有35个国家和地区的350多家机构2万多件艺术品参展，其间共吸引国内外观众20万人次，艺术品成交金额达5.5亿元人民币。[①]

（二）广州艺术节

广州艺术节充分体现出“立足本土，放眼国际、开放包容”的特点。（见表8-1）广州艺术节连续七年的成功举办，使广州已初步形成了演艺剧场圈，很多剧院拥有一流的硬件设施，座位数量超过1万个，年

①参见广州国际艺术博览会网站《往届回顾》专栏。

演出超过1000场。[①]广州艺术节让广州剧场圈更加活跃，坚持引进优秀剧目，举办高水平艺术节，丰富各类艺术惠民活动，让演出市场真正为市民百姓亲近艺术、认识艺术、享受艺术的乐园。

表8-1 第一届至第七届广州艺术节概况表

届别	时间	参加国家和地区数量/个	剧目数量/台	演出数/场次	观众人数/万人
第一届	2011年9月15日—10月28日	10	31	58	2
第二届	2012年9月4日—11月4日	10	49	60	
第三届	2013年8月31日—11月30日	10	22	41	2.6
第四届	2014年9月23日—11月23日	10	27	50	3
第五届	2015年8月18日—12月16日	10	36	60	3
第六届	2016年8月31日—12月4日	20	49	96	10
第七届	2017年7月8日—9月10日	15	22	67	20

注：数据来源为2011—2017年《广州年鉴》

（三）中国广州国际演艺交易会

中国广州国际演艺交易会，已成为促进优秀中华文化走出国门，引进世界优秀文化的重要平台。自2010年第九届中国艺术节期间首次举办演交会后，广州演交会每年举办一届，成为中国向国际演艺市场和艺术节推介本国优秀舞台艺术精品，以及将外国优秀作品、创作思路和制作手段引进中国的重要平台。广州国际演艺交易会注重中外人文交流，坚定文化自信，在“引进来”的同时力争“走出去”，讲好中国故事，打造具有国际影响力的文化演出交易平台。（见表8-2）

①数据来源为2015年《广州年鉴》。参见中国广州网“广州年鉴”专栏。下文出处为各年度《广州年鉴》时不再重复说明。

表8-2　第一届至第七届中国广州国际演艺交易会概况表

届别	时间	参与情况	
第一届	2011年10月7—9日	30个国家和地区	43个机构
第二届	2012年10月9—10日	20多个国家和地区	300多个机构
第三届	2013年11月8—11日	72个国家和地区	61个机构
第四届	2014年9月21—24日	12个国家和地区	60多个机构
第五届	2015年11月9—30日	20个国家和地区	200个机构
第六届	2016年9月2—4日	20多个国家和地区	200多个机构
第七届	2017年12月11—14日	30个国家和地区	232个机构

注：数据来源为2011—2017年《广州年鉴》

三、采访直录：广州是文化体制改革先驱

（一）广州芭蕾舞团演员采访：广芭是中国芭蕾舞事业的改革典范

采访者：彭澎——（P）

被采访者：俄罗斯籍演员费佳（Ferdinand Fogelman）——（F）；刘娜军（费佳太太）——（L）

记录整理：卢楚焱

时间：2018年2月1日下午

地点：广州芭蕾舞团办公室

1. 广州芭蕾舞团创始元老

F：我的全名是费迪兰德·费迪尔曼。费佳是我的小名，因为全名太长了，所以他们都叫我费佳。

P：您来自俄罗斯哪个城市呢？

F：莫斯科。

P：我去过莫斯科大学，建筑很大。您来广州多长时间了？

F：1995年来的，23年了。

P：那个时候就有广州芭蕾舞团了吗？

L：广州芭蕾舞团是1993年底成立的，1994年我们才来，有了以前的团址，现在这个新的团址是1998年的。

P：那1995年是在哪里？

L：我们原来是在工人疗养院，这里（新的团址）对面，我们当时租了一个房子，在那边训练演出，这边开始盖房子，建成后我们就搬过来了。

P：那您是元老了。

L：对，他是建团的第二年过来的。

P：那当时您对广州的第一印象如何？现在跟当时比发生了多大变化？

F：我以前没来过中国，这里对我来说是一个不一样的国家，我刚来的时候不会说中文，没有什么朋友，来的时候是一个人，以后就慢慢地学了中文。

P：就是来广州之前没有去过中国其他城市？

F：没有，广州是我第一个落脚地。

P：那您当时为什么会选择广州呢？

F：朋友让我过来看一下中国的芭蕾舞是什么样的。因为我以前在西班牙的芭蕾舞团跳了半年，回到俄罗斯后，朋友问我想不想看看中国的芭蕾舞团，我说可以看一下，试一下。开始的时候想着就来三四个月就回家，之后留在广州的时间不断延长，一年，两年，直到现在。现在的中国跟以前变得很不一样。我们以前住的地方晚上很黑，有时候出去买了东西回家，都打不到出租车。跟出租车司机说去龙洞，他们说不去。现在的变化很大。

2. 广州芭蕾舞团的改革吸引了我

P：那当时是什么因素让您决定留在广州的呢？

F：因为我觉得广州芭蕾舞团很好，可以跳很多不一样的舞，可以排新的舞蹈，例如《天鹅湖》等。慢慢学了中文后，交到了很多朋友。我来的时候很年轻，22岁。（广芭）有很多去外面演出的机会，是很有朝气的一个团。

L：那个时候广芭刚成立，有很多新的血液、新的东西，特别有朝气，特别有干劲儿，所以他就觉得这里好。

P：当时是张丹丹引进来的吧？

L：张丹丹是广州人，后来去中央芭蕾舞团担任主要演员。她在那边跳舞时，想到广州这么大一个城市没有芭蕾舞团，就一直有回到广州成立芭蕾舞团的想法。她回到广州后，就给市长黎子流写了一封信。她觉得这么大一个都市应该有自己的芭蕾舞团。就是这么一个契机把广州芭蕾舞团组建了起来。

P：当时是给了张丹丹很大的自主权是吗？

L：是的，市政府也给了她很大的支持，因为一直想组建这个芭蕾舞团，都没有组建起来，直到20世纪90年代才把这件事推动起来。

P：所以机制比较灵活，像费先生说的想排什么舞都可以。

L：因为这是一个新的团，体制也是新的，以前老的体制是有编制，这个新团就是合同制，没有任何编制，从全世界招纳演员。所以他觉得这个也很吸引人，各种东西都是新鲜的，跟以前老的芭蕾舞团完全不同。

P：是的，我们社科院当时在做一个文化体制改革，还采访过张丹丹团长，讨论这些事情，这是一个改革的典型。

F：团里经常请外面的编导，招一些外国老师。我们这些舞蹈演员可以学到新的东西。

3. 中国本土演员成长起来了，外国演员就少了

P：当时那会儿有多少外国演员？

F：就只有我一个人。

L：从他来以后，陆陆续续地来了俄罗斯人，还有美国人、韩国人、日本人、新西兰人，不断有外国人来。

F：1997年的时候可能有10～12个外国人。

P：现在就只剩下费先生了吗？

L：是的，现在就只剩他一个。

P：是什么原因呢？

L：中国演员成长起来了是一个原因，我们有大量的毕业生可选择，包括我们团自己的学生。刚开始的时候由团里的演员带学员班，后来学员班不断地壮大，我们就跟广州市艺术学院合作。然后我们这个团变成了艺术学院的一个部分，不断培养人才。而国外的演员流动性比较大，他是唯一一个留了下来的。

P：费先生最后选择留下来是因为成家了吗，还是因为喜欢广州，或者其他什么原因？

F：来这里跳舞之后，认识了很多朋友。

P：那这么多年您已经习惯了广州的生活？

F：已经习惯了，有的时候回莫斯科住几个星期就想回广州。

P：所以您在那边还不习惯了？

F：是的。

P：广州是不是有很多俄罗斯人？

F：现在多，我当时来的时候不多。我们平时聚会一起吃饭可能有15~20个俄罗斯人。

4. 在广州的俄罗斯人越来越多

P：你们有关于多少俄罗斯人在广州的数据吗？

F：现在很多，可能有5000人，现在广州有俄罗斯领事馆了，开了十年了，我刚来的时候还没有。

P：那原来这里是属于哪个领区管呢？

L：办相关的事要去上海或北京，所以我们俩领结婚证的时候都要跑到上海去。那会儿很麻烦，现在在广州的俄罗斯人多了，所以领事馆开了。

F：现在飞机也开了航线，以前只能从香港或北京飞。

P：从广州飞莫斯科的航班现在是每天都有吗？

F：对，每天都有，有中国的航空公司，也有俄罗斯的航空公司。

P：这里去莫斯科要多长时间呢？

F：九到十个小时。有中转也有直航，方便很多。

5. 广州芭蕾舞团是中国芭蕾舞事业的一个改革先驱

P：现在广州芭蕾舞团在中国算是什么样的状态呢？我记得除了中央芭蕾舞团，上海也有一个吧？

L：对，中国原来有五大芭蕾舞团。北京是有中央芭蕾舞团，（还有）上海芭蕾舞团、辽宁芭蕾舞团、广州芭蕾舞团和天津芭蕾舞团。天津和广州的是同时成立的，是比较年轻的芭蕾舞团，其余三个相对属于元老级的。

F：香港也有一个。

L：那时候香港还没有回归，香港回归后，他们的芭蕾舞团体制也是不一样的。

P：香港的芭蕾舞团是什么时候建的？

L：香港的很早了。现在又新建了很多芭蕾舞团，有苏州芭蕾舞团、重庆芭蕾舞团，前几年兰州也建了一个，慢慢崛起了很多新的。

P：那你们这里的学生会不会去那些地方？

L：有去到重庆和苏州芭蕾舞团的，我们这里算是中专毕业，大部分的学生会选择考大学，去北京舞蹈学院、上海戏剧学院、上海舞蹈学院等。有的人拿了奖学金会去国外，有的留在了广州芭蕾舞团。

F：现在团里有12个人是我们学校培养毕业的。

P：现在团里总人数有多少人？

F：50个左右，光算演员。

L：如果算上舞台、后期、行政人员等，有200多人。

P：你们现在经常有演出吗？

L：经常有，他们经常离开广州，尤其今年。

6. **在广州跳芭蕾不容易**

P：那您去到中国别的城市，觉得广州跟它们比起来有什么特别的地方吗？

F：我们上次去了哈尔滨，那里房子不一样，路不一样，城市景观跟广州不一样，广州有很多高楼大厦。

P：圣彼得堡跟莫斯科区别也挺大的，中国也是的。就想知道在外国人的眼里，广州有什么特别的地方？

F：我们去过北京、上海，老的房子，跟莫斯科的差不多，跟广州不一样。

L：广州的房子比较现代化。

P：风格有很大的不同。那您习惯广州的气候吗，这里的气候跟俄罗斯差别挺大的？

F：一开始觉得热，后来已经习惯了，我不怕热不怕冷。

P：广州这种气候对你们的演出会有影响吗？

F：演出场地有风扇和空调。

P：那对你们平常练舞会不会有影响？

L：有的，因为练舞的时候要保持肌肉的弹性，但特别热的时候，水分蒸发快，肌肉很快就会疲劳，很容易软掉。我是北方人，刚来的时候觉得：第一，广州潮湿，喘不过气，衣服湿答答的，永远干不了。我们练舞换衣服的频率很高。第二，就是这里热到没有办法让我们的肌肉保持最好的状态。在这里待了那么多年，慢慢习惯了，现在去到别的地方反而不习惯。去到北方觉得太干燥了。

P：明白。

F：去到东北的时候会觉得鼻子干干的，觉得不舒服。

P：那你们演出是在这里？

L：我们有自己的剧场，前面这个就是我们的剧院。

P：这个剧院会对公众开放啊？

L：会的，会对公众开放的。一个在这里，一个是广州市一直在做的惠民演出，走进高校。在广州基本上就是这两个。惠民演出是在中山纪念堂，全广州市在做的，每个团体都要加入。票价非常低，让广大群众吸收这些文化。在广州的演出基本都没有什么商业性的，到外边就会做商业性的，或者艺术节。

7. 芭蕾舞需要培育居民的欣赏水平和文艺素质

P：广州可能有财政拨款给你们，所以让你们显示出那种惠民的……

L：是的，不只是对芭蕾舞团，对每个艺术团体（都是）。

P：为市民服务。

L：这个越做越好了，原来根本没有这样子。现在这个惠民演出，进高校，（对）普及芭蕾舞，普及艺术等都做了一些工作。

P：那你们有没有跟广州本地的其他艺术团体交流过？看过他们的演出，有什么评价？

F：没有多少。

L：以前，在这个艺术圈子里，我们都说广州是“文化沙漠”，因为我们都说是“走出去，引进来”，但我们走出去的多，引进来的少。现在有了广州大剧院以后，相对来说，引进来了很多。

P：他们那里没断过演出。

L：对，没断过演出。但是，好的演出真的是少之又少。

P：我之前看到了有百老汇之类的。

L：名头打得很响，但是不是真的，就不一定了。就比如说我们以前接触到的，法国芭蕾舞剧院，这个在芭蕾舞界中是除了俄罗斯外，很高级别的艺术团体。我们当时都特别高兴地去看，但他们全是那种组团来的草台班子。包括俄罗斯来的一个团，一看，也是草台班子。虽然我们有了大剧院，但未必有很多好的艺术团体真的能引进来。到了去年前期出的《图兰朵》、马林斯基剧院剧目等，广州引进了越来越多这种好的演出团体，比以前好了很多。以前，这种文化引入非常少，现在慢慢开放以后，有了大剧院，越来越多好的东西进来。不光是我们，我之前说的惠民演出、普及芭蕾舞呀，其实越来越多国外好的东西会走进来，带给大家一些东西。因为这边有一个观众的层次。

P：培养观众需要一个过程。

L：对，以前你看中央芭蕾舞团也好，上海芭蕾舞团也好，宁可绕过广州去深圳、香港，因为深圳外来的人口多一些。包括很多外国有名的团体也是这样的，绕过广州，去到别的城市演出。现在相对来说好了很多，以前中芭每次来只演《红色娘子军》，除了这个，好像广州人民不太接受别的。现在接受度越来越高，有很多新的东西。以前就只有《红色娘子军》《天鹅湖》，现在吸收的东西越来越多，观众也越来越爱看了。以前观众让我们觉得是不被尊重的：你在上面跳，下面跟你是完全没有关系的。

P：这种变化大概是什么时候出现的，是有大剧院之后吗？

L：有了大剧院以后，更加好一些。没有大剧院之前，我们为什么喜欢进高校呢？就是因为高校的学生（容易）吸收新的东西，还有他们了解这些文化。有了这个铺垫，经大量宣传，人们知道的越来越多，对文化生活越来越重视的时候，有了大家宁可不去喝茶，宁可去看戏的一个状态。原来，他们宁愿坐着吃饭喝茶，也不愿意去看芭蕾舞这些演出，现在这个方面是越来越好了。

F：上次我在广州看了杂技团演出的《天鹅湖》。

P：所以这个变化（需要）有硬件（支持），例如大剧院这些。还有观众的素质也在慢慢提高？

L：是的，观众的素质在提高。原来，你去跟他们解释，他们都未必能理解芭蕾舞是个什么东西，现在了解的人越来越多，爱看的人也多了。以前，一个舞跳完了，他们也不知道你跳的是什么，也没有掌声，没有对你的鼓励。现在，这种状况得到了改善，最突出的就是安静这一点，不会有人在下面说话，这点好了很多。

P：慢慢转变过来了。

L：观众素质越来越高了。

P：我觉得20世纪90年代的时候，大家看香港歌星很热闹，对这种高雅的艺术，他们不是很积极。

L：对，因为大家都会说我看不懂呀，不了解呀。广州是一个一线城市，但以前芭蕾舞团建不起来，有很大的原因是没有市场，跟上海、北京比起来，文化基础相对要薄一些。现在变好了。

P：有这个感觉，现在看大剧院和星海音乐厅，他们的演出都排得很满。

L：是的，星海音乐厅现在是档期不断那种，经常请好的团体过来。以前这些文化节目少之又少，现在文化生活越来越丰富。

8. 广州芭蕾舞团的保留剧目是《梅兰芳》

P：您对广州传统的文化有没有了解呢？例如粤剧。

L：可能我们从事的职业不同，我们芭蕾舞团排过《梅兰芳》和《风雪夜归人》《梦红楼》《梁山伯与祝英台》，这些是典型的中西结合形成的舞剧。我们也要去了解这些。不单单有西方芭蕾舞，还有古典芭蕾、民族芭蕾这些东西，我们要先了解文化。我们排《梅兰芳》的时候，一起去看广州的粤剧，看了很多场，其实都是在了解这些文化。但是因为我们都是外来的……

P：明白。

L：听不懂粤语，这是一个很大的障碍，只是觉得很美很好听，但具体真的……

P：那么你们在创造这种中西结合的芭蕾舞剧的时候，怎么样去吸收中国传统的文化？

L：主要是吸收中国传统的元素。我们一般是要有一个故事内容，故事背景。

P：表达形式还是比较西洋的？

L：有了这个故事的大概，再把很多芭蕾舞的动作放在里边，跟中国的元素结合在一起去表现。

P：你们创造的这些新的芭蕾舞剧有走出去吗？

L：有，全世界，不只是广州。

P：我在星海音乐厅看过一次现代舞和弦乐的组合演出。现在不是流行穿越啊，混搭啊？所以我想把传统的中国艺术和芭蕾结合起来。原来中国有《红色娘子军》《白毛女》这些创作，后面觉得物极必反，觉得不好。现在反过来，很多人又在欣赏那些东西了。我记得法国也排过《红色娘子军》的吧？

L：他们把这个变成了现代的东西，《红色娘子军》还是中央芭蕾舞团的保留剧目，《白毛女》也是上海芭蕾舞团的保留剧目。中国现在很多团体在做这种有中国元素的作品，例如辽宁芭蕾舞团做了《二泉映月》，广州芭蕾舞团做了《梅兰芳》。这些都在尝试，也算是一种改变吧。就像你说的舞蹈跟弦乐搭在一起，都是在做一个艺术的创新和改变。

P：广芭这边，《梅兰芳》是保留剧目？

L：是的。

P：这样还是有自己的特色。

L：对。

9. 体制改革是广芭的最大特色之一

P：刚才您描述了几个芭蕾舞团各自的保留剧目，《梅兰芳》是广芭的一大特色，还有什么是广芭的特色呢，跟其他几个芭蕾舞团相比？

L：其实，广芭刚成立的时候，跟其他元老团体很大的一个不同是高薪聘任制。

P：就是体制上面。

L：对，在体制上有不同。以前，把这个长期编制的概念打破，变成聘任制的体制是需要勇气的。它未必能接收到演员，因为以前大家偏向于要铁饭碗，有编制是保险的。那以前广芭是没有这个东西的，到现在都是合同聘任制，这就是为什么会叫文化有限公司。我们这里的董事不是团长。

P：您觉得广州在文化产业、演出市场方面有什么需要改进的地方？您有什么好的建议？例如广芭的这个演出是很饱满的，还有什么是可以提升的？

L：其实，我觉得这个文化产业，除了市政府的支持，很大的一部分跟文化环境和人们的需要有关。就像刚才说的，演出的时候，以前观众的素质，以及现在提升后的素质。很多东西是越来越好的，如现在大剧院、星海音乐厅引进来新的剧目。包括现在对粤剧的提升，对粤剧的重视，对中小学生文化的培养。引进很多演出的歌剧、话剧和音乐剧等——以前广州没有音乐剧。我听说过段时间还会有《猫》。现在对这些演出的引进走向了专业化。以前只要是国外的团，就觉得是好的；现在变很专业了，把更好的剧目带到广州来，让大家欣赏、提升、开眼界。所以我觉得在广州普及文化生活是很重要的。

P：您原来是从东北到广东来的？

L：我是从内蒙古过来的。以前有一个国家领导人路过内蒙古的时候说："国外有的，我们国内也要有。"就从内蒙古招了两批人，一批到北京舞蹈学院上学，一批送到沈阳音乐学院（学习）。我们在这两个地方是属于代培生，同时还培养了一批中央音乐学院西洋乐的学生。我们是要组成一个芭蕾舞团回到内蒙古去。我们这两批人在北京和沈阳学习了几年的时间，回到内蒙古去，但是没有观众基础。

P：就是原来你们想组建一个内蒙古芭蕾舞团？

L：是的。

P：建起来了吗？

L：我们的人数不够，当时两批人回去有30多人。另外一个原因是芭蕾舞团需要大量的财力支持，从服装到编导。坚持了大概有一年的时间，没有办法再这样支持下去了，就让我们自己想办法。然后就是张丹丹“抓到”我们，就把我们这一批人带过来。

P：你们是成批的过来？

L：其实成批的也就十几个。她也不是说全部都要，只是把好的这部分拿过来。

P：广芭建团的班底有原内蒙古的人？

L：是的，有12个内蒙古的，还包括北京的，辽宁的。广州也让北京舞蹈学院代培了一批人才，也是十几个，后来就把广芭组建起来。

P：这还有一种内蒙古传承的脉络的关系。

L：对。

10. 演出与教学相结合是芭蕾舞团体的出路

P：除了这些艺术的，您在广州有没有接触广州市民？您觉得广州市民怎么样？

F：人就是人，有好的，有不好的。

P：有什么特点？

F：我没有认识很多外面的朋友，朋友都是在团里的，在学校里的。

P：在学校里，跟外界接触得少一点。

L：因为我们平时工作特别特别忙，基本上我们的生活都是“三点一线”，很简单。基本上是上课、排练、演出，就这样子。我们大部分的时间已经被工作占了。有假期的时候，我们都回家探亲。相对来说，我们的生活很简单。

P：就是平时接触的人不是很多？

L：对，不是很多。

P：那你们探亲怎么走的？去内蒙古？去俄罗斯？两边走？

L：我们夏天的时候，暑期长一点的时候，我们会回到俄罗斯。然后冬天就回到内蒙古去，因为过中国新年。

F：我们已有两三年没有休息了。团里放假，学校就上课；学校放假，团里就上班。

P：你们还有另外一个身份，是老师？

L：现在的身份是这样子，因为又教学，又在舞台上。但现在在舞台上不是像以前那样可以挑大梁，我们更多的是在做幕后。

P：教师的工作更多了？

L：对，教师的工作更多了。

P：其他芭蕾舞团有没有像你们这样也是学校的机制？这是广芭的特色？

L：广芭和辽宁（芭蕾舞团）是先有的。中央芭蕾舞团是近两年才开始的，之前没有。

P：是有学校的好，还是没有学校的好？哪一种好一点呢？

L：当然是有学校的好，自己培养演员。我们需要什么类型的演员，在学校培养方面就会进行调整。

P：有意识地去培养。

L：是的。而且这样大量的人才……

P：当成是你们的后备军一样的。

L：对。

P：国外是不是也有这种机制？

L：有，他（费佳）毕业的学校——莫斯科大剧院的舞蹈学校——就是这样的。圣彼得堡也是这样子的，马林斯基剧院。英皇（英国皇家芭蕾学校），一个伯明翰的学校，以及法国的也是这样的，他们都是有学校机制的。要不然光靠招收人才，那就变得很恐怖，万一没有人才呢？

11. 生活之树常青

P：最后还有两个问题，您对粤菜有什么评价？您现在在家里是吃粤菜、俄罗斯菜还是北方菜系？

F：都有，中国菜也有，俄罗斯菜也有。现在已经习惯了。开始的时候，我不吃辣，后来慢慢地学了吃辣，现在没有辣椒还不行，回到莫斯科要带辣椒酱。

P：有吃过四川火锅吗？

F：有。

P：广东的菜，现在已经是五花八门了，也不是很地道的粤菜了。

L：因为他口味比较重，粤菜比较清淡，他不是特别喜欢。

P：那你们有去喝早茶吗？

L：他很喜欢喝早茶。

P：点心比较多。你们家里煮饭什么都有的？混搭的？

L：对。

P：你们做演员的吃东西是不是很挑剔？有忌口？

L：其实也没有说是挑剔。让我们的身体快速补充能量，对我们的肌肉有好处，我们会在这方面有些要求，跟运动员一样。然后，什么东西吃完了没有那么胖，什么东西吃完了会有力量，我们会在这上面在意一些，也不是去挑什么。

P：像学校的食堂，是不是跟别的学校食堂有所不同？

L：会比较讲究，但也没有说是刻意的。

12. 中国的艺术开始走出国门了

L：现在，我觉得越来越多的中国文化在国外都有影响，去到哪里都能看到中文。很多地方开始有中文餐单。现在有越来越多会说中文的外国人。我觉得中国文化和中国的发展速度，让很多外国人开始学习中文，了解中国，越来越清楚中国是什么样子的。来广州演出的外国团体越来越多，中国团体到国外演出的也越来越多。其实这就是很大的一个变化，对中国也好，对广州也好，了解的人越来越多。

我们每年都有一到两次在国外巡演，或者是跟市政府做友好城市文化交流。完成广州的高校普及，然后会去北京、上海，一年中有半年多在做演出，有一到两个月是进行新剧目的创作。一年就是这样，大部分时间都是在演出。

P：每年都要创作一两个新剧目吗？

L：对，每年都要创作新的。

P：你们创作的灵感，或者选择的剧目是怎么产生的，是你们讨论的还是……

L：不是，我们要创作新的剧目，比如说今年是以民族芭蕾为主，我们就会找编导和素材。当然这个不是在一年里面完成，前面会进行铺垫。芭蕾舞剧有很多剧目，如果今年要做古典剧目，我们就会从国外找好的编导一起探讨。有时候会做现代剧目。定的基调不同，每年做的东西也不同，但每年都会做。

P：那么就会在这个过程当中发现一些保留的剧目？

L：对，就像以前的《风雪夜归人》。除了《梅兰芳》之外，我们还做了一个大型的剧目就是《风雪夜归人》。那个拿了国家的文化大奖，连着演了上百场。

P：我们的采访完成了，非常感谢，尤其是您太太给予的帮助。

（二）俄罗斯“王子”爱上中国“天鹅”①

（编者按：在广州居留的外国艺术家主要集中在广州芭蕾舞团和广

①本目摘编自《广州日报》2006年5月3日发表的《俄国“王子”爱上中国“天鹅”》，作者是邱敏。

州交响乐团。而费佳是广州芭蕾舞团创建后一直没有离开的一个“异类”，这自然与他的婚姻有关。这个媒体采访应该是对我们采访的一个很好的补充。）

用舞蹈的语言诉说童话里的幸福，这段故事真实地发生在一个俄罗斯小伙和中国姑娘之间。

33岁的费佳是一位来自俄罗斯的芭蕾舞演员，他已经在广州芭蕾舞团工作了11年。为了能在明后两天给广州观众带来两场精彩的演出，他最近练舞分外勤奋。同时费佳也将和团里的一位中国姑娘喜结良缘。对方正好是《天鹅湖》中和费佳分演男女主角的姑娘，他们在广州演绎了一个现实版的俄罗斯“王子”爱上了中国“白天鹅”的故事。一个俄罗斯人在广州的故事从11年前就展开了，至今他的事业和爱情都“落户”在广州。舞团负责人说，费佳创下同行业中外籍演员在中国工作时长的纪录，他本身就是中俄文化交流的一个典型例子。

1. 只在擦肩一瞬间，他抓住了机会，生活从此发生彻底的变化

1994年，广州芭蕾舞团在成立之初，便决定向世界芭蕾舞的圣地俄罗斯招聘芭蕾舞演员。当时还在莫斯科的费佳对广州萌发了好奇心。他说：“我后来才知道团里需要的是跳芭蕾舞的人，但我还是决心来试试看。没想到，一来广州我就再没舍得离开，眨眼已11年了。”

2. 还有什么比找到“她”更令人不忍北归

广州成为费佳的第二故乡，一个很重要的原因就是他竟然在这座陌生的异国城市里找到了自己的爱情。那时候，费佳刚到广州芭蕾舞团，他的目光就被团里一个美丽的中国姑娘吸引了，她就是刘娜军。这时候的刘娜军已经是团里的主力演员。在《天鹅湖》中，费佳和刘娜军分饰男女主角“王子”和“白天鹅”，由于两人经常合练舞蹈，“岁月有功”，这位来自俄罗斯的“王子”发现自己已在不知不觉中爱上了眼前的“白天鹅”。回想当年，腼腆的费佳仍掩饰不住内心的甜蜜，他说：“她很漂亮，后来我觉得只要团里安排她和我一起练舞，我就高兴；如果不让我和她练舞，我就生气。”

3. 她回味说：他练舞时的执着态度最是动人，他对我的关怀最得我心

刚刚在排练厅上完课的刘娜军站在记者面前，亭亭玉立。谈起费佳，刘娜军也是一脸的兴奋，她说：“开始时，我们一起跳华尔兹，我感觉他身上有种与众不同的精神。这就是他对事业的追求很执着。后来我慢慢发现，他人不错，特别细心，经常提醒我出门别忘带东西，不要少穿衣服。”在演出时，费佳对身边演员要求异常严格。刘娜军深有体会地说：“有一次我们在合练舞蹈，我希望他能多迁就我一下，没想到他非要我每个动作都做到位。因为这个，排练时我们吵架了，回到家里互不理睬。其实，我心里明白，费佳是想我在训练时更严格一些，这样在舞台上才会有更好的表现。他对舞蹈的理解比我更深更透彻，在他身上我获益良多。”

4. 爱她所在的城市，说她所用的语言，甜蜜爱情即将开花结果

刚开始来到中国时，费佳遇到不少困难，其中最主要的一点就是语言不通。但如今费佳已经成为广州芭蕾舞团里有名的“中国通”了，不仅能用标准的普通话和同事自由地交流，就算要说上几句广州话也难不倒他。费佳说：“开始时双方交流很困难，后来我就学会了普通话。”

随着年龄的增长，费佳和女友不再演“王子”和“白天鹅”了，但这段浪漫的爱情却始终未褪色，费佳和女友的十年马拉松恋情也即将结出果实。费佳透露，今年内他就将和女友结婚，“今年准备去她家见长辈，如果她父母同意了，我们就结婚”。

5. 爱吃美食，爱爬白云山，爱上广州，把事业和爱情“落户”广州

对于在广州的生活，费佳也挺满意的，他说：“我喜欢广州这座城市。我最喜欢逛广州的白云山。”费佳说，他也爱上了中国餐，而且特别能吃辣，“周末常去湘菜馆吃饭”。上个月费佳和女友买了新房。以后从家里到团里，他们走路只需七八分钟，“特别方便，”费佳满意地表示，“为了双方父母来广州团聚，我们还特意选了一套200平方米的房子。”

6. 11年来见证城市高速发展

在广州已待了11年的费佳见证了城市的快速发展。1995年他来到广州芭蕾舞团时，工作地点周围几乎什么建筑都没有，他常常要坐车到很远的市中心去买黄油、面包和香肠。但近年广州发展太快了。他说，如果他是现在才首次来到广州，肯定不会相信现在的广州和过去的广州是同一座城市。

7. 申请中国“绿卡”长留中国

广州越来越浓厚的文化氛围同样触动了费佳，他说：“现在广州越来越多人看芭蕾舞，观众的欣赏水平也更高了，掌声非常热烈。”费佳表示，他可能不回俄罗斯了，正想申请中国“绿卡”，这样会方便很多。

（三）自学中文五年来，来广州成了“中国通”

［编者按：做《财经郎眼》节目认识了来自意大利的罗密欧（Mattia Romeo）。刚开始只觉得他的普通话讲得很好，甚至很地道，会说很多俚语。后来，就琢磨他究竟属于哪个行业的。听说他做过餐饮，但现在更多是在电视节目中出现，所以把他归为演艺类。以下是书面采访。］

1. 亚运会极大地改变了广州

问：您在广州工作多长时间了？在这之前来过广州吗？

答：第一次来到中国，也是第一次来到广州的时候是2006年10月。之前我都没来过中国。但是从2001年3月25日开始自学中文，那时候的我还住在意大利米兰唐人街，就像住在中国一样。说得详细一点儿，像生活在温州一样，因为当年移民到意大利的中国人大部分是温州的。

问：您对广州的第一印象如何？

答：坦白说，不好。2006年的广州和现在的广州截然不同。一从新白云国际机场出来我就有点儿后悔了：那时候的天气相当差，天空一片灰，空气质量不好。到了市区感觉来到了一座很乱的城市，看不到它2000多年的历史痕迹。那时是第一次来中国。虽然已经喜欢中国，但偶尔也想吃西餐，但几乎找不到算好的西餐厅。第一年被偷了2次东西。

问：如今您对广州的印象发生改变了吗？如果有，是哪些改变？

答：感谢2010年的亚运会，广州市政府全力投入使广州发生改变。当然最明显的还是空气质量。过去的几年里很少能看到蓝天、白云和太阳。现在那就不一样了！随着地铁的发展，现在的交通也是方便多了。高铁也带来不少方便之处：广州和其他城市的距离越来越近。感谢恒大俱乐部的措施——邀请国外的教练，让外国媒体多多关注我们的城市。在这些之前，只有外商知道广州，这是因为一年两届的广交会。但随着亚运会的举办、足球的发展、《财富》全球论坛的召开、粤港澳大湾区的提出，更多外国媒体和外国人重新发现了这座城市。城市的时尚和艺术氛围也有变化：更多国际团队来广州演出，更多广州朋友喜欢去看展览或听音乐。

问：您去过中国的其他城市吗？如果有，您觉得广州和其他城市比有什么特别的地方吗？

答：我去过很多城市，包括所谓的一线城市、二三四线城市及农村。在大城市当中还是喜欢广州多一些。它包容性特别强，欢迎来自世界各地的朋友，一点儿也没有排外的感觉。任何人在这里都可以找到属于自己的空间，而且不限制行业，从制造业到服务业，从金融业到艺术界的。整个城市的气氛很自由自在。感觉更加适合生活。

问：改革开放40年以来，您觉得广州的营商环境发生了哪些变化？

答：虽然我自己不从事贸易类的生意，但我和意大利驻广州领事馆、意大利对外贸易委员会、中国意大利商会的关系还蛮不错，常常帮他们主持三语活动。因此我自己体验到了，在过去的几年里，更多意大利商人陆陆续续地来广州，推广他们的产品，进行考察，寻找新的中国合作伙伴，甚至选择在广州设立他们的公司。我相信其他国家，比如说美国、德国等也有着同样的感觉。这足够证明广州的营商环境已经走上了国际舞台。

2. 广州应该更多地宣传传统文化

问：您喜欢粤菜（例如广州的点心和烧味）吗？您会向身边的朋友推荐粤菜吗？现在的广州的饮食业相比您第一次来时发生了哪些改变？

答：我非常喜欢粤菜，尤其是客家菜。点心是必须吃的，尤其外国朋友首次来广州的时候，必须带他们去尝试正宗的点心和粤菜。最近有一位意大利的导演来广州和领事馆进行第一届意大利电影节的活动，我就请他和他太太两位去一家著名的粤菜馆吃点心喝茶。他们非常开心！因为在意大利的中国菜当中找正宗的点心比较难。饮食业的变化蛮大的，国际餐厅和（菜式）选择更丰富。各种各样的火锅店也越来越多，这证明外地人也不少，也证明本地人也喜欢尝试别的美食。

问：您对广州的文化感兴趣吗？您觉得，广州的文化产业相比您第一次来时发生了哪些改变？

答：我对广州的文化肯定有兴趣。但我对广州的古老文化更加有兴趣。这几年的越秀区政府主办的广府庙会也是一种保护和推广本地文化的方式。但随着现代广州的发展，我感觉游览珠江新城的游客比去了解陈家祠或黄埔古港的还要多。我个人觉得有点可惜：旅游局推荐的第一旅游景点是广州塔，我个人觉得没什么意思。我可以理解广州和中国要给全世界看它现在的实力，但对很多外国人来讲，这些高楼在哪里都可以看到。现在的（很多）城市没有一点自己的个性或灵魂，得靠一两座新地标来吸引眼球。我认为广州没有把属于自己的独一无二的文化很好地推广。

问：您坐过广州的地铁吗？体验如何？您觉得广州的交通系统相比您第一次来时发生了哪些改变？

答：广州地铁很安全、很干净、很方便、很实惠，低碳环保，而且地铁线越来越多。广州也是可以用手机乘坐地铁的领先城市。当然很拥挤，所以期待新地铁线的开通。12年前和现在没得比！越来越好！坐地铁是我出行的首选。小问题也有：安检措施。一是安检设备太高了，要是你有一个蛮大或蛮重的行李箱的话，那就需要把它抬起才能过设备，这对很多女游客来讲是很大的麻烦。二是安检非常到位，但有时候导致没法坐地铁——出差时我肯定得携带发胶等喷雾，但因这些瓶子上面贴了一个“易爆”的标签，所以不能带上地铁（高铁也不行）。要去机场的话只能打车（贵、不环保、不准时）。

3. 广州越来越国际化

问：您如何评价广州市民？与第一次来时相比，您对广州市民的印象有哪些改变？

答：越来越热情！他们不怕外国人，有时会主动地打招呼。而且他们很实在，不虚伪。刚来的时候有时感觉自己像动物园的猴子一样，不管去哪里都有人指我说“老外、老外”。但现在不一样。越来越多的本地人把我们当外国朋友，而且一起玩，旅游、吃饭等。

问：对于当下各界热议的粤港澳大湾区建设，您有什么看法？

答：一个词，机会！不管是商业的还是文化产业的，大湾区意味着整合、分享资源，意味着人、文化、物品、金钱的流动。所以蛮支持。

问：您有什么印象深刻的“广州故事”能与我们分享吗？

答：可能最难忘的故事是发生在广州主办亚运会的2010年。我非常的荣幸当上亚残运会暖场活动的主持人之一，与其他的广州电视台主持人一起走进奥体中心，主持接近三小时的活动。一踏上了奥体的草坪就立刻意识到自己真的很小，而广州的热情和力量非常庞大。那是我主持过的最大的活动。

问：广州是我国优秀旅游城市，您去过哪些广州的旅游景点？未来有旅行计划吗？您觉得广州的旅游产业自改革开放以来发生了哪些变化？

答：我游览过广州几乎所有的旅游景点。我的计划是参观广州的博物馆，尤其是那些比较小的，没人知道的，通过微博发一些视频或图文来鼓励大家多多支持小型的博物馆。其次，去发现广州附近的地方，比如说开平！在这里这么久我都还没去过开平。我想在国外的社交媒体多发一些与广州文化和旅游有关的帖子。

问：您觉得中国的改革开放对世界造成了什么样的影响？

答：最重要的影响是破除误解：通过改革开放，让更多外国人开始注意中国、了解中国，把过去的刻板印象给除掉。

四、媒体述评：广州文化市场的培育有赖观众意识的培养

（一）奥斯卡得主、电影特效大师理查德·泰勒为广州年轻人点赞[①]

（编者按：理查德·泰勒常来广州，并与广州文化教育界有深入交流，而且还在动漫创意领域与广州进行合作，自然对广州有较为深入的了解。）

他可能是世界最知名的电影视觉特效艺术家。24年前，他联合创立了“维塔工作室”，让《指环王》《金刚》《阿凡达》《霍比特人》等电影奇迹得以实现，并斩获了五座奥斯卡“小金人”；他也是广州人的好伙伴，近三年间他频频来访广州，他创办的紫水鸟影视公司与广州世纪华文公司正在制作中国与新西兰首部动画合制片《太空学院》（暂定名）；他更是年轻人的好朋友，一个多小时“走心”的交流活动结束后，他爽快地穿上同学们赠送的“校服”，一起玩自拍，并坚持为在场每一个粉丝签名。

2017年12月9日，这位魅力四射的电影特效大师——理查德·泰勒爵士在“广州—奥克兰—洛杉矶三城经济联盟2017广州年会”开幕式进行主旨演讲后，受广州市教育局邀请，前往百年名校广州市执信中学，和

①本目汇编自《广州日报》2017年11月9日刊登的《奥斯卡得主、电影特效大师理查德·泰勒为广州年轻人点赞》，作者是方晴、申卉、叶碧君。

来自广州多个学校的中小学学生、小记者代表交流。活动后，泰勒接受了记者的采访。

1. 谈城市活力：商业活动与自然生机并存，为广州年轻人点赞

“我17年前就来过中国了，随后到过广州许多次，尤其是过去3年间，因为我开始与广州公司合制动画片，3周后我就会再回来。”

作为广州的老朋友，泰勒对广州的印象是什么呢？

泰勒回答，他对广州有一个特别深的印象：尽管这是一个拥有过千万人口的商业大城市，它依然保有别样的文化魅力和自然美景。“这次到访，我看到满城的红花掩映、翠叶摇曳、绿藤攀缘。在这里，商业活力与自然生机和谐并存。”

“广州的人也很可爱，我尤其喜爱与我一起工作的广州年轻人，他们在这座城市成长，在这座城市受教育，充满自信、雄心勃勃、活力非凡，几乎无一人超过30岁，但作品独特而优秀。广州优秀的教育系统和社会氛围让他们有能力也有条件去追逐梦想。”

广州过去数年有什么变化，在特效制作产业上有什么发展吗？泰勒表示，过去数年，他发现广州在特效制作产业上有非常惊人的发展，尤其是技术层面。他提到8日参观的一家广州本地公司，在动画制作、活动捕捉、视觉特效的硬件软件领域有很多技术突破。“这些变化都发生在这个活力的城市里，而且仅仅发生在数年之内，是很鼓舞人心的。”

2. 谈文化自信：文化是一个国家灵魂，文化作品无须迎合外国口味

广州的文化产业正经历着这样的变化：从过去引进国际知名IP（知识产权），到把广州自己的原创作品推广到海外。人们渐渐发现，中国文化元素是让文化作品获得认同的关键。对于这样的“文化软实力”，泰勒深表认同。在回答执信中学高二学生林正扬关于“中国电影产业如何发展”的提问中，泰勒谈到了“文化自信”。

“一个国家的灵魂是文化，是手工匠人。”泰勒指着他身处的执信中学奉恩堂的门窗说：“就像这道门上的雕花，它的精巧之处，它的建筑奥妙，都是引人入胜的。当然，人们会享受好莱坞大制作电影带来的娱乐感受。但永远不要忘记自己的文化。”

泰勒以自己的故事作为例子。当他16岁的时候，曾搭乘了一个半小时的巴士去大都市奥克兰，就是为了去中国电影院。在那里，他知道了李小龙、成龙，欣赏了《醉拳》等电影。“我看到了一个在西方国家前所未见的世界。”

25年后，一部饱含中国文化元素的电影横空出世，它就是《卧虎藏龙》。“我和妻子一起去看这部电影，刚开场的时候，观众们边看边窃笑，因为他们看到竹林轻功等疯狂的画面；但电影进行到一半时，观众们变得无比的专心。因为这部电影的魔法紧紧抓住了他们，这个魔法就是中国文化。很快，他们因为电影情节而惊呼、紧张。”

“所以，中国的文化工作者必须紧紧抓住自己文化中最值得骄傲的部分，同时不要试图去故意迎合西方人的文化品味。这样的话，我相信中国电影将很快获得奥斯卡。这并不是说中国电影需要一座奥斯卡奖杯，而是说明，中国的文化正通过电影形式为世界所欣赏。”

3. 谈城市交往：艺术合作能让不同国家更了解对方的文化传统

在“三城经济联盟2017广州年会”主旨演讲中，理查德·泰勒表示，中国、新西兰、美国3个国家虽然有着不同的背景和文化，但都有着非常悠久的历史，非常适合展开长期的友好合作，经济、商务和政治的联系非常紧密，而这也让它们能够更深地了解对方的文化传统，让合作具有更加丰富的内涵，还能加强友谊，创造更美好的未来。他相信，每个城市都能从三城经济联盟中获益，同时为各自的城市、区域和国家带来更大的福祉，乃至给整个世界带来更大的福祉。

作为一个艺术工作者，泰勒一直强调经济和政治之外的艺术合作。他希望通过媒体、影视来把文化价值带到世界各地。他表示，奥克兰、洛杉矶和广州3个城市在影视文化创意领域也开展了越来越紧密的合作，两天的论坛汇集了世界各地的艺术工作者、影视特效工作者，以探寻更加广阔的合作前景。

3年前，泰勒开展了与广州的合作，和广州的同行们向孩子们推出了动画剧集《太空学院》——5个小小外星人在导师的指导下到地球寻找梦想，他们将来到广州的白云山、越秀山、陈家祠、中山纪念堂……这样一部作品，能让不同国家的孩子们加强相互了解和联系。

“对于广州的开放性，我个人是深受裨益的。”泰勒说道，这部动画剧集是面向学龄前儿童的，虽然这不是主流的娱乐产品，但其教育性显著。“广州市政府充分理解这部作品的创新性和重要性，热情地欢迎我们前来合作。这种合作既是很好的商业机会，也是为广州创作文化产品的好机会。”

4. 谈艺术创新：寄语学生保持热情，多观察世界寻找灵感

在学生的好奇提问下，泰勒还分享了他的童年生活。他说，他在新西兰一个远郊小区成长，那里只有14户人家。他很小的时候便发现了自己对艺术的喜爱。大约在9岁时，他开始沉迷雕塑，但由于没有什么条件，最开始时只是在家里的农场沟里到处挖泥土。渐渐地，他发现一座座雕塑在自己手中成型。

泰勒告诉学生，当你有一个幻想时，是没法在便利商店把你的幻想买下来的，最好的方法是用你的双手把它创作出来。“当我发现自己的脑海中飞舞着各种幻想时，我决定让它们成真，比如模型、雕塑、绘画、创作。这是很简单的，很多人觉得我像魔法师一样才做出这么多作品，但其实没有魔法，有的只是我对工作的热情。”

泰勒还寄语年轻学子：年轻一代正处于一个幸运的时代，他们通过智能手机一个小小的屏幕，就能认识到世界。“但仅凭这个渠道是不够的，我们还应该去亲身感受这个世界。”在泰勒看来，这个世界上有两种人，一种有明确目标并且看得清楚，做事情不会跌跌撞撞，找餐厅、找洗手间都会先找标志；另外一种人可能仅占总人口的5%～10%，他们不会寻找特定的标志，而是观察这个世界，通过聆听和观察来寻找灵感。

泰勒建议，同学们今天放学回家时，不要把树上掉落的小果实直接踢进下水沟，而是捡起它，好好看看，说不定会看到“外星飞船”的形状，又或者看到“纳美人”（《阿凡达》中角色）的耳饰，小果实里面可能有另外一个生态系统。

（二）文化之城、美食之都[①]

（编者按：广州交响乐团是广东省属文化团体，也是广州最知名的艺术团体之一，集聚了较多的外国艺术家。他们不仅在中国巡回演出，也经常去外国演出交流，这也体现了广州文化交流的国际化水平。）

广州最新城市形象宣传片《花开广州·盛放世界》在美国纽约时代广场24小时循环播放7天，描述了“很多外国人来了广州后就不想走了！听了这些理由，我服……”

米歇尔·加扎（Michael Garza），音乐学霸，广州交响乐团现任大管首席，曾与马友友、小泽征尔等国际大师合作。他说：“广州是一座文

①本目汇编自广州电视台2017年7月29日的节目《很多外国人来了广州后就不想走了！听了这些理由，我服》。

化之城，芭蕾舞、歌剧、交响乐等各种艺术形式在这里发展。让我惊喜的是，这里的人们如此热爱音乐，喜欢唱歌、跳舞，我喜欢这里的艺术氛围。”

加入广州交响乐团16年，米歇尔说：“广州交响乐团是一个非常棒的大家庭！在世界上都难以找到一个如此合作无间的乐团，但她就出现在广州。”

在米歇尔眼中，广州还是一个24小时不眠不休的美食之都。

（三）美国人说广州：这辈子不会再离开的地方①

（编者按：“这辈子不会再离开”，能说这种话的人表明要么他对这个城市爱得深，要么这里或者有他赖以安身立命的因素。一个外国人如果在广州出名，并拥有潜在的庞大的中国市场，他能离开吗？）

“这辈子不会再离开。”说出这话的龙泽在中国已经小有名气。

美国青年龙泽曾进入《快乐男声》广州赛区50强，对广州别有一番情感。

据统计，美国人是广州第三大外国人群体，美国人觉得广州机会很多。

日前，一项“外籍人才眼中最具吸引力的中国城市”评选公布结果，广州继京沪津后，名列第四。该调查显示，外籍人士认为广州工作环境最被认可，其中广州城市发展规划、创业扶持环境、工作及创业环

①本目汇编自《广州日报》2013年11月12日发表的《“这辈子不会再离开”》，作者是王丹阳。

境和升迁发展机会等受到好评，而生活环境则成为软肋。

对于生活在广州的美国人，他们眼中的广州究竟是怎样？哪些是广州迷人的吸引力与可爱之处？哪些又是亟待改进、希望改变的地方？

大约一年前，美国记者、自由撰稿人路易（Louis Berney）暂别为期30年的职业生涯，来到广州一所大学担任外教。

1. 喜欢广州公益宣传画

这是路易第一次到美国以外的一个城市长期生活。尽管此前，路易作为记者曾到过韩国、巴基斯坦、俄罗斯等国家，以及中国的成都、北京、西安，但他还是选择了毗邻香港的广州，开始体验中国城市生活。

坐在兰圃公园，面对冬天依旧满目青翠的园林，喝着中式绿茶的路易觉得广州的天气、环境非常好。

一年来，尽管住在大学城，路易在教学之余，还是坚持每周抽出几天，用自己的观光之旅来认识广州。

“一日是一个观光客，一年是一个本地通。”如今，路易已经是手持iPad mini（一种平板电脑）的电子地图，能够熟练换乘广州地铁各线路的半个“广州通”。

这个月初，对传统中国画感兴趣的路易还成了新闻人物。因为他喜欢广州地铁站、公交站上的各具特色的中国梦公益宣传画，便拜托朋友打听哪里有卖这些插画，结果路易不仅获得了广州市文明办赠送的插画，还接受了访问。

在路易看来，这些关于中国梦的宣传画作简洁明快。例如，一幅黄绿色调的田园风光插画，乡间小道上，一个农夫牵牛慢行。路易认为，中国梦的主题是宏大的，就是人与人、人与自然的和谐相处。

那么相比中国梦，美国梦是什么？

“美国梦更具体，”路易说，“美国梦的传统有几百年，每个人都有自己的美国梦，有自己的理想，这是种习惯，却很难描述。”路易认为，美国街头鲜见这类公益广告。

2. “请你尊重别人，排队”

除了喜欢中国画，路易觉得广州的地铁也是中国城市中的佼佼者，让广州具备了世界大都市的气质。

“便利快捷，干净安全。”路易说他在美国出行会开车，但到了广州，即使有车，他也会选择地铁，因为地铁不堵车，又能在地铁上观察忙碌的广州人。从大学城出发，路易至少要转两次地铁线才能到市区，但路易觉得广州人很幸福，因为有如此快捷的交通方式。

而除了在脚踏实地“发现广州”外，路易还用兼职工作体验广州。目前，路易担任了广州《英文早报》的特约撰稿人与记者，负责用英文报道在广州的外国人的工作生活。

由于采访，路易还接触了各色在广州工作生活的外国人与了解他们对广州的感受。“我喜欢观察在广州的中东人、非洲人，很多元的文化。”

而在遍布广州的东北菜馆，那里的凉拌菜也让素食主义者路易觉得很对胃口。

采访也让路易发现了广州还欠缺的地方。比如，在美国，路易习惯了晚上9时后才出去，但是在广州，很多公交线路12时前就没有了。而大学城又是出租车司机不愿在夜晚去的地方，路易不时会遭到拒载。

此外，在地铁站、公交站，人们不排队上车也让来广州一年的路易觉得不可思议。“经常看到有人直接从后面插到队伍的前面。”

路易说，如果他会中文，他很想跟不排队的人讲一声：“请你尊重别人，排队。”

3. “洋漂”五年广州成名

究竟有多少美国人在广州生活，从事何种职业，分布在哪里？

此前，网上有统计称，美国人是住在广州的第三大外国人群体，大约有2800人，分布在二沙岛与珠江新城等地。然而根据美国驻穗总领事馆给本报的回复，在广州生活的美国人数量实在难以计算。由于签证类型不同，以及从北京、上海等地过来的，统计异常复杂，特别是很多美国人在广州都是短期的居留。

而在这群在穗美国人中，前日刚刚过完24岁生日的美国人龙泽（Joony Long）则是资深“广州客”。“龙泽”是这个爱唱歌的美国年轻人的艺名。

从2008年奥运会开始至2013年，这名来自美国底特律的小伙子，在广州整整度过了5年。从初到广州，选择从香港搭飞机来，人生地不熟，到如今中文流利，喜欢用微信、微博多于脸书与推特，在淘宝跟掌柜熟练地讲价，龙泽已然很“广州”。

他说自己生来就喜欢表演，希望成为明星，因此，选择来中国找机会。

在美国大学IT专业上到大学二年级，有四分之一菲律宾血统、富有语言天赋的龙泽就选择休学来中国学中文。在这个爸爸是牧师、妈妈是家庭主妇的美国平民家庭，来中国并不是“一场说走就走的旅行”。龙泽说，靠着自己兼职和亲戚朋友们捐助的“冒险金”，他才凑够了往返中国所需的10000多元人民币的机票钱。

初到广州，为了生存，龙泽曾在中国大酒店三楼酒吧当过伴唱。每周工作6天，每晚要唱3段，每段45分钟，都靠一个人在台上弹吉他，唱英文抒情歌。

“好处是酒店提供员工宿舍和餐费，一个月有6000多元。但我根本没有时间休息。”后来，龙泽唱到扁桃体发炎，病了一周，搭飞机回美国接受手术。但想成为明星的他，还是又回了广州。

为了让更多中国经纪人认识自己，龙泽曾在广州天河南一路路边、番禺市桥地铁站唱歌。他唱歌不放收钱的盒子，因为他觉得那样自己给人的感觉很廉价。但他唱歌时，会有中国流浪汉在旁边乞讨。“他们也会分一点给我。”龙泽说。

有一次，亚运会前，龙泽在天河唱歌时，两辆车下来10个城管，把他围住。“很像功夫片，不过城管很客气，只是让我收拾东西走人。怕我听不懂，还带了英文翻译来。”龙泽说，为了逃避城管，会说中文的他也会装作听不懂。

而现在，龙泽不会再到街头演奏或酒吧驻唱，因为他的努力已经让他在广州“混”出了小名气。

今年，龙泽曾进入《快乐男声》广州赛区50强，成为电视节目《财经郎眼》的嘉宾，来中国参与拍摄的第一部电视剧下月也会在中央台播放。甚至他的美国朋友也羡慕地说，自己在中国旅行时，在南方航空的杂志上，居然看到了对他的采访。

龙泽觉得广州是他这辈子不会再离开的地方。他的微博上有几千个粉丝，他有位中国助理帮他处理工作，最近他也在考虑跟中国经纪公司签约。

“我不觉得在广州生活有什么不方便，广州与底特律都是汽车之城，这两个城市的氛围特别像，让我觉得很自在。”龙泽说，唯一不同的就是广州的机会特别多，而老家底特律的经济环境却每况愈下。龙泽的妹妹，大学毕业一年多，最近才在老家找到加油站的工作。

除了演艺事业，龙泽也看中了广州周围的工厂与便利的物流。最近，他打算成立一家音乐设计创意公司，在美国接受音乐玩家的迷笛订制，在中国制造。“在美国这种玩家乐器大约要卖200美元，而在中国制造，以100美元卖出仍有利润。”

而最近上海自贸区的成立，也让作为“广州通”的龙泽很羡慕与期待。因为外国人在中国内地开公司手续麻烦，还必须有中国合伙人。而在香港或是上海自贸区则没有这个麻烦。龙泽说，他很希望广州也能有一个类似的自贸区，这样他就可以安心做生意。

“现在我打算还是将公司开在香港，这样就可以继续住在广州。”

前日刚过完生日的他，希望能在广州继续自己的梦想，能够开公司赚钱，在底特律买房，帮助家庭增加收入。

（四）外国歌手高歌《广州之约》，感言：我很爱广州①

（编者按：“我很爱广州”与“这辈子不会再离开”一样，的确有感情因素，比如喜欢中国文化。而有较好的工作和收入及可观的市场前景，这可能是老外在广州长期待下去的最大理由。）

“无论去向哪里，广州让你难以忘却，阳光的城市花开的季节，青春书写着精彩的一页……”2010年10月10日，来自意大利的罗密欧和印度的维诺以娴熟的汉语，在亚运火炬传递现场与观众互动高歌《广州之约》，引来阵阵欢呼。

罗密欧和维诺已经在广州生活、工作了三四年。他们的工作是主持，昨天专门来客串歌手，为亚运会运动员加油助威。维诺说，他在广州的这几年，感到广州的变化很大，城市越来越漂亮，越来越干净。“我很爱广州！”

①本目汇编自《南方都市报》2010年11月11日刊登的《外国歌手高歌〈广州之约〉感言：我很爱广州》，作者是陶达嫔、林炳鸿。

（五）广州已有培育文化市场与培养观众的意识①

（编者按：很多来广州或驻广州的外国艺术家都有一个共同的情怀，就是在广州培养观众群体。也并不是“文化新教徒”的使命感，其实，这里面虽然有观众的欣赏水平和文化素养需要提升的问题，也表明有潜在的庞大的文化市场。）

“第一次来到广州，非常震惊，这个城市古老又很现代，起码要来10次才能真正了解它。广州美食多，吃美食看好戏，是非常快乐的事情。”阿维尼翁戏剧节副总监保罗·宏登说。

2017年12月12日，在中国（广州）国际演艺交易会上，阿维尼翁戏剧节副总监保罗·宏登、广州大剧院副总经理何鹰、上海大学音乐学院院长王勇参加了主题沙龙，3位嘉宾围绕“艺术节与城市文化”的主题侃侃而谈。沙龙结束后，保罗·宏登接受了《广州日报》全媒体记者的专访，对于举办了七届的广州艺术节，保罗·宏登表示不用着急，“创造自己的故事，找到城市的身份认知。相信不久的将来，是我们向广州戏剧节来吸取经验和灵感”。

阿维尼翁戏剧节历史悠久，由戏剧导演让·维拉、画家毕加索等人创立于1947年。在外国，基本都是小城市办艺术节。在广州这样的现代化大都市办戏剧节，并不是一件容易的事情。广州艺术节创立于2011年，是配合广州演交会举办的，2018年将正式更名为广州戏剧节。

①本目汇编自《广州日报》2017年12月13日刊登的《广州已有培育文化市场与培养观众的意识》，作者是张素芹。

保罗·宏登表示，对于广州戏剧节来说，阿维尼翁戏剧节并没有太多可借鉴的地方，毕竟后者已经有70年的历史了。“但是我可以确定的是，要相信文化古迹与现代创作的融合。”保罗·宏登介绍，创立阿维尼翁戏剧节的初衷是对文化遗产的保护，“不一定是古老的建筑，甚至工厂、操场都可以搭台变身剧场，我们关注的是其中传递的文化价值，最主要的还是精神上的内容”。因此，在大城市办好戏剧节，也不是不可能。

广州在文化产业方面的投入很大。在阿维尼翁，戏剧节的预算有五成来自政府的支持，“之所以能得到政府的支持，和政府赋予戏剧节的使命相关，政府就是希望戏剧走下‘神坛’，让更多的人能走进剧场”。

保罗·宏登认为，文化的自信是非常必要的，广州是一个有着悠久文化历史底蕴的千年商都，“在广州这样的城市，通过艺术家的创作，找到城市的定位。就如法国巴黎是个大都市，巴黎有个夏季艺术节，也有鲜明的定位”。

广州戏剧节刚刚起步，“不要被已有的比如阿维尼翁的经验所束缚。无论是市场的培育还是观众的培养，都还有很远的路要走。可喜的是，广州已经有了这样的意识。”保罗·宏登真诚地说。

（六）文化沃土，底蕴深厚[①]

［编者按：中国（广州）国际演艺交易会是文化“广交会”——广州文化产业交易会的重要内容。2017年12月，演交会与首届丝绸之路国

①本目汇编自《广州日报》2017年12月13日刊登的《文化沃土，底蕴深厚》，作者是张素芹、莫斯其格。

际剧院联盟年会同时举行，称得上是广州的文化盛会了。]

2017年中国（广州）国际演艺交易会（简称“演交会”）共有来自美国、法国、加拿大、俄罗斯等30多个国家和地区的232家机构和427名代表参会。2017年12月12日，各参展商会聚广州大剧院，在展区进行了充分的展示和交流。在接受《广州日报》全媒体记者采访时，与会展商不约而同地表示，广州的演交会是一个很好的平台，给他们提供了信息交流和互动分享的机会。

法国作为主宾国，设置了3个展位。谈到对广州的印象，法国高等舞台技术学院主任笑着说：“中法都是文化大国，也是美食大国。吃到广州的美食，也是我们此行的一个重要目标。”他透露，这次参加广州演交会主要是来做展示，包括灯光视频监督、机械师、搭建师、舞台监督等，展示舞台技术的各个方面。

百老汇亚洲公司大中华地区经理王一然表示，这是第一次以参展商的身份参加演交会，“以前都是作为嘉宾，参加论坛，开办讲座，来参展是第一次。广州演交会比较专业，有很多院线的资源，我们可以直接接触，对我们的巡演很有帮助”。他透露，开展一个小时“已经有十来拨人来向我们咨询，接下来就会有各种谈判”。

郑州歌舞剧院已经是多次参加广州演交会了，其经营部主任赵仲鑫表示：“这个平台很好，因为我们是院团，演交会有很多剧场、演出公司。很多演出公司来咨询我们的舞剧《风中少林》《水月洛神》，对我们走出去是很有帮助的。在这个平台也交到了很多朋友，遇到了江苏、佛山的表演团队。这两个剧的地域性很强，也是南北的文化交流。”

广东省木偶艺术剧院作为本地剧院，董事长潘大庆表示：“这是我们的主场，自然要年年来。”他认为，参加演交会不仅仅是为了推广，还注重信息的沟通和艺术的分享，“如今演交会范围和平台越来越大，我们受益很多”。他建议，演交会也可以多考虑如何吸引更多有效参与人员，比如供应商和采购商，“有利于提高演交会的国内国际影响，把这个平台打造得更加强大”。广州芭蕾舞团相关负责人胡金阁则认为：“这个平台很棒，给我们拓出一条宽广的路。在这个平台上，我们和美国、韩国的演出机构、院团都有沟通。”

跟以往不同的是，为方便国内外客户采购，演交会期间组织了长达10个小时的现场推介（Show Case）节目。如广东木偶艺术剧院的中国传统木偶、广州大剧院女子民乐团演奏的广东音乐《步步高》、中国名曲《赛马》及比利时舞曲等。中国东方歌舞团从柬埔寨演出回国，专门停留广州，组织“东方之夜”主题歌舞晚会，向中外演出商推介中国故事。

（七）嘻哈侠欧阳靖：没想到广州这么多人“撑”我[①]

（编者按：“华裔”这个群体毕竟有着天然的与中国的联系，因此，他们来开拓中国文化市场具有一些特别的优势。）

3个月来，欧阳靖往广州跑了不下5次。

欧阳靖被称为“华人嘻哈OG（元老）”。现年36岁的他自侃为“老人家”，发行过近10张英文和粤语说唱专辑，却在去年从零开始学习普通话说唱。他说，过去30年说的普通话都没这半年多，而用普通话唱嘻哈，很具挑战，也很上瘾。

①本目汇编自《广州日报》2018年1月11日刊登的《嘻哈侠欧阳靖：没想到广州这么多人“撑”我》，作者是杨逸男、蔡凌跃。本文所称“撑”，在粤语中意为支持。

1. “人生浮沉可以拍成电影”

打拼了近20年，欧阳靖终于在中国火了，“每天好像做梦一样”。巡演、创作新歌、上电视节目……他从没走过中国这么多的城市。

而在欧阳靖以Hip-Hop Man（嘻哈侠）身份参加《中国有嘻哈》为中国人熟知的2017年夏天之前，他在美国正处于事业的迷茫期。

欧阳靖是典型的ABC（美国出生的华裔），父母是香港移民。2002年，他在美国黑人娱乐电台的freestyle battle（自由说唱比赛）中击败黑人选手，并随后七周蝉联冠军，成为首位被美国主流唱片公司签约的华裔说唱艺人。在嘻哈圈内，这就好比黑人在中国赢得京剧比赛，欧阳靖也以为这是人生巅峰，“回过头看，没想到只是起点”。

华人身份是欧阳靖的“双刃剑”。他与王力宏、吴彦祖等人合作MV，客串《速度与激情2》，甚至为奥巴马竞选总统写歌拉票，但几张英文唱片在美国不温不火。说唱投入巨大，就在他以为自己跌入谷底之时，2008年，他灌录的首张全粤语专辑《ABC》在香港发行，由此开启香港演艺事业的一扇新窗。

在广州巡演站，他调侃了这一段“黑历史”。“有些人以前不知道我的音乐，看《潜行狙击》认识了杨立青（香港电视广播有限公司电视剧，欧阳靖曾凭此角获得飞跃进步男艺员奖），后来无意间看到我rap（说唱）的片段，惊呼‘呢个立青原来rap得咁好哦！（这个立青说唱得这么好哦）’”

2012年，欧阳靖儿子出世，他再度回到美国。接受《中国有嘻哈》邀请之前，他正在事业瓶颈期，“离开香港已经一段时间了，要回去从零开始吗？留在美国也不是一路向上走”。以至于2017年夏天在中国刚火的时候，还有人以为他是电视剧《人民的名义》中李达康的媳妇欧阳菁。之后的发展完全超乎他的预料。欧阳靖说：“对于发生的一切，我都感激。十几年的浮沉，可以拍部电影吧。”

2. 把在美国的经历也写进歌曲

在广州开唱，欧阳靖觉得更加自如。相较地下英文说唱的粗俗字眼，过去的送餐经历，以及便利店、粤港早茶、讨价还价等日常生活场景都被他写入歌中。

他的父母早年在美国开着一家中餐馆，欧阳靖帮忙送餐。16岁的他感到被限制，听到收音机的说唱就抄下歌词自学。高中毕业后他在街区和酒吧到处找人练习技巧，有时甚至争吵起来。个子小小的“黄皮肤”成为他人的攻击点。父母也一度认为说唱是“不正经”。这些都记录在欧阳靖的专辑里。

回到香港后，他创作了《回香靖》，“其实谐音就是‘回乡证’”。有次，他看到周星驰电影里的“饮啖茶，食个包”，就记下来，后来创作了以粤港早茶文化为主题的说唱：“揾两餐”“恭喜发财，利是到来”等俗语也都融入他的创作。

“其实好多歌词都有‘身世’，不管用什么语言，都是我的小宇宙。”他介绍，20岁的作品，不外乎是“要赚钱，我很厉害，晚上去哪玩啊”；25岁的时候，没那么自负了。“现在学习普通话说唱，每一天都是崭新的。”

说唱也让欧阳靖的一家人更亲近。父母不仅关注他在中国的事业，“现在分分钟投入hip-hop（嘻哈）都比我多”。而看到现场有年轻的父母带小孩前来，他兴奋地打招呼：“好靓仔！”他为儿子写了首《父亲的建议》，也在演唱会上来了个隔空对唱。

3. 每周上三四次课学普通话

全国巡演的城市里，有好些是他没去过的地方，但他已经能用普通话跟歌迷交流。

2017年5月，欧阳靖在纽约从零开始学习普通话。他请了个中文老师每周上三四次课，从最简单的“b、p、m、f”开始学。他也向身边的工作人员学习。9月，有过英文脱口秀和粤语“栋笃笑”经历的欧阳靖，站上了中国普通话脱口秀的舞台。

“现在时间没那么多了，但每一天也都在学中文。”早晨在酒店打电话叫早餐，去咖啡店、便利店买东西，他都尽量用普通话。

而在演唱会上，他甚至调侃起自己的吉他手和DJ（打碟工作者），“你们都是说普通话的，平时都不主动教我中文”。他笑着说自己太“偏激”了，“整天要撩身边的人陪我说普通话，已经说上瘾了”。他算了算，这五六个月说的普通话，比过去30年还要多。

欧阳靖表示，他并不是每天都刻意去提升自己的普通话水平，追求的只是去真正建立起人与人之间的沟通，沟通多了自然普通话水平会有提升。

但“识听识讲”还不够，他还要“识睇（识看）”。

4. 没想到广州一直有人“撑”我

记者：你对“ABC”身份的认同，这些年来有没有变化？

欧阳靖：以前特别怕别人问这样的问题，欧阳靖你到底是美国人还是中国人？现在看得比较清晰了，就看对方怎么认同我。我这么多年对自己身份的认同是没有变化的。如果按出生地算，我是美国人；但你要是问我身上流的是哪里的血，我的祖先、我的根在何处，我当然是中国人。但让我很骄傲的一点是，从我开始在美国用英文说唱的时候，我就从没回避过自己的这个身份，有些人可能会反感我在作品中强调自己是个“黄皮肤”，但我并非刻意去讨好谁，我觉得对自己这样认同很舒服就好了。

记者：你的说唱作品创作灵感来自哪里？

欧阳靖： 刚接触嘻哈的人关注的可能还是比较表面的东西，比如rapper（说唱艺人）的外貌；但如果是说技巧的话，大家可能关注的是这个rapper说得够不够快，在他们看来“快”就等于“厉害”，这种现象在美国也是存在的，但其实这也不一定对。我不会去迎合这种“关注”，永远只会做适合自己的，让自己觉得舒服的作品。

记者： 你觉得中文嘻哈有什么特点和优势？

欧阳靖： 全世界的嘻哈文化依然是以美国作为风向标，因为嘻哈文化的根就在美国纽约，发展到不同国家，语言用了本土语言，但整体风格上还是模仿美国嘻哈。所以无论是哪个国家的嘻哈，都无所谓优势劣势。

很多人是因为《中国有嘻哈》才知道中文嘻哈，但其实中国是一直都有嘻哈文化的，很多年前就有一班人在坚持创作，只是以前没有这么大的展示平台；如今这个平台让中文嘻哈进入大众视线，更多的老百姓能够接触嘻哈，从而去了解嘻哈文化里面的多姿多彩，现阶段暂时很难去评价中文嘻哈。

记者： 之前你也来过广州，这里给你印象深刻的是什么？

欧阳靖： 感受最深的是，原来在广州一直都有一班人是非常欣赏和支持欧阳靖的，这让我非常开心，也无限感激，所以我这次亲自过来表达我的感激之情。以前在香港工作，拍电视剧，都没留意到原来在广州有这么多人在关注香港的动态，原来广州一直有那么多人在“撑”我。

（八）全球欢迎，中国文创[①]

（编者按：“来广州不下一百次”！说实在的，真的令人难以置

①本目汇编自《广州日报》2017年12月13日刊登的《全球欢迎　中国文创》，作者是张忠安、贾政。

信！显然，这不是简单的“热爱广州”可以说得过去的。采访对象的身份值得注意，他是被称为“世界创意产业之父”、《创意经济》的作者。而广州正是要大力发展创意产业的，毫无疑问，广州乃至中国是有很丰厚的文化创意的潜力的，更不用说创意产业的市场前景了。）

1. 我更喜欢广州独特的文化特质

“每个国家、每个城市都有自己独特的文化传统和文化创意创新。过去40年，中国的文创产业取得了非常大的成就。但发展空间还是非常大的。全世界都欢迎中国的文创企业到他们那里发展。”在昨日接受媒体采访时霍金斯表示。

面对马云、马化腾等创意创新大咖，是不是很多人多多少少会有些气馁？不过，也不要太过于自责。世界创意产业大师霍金斯昨日在广州指出，实际上，每个人都具有创意创新资源，因为每个人都拥有想象力。他还指出，文化和创新是一个城市发展的基础。

“我一生奔走于世界各地，到过不同的国家，不同的城市。来广州不下100次。觉得广州文化气息浓厚，人文环境好，有自己独特的文化特质，特别具有亲和力。相对于中国其他城市我更喜欢广州。在这些地方，我很惊讶，我的回忆总是跟文化和创新息息相关。我相信每座城市的文化和创新也会有相遇的机会。”霍金斯在致辞中表示。

霍金斯还认为，文化与创新是城市发展的基础，也是国家发展的基础。生活因创意而变得美好，时尚生活将成为中国创意产业的重要组成部分。“我住在伦敦，当人们想起伦敦的时候，总会想到悠久的历史、灿烂的文化和创造力。在我看来，创新在城市发展这一进程中扮演了极其重要的角色，创新关乎城市的个性化、组织能力和人才教育。没有最基本的文化，没有创造力，我们就不能发展，就不能实现我们都希望看到的国家发展。我们相聚在广州参加这次国际性交流盛会的目的，就是让世界各地的创意交流，我们相互借鉴，学以致用。”

在这位创意大师看来，创新创意不是少数人的专利，而是每个人都拥有的资源。他认为，每个人出生时就有创新、创意的本能，有自己的创造力、想象力及热情，想要实现、使用自己的创造力，为自己高兴、自己喜好的事情而努力。“任何人生来都拥有想象力和将想象力在私人和公众领域加以发挥的热情。”而创新创意是非常主观的东西，只要有想象力，就会拥有创意创新资源。

2. 创意需要解决三大挑战

霍金斯在12日的演讲中表示，创意生态具有三大原则，如创意型思考的人、自由的生态环境及自由需要市场。“创意产业不同于传统产业，任何地方任何时候都可以使用创意这种个人资源，这有别于传统产业必须靠土地、金融资本、工厂或机器等资源。”

一个人要实现自己的创意创新，第一个面临的挑战就是外界对自己可能失败的审视。“我见过很多人，很有创意，可能成为舞蹈家、设计师、电影人、作家或诗人，他们做的事情都是非常个性化。但如果创意创新没有成功，他们就会觉得很尴尬。”霍金斯认为。不过，他给出的药方就是：“不应该觉得尴尬，不成功就不成功，没有什么大不了的。”

记者了解发现，“文化广州”的名片已经擦亮，广州文化产业在整个经济总量的比重也越来越高，文化产业创意正蓬勃发展。霍金斯就指出，文化产业创意必须解决好三大挑战：管理、技术和关系。“我说的管理不仅仅是对员工的管理，更是自我管理、组织管理和社会管理。一切都要从自我管理开始，这样才能给团队、部门等带来有效的管理。但最终都是为了建设一个更加美好的社会。”霍金斯认为。

而技术的快速更新一方面给文化产业创意创新带来莫大的便利，但同时也带来新的挑战，“比如人工智能、大数据、机器人等会给就业带来非常深远的影响，无论是对企业还是个人，也带来组织架构的改变和新的限制”。在霍金斯看来，文化产业创意最后要解决的问题就是要处理好与政府、企业和用户之间的关系。

后　记

接到编写《世界看广州》的任务后，我们就决定从8个层面来反映老外眼中的广州，涉及友好城市、外国领事、外资外企、外教、留学生、外国游客、外国运动员、外国演艺界几个领域。这个设计没有遇到异议，看来还是比较全面的，也是有共识的。

本书各章在结构上主要分3大块：一是对相关领域的全景式描述；二是对老外的直接采访或书面采访；三是对以往媒体报道的汇编。

对相关领域的描述素材除现有文献资料之外，还有通过中共广州市委宣传部协调来自政府有关部门的提供。

对外国人的采访是本书的主体部分。

中共广州市委宣传部安排了市外办与我们对接，直接让我们接收来自友好城市的书面采访，并联系了对几位外国总领事的采访。其中，市外办的韩捷还一直关心本书的有关工作。市外办还专门组织了审读小组对书稿进行审读并提出了修改意见。

此外，市外国专家局联系了对一些外教的书面采访；市旅游局和广之旅安排了一次在珠江游船上对两个外国参观访问团体的采访；市文广新局安排联系了对广州芭蕾舞团的采访。

后来，通过美国领事馆首席经济政治顾问冯中雄先生联系到美国商会并采访了商会会长和一家美国企业的高管；通过日本领事馆的平柳朋子领事联系采访了两位日本企业的高管。中山大学教授邓宇斌、华南师范大学教授王符帮助联系了对两位外教和留学生的采访。

“世界看广州”，必然有很多不同的视角和不同的观点，因此，采访中虽然更多的是对广州不同的“赞”，但也保留了一些特别的“弹”。这也是老外看问题的特点。

全书各章的最后一节或两节是“媒体述评”，是对发表过的媒体报道进行的汇编。由于广州是国内领事馆和与外国城市缔结友好城市关系比较多的城市，外国人的聚集度还是比较高的，媒体对老外的报道量也是非常大的。从报道焦点来看，一是在重要的活动期间的采访，如亚运会、《财富》全球论坛及各种国际会议；二是对日常工作和生活的采访。汇编这些材料，主要是增强“世界看广州”的纵深感，毕竟亚运会、《财富》全球论坛都是有较多外国人参与的广州举办的盛会，当时集中了许多重要的外国人，而对他们的采访也是不可缺少的“世界看广州”的内容。很多媒体报道也是在外事、外宣部门安排下进行的，本书有所选择；一些有价值的专访，也多是部分摘编。编者联系了部分相关媒体和记者，都表示理解和支持本书的摘编，未联系上的作者请与本书编者联系。

以上相关人员都是要予以感谢的！

就具体各章撰写分工来看，卢楚焱协助撰写了第一章《领馆官员看广州》的部分内容；关飞洲协助撰写了第二章《友城朋友看广州》的部分内容；周胜兰协助撰写了第三章《企业外商看广州》的部分内容；梁显佳协助撰写了第四章《外教看广州》的部分内容；梁显佳协助撰写了第五章《留学生看广州》的部分内容；周胜兰协助撰写了第六章《外国游客看广州》的部分内容；关飞洲协助撰写了第七章《外国运动员看广州》的部分内容；关飞洲协助撰写了第八章《外国艺人看广州》的部分内容。

许多采访的联系和记录整理乃至文稿翻译是由刚从英国伦敦大学国王学院毕业的研究生卢楚焱协助完成的。

另外，英国约克大学经济学院的彭有之、华南理工大学公共管理学院的梁显佳、美国加州大学欧文分校信息与计算机系的彭燊也翻译了部分来稿。

由于涉及不少小语种，本书在编辑过程中也求助于一些旅居海外的朋友，如在德国的岑宜、在美国的汪亚玲。当然，我们也得到了专业翻译机构的帮助。

一些历史资料的查询得到了省、市档案馆的咨询帮助，美国领事馆也提供了部分历史资料。美国商会提供了相关报告。

这些是要特别鸣谢的！

全书由彭澎主编并统稿。

当然，中共广州市委宣传部理论处，以及广州市社会科学院党组副书记朱名宏也对全书进行了指导。广东省社会科学院副院长刘小敏、中共广州市委宣传部原常务副部长李哲夫对全书进行了详尽审阅并提出了很好的修改意见。这些都使编写工作受益良多。

彭　澎

2018年11月